职业教育智能网联汽车技术创新与应用系列教材



# 智能网联汽车传感技术与应用

山东星科智能科技股份有限公司　组　编

主　编　高晓琛　胡忠义　王　一

副主编　吴　飞　乔　意　孙　灿

参　编　袁书新　朱建风　李　磊　巩春鹏

　　　　张　静　侯晓光　王　萍

主　审　郑丽梅

机械工业出版社

本书主要介绍智能网联汽车的关键技术——传感技术，主要内容包括超声波雷达、毫米波雷达、激光雷达、视觉传感器、定位与导航系统的结构、原理、特点、类型、标定、测试和应用等，以及对各类传感器的认知、装配、调试、测试、标定和故障排除的技能训练。其中，实训部分与《智能网联汽车测试装调职业技能等级标准》中的相关技能要求相结合。通过本书的学习，读者既能掌握智能网联汽车环境感知相关的新知识和新技术，又能培养实际操作能力，为考取职业技能等级证书奠定基础。

本书有配套的活页式实训工单，每个实训工单都是以任务描述、任务目的、任务准备、制订计划、计划实施、任务总结、评价反思7个环节为主线，结合理论知识进行实践操作训练，对应企业岗位能力需求，形成理实一体化的学习模式。

本书可作为智能网联汽车技术、汽车电子技术、新能源汽车技术、智能网联汽车工程技术等专业的环境感知技术课程教材，也可作为考取智能网联汽车测试与装调职业技能等级证书的参考用书，以及汽车智能制造、汽车技术研发企业和汽车维修企业技术人员的参考书。

**图书在版编目（CIP）数据**

智能网联汽车传感技术与应用/山东星科智能科技股份有限公司组编；高晓琛，胡忠义，王一主编. —北京：机械工业出版社，2024. 4
职业教育智能网联汽车技术创新与应用系列教材
ISBN 978-7-111-75256-1

Ⅰ. ①智… Ⅱ. ①山… ②高… ③胡… ④王… Ⅲ. ①智能控制－汽车－传感器－职业教育－教材 Ⅳ. ①U463. 6

中国国家版本馆 CIP 数据核字（2024）第 050440 号

机械工业出版社（北京市百万庄大街22号 邮政编码100037）
策划编辑：于志伟　　责任编辑：于志伟 张双国
责任校对：高凯月 张 薇　　封面设计：张 静
责任印制：任维东
河北鹏盛贤印刷有限公司印刷
2024年7月第1版第1次印刷
184mm×260mm・18.5印张・448千字
标准书号：ISBN 978-7-111-75256-1
定价：59.00 元（含实训工单）

电话服务　　网络服务
客服电话：010-88361066　　机 工 官 网：www.cmpbook.com
010-88379833　　机 工 官 博：weibo.com/cmp1952
010-68326294　　金 书 网：www.golden-book.com

机工教育服务网：www.cmpedu.com

# 前　言

2020年2月10日，国家发展和改革委员会、科学技术部、工业和信息化部等11个部门联合印发了《智能汽车创新发展战略》，旨在加快推进智能汽车的创新发展。智能网联汽车的学科知识体系与传统汽车有较大差别，必须重新构建，以满足智能网联汽车快速发展对人才的需求。

本书完全按照智能网联汽车的学科知识进行体系的构建，既包括宽广的理论基础知识，又有适用的操作实训要求，反映了智能网联汽车的新知识、新技术和新技能的具体应用。本书主要介绍智能网联汽车的关键技术——传感技术，主要内容包括超声波雷达、毫米波雷达、激光雷达、视觉传感器、定位与导航系统的结构、原理、特点、类型、标定、测试和应用等，以及对各类传感器的认知、装配、调试、测试、标定和故障排除的技能训练。其中，实训部分与《智能网联汽车测试装调职业技能等级标准》中的相关技能要求相结合。通过本书的学习，读者既能掌握智能网联汽车环境感知相关的新知识和新技术，又能培养实际操作能力。

本书有配套的活页式实训工单，每个实训工单都是以任务描述、任务目的、任务准备、制订计划、计划实施、任务总结、评价反思7个环节为主线，结合理论知识进行实践操作训练，对应企业岗位能力需求，形成理实一体化的学习模式。各传感器的实训部分可根据学校的具体教学设施配置，或根据读者的培养目标选择性地实施。另外，由于智能网联汽车技术发展非常快，特别是环境感知传感器，技术参数在不断优化，因此书中给出的产品参数以及测试和标定方法仅供参考，最终应以企业提供的产品数据和标准为准。

本书由高晓琛、胡忠义、王一任主编，吴飞、乔意、孙灿任副主编，参与编写的有袁书新、朱建风、李磊、巩春鹏、张静、侯晓光、王萍，机械工业教育发展中心主任郑丽梅任主审。本书项目一由高晓琛、袁书新编写，项目二由吴飞、乔意编写，项目三由孙灿、朱建风、李磊编写，项目四由胡忠义、巩春鹏编写，项目五由高晓琛、张静编写，项目六由胡忠义、侯晓光编写，项目七由王一、王萍编写，高晓琛负责全书的统稿。

由于编者水平有限，书中难免有疏漏之处，敬请读者批评指正。

编　者

# 二维码清单

| 名称 | 二维码 | 名称 | 二维码 |
|---|---|---|---|
| 雷达传感器的分类 | | 毫米波雷达传感器的工作原理 | |
| 超声波雷达传感器的介绍 | | 激光雷达传感器的介绍 | |
| 超声波雷达传感器的工作原理 | | 激光雷达传感器的安装 | |
| 超声波雷达传感器的故障检修 | | 激光雷达传感器测距工作原理 | |
| 毫米波雷达传感器的介绍 | | 视觉传感器的介绍 | |

（续）

| 名称 | 二维码 | 名称 | 二维码 |
|---|---|---|---|
| 单目摄像头的原理及应用 | | 高精度地图的介绍 | |
| 视觉传感器的故障排除 | | 惯性导航的工作原理 | |

# 目　录

# 项目一

## 智能网联汽车及传感技术

### 【案例导入】

目前，汽车的驾驶主要是通过驾驶人搜集车辆周围环境以及各种路况信息，并通过控制加速踏板、制动踏板、转向盘等操纵机构来控制汽车行驶的速度和方向，达到载人或运输货物的目的。如果该车是一辆无人驾驶汽车，那么由谁收集车辆周围环境和各种路况信息？由谁来控制车辆速度、车距及行驶方向？通过本项目的学习可以得到答案。

### 【项目目标】

| 知识与技能 | 过程与方法 | 情感态度与价值观 |
|---|---|---|
| 1. 掌握智能网联汽车的概念<br>2. 了解智能网联汽车等级划分<br>3. 了解智能网联汽车技术路线分类<br>4. 掌握智能网联汽车架构及关键技术<br>5. 掌握智能网联汽车传感器的基本组成<br>6. 掌握智能网联汽车环境感知传感器的基本内容<br>7. 掌握智能网联汽车各传感器认知的实训步骤 | 1. 采用一体化分小步教学方法，边讲边练边评，提高学生的操作技能<br>2. 通过电子教案辅助学习，培养学生自主学习和探究学习的能力<br>3. 任务驱动教学法：通过布置任务，学生集体讨论，小组互助竞赛机制，激发学生的学习兴趣 | 1. 通过知识的学习，培养学生乐观的生活态度、求实的科学态度、宽容的人生态度<br>2. 通过图片、视频及案例引导学生积极思考，激发学生的学习兴趣和求知欲望<br>3. 通过对实训步骤进行分析，提高学生分析和知识迁移的能力<br>4. 通过实践训练，培养学生实事求是、自强不息、爱岗敬业、团队合作的精神 |

# 任务一　智能网联汽车的认知

## 【任务导入】

目前，国家大力提倡发展智能网联汽车，你知道什么是智能网联汽车吗？智能网联汽车的概念和等级划分是什么？学习本任务，你可以解答以上问题。

## 【知识准备】

### 一、智能网联汽车的概念

智能网联汽车（Intelligent Connected Vehicle，ICV）是一种跨技术、跨产业领域的新兴汽车体系，从不同角度、不同背景对它的理解是有差异的，各国对于智能网联汽车的定义不同，叫法也不尽相同，但意思是一样的，即可上路安全行驶的无人驾驶汽车。智能网联汽车更侧重于解决安全、节能、环保等制约产业发展的核心问题，其本身具备自主的环境感知能力，其聚焦点是在车上，发展重点是提高汽车的安全性。

从狭义上讲，智能网联汽车是搭载先进的车载传感器、控制器、执行器等装置，融合现代通信与网络技术，实现V2X智能信息交换共享，具备复杂的环境感知、智能决策、协同控制和执行等功能，可实现安全、舒适、节能、高效行驶，最终可替代人来操作的新一代汽车。

从广义上讲，智能网联汽车是以车辆为主体和主要节点，融合现代通信和网络技术，使车辆与外部节点实现信息共享和协同控制，以达到车辆安全、有序、高效、节能行驶的新一代车辆系统。智能网联汽车、智能汽车、车联网、智能交通系统，它们之间密切相关，其关系如图1-1-1所示。

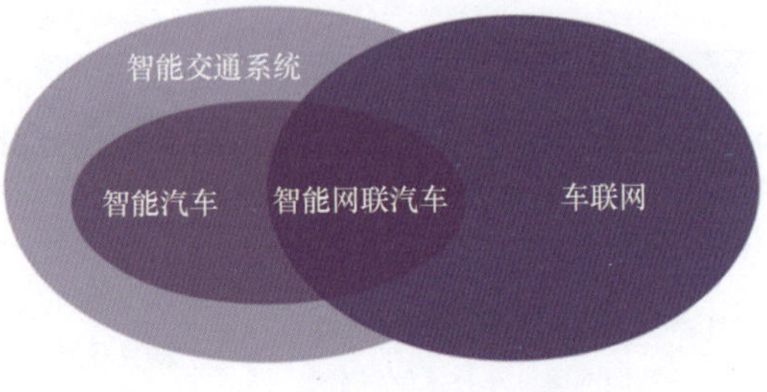


图1-1-1　智能网联汽车、智能汽车、车联网、智能交通系统关系

### 二、智能汽车的驾驶等级划分

#### 1. 美国智能汽车分级

美国智能汽车分级有两套标准，一套是由美国交通部下属的国家高速公路安全管理局（NHTSA）制定的，另一套是美国汽车工程师学会（Society of Automotive Engineers，SAE）制定的。国内多采用SAE标准，将自动驾驶从0（无自动驾驶）到5（完全自动驾驶）定义了6个等级，见表1-1-1。自动驾驶等级内容如图1-1-2所示。

表 1-1-1　SAE 自动驾驶等级划分

<table>
<tr><th colspan="2">自动驾驶分级</th><th rowspan="2">名称（SAE）</th><th rowspan="2">SAE 定义</th><th colspan="4">主体</th></tr>
<tr><th>NHTSA</th><th>SAE</th><th>驾驶操作</th><th>周边监控</th><th>支援</th><th>系统作用域</th></tr>
<tr><td>0</td><td>0</td><td>无自动化</td><td>由驾驶人全权操作汽车，在行驶过程中可以得到警告和保护系统的辅助</td><td>驾驶人</td><td rowspan="3">驾驶人</td><td rowspan="4">驾驶人</td><td>无</td></tr>
<tr><td>1</td><td>1</td><td>驾驶支援</td><td>通过驾驶环境对转向盘和加减速中的一项操作提供驾驶支援，其他的驾驶动作都由驾驶人进行操作</td><td>驾驶人<br>系统</td><td rowspan="4">部分</td></tr>
<tr><td>2</td><td>2</td><td>部分自动化</td><td>通过驾驶环境对转向盘和加减速中的多项操作提供驾驶支援，其他的驾驶动作都由驾驶人进行操作</td><td rowspan="4">系统</td></tr>
<tr><td>3</td><td>3</td><td>有条件自动化</td><td>由无人驾驶系统完成所有的驾驶操作。根据系统请求，驾驶人提供适当的应答</td><td rowspan="3">系统</td></tr>
<tr><td rowspan="2">4</td><td>4</td><td>高度自动化</td><td>由无人驾驶系统完成所有的驾驶操作。根据系统请求，驾驶人不一定需要对所有的系统请求作出应答，限定道路和环境条件等</td><td rowspan="2">系统</td></tr>
<tr><td>5</td><td>完全自动化</td><td>由无人驾驶系统完成所有的驾驶操作。驾驶人在可能的情况下接管。在所有的道路和环境条件下驾驶</td><td>全域</td></tr>
</table>

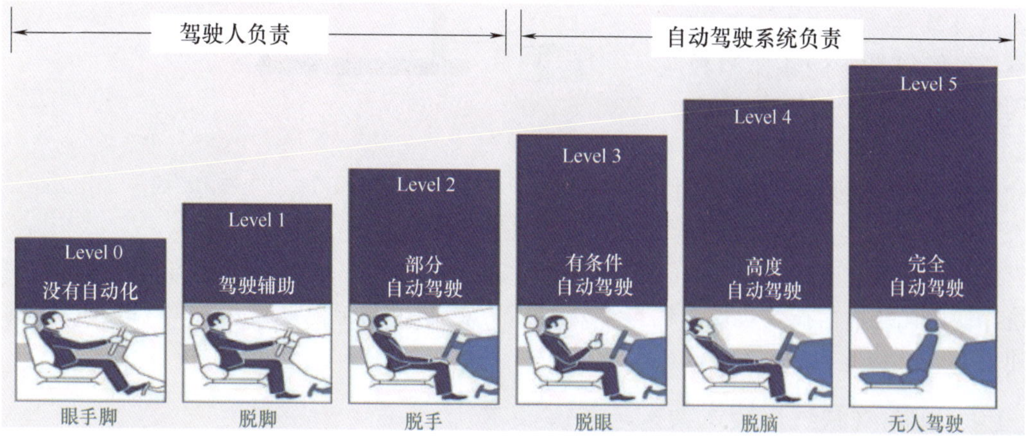


图 1-1-2　自动驾驶等级内容

### 2. 中国智能汽车分级

基于驾驶自动化系统能够执行动态驾驶任务的程度，根据在执行动态驾驶任务中的角色分配以及有无设计运行条件限制，《汽车驾驶自动化分级》将驾驶自动化分为 0~5 共 6 个等级。《汽车驾驶自动化分级》中明确的驾驶自动化等级与划分要素的关系见表 1-1-2。

表 1-1-2 中国汽车驾驶自动化分级

| 分级 | 名称 | 车辆横向和运动控制 | 目标和事件探测与响应 | 动态驾驶任务接管 | 设计运行条件 | 典型场景 |
|---|---|---|---|---|---|---|
| 0 级 | 应急辅助 | 驾驶人 | 驾驶人及系统 | 驾驶人 | 有限制 | 倒车提醒 |
| 1 级 | 部分驾驶辅助 | 驾驶人和系统 | 驾驶人及系统 | 驾驶人 | 有限制 | 车道偏离修正或自适应巡航 |
| 2 级 | 组合驾驶辅助 | 系统 | 驾驶人及系统 | 驾驶人 | 有限制 | 同时进行车道偏离修正和自适应巡航 |
| 3 级 | 有条件自动驾驶 | 系统 | 系统 | 动态驾驶任务接管用户（接管后成为驾驶者） | 有限制 | 交通拥堵下自动驾驶 |
| 4 级 | 高度自动驾驶 | 系统 | 系统 | 系统 | 有限制 | 机器人出租车 |
| 5 级 | 完全自动驾驶 | 系统 | 系统 | 系统 | 无限制 | 任何条件下任意功能 |

## 三、智能网联汽车技术路线

智能网联汽车技术路线主要分为基于传感器的自主式技术路线和基于车辆互联的网联式技术路线两种，如图 1-1-3 所示。

基于传感器的自主式技术路线表现为先进传感器技术与传统汽车制造业的深度融合。在汽车上使用先进的传感器（如多目摄像机和雷达），结合驱动器、控制单元以及软件，形成先进驾驶辅助系统，使得汽车能够监测和应对周围的环境。

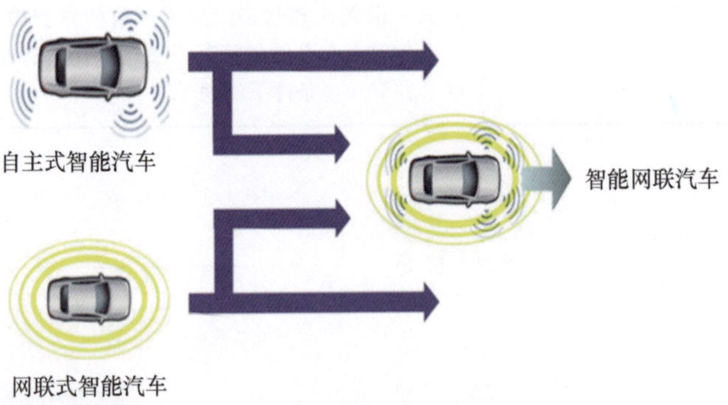

图 1-1-3 智能网联汽车技术路线

基于车辆互联的网联式技术路线表现为互联网与传统汽车相结合，推动者主要是互联网企业，如百度、华为等互联网企业，他们掌握了相当多的核心技术。本路线的重点是开发车载信息系统，使用无线通信技术实现车辆与车辆（V2V）、车辆与道路基础设施（V2I）之间的实时通信。

## 四、智能网联汽车技术架构与关键技术

### 1. 智能网联汽车技术架构

智能网联汽车涉及整车零部件、信息通信、智能交通和地图定位等多领域技术，将技术架构划分为“三横两纵”技术架构，如图 1-1-4 所示。“三横”指车辆关键技术、信息交互关键技术与基础支撑关键技术。“两纵”指支撑智能网联汽车发展的车载平台与基础设施。基础设施包括交通设施、通信网络、大数据平台和定位基站等，将逐步向数字化、智能化、网联化和软件化方向升级，支撑智能网联汽车发展。

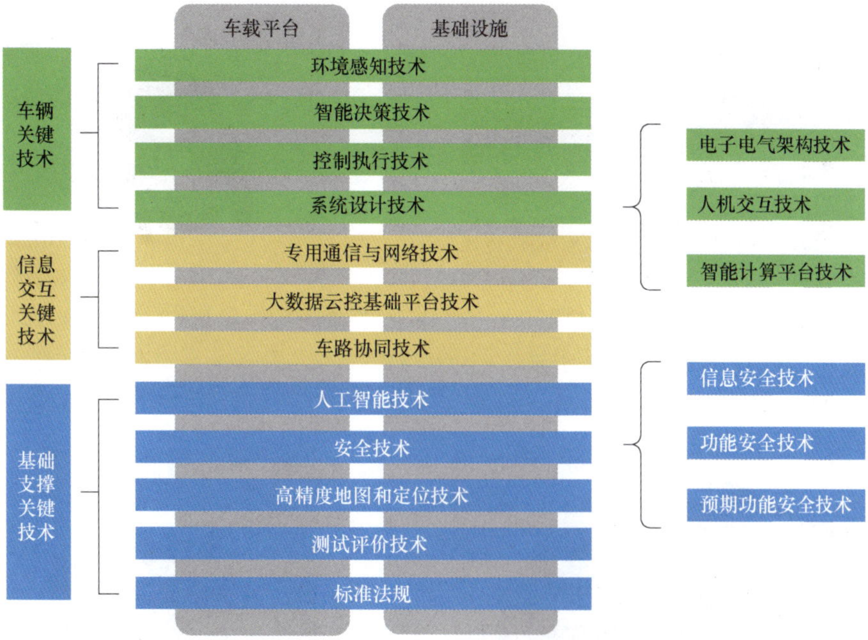


图 1-1-4　智能网联汽车技术架构

**2. 智能网联汽车技术架构所涉及关键技术**

**（1）环境感知技术**　环境感知系统的任务是利用摄像头、雷达、超声波等主要车载传感器以及车辆通信系统感知周围环境，通过提取路况信息、检测障碍物，为智能网联汽车提供决策依据。

**（2）智能决策技术**　决策机制应在保证安全的前提下适应尽可能多的工况，进行舒适、节能、高效的正确决策，常用的决策方法有状态机、决策树、深度学习和增强学习等。

**（3）控制执行技术**　控制系统的任务是控制车辆的速度与行驶方向，使其按照规划的速度曲线与路径行驶。

**（4）专用通信与网络技术**　车载通信的模式依据通信的覆盖范围，可分为车内通信、车际通信和广域通信。

**（5）大数据云控基础平台技术**　大数据云控基础平台技术包括云平台架构与数据交互标准、云操作系统、数据高效存储和检索技术、大数据关联分析和深度挖掘技术等。

**（6）安全技术**　安全技术包括信息安全技术、功能安全技术和预期功能安全技术。

## 【技能训练】

### 智能网联汽车传感器的认知一

**1. 超声波雷达传感器的认知**

超声波雷达探头如图 1-1-5 所示。

超声波雷达探头安装支架如图 1-1-6 所示。

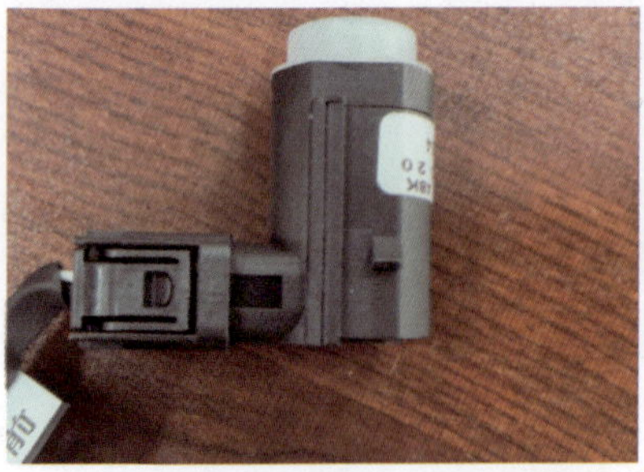

图 1-1-5　超声波雷达探头

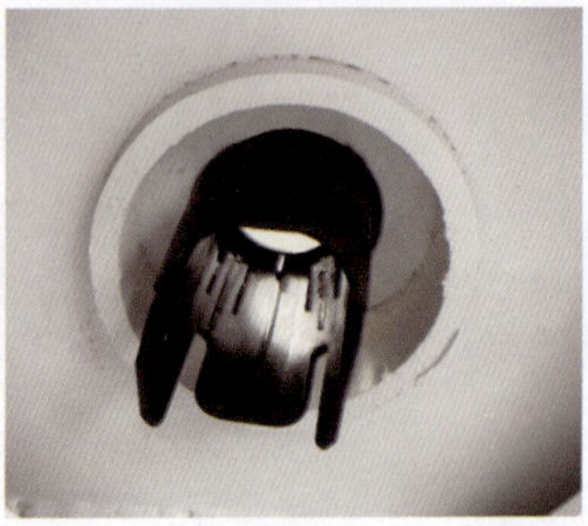

图 1-1-6　超声波雷达探头安装支架

超声波雷达控制器如图 1-1-7 所示。

超声波雷达线束如图 1-1-8 所示。

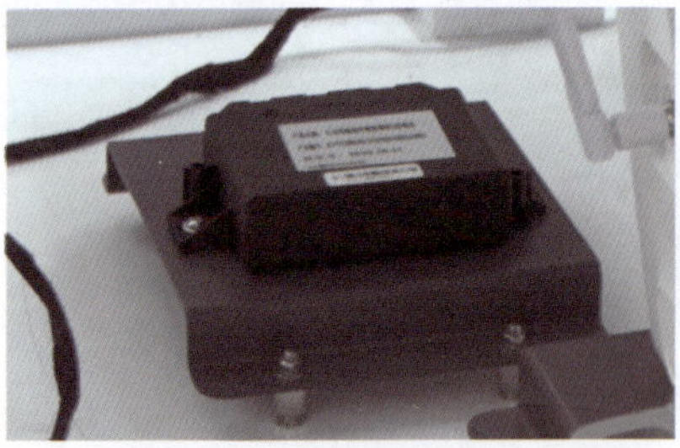

图 1-1-7　超声波雷达控制器

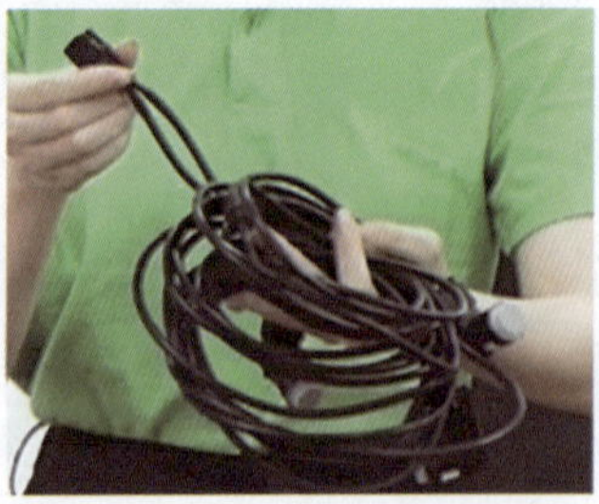

图 1-1-8　超声波雷达线束

**2. 毫米波雷达传感器的认知**

毫米波雷达传感器如图 1-1-9 所示。

图 1-1-9　毫米波雷达传感器

## 任务二　智能网联汽车传感器认知

### 【任务导入】

目前，智能网联汽车的发展在不断加快，智能网联汽车传感技术更是重中之重。那么你知道智能网联汽车所涉及的传感器吗？智能网联汽车现有的环境感知传感器有哪些？智能网联汽车各传感器是什么样的？学习本任务，你将可以回答以上问题。

## 【知识准备】

### 一、传感器概述

智能网联汽车上装备有大量的各类传感器，可以看作是“移动的传感器平台”。智能网联汽车上的各传感器可实现不同的辅助驾驶功能，如自动泊车、停车辅助等，如图 1-2-1 所示。

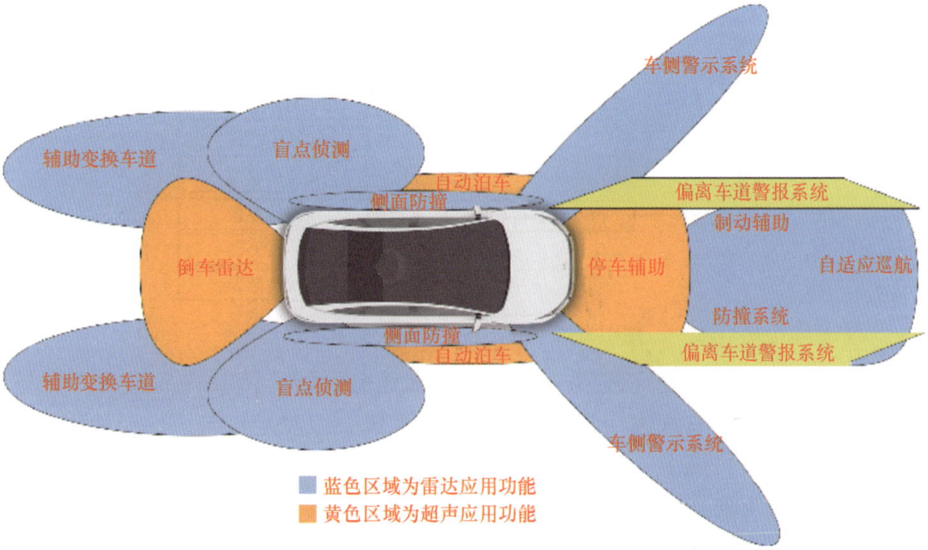


图 1-2-1　智能网联汽车传感器平台

传感器是一种能检测物理量、电量和化学量等信息，把这些信息转换成控制系统能接收的电信号，并对信息进行采集和传输的元器件。GB/T 7665—2005 定义传感器为能感受被测量并按照一定的规律转换成可用输出信号的器件或装置。传感器通常由敏感元件、转换元件、辅助电源和变换电路组成，如图 1-2-2 所示。

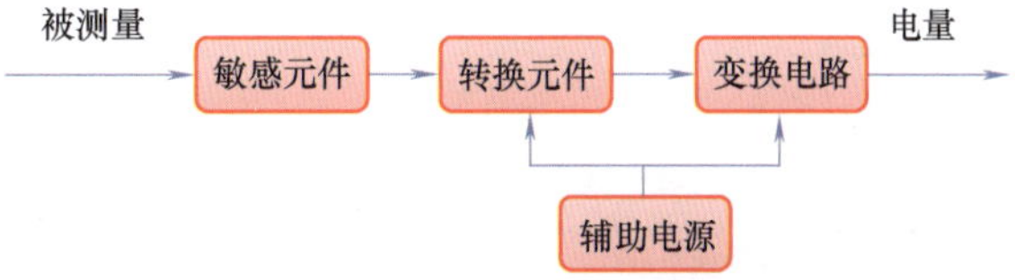


图 1-2-2　传感器的组成

智能网联汽车的关键是网联化和智能化。其中，智能化主要是指自动驾驶。自动驾驶汽车必须具有环境感知能力，能不断采集汽车外部环境信息，并不断识别周围环境中静止和运动的物体，对识别的物体进行检测和跟踪。再通过相应的算法判断物体是否为目标物以及目标物对汽车的威胁程度，即具有探测视场、探测距离的能力。其采集的数据应该覆盖车体周围 360°的范围，应能实现自动驾驶时前方探测距离不小于 150m，后方探测距离不小于 80m，左、右侧向探测距离不小于 20m，3 个基本方位的探测。

## 二、环境感知传感器

环境感知传感器主要包括视觉传感器、距离传感器和定位传感器。除了环境感知传感器，智能网联汽车仍然需要使用具有测控车辆自身运行状态功能的传感器，例如各种转速传感器、温度传感器和压力传感器，智能网联汽车仍然具有 ABS 等系统的基本功能。环境感知传感器主要用于采集汽车行驶环境的外部数据，而汽车状态测控传感器则用于采集汽车自运行数据。二者各司其职并且协同工作。智能网联汽车传感器种类如图 1-2-3 所示。

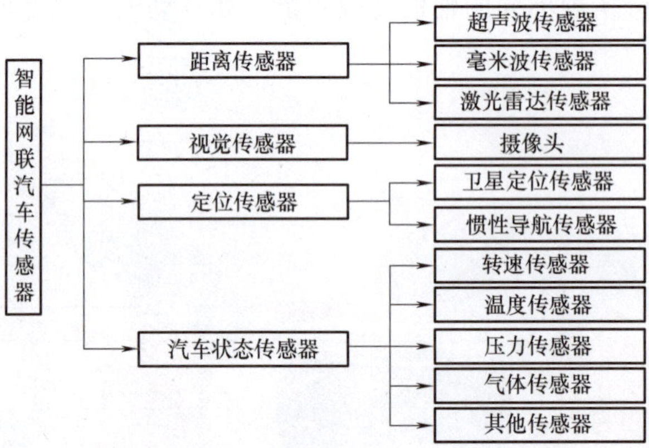


图 1-2-3　智能网联汽车传感器种类

没有一种传感器能够单独完成复杂的环境感知任务，智能网联汽车通常是根据场景需求，选择激光雷达、毫米波雷达、超声波雷达、摄像头、卫星定位与惯性导航传感器中的若干进行组合，并通过信息融合，协同感知汽车行驶场景的状况。不同类型的环境感知传感器，具有各自的优点与缺点。环境感知传感器性能对比见表 1-2-1。

表 1-2-1　环境感知传感器性能对比

| 应用的技术 | 超声波雷达传感器 | 摄像头（Vsion）传感器 | 激光雷达传感器 | 毫米波雷达传感器 |
|---|---|---|---|---|
| 远距离探测能力 | 弱 | 强 | 强 | 强 |
| 夜间工作能力 | 强 | 弱 | 强 | 强 |
| 全天候工作能力 | 弱 | 弱 | 弱 | 强 |
| 受气候影响 | 小 | 大 | 大 | 小 |
| 恶劣环境（烟雾、雨雪）工作能力 | 一般 | 弱 | 弱 | 强 |
| 温度稳定度 | 弱 | 强 | 强 | 强 |
| 车速测量能力 | 一般 | 一般 | 弱 | 强 |
| 目标识别能力 | 弱 | 强 | 一般 | 弱 |
| 避免虚报警能力 | 弱 | 一般 | 一般 | 强 |
| 硬件低成本可能性 | 高 | 一般 | 低 | 一般 |

超声波雷达传感器的数据处理简单、快速、成本低廉，一般能检测到的距离为 1～5m，主要功能是近距离障碍物检测，通常用于倒车辅助功能以及紧急避障时的信息检测。

毫米波雷达传感器具有波束窄、分辨率高、抗干扰能力强等特点，并具有良好的环境适应能力，因此它可在各种环境下可靠地工作。

摄像头传感器又称为车载相机，可通过采用机器视觉技术对所得的图像进行处理，主要用于车道线识别、交通信号灯识别、障碍物的检测与跟踪以及驾驶人状态监测。

激光雷达传感器具有方向性好、波束窄、无电磁干扰、距离及位置探测精度高等优点。激光雷达技术可以跟踪目标，获得周围环境的深度信息，广泛应用于障碍物检测、环境三维信息的获取、车距保持和车辆避障等功能。

## 【技能训练】

### 智能网联汽车传感器的认知二

#### 1. 摄像头传感器的认知

摄像头传感器本体如图 1-2-4 所示。

摄像头传感器线束如图 1-2-5 所示。

图 1-2-4　摄像头传感器本体

图 1-2-5　摄像头传感器线束

摄像头传感器支架如图 1-2-6 所示。

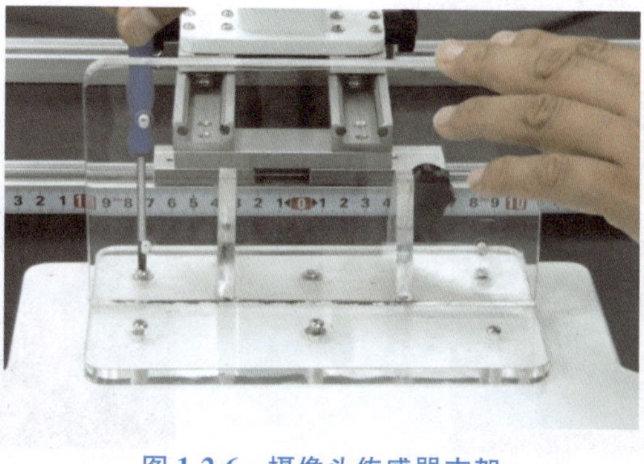

图 1-2-6　摄像头传感器支架

2. 激光雷达传感器的认知

激光雷达传感器如图 1-2-7 所示。

激光雷达传感器控制器如图 1-2-8 所示。

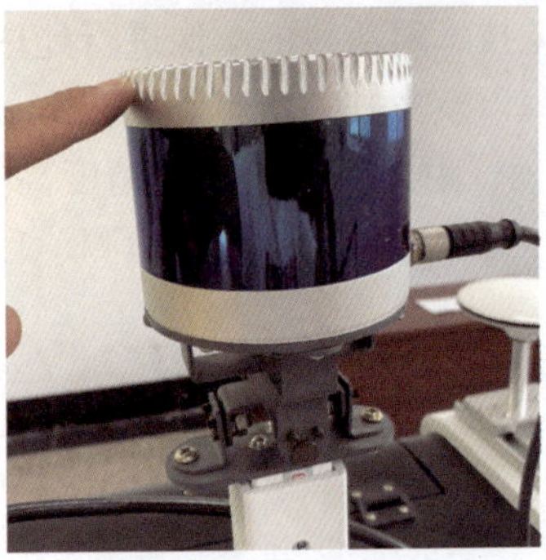

图 1-2-7　激光雷达传感器

图 1-2-8　激光雷达传感器控制器

激光雷达传感器支架如图 1-2-9 所示。

3. 导航及定位系统传感器的认知

导航及定位系统传感器天线如图 1-2-10 所示。

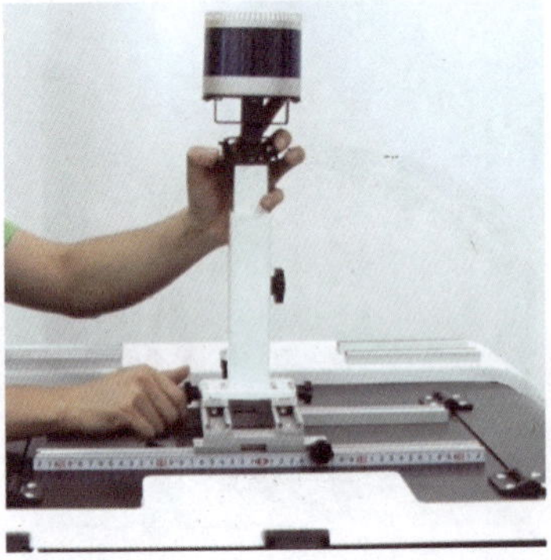

图 1-2-9　激光雷达传感器支架

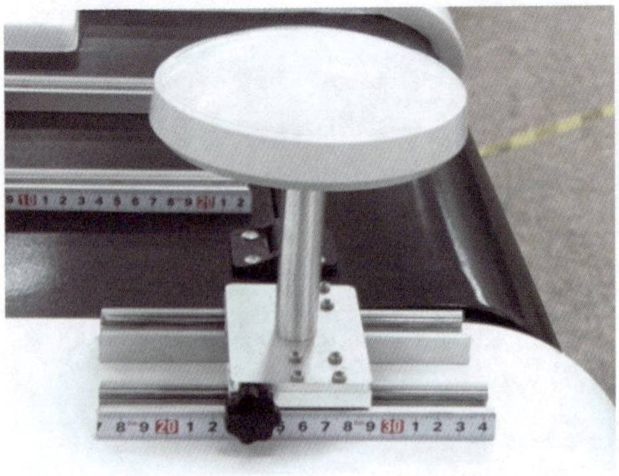

图 1-2-10　导航及定位系统传感器天线

导航及定位系统传感器控制器如图 1-2-11 所示。

导航及定位系统传感器天线线束如图 1-2-12 所示。

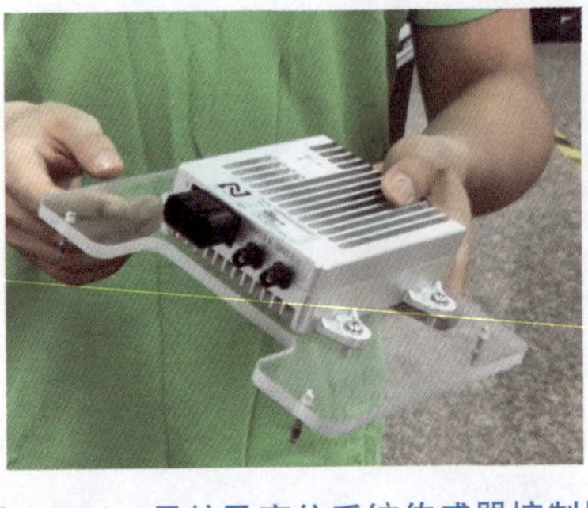

图 1-2-11　导航及定位系统传感器控制器

图 1-2-12　导航及定位系统传感器天线线束

## 【延伸阅读】

工业和信息化部印发了《车联网（智能网联汽车）产业发展行动计划》。

《车联网（智能网联汽车）产业发展行动计划》提出，将充分发挥政策引领作用，分阶段实现车联网（智能网联汽车）产业高质量发展的目标。

《车联网（智能网联汽车）产业发展行动计划》中的主要任务包括以下5个：

1）突破关键技术，推动产业化发展。充分利用各种创新资源，加快智能网联汽车关键零部件及系统开发应用，推动构建智能网联汽车决策控制平台。大力支持LTE-V2X、5G-V2X等无线通信网络关键技术研发与产业化，全面构建通信和计算相结合的车联网体系架构。

2）完善标准体系，推动测试验证与示范应用。全面实施《国家车联网产业标准体系建设指南》，完善制定车联网重点标准，适时发放频率使用许可，构建智能网联汽车测试评价体系。推动在机场、港口和园区开展自动驾驶出行、智能物流等场景的示范应用，构建国家级车联网先导区，不断提升交通智能化管理水平和居民出行服务体验。

3）合作共建，推动完善车联网产业基础设施。加强部门合作和部省协同，构建基于LTE-V2X、5G-V2X等无线通信技术的网络基础设施。打造综合大数据及云平台，推进道路基础设施的信息化和智能化改造，支持构建集感知、通信、计算等能力为一体的智能基础设施环境。

4）发展综合应用，推动提升市场渗透率。大力发展车联网用户，培育智慧出行等创新应用，发展电动汽车实时在线监测系统和大数据分析能力，推广车路交互信息服务的规模应用。推动事故预警和协同控制技术的应用，提升交通安全与拥堵主动调控能力，建立基于网络的汽车设计、制造、服务一体化体系，实现基于大数据平台的个性化汽车服务的规模应用。

5）技管结合，推动完善安全保障体系。以智能网联汽车系统运行安全、数据安全和网络安全为重点，完善安全管理体系与防护机制，构建智能网联汽车、车联网数据和网络的全要素安全检测评估体系，着力提升隐患排查、风险发现、应急处置水平。

## 【学习小结】

本项目介绍了智能网联汽车的概念，智能网联汽车自动驾驶等级划分，智能网联汽车技术路线分类，智能网联汽车框架及关键技术，智能网联汽车传感器的基本应用，智能网联汽车环境感知传感器的类型及内容。

## 【课后习题】

### 一、单项选择题

1. 智能网联汽车是一种跨技术、跨产业领域的新兴（　　）。

A. 汽车企业　　B. 汽车行业　　C. 汽车体系　　D. 汽车巨头

2. 狭义讲，智能网联汽车是搭载先进的（　　）、控制器、执行器等装置，并融合现代通信与网络技术的汽车。

A. 传感器　　B. 元器件　　C. 电阻器　　D. 晶体管

3. 美国汽车工程师学会（SAE）将自动驾驶分为（　　）级。

A. 4　　B. 5　　C. 6　　D. 7

4. （　　）等级是有条件的自动驾驶。

A. L1　　B. L2　　C. L3　　D. L4

5. L2 等级是（　　）。

A. 无自动驾驶　　B. 驾驶辅助

C. 有条件的自动驾驶　　D. 部分自动驾驶

6. （　　）的任务是利用摄像头、雷达、超声波等主要车载传感器以及车辆通信系统感知周围环境。

A. 环境感知系统　　B. 智能决策技术

C. 控制执行技术　　D. 专用通信与网络技术

7. 智能网联汽车的关键词是网联化和（　　）。

A. 自动化　　B. 智能化　　C. 网络化　　D. 现代化

## 二、判断题

1. 智能网联汽车更侧重于解决安全、节能、环保等制约产业发展的核心问题。（　　）

2. 智能网联汽车是智能交通系统中的智能汽车与互联联网交集的产品。（　　）

3. 超声波在传播的过中，声能量会越来越少，这种特性称为超声波的传播特性。（　　）

4. 美国汽车工程师学会（SAE）将自动驾驶定义了 5 个等级。（　　）

5. 对于 4 级驾驶自动化，系统发出接管请求时，乘员无需进行响应，系统具备自动达到最小风险状态的能力。（　　）

6. 智能网联汽车技术路线主要分为基于传感器的自主式技术路线和基于车辆互联的网联式技术路线两种。（　　）

7. 智能网联汽车涉及整车零部件、信息通信、智能交通和地图定位等多领域技术。（　　）

# 项目二

## 超声波雷达传感技术与应用

### 【案例导入】

自动泊车辅助系统可以帮助驾驶人停车入位，其原理是勘测系统对停车位的情况进行自动检测，当检测到合适车位的时候，它便会自动将车辆停入车位；在停车过程中，驾驶人只需要控制加速踏板和制动踏板就可以，完全不需要控制转向盘，汽车便会根据检测情况转向、倒车和前进，直至将车辆正确入位。

超声波雷达的结构和原理各是什么？它的应用有哪些？在自动泊车辅助系统中起什么作用？通过项目的学习可以得到答案。

### 【项目目标】

| 知识与技能 | 过程与方法 | 情感态度与价值观 |
|---|---|---|
| 1. 了解声波的分类和超声波的特性，掌握超声波雷达的定义和特点<br>2. 了解超声波雷达的分类，掌握超声波雷达的基本组成<br>3. 了解超声波雷达的结构，掌握超声波雷达的工作原理<br>4. 掌握超声波雷达的测距原理<br>5. 了解超声波雷达的技术参数，了解超声波雷达的实际应用<br>6. 掌握超声波雷达的安装流程及步骤，掌握超声波雷达的数据读取流程，掌握超声波雷达的配置标定，掌握超声波雷达的故障排除方法 | 1. 采用一体化分小步教学方法，边讲边练边评，提高学生的操作技能<br>2. 通过电子教案辅助学习，培养学生自主学习和探究学习的能力<br>3. 任务驱动教学法：通过布置任务，学生集体讨论，小组互助竞赛机制，激发学生的学习兴趣 | 1. 通过知识的学习，培养学生乐观的生活态度、求实的科学态度、宽容的人生态度<br>2. 通过图片、视频及案例引导学生积极思考，激发学生的学习兴趣和求知欲望<br>3. 通过对实训步骤进行分析，提高学生分析和知识迁移的能力<br>4. 通过实践训练，培养学生实事求是、自强不息、爱岗敬业、团队合作的精神 |

# 任务一　超声波雷达的概念认知

## 【任务导入】

目前，超声波雷达在智能网联汽车中起到无可替代的作用，超声波雷达在智能网联汽车智能化的方向占据重要位置。那么你知道超声波的特性和类型吗？超声波雷达的定义是什么？智能网联汽车中超声波传感器是什么样子的？学习本任务，你将可以回答以上问题。

## 【知识准备】

### 一、声波分类

根据声波频率的不同，声波分为次声波、可闻声波和超声波。

**1. 次声波**

次声波是频率低于20Hz的声波，其特点是不易衰减，容易被水和空气吸收。

**2. 可闻声波**

可闻声波指频率为20Hz~20kHz的声波。

**3. 超声波**

超声波指频率为20kHz~1GHz的声波，其特点是方向性好，穿透力强，对色彩、光照、电磁场不敏感；在两种介质间传播时能产生明显的反射和折射；在气体中容易衰减。超声波广泛应用于测距、测速、清洗、焊接、碎石和杀菌消毒等。

### 二、超声波特性

**1. 传播特性**

超声波为直线式传播，绕射能力弱，波长越短，反射能力越强。

**2. 传播速度**

超声波在空气中的速度较慢，在固体或液体中传播能量衰减小，穿透力强。超声波在空气中的传播速度与温度、大气压力、湿度等因素有关，其中温度的影响最大。超声波的传播速度与温度的关系见表2-1-1。

表2-1-1　超声波的传播速度与温度的关系

| 温度/℃ | −30 | −20 | −10 | 0 | 10 | 20 | 30 | 100 |
|---|---|---|---|---|---|---|---|---|
| 超声波传播速度/(m/s) | 313 | 319 | 325 | 323 | 338 | 344 | 349 | 386 |

空气中超声波传播速度近似式为

$$C=331.5+0.61\theta$$

式中，$C$ 为声波传播速度（m/s）；$\theta$ 为气温（℃）。

### 3. 折射与反射

超声波在同介质中沿直线传播，在不同介质中传播时，在分界面处会产生两种不同的现象，一种是部分声波被反射，另一种是部分声波产生折射，如图 2-1-1 所示。

### 4. 衰减特性

超声波在传播的过程中，声能量会越来越少，这种特性称为超声波的衰减特性，如图 2-1-2 所示。由扩散而引起的衰减与传播距离有关；由散射而引起的衰减与介质有关；由吸收而引起的衰减，与介质的内摩擦和热传导有关。

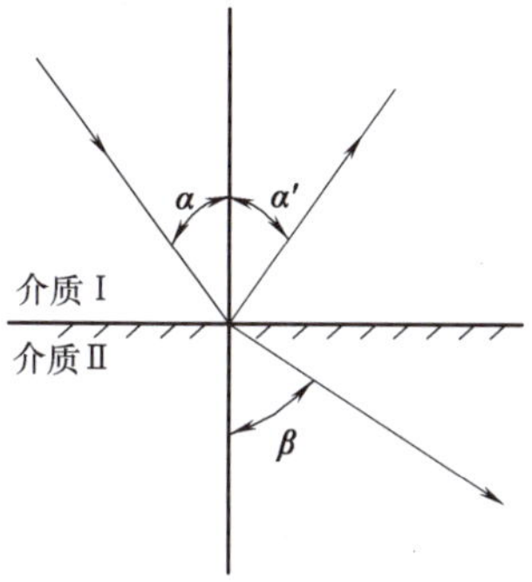


图 2-1-1　超声波的折射与反射

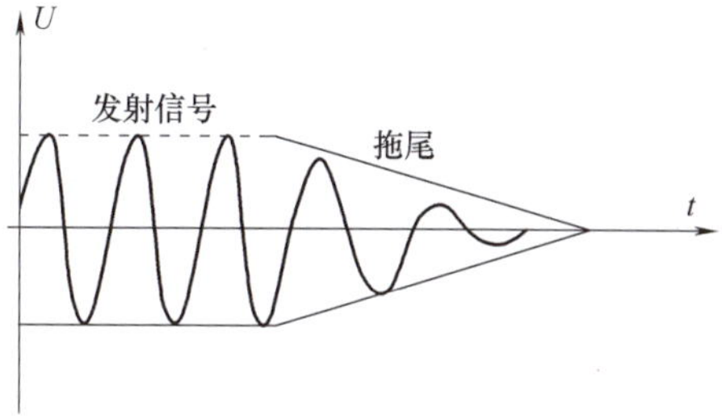


图 2-1-2　超声波的衰减特性

## 三、超声波雷达定义

超声波雷达是利用超声波的特性研制而成的传感器，是在超声波频率范围内将电信号转换成声信号或将外界声信号转换为电信号的能量转换器件。超声波雷达信号如图 2-1-3 所示。

超声波雷达在智能网联汽车上的应用主要是泊车。车载超声波雷达一般安装在汽车保险杠上的某个位置，在车上的外观如图 2-1-4 所示。

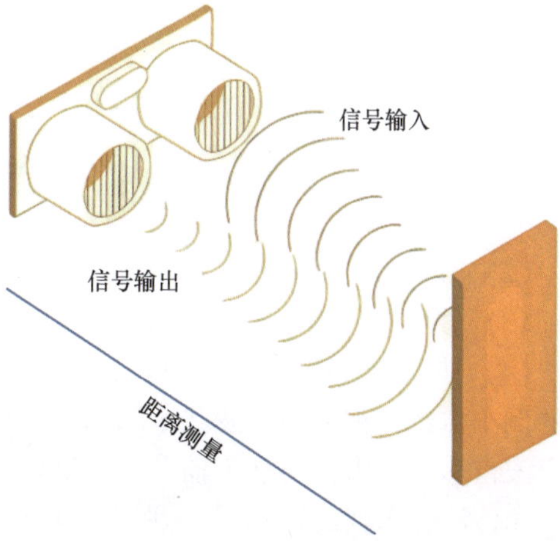


图 2-1-3　超声波雷达信号

## 四、超声波雷达的特点

### 1. 超声波雷达的优点

1）频率相对固定，例如汽车上用的超声波雷达，频率为 40kHz、48kHz 和 58kHz。

2）结构简单、体积小、成本低、信息处理简单可靠、易于小型化与集成化。

3）灵敏度高。

4）抗干扰能力强，对天气变化不敏感。

图 2-1-4　超声波雷达及其在车上的安装位置

5）可在室内、黑暗环境中使用。

**2. 超声波雷达的缺点**

1）适合于低速，高速时测距误差大。

2）有一定的扩散角，只能测量距离，不可以测量方位。实际使用时需要安装多个超声波雷达。

3）对于低矮、圆锥形、过细的障碍物或者沟坎，超声波雷达不容易探测到。

4）由于超声波信号干扰，距离过近就丧失探测功能，使用时有探测盲区。

## 五、超声波雷达的分类

**（1）按照安装方式分类**　可分为直射式和反射式。反射式可以分为发射头、接收头分体和收发一体两种形式，如图 2-1-5 所示。

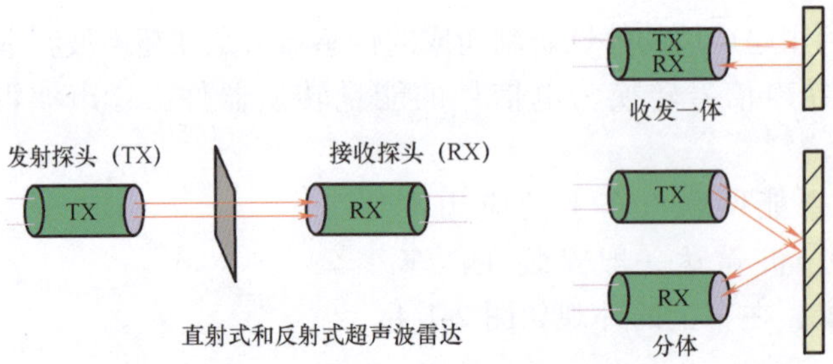


图 2-1-5　直射式和反射式超声波雷达

**（2）按照换能器物理效应不同分类**　可分电动式、电磁式、磁致伸缩式和压电式 4 种。

**（3）按照工作频率分类**　可分 40kHz、48kHz、58kHz 3 种，频率越高，灵敏度越高。

**（4）按照使用场景分类**　可分两种：一种是装在前、后保险杠上测量汽车前、后障碍物的倒车雷达，称为超声波驻车辅助（UPA）；一种是装在汽车侧面测量侧方障碍物距离的超声波雷达，称为自动泊车辅助（APA）。

超声波驻车辅助雷达是一种短程超声波，检测范围为 25～250cm，检测距离大、干扰小、检测准确。自动泊车辅助雷达是一种远程超声波，检测范围为 35～500cm，方向性强、不易受干扰，但误差大。汽车超声波雷达如图 2-1-6 所示。

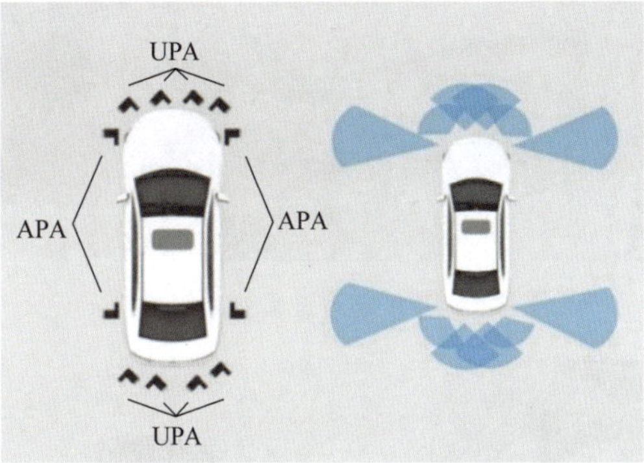


图 2-1-6　汽车超声波雷达

## 【技能训练】

### 智能网联汽车超声波雷达探头的安装

**1. 超声波雷达支架的准备**

超声波雷达探头支架和安装位置如图 2-1-7、图 2-1-8 所示。

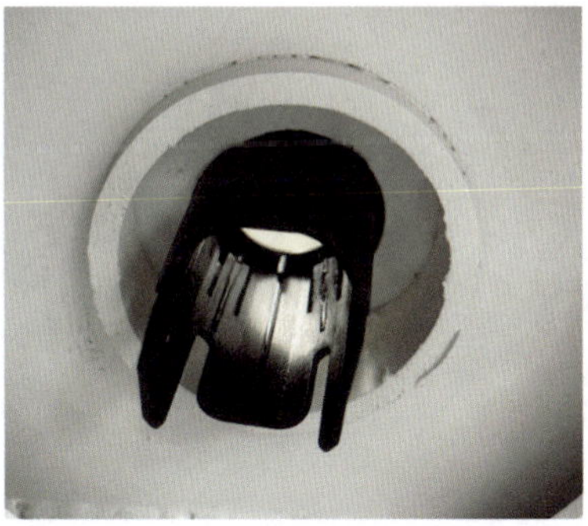

图 2-1-7　超声波雷达探头支架

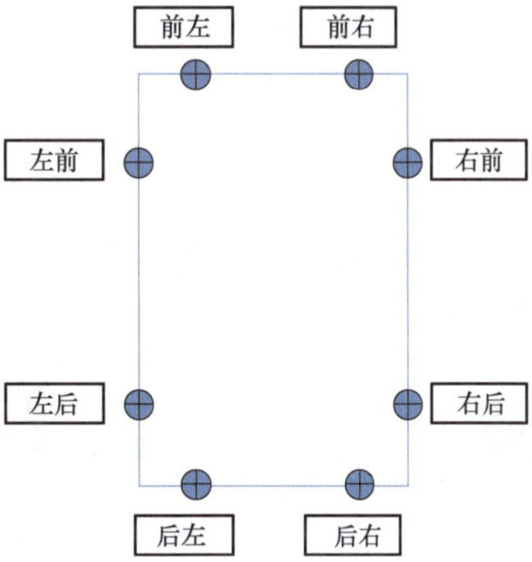


图 2-1-8　超声波雷达安装位置

**2. 安装超声波雷达探头**

**(1) 安装超声波雷达组件 1**　确定超声波雷达探头雷达组件 1（线组 302、304，见图 2-1-9），各探头具体位置标记如图 2-1-10 所示。

**(2) 安装超声波雷达组件 2**　确定超声波雷达探头雷达组件 2（线组 301、303，见图 2-1-11），各探头具体位置标记，如图 2-1-12 所示。

**3. 超声波雷达线束的连接**

**(1) 超声波探头组件 1 线束连接**　将超声波探头组件 1 线束连接到控制器插接器接口 1 中，如图 2-1-13 所示。

图 2-1-9　超声波雷达组件 1

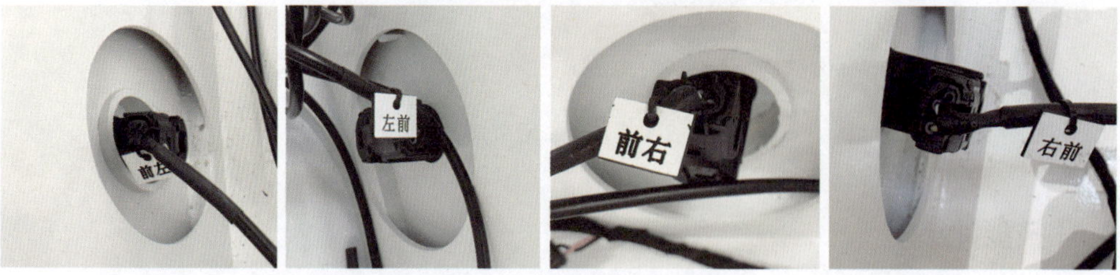


图 2-1-10　超声波雷达组件 1 安装

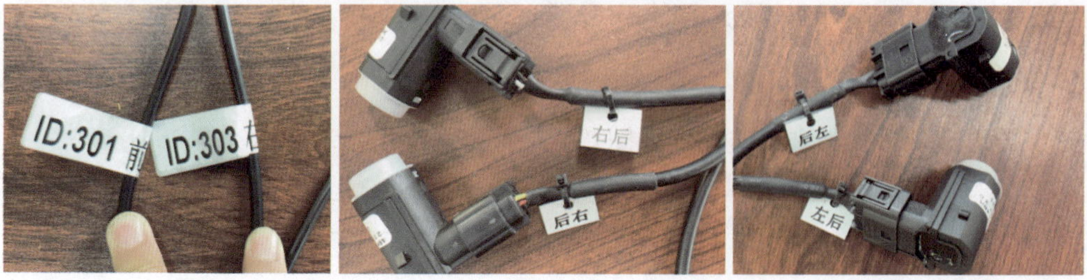


图 2-1-11　超声波雷达组件 2

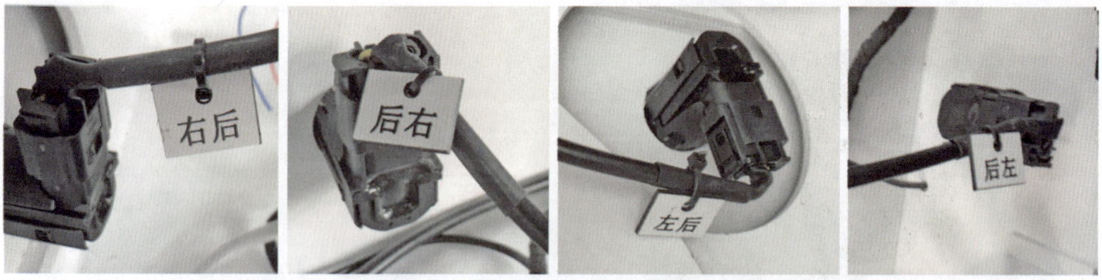


图 2-1-12　超声波雷达组件 2 安装

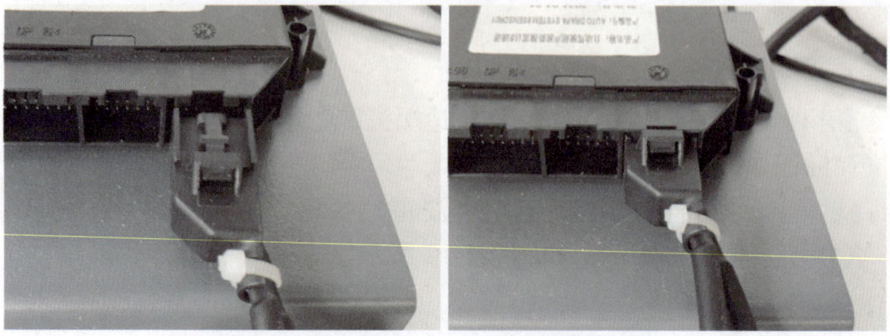

图 2-1-13　超声波雷达组件 1 线束连接

（2）超声波探头组件 2 线束连接　将超声波探头组件 2 线束连接到控制器插接器接口 2 中，如图 2-1-14 所示。

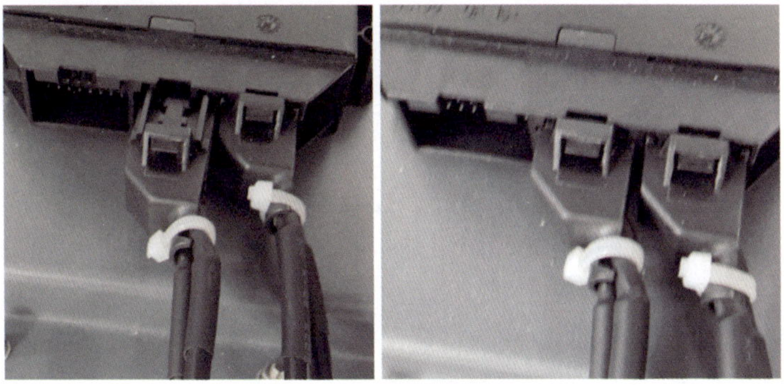

图 2-1-14　超声波雷达组件 2 线束连接

（3）超声波雷达控制器总线束连接　将控制器总线束连接到插接器接口 3 中，如图 2-1-15 所示。

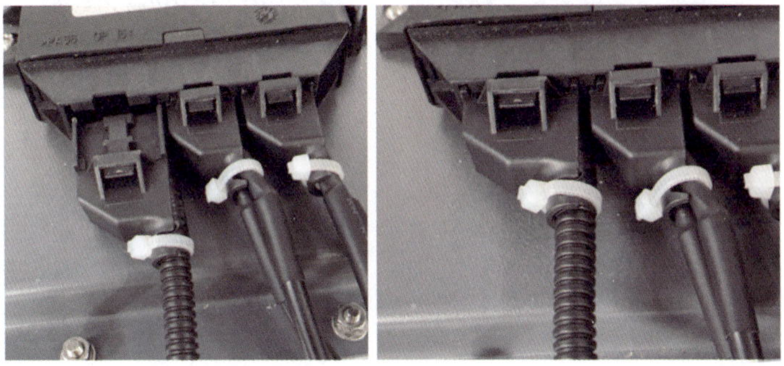

图 2-1-15　超声波雷达控制器总线束连接

**4. 安装完毕**

安装完毕，清洁、整理工位。

# 任务二　超声波雷达结构与原理的认知

## 【任务导入】

目前，超声波雷达在智能网联汽车中起着无可替代的作用，在智能网联汽车智能化的方向占据重要位置。那么你知道超声波雷达的组成和工作原理吗？它的测距原理是什么？在智能网联汽车中，超声波雷达 CAN 数据如何读取？学习本任务，你将可以回答以上问题。

## 【知识准备】

### 一、超声波雷达的组成和工作原理

#### 1. 超声波雷达的组成

超声波雷达主要由发送部分、接收部分、控制部分和电源部分组成，如图 2-2-1 所示。

发送部分由发送器和换能器组成，作用是接收控制部分电信号并转换为超声波后发射；接收部分由换能器和放大电路组成，可以将超声波转换成电信号经放大后传输至控制部分；控制部分是超声波雷达的“心脏”，控制发送部分和接收部分，并判断雷达至障碍物间的距离；电源部分为整个系统供电。

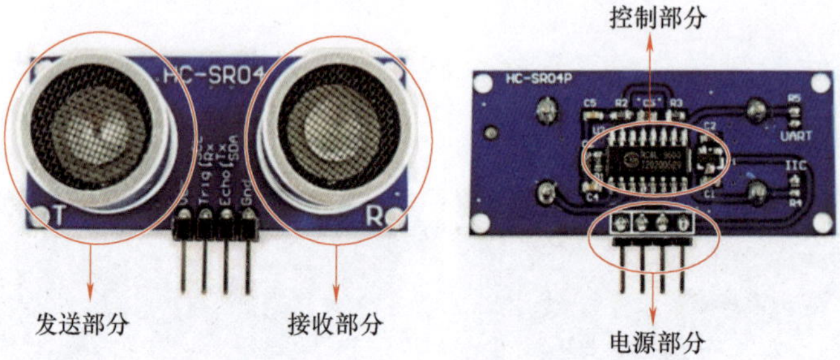


图 2-2-1　超声波雷达的组成

#### 2. 超声波雷达的结构与工作原理

超声波雷达的常用材料是压电晶体和压电陶瓷，通过压电效应来工作。

（1）超声波雷达换能器　换能器能通过压电效应将电信号和超声波相互转换，发射时，将电信号转换为超声波；接收时，将超声波转换为电信号。超声波换能器的内部结构如图 2-2-2 所示，它由压电晶片、锥形共振盘、引脚、外壳和防护网等部分组成，换能器的核心是压电晶体。

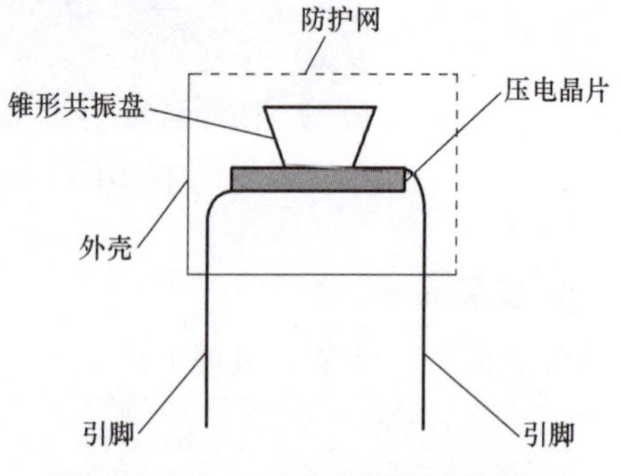


图 2-2-2　超声波换能器的内部结构

压电晶体的可逆特性：若对压电材料施加机械力，在电极间产生电动势；若在电极间施加电压，则压电材料会产生机械位移。压电晶体特性如图 2-2-3 所示。

（2）超声波雷达探头　超声波雷达探头的结构如图 2-2-4 所示，它由压电晶片、吸收快（阻尼块）、保护膜和接线片等组成。

压电晶片多为圆板形。超声波频率与压电晶片厚度成反比。吸收块（阻尼块）的作用是降低压电晶片的机械频率，吸收声能量。

在发射端，对压电晶片施加 40kHz 的激励脉冲电压，晶片根据所加的高频电压极性伸长或缩短产生高频振动，发射频率为 40kHz 的超声波。

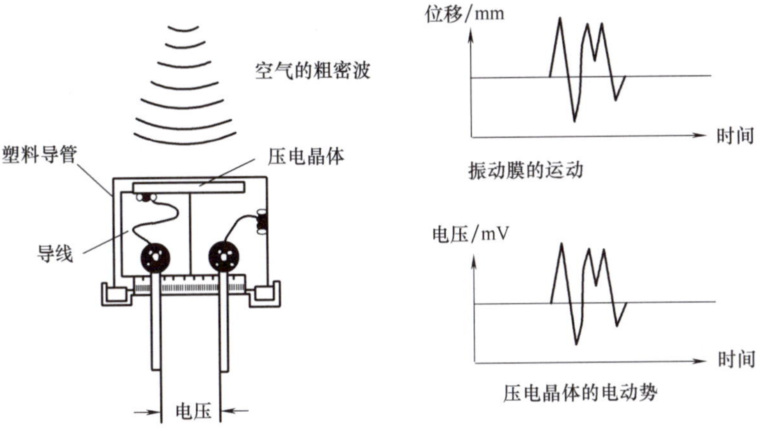


图 2-2-3　压电晶体特性

超声波被障碍物反射后被接收器接收，接收器利用压电材料的压电效应将超声波转换成电荷，经测量或检测电路，记录或显示结果。分体式超声波雷达探头如图 2-2-5 所示。

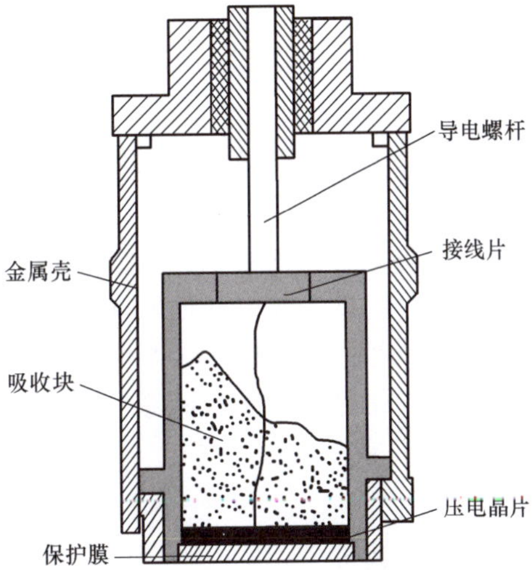


图 2-2-4　超声波雷达探头的结构

## 二、超声波雷达的测距原理

超声波雷达的测距原理如图 2-2-6 所示。超声波发射头发出的超声波脉冲经空气传到反射物表面，反射后通过空气传到接收头，测出超声波脉冲从发射到接收所需的时间，根据空气中的声速可求得从超声波到反射物表面之间的距离。

设超声波到反射物表面的距离为 $L$，超声在空气中的传播速度为 $v$（约为 340m/s），从发射到接收所需的传播时间为 $t$，当发射头和接收头之间的距离远小于超声波到反射物之间的距离时，则有 $L=vt/2$。只要测出传播时间，即可求出距离。

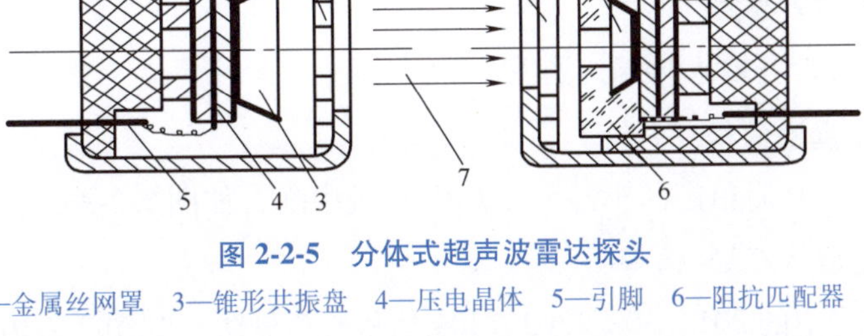

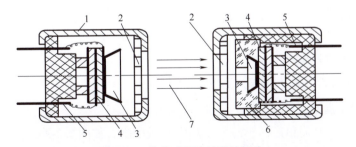


图 2-2-5　分体式超声波雷达探头

1—外壳　2—金属丝网罩　3—锥形共振盘　4—压电晶体　5—引脚　6—阻抗匹配器　7—超声波束

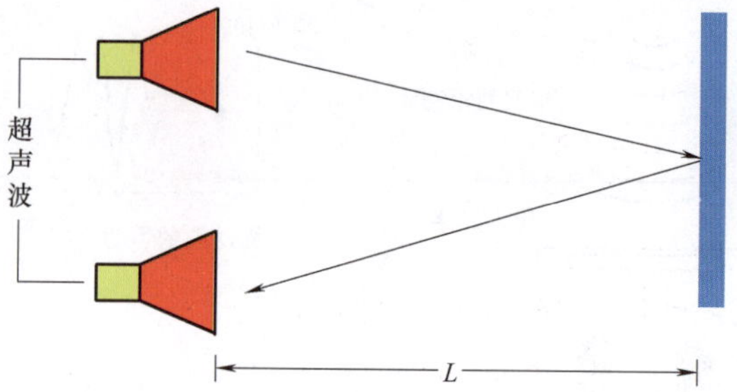


图 2-2-6　超声波雷达的测距原理

## 三、倒车雷达的工作原理

倒车雷达的工作原理图如图 2-2-7 所示。倒车雷达的工作原理是在汽车的后保险杠或前后保险杠设置超声波雷达，用以侦测前后方的障碍物，帮助驾驶人“看到”前、后方的障碍物。

倒车雷达侦测离车最近障碍物的距离，并发出警笛声来警告驾驶人。倒车雷达的优点在于驾驶人可以用听觉获得有关障碍物的信息，或与其他汽车间的距离。倒车雷达主要是用来协助停车的，所以当达到或超过某一车速时系统功能将会关闭。

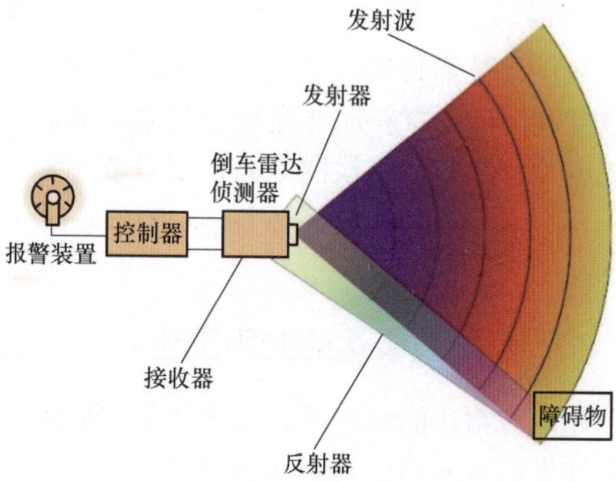


图 2-2-7　倒车雷达的工作原理

### 【技能训练】

## 智能网联汽车超声波雷达 CAN 信号读取

**1. 打开电源开关**

1）打开动力蓄电池包开关和主电源开关。

2）打开电源控制盒上 AGX、LCD、ULT、M2 等电源开关。

**2. 打开计算机输入终端**

按 Ctrl+Alt+T 键打开输入终端，如图 2-2-8 所示。

**3. 输入 CAN0 查找信号**

输入 candump can0 后单击回车键，按 Ctrl+C 键中断，如图 2-2-9 所示。

**4. 检查超声波雷达 CAN 信号**

检查 CAN0 信号中的 301、302、303、304 信号是否缺失，如图 2-2-10 所示。

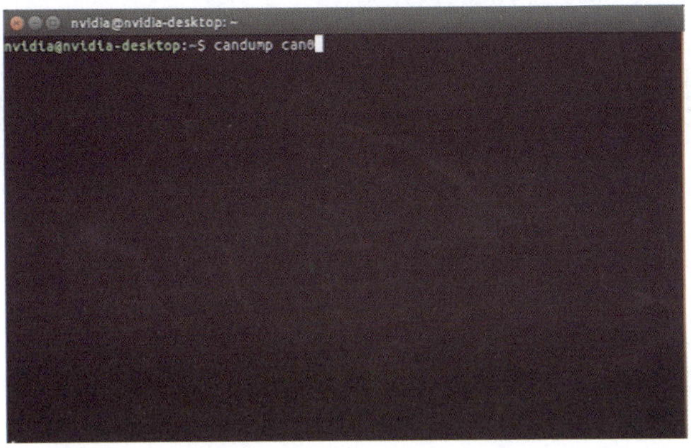


图 2-2-8　打开终端

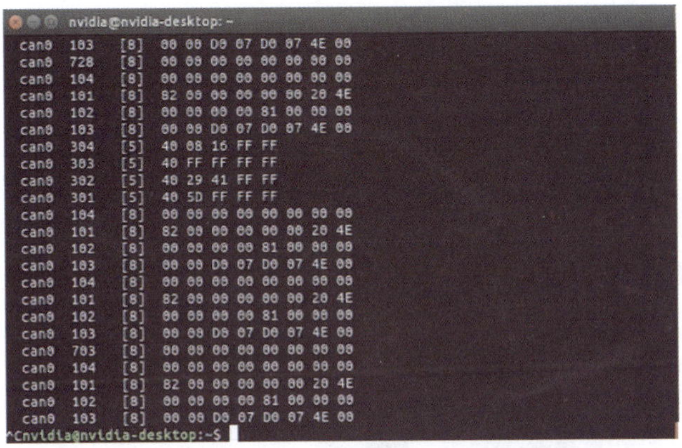


图 2-2-9　打开 CAN 信号

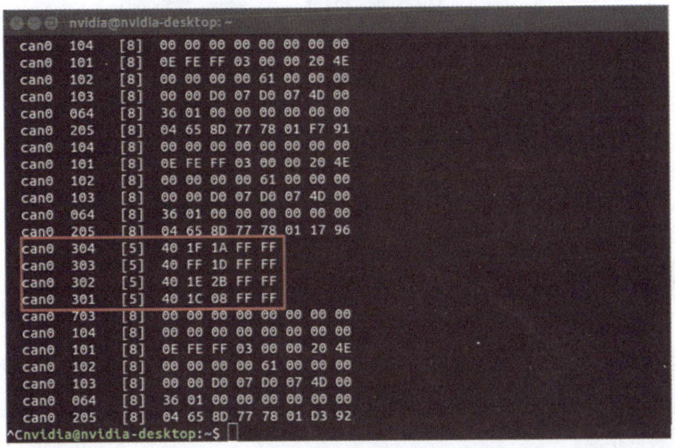


图 2-2-10　检查超声波雷达 CAN 信号

### 5. 超声波信号读取完毕

1）关闭计算机主机。

2）关闭电源控制盒上 AGX、LCD、ULT、M2 等电源开关。

3）关闭主电源开关和动力蓄电池包开关。

# 任务三　超声波雷达传感技术的应用

## 【任务导入】

目前，超声波雷达在智能网联汽车中起着无可替代的作用，它在智能网联汽车智能化的方向占据重要位置。那么你知道超声波雷达的主要参数有哪些吗？超声波雷达在智能网联汽车中的具体应用是什么？智能网联汽车中超声波雷达数据流如何读取？学习本任务，你将可以回答以上问题。

## 【知识准备】

### 一、超声波雷达辅助驾驶的应用

某公司第6代超声波雷达如图2-3-1所示，图中，1代表轴向的超声波雷达，2和3代表径向的超声波雷达。

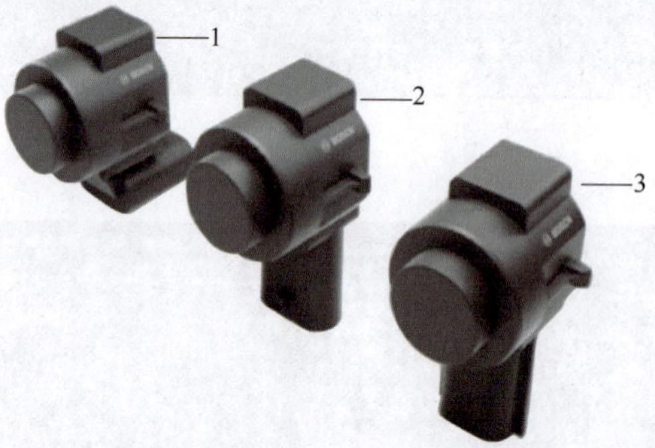


图 2-3-1　某公司第 6 代超声波雷达

某公司的超声波雷达主要技术参数见表2-3-1所示。

表 2-3-1　某公司的超声波雷达主要技术参数

| 项目 | 参数 |
|---|---|
| 最小测量距离 | 0.15m |
| 最大测量距离 | 5.5m |
| 目标分辨率 | 3~15cm |
| 水平视场角 | ±70°@35dB |

（续）

| 项目 | 参数 |
|---|---|
| 垂直视场角 | ±35°@ 35dB |
| 尺寸 | 44mm×26mm |
| 质量 | 14g |
| 工作温度 | −40～85℃ |
| 电流消耗 | 7mA |
| 防护安全等级 | IP64K |

### 1. 停车辅助系统

停车辅助系统的使用：变速杆挂入倒档时，倒车雷达自动开始工作，当探头侦测到后方物体时蜂鸣器发出警告，当车辆继续倒车时，警告声音的频率会逐渐加快，最后变为长鸣声。通过声音向驾驶人发出指示，应对纵向停车及横向停车时的各种情况。

停车辅助系统如图 2-3-2 所示，它采用镶嵌在前、后保险杠内的 12 个超声波雷达来实现自动停车。

### 2. 侧边距报警系统

侧边距报警系统是车道变换辅助系统，用来协助驾驶人避免与侧面盲区（或盲点）的行驶车辆发生碰撞。车辆处于前进档时，如果在某侧盲区探测到行驶车辆，则该侧后视镜指示灯将亮。如果转向信号被激活且在同侧探测到车辆，则指示灯将闪烁，作为不要变换车道的额外警告。

侧边距报警系统如图 2-3-3 所示，它是基于超声波雷达技术的行车辅助功能。侧边距报警系统能够帮助驾驶人在狭窄和复杂的驾驶情况下有效地避免侧面碰撞。

图 2-3-2　停车辅助系统

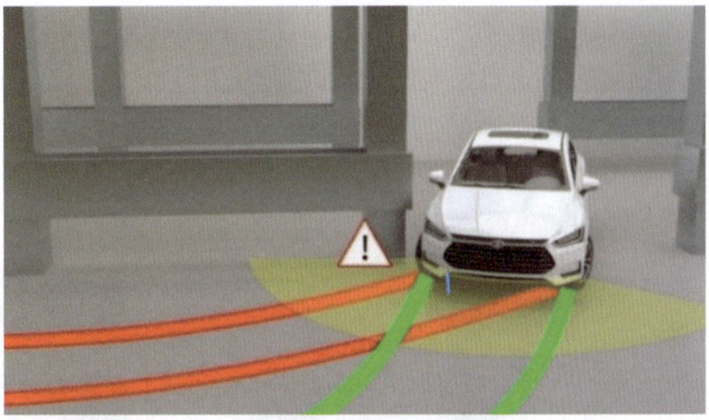

图 2-3-3　侧边距报警系统

侧边距报警系统配置及报警策略如图 2-3-4 所示。

## 二、超声波雷达自动驾驶的应用

超声波雷达主要应用在自动泊车辅助系统，自动泊车辅助系统在汽车低速巡航时，使用超声波雷达感知周围环境，帮助驾驶人找到尺寸合适的空车位，并在驾驶人发送泊车指令后，将汽车泊入车位。自动泊车辅助系统环境感知范围如图 2-3-5 所示。

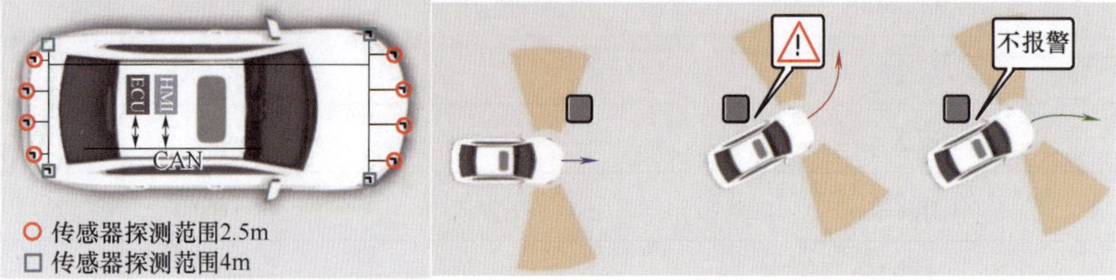


a) 传感器配置　　b) 报警策略

图 2-3-4　侧边距报警系统配置及报警策略

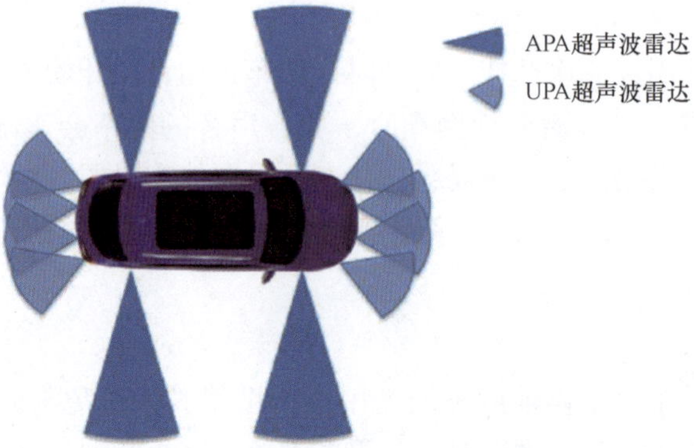


图 2-3-5　自动泊车辅助系统环境感知范围

自动泊车辅助雷达的探测范围远而窄，最大测量距离为 5m；超声波驻车辅助雷达的探测范围近而宽，常见超声波驻车辅助雷达测量距离为 3m。自动泊车辅助雷达的作用是在汽车低速巡航时，完成空库位的寻找和校验工作。如图 2-3-6 所示，随着汽车低速行驶过空库位，安装在前侧方的自动泊车辅助雷达的测量距离有一个先变小再变大再变小的过程。一旦汽车控制器探测到这个过程，可以根据车速等信息得到库位的宽度以及是否是空库位的信息。后侧方的自动泊车辅助雷达在汽车低速巡航时也会探测到类似的信息，可根据这些信息对空库位进行校验，避免误检。

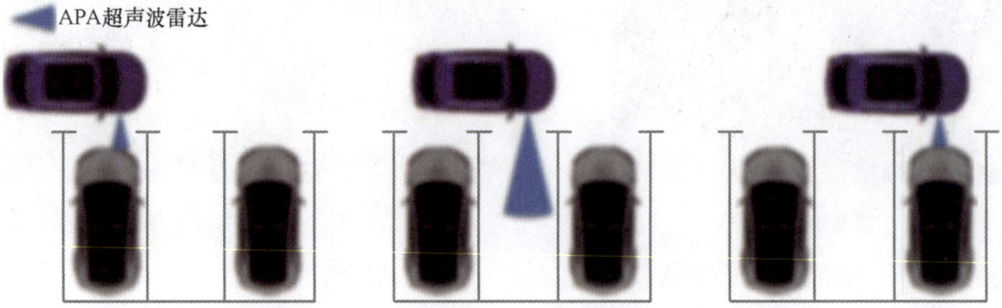


图 2-3-6　APA 超声波雷达检测库位原理

自动泊车的技术盘点如图 2-3-7 所示。

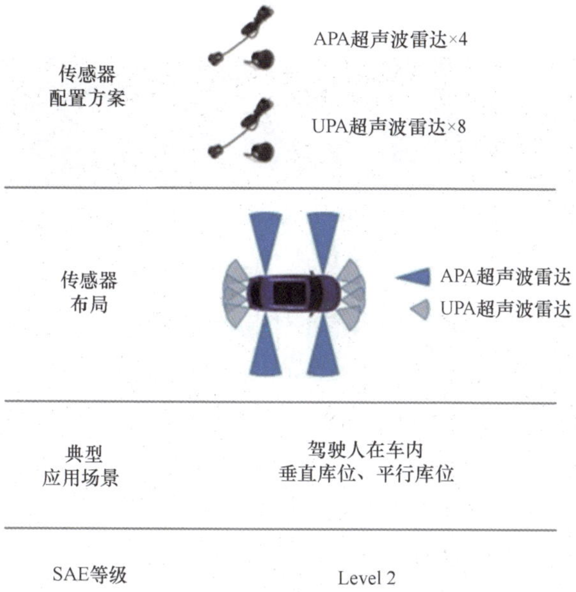


图 2-3-7　自动泊车的技术盘点

## 【技能训练】

### 智能网联汽车超声波雷达数据读取

**1. 打开电源开关**

1）打开动力蓄电池包开关和主电源开关。

2）打开电源控制盒上 ACX、LCD、ULT、M2 等电源开关。

**2. 打开智能驾驶装调实训平台软件**

**（1）打开数据终端窗口**　在/home/apollo-arm 目录下打开命令行，如图 2-3-8 所示。

图 2-3-8　打开数据终端窗口

**（2）打开智能驾驶装调平台** 输入./apolloExe，单击回车，如图2-3-9所示。

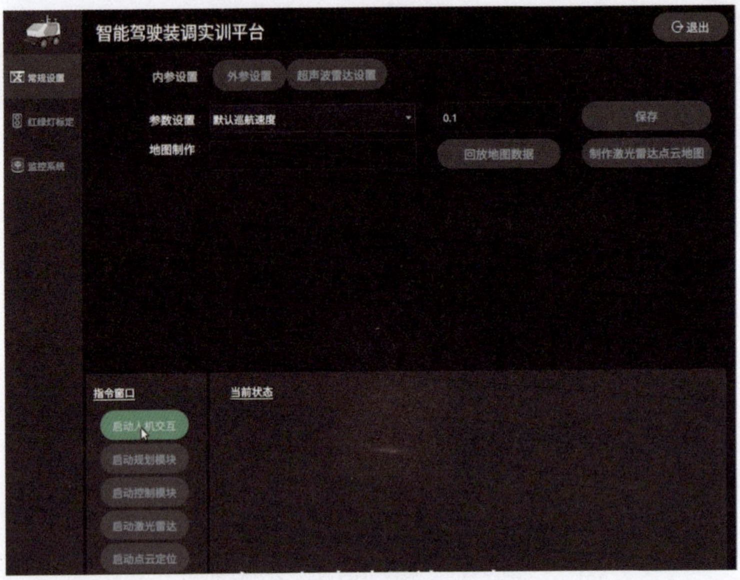


图 2-3-9 打开智能驾驶装调平台

### 3. 打开超声波雷达驱动

打开 Module Controller 界面，在“模块”区域中单击 canbus 按钮和 Ultrasonic 按钮，如图2-3-10所示。

图 2-3-10 打开超声波雷达驱动

### 4. 查看超声波雷达实时数据

打开智能驾驶装调实训平台，在“监控系统”界面，查看超声波雷达数据是否持续有数据刷出，且带有监测到的障碍物数据，如图2-3-11所示。

### 5. 超声波雷达数据读取完毕

1）单击 canbus、Ultrasonic 按钮，关闭 dreamview 界面。

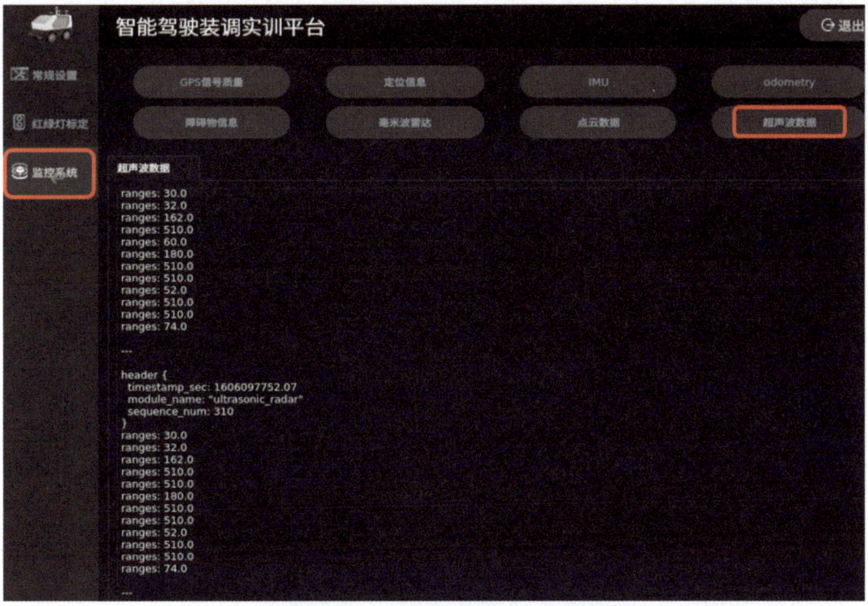


图 2-3-11　查看超声波雷达数据

2）关闭智能驾驶装调实训平台，关闭终端界面，关闭计算机。

3）关闭电源控制盒上 AGX、LCD、ULT、M2 等电源开关。

4）关闭主电源开关和动力蓄电池包开关。

# 任务四　超声波雷达的标定和故障排除

## 【任务导入】

目前，超声波雷达在智能网联汽车中起着无可替代的作用，它在智能网联汽车智能化的方向占据重要位置。那么你知道超声波雷达系统主要参数有什么吗？超声波雷达在智能网联汽车中的线束布置是什么样的？智能网联汽车中超声波雷达如何安装标定及故障排除？学习本任务，你将可以回答以上问题。

## 【知识准备】

### 一、超声波雷达系统

**1. 超声波雷达系统介绍**

超声波雷达系统由 16 个超声波雷达探头和 1 个控制器（可选）组成，雷达探头布置车辆四周，可以在低速情况下对车辆四周障碍物进行扫描检测，实时输出车辆四周的障碍物信息，有效地预防车辆发生碰撞事故。

**2. 超声波雷达系统框架图及线束布置图**

超声波雷达系统可以最多同时安装 16 个超声波雷达探头。其中每 4 个探头为一组，车辆前方 4 个探头和后方 4 个探头类型一致，参数相同。车辆左侧和右侧 4 个探头和后方 4 个探头类型一致，参数相同。系统 CAN 线图和线束布置图如图 2-4-1、图 2-4-2 所示。

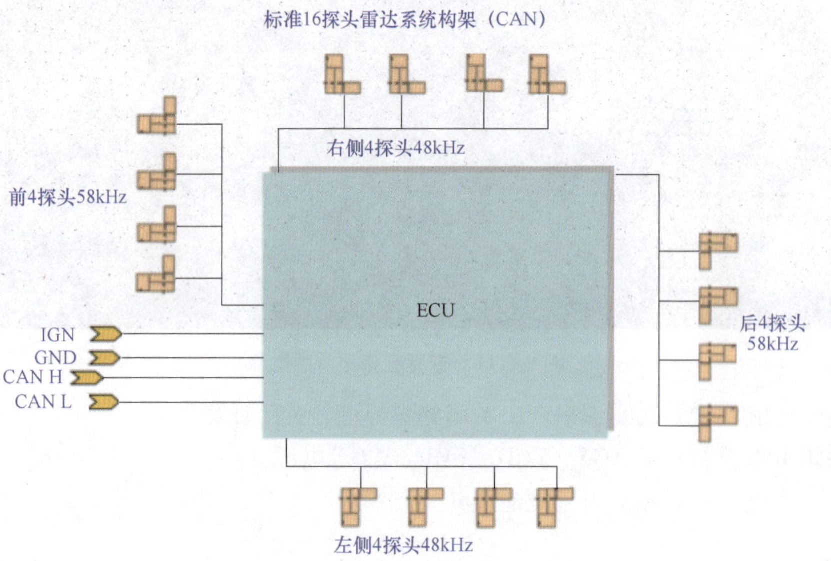


图 2-4-1　系统 CAN 线图

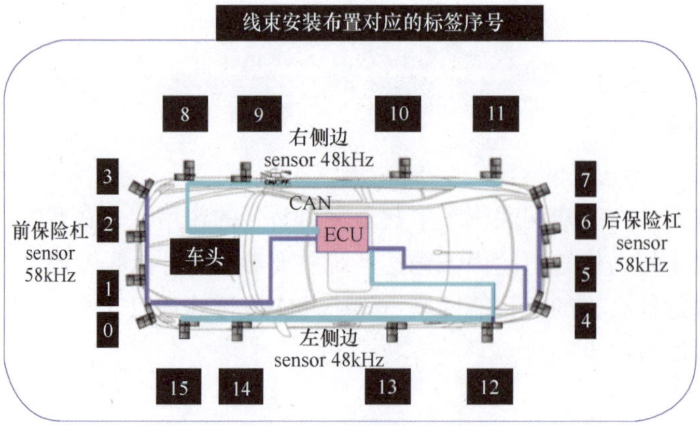


图 2-4-2　线束布置图

**3. 超声波雷达系统基本参数**

超声波雷达探头参数包括工作电压、标称电压、测试电压、工作温度、存储温度、平探测角度、垂直探测角度、雷达探测距离和频率等。控制器参数包括工作电压、标称电压、测试电压和工作温度等。雷达参数如图 2-4-3 所示。

**前后探头**
工作电压：8~16V
标称电压：12V
测试电压：13.5V
工作温度：-40 ~ +85℃
存储温度：-40 ~ +85℃
水平探测角度：90°±10°
垂直探测角度：45°±5°
雷达探测距离：20~300cm
频率：58kHz±1kHz（55.5kHz）
防水/防尘：IP67

**侧边探头**
工作电压：8~16V
标称电压：12V
测试电压：13.5V
工作温度：-40 ~ +85℃
存储温度：-40 ~ +85℃
水平探测角度：50°±5°
垂直探测角度：50°±5°
雷达探测距离：20~300cm
频率：48kHz±1kHz
防水/防尘：IP67

**控制器**
工作电压：9~16V
标称电压：12V
测试电压：13.5V
工作温度：-40 ~ +85℃
存储温度：-40 ~ +85℃
CAN BUS 通信

图 2-4-3　雷达参数

## 二、超声波雷达探头

### 1. 雷达探头内部结构

探头内置控制器，内含存储器，用于存储配置参数。雷达探头内部电路如图 2-4-4 所示。

每个雷达探头包括 4 个接口信号线，其意义：

Power supply　LIN1：通信接口线 1

GND　LIN2：通信接口线 2

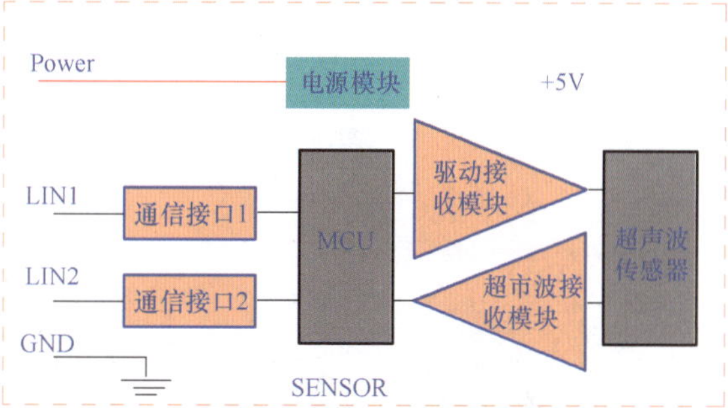


图 2-4-4　雷达探头内部电路

### 2. 超声波雷达探头针脚意义

每个雷达探头包括 4 个针脚，其意义如图 2-4-5 所示。

### 3. 超声波雷达装配结构图

超声波雷达探头结构由 PCB 板、本体、内胶套、泡棉、传感器和外胶套组成，如图 2-4-6 所示，其装配图如图 2-4-7 所示。

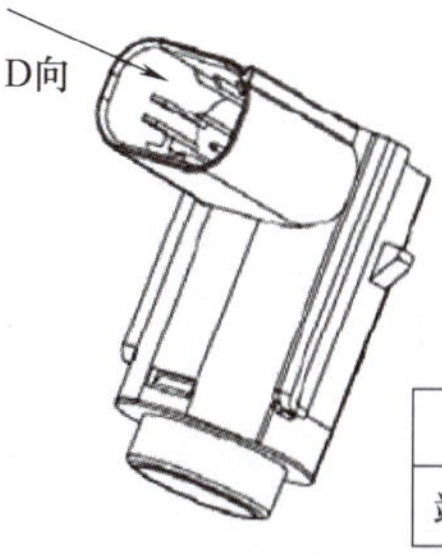


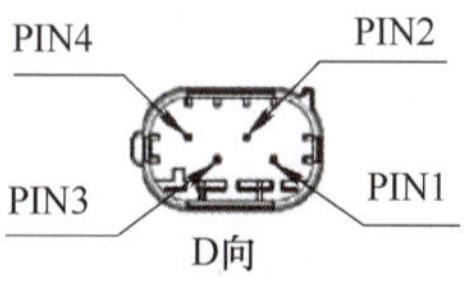


| 端子 | PIN1 | PIN2 | PIN3 | PIN4 |
|---|---|---|---|---|
| 端子定义: | LIN1 | POWER | LIN2 | GND |

| PIN序号 | 信号名称 | PIN定义 | I/O类型 | 信号描述 |
|---|---|---|---|---|
| 1 | LIN1 | LIN信号 | IN/OUT | 传输信号 |
| 2 | POWER | 12直流电源 | IN | 9~16V ON/OFF |
| 3 | LIN2 | LIN信号 | IN/OUT | 传输信号 |
| 4 | GND | 地 | OUT | GND |

图 2-4-5　雷达探头针脚及意义

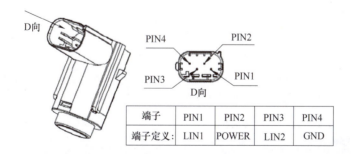

爆炸图：

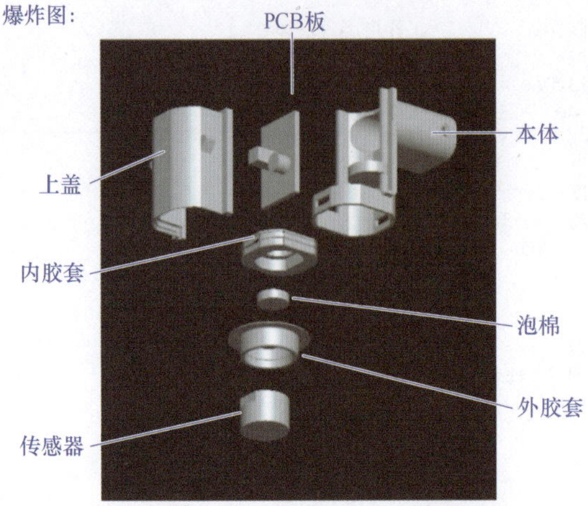


图 2-4-6　超声波雷达探头结构

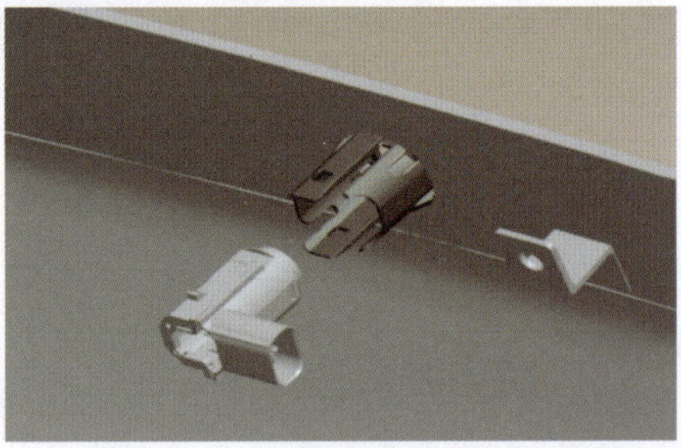

图 2-4-7　超声波雷达探头装配图

## 三、超声波雷达控制器

超声波雷达控制器是超声波雷达的“心脏”，控制发送部分和接收部分，并判断雷达至障碍物间的距离，其外观及针脚定义如图 2-4-8 所示。

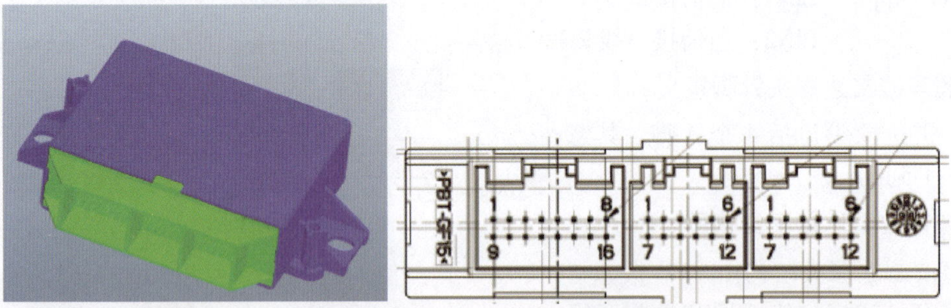


| Pin脚号 | 功能 | Pin脚号 | 功能 | Pin脚号 | 功能 |
|---|---|---|---|---|---|
| A1 | IGN | B1 | GND | C1 | GND |
| A2 | | B2 | POWER SENSOR（前侧泊车雷达电源） | C2 | LIN总线 |
| A3 | | B3 | POWER SENSOR（右侧泊车雷达电源） | C3 | Rear-LINSET（后侧泊车雷达配置） |
| A4 | | B4 | | C4 | LSIDE-LINSET（左侧泊车雷达配置） |
| A5 | | B5 | | C5 | |
| A6 | | B6 | RSIDE-LINSET（右侧泊车雷达配置） | C6 | POWER SENSOR（后侧泊车雷达电源） |
| A7 | | B7 | Front-LINSET（前侧泊车雷达配置） | C7 | |
| A8 | GND | B8 | | C8 | GND |
| A9 | | B9 | LIN总线 | C9 | LIN总线 |
| A10 | | B10 | LIN总线 | C10 | |
| A11 | | B11 | GND | C11 | POWER SENSOR（左侧泊车雷达电源） |
| A12 | | B12 | | C12 | |
| A13 | | | | | |
| A14 | | | | | |
| A15 | CAN-H | | | | |
| A16 | CAN-L | | | | |

图 2-4-8　超声波雷达控制器外观及针脚定义

## 【技能训练】

### 一、智能网联汽车超声波雷达配置

**1. 作业准备**

1）清洁操作工位。

2）使用安全防护用具。

3）开启电源：打开动力蓄电池包开关和主电源开关；打开电源控制盒上 AGX、LCD、ULT、M2 等电源开关。

**2. 超声波雷达配置**

**（1）查看超声波雷达布局**　共提供 8 个超声波雷达探头，分别布置在自动驾驶小车的周围。

**（2）查看超声波雷达 CAN 线数据**　按 Ctrl+Alt+T 键打开输入终端，输入 candump can0 后单击回车，查看有无数据输出。按 Ctrl+C 键中断。

**（3）查看超声波雷达数据**

1）打开智能驾驶装调实训平台软件。在/home/apollo-arm 目录下打开命令行，输入./apolloExe，单击回车进入智能驾驶装调实训平台，在指令窗口启动人机交互进入界面。

2）打开超声波雷达驱动。进入 dreamview 的 Tasks 界面，单击打开 ModulesCotroller 模块，单击 canbus 按钮和 Ultrasonic 按钮，如图 2-4-9 所示。

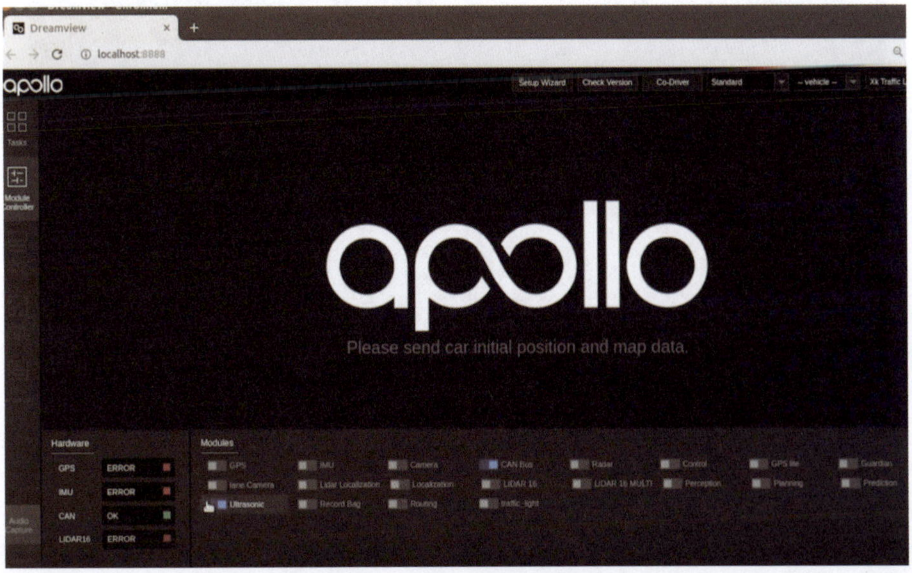


图 2-4-9　打开超声波雷达驱动

3）查看超声波雷达数据。打开智能驾驶装调实训平台，在监控系统界面，查看超声波雷达数据是否持续有数据刷出，且带有监测到的障碍物数据，如图 2-4-10 所示。

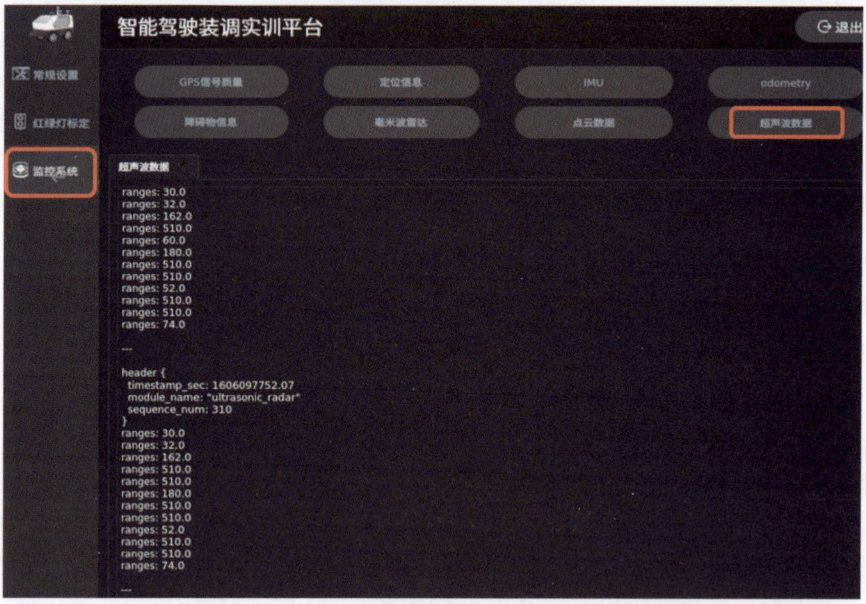


图 2-4-10　查看超声波雷达数据

## (4) 超声波雷达配置

1）打开参数设置界面，单击常规设置，打开超声波雷达设置界面，如图 2-4-11 所示。

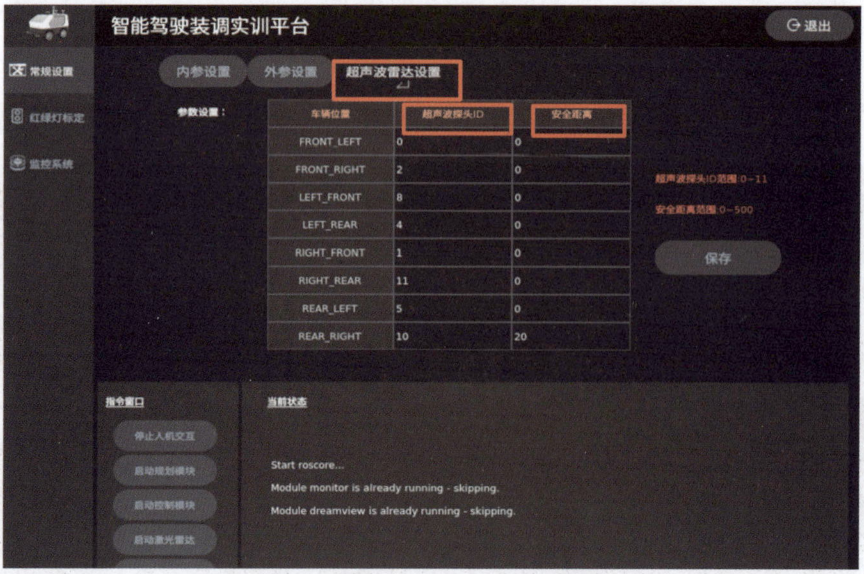


图 2-4-11　打开超声波雷达设置界面

2）设置左后超声波雷达 ID。

a. 遮挡雷达探头。一只手捂住超声波探头，（以左后探头为例），如图 2-4-12 所示。

b. 确定探头位置。观察雷达监测数据，第 2 个雷达距离最小（16mm），如图 2-4-13 所示。

c. 输入左后探头 ID。在超声波雷达探头 ID 里找到 LEFT-REAR，填写雷达 ID 号为 2，如图 2-4-14 所示。

3）确定其他超声波探头 ID 并设置安全距离。根据超声波雷达位置图确定超声波探头 ID，如图 2-4-15 所示。

### 3. 整理工位

1）单击 canbus、Ultrasonic 按钮，关闭 dreamview 界面。

2）关闭智能驾驶装调实训平台，关闭终端界面，关闭计算机。

3）关闭电源控制器盒上 AGX、LCD、ULT、M2 等电源开关。关闭主电源开关，关闭动力蓄电池包开关。

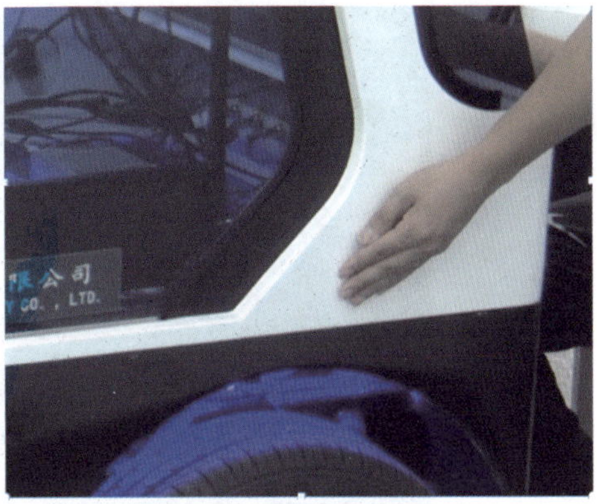

图 2-4-12　遮挡超声波雷达探头

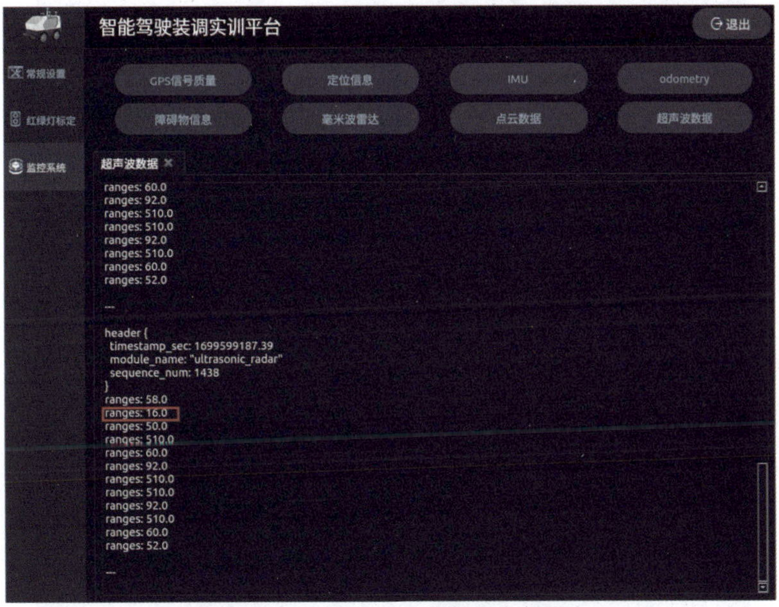


图 2-4-13　确定遮挡超声波探头位置

4）工具、防护用品归位，整理、清洁工位。

## 二、智能网联汽车超声波雷达的故障检修

### 1. 作业准备

1）清洁操作工位，用抹布清洁各零部件、万用表、安全防护工具等，如图 2-4-16 所示。

2）使用安全防护用具：正确使用安全防护工具。

3）工具、设备的检查：检查万用表是否正常。

4）开启电源。

打开动力蓄电池包开关和主电源开关；打开电源控制盒上 AGX、LCD、ULT、M2 等电

图 2-4-14　设置雷达探头

图 2-4-15　设置其他雷达探头

图 2-4-16　作业准备

源开关，如图 2-4-17 所示。

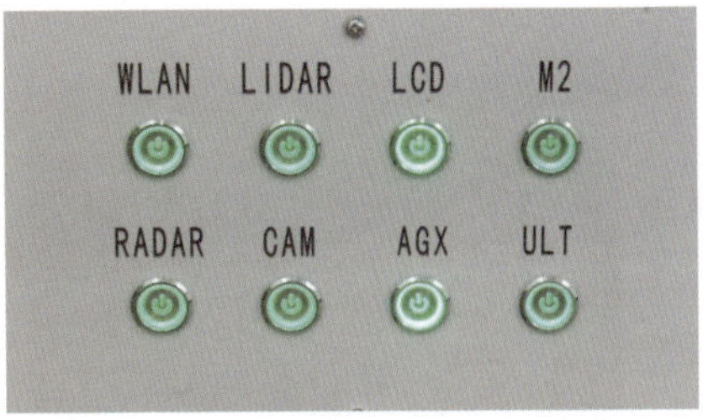


图 2-4-17 开启电源控制盒开关

**2. 确定故障点**

**（1）查看超声波雷达 CAN0 线信号**

查看超声波雷达数据。按 Ctrl+Alt+T 键打开输入终端（图 2-4-18），输入 candump can0 后单击回车键，查看有无数据输出。按 Ctrl+C 键中断。查看维修手册，超声波雷达 CAN 信号代码为 CAN0 301、302、303、304。4 组信号缺失，如图 2-4-19 所示。

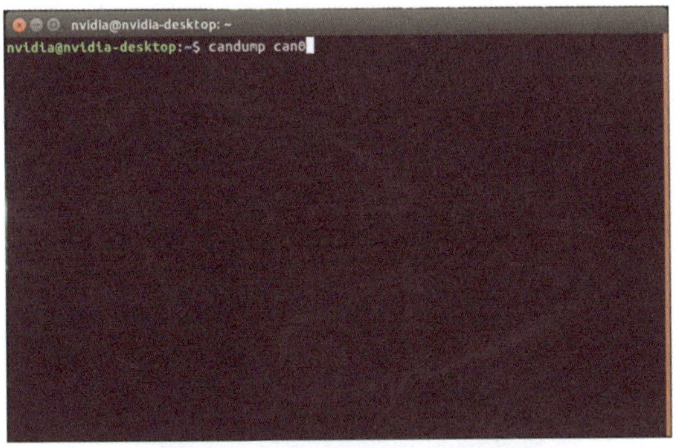


图 2-4-18 打开输入终端

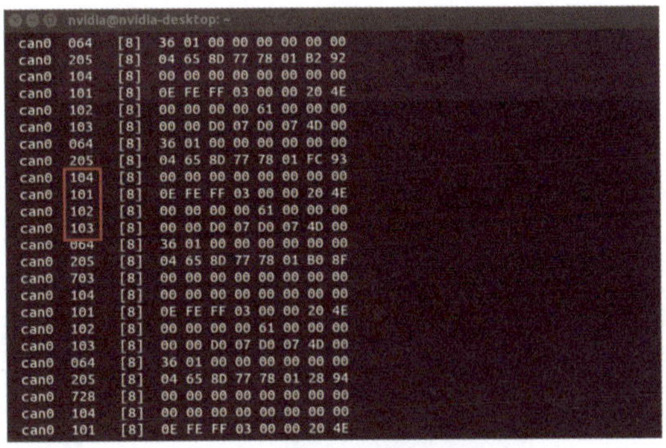


图 2-4-19 查看超声波雷达 CAN 信号

**（2）检查超声波雷达电源线**

1）拆下超声波雷达电源线。关闭超声波雷达电源开关，拆下超声波雷达电源线。

2）测量超声波雷达电源线是否断路。用表校零后，将万用表旋转至欧姆档，测量电源线通断。

a. 测量电源正极是否断路，如图 2-4-20 所示。

b. 测量电源负极是否断路，如图 2-4-21 所示。

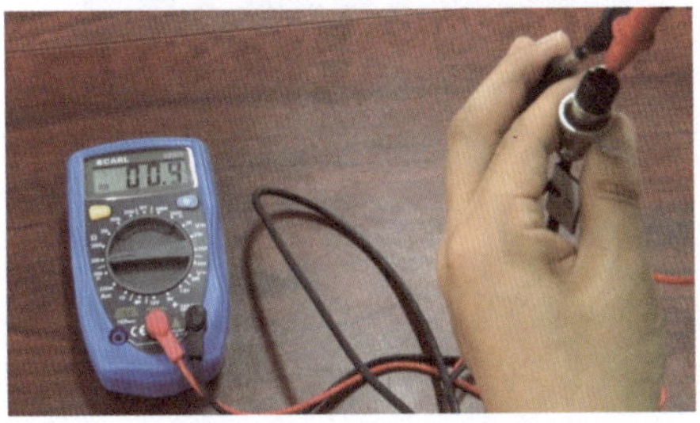

图 2-4-20 检查电源正极

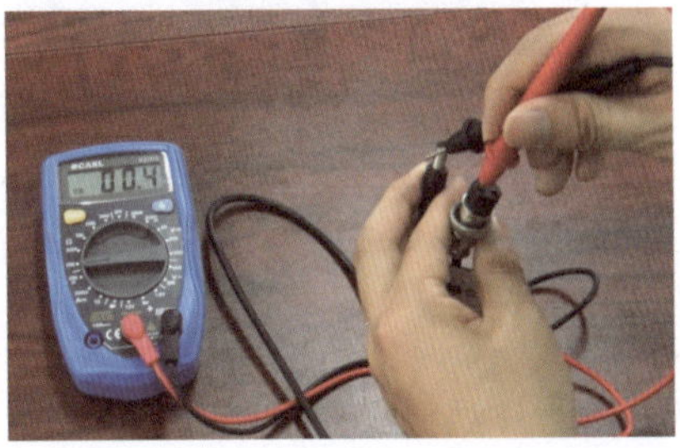

图 2-4-21 检查电源负极

**（3）检查超声波雷达电源线是否短路** 万用表校零后，将万用表旋转至欧姆档，测量电源线是否短路，如图 2-4-22 所示。

**（4）检查超声波雷达 CAN 线**

1）检查 CAN 线是否断路。拆下毫米波雷达 CAN 线线束，检查 CAN 线 H、L 针脚是否断路。检查 CAN 线 H 针脚是否断路如图 2-4-23 所示。检查 CAN 线 L 针脚是否断路如

图 2-4-24 所示。

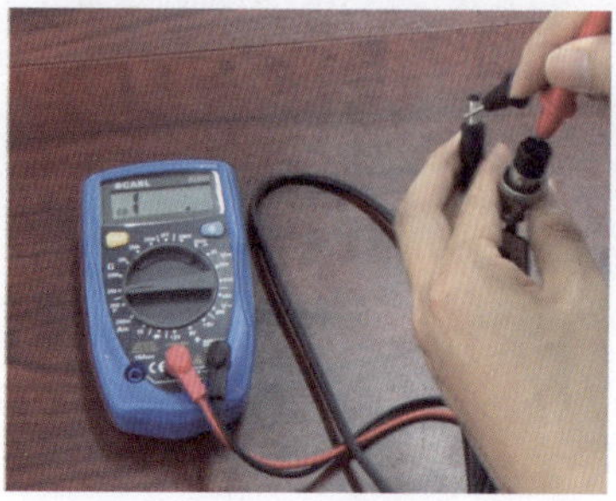

图 2-4-22　检查电源线是否短路

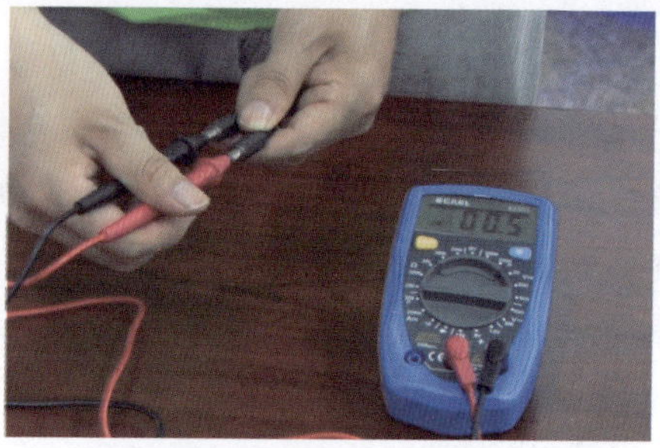

图 2-4-23　检查 CAN 线 H 针脚是否断路

2）检查 CAN 线是否短路。检查 CAN 线 H、L 针脚是否短路，如图 2-4-25 所示。

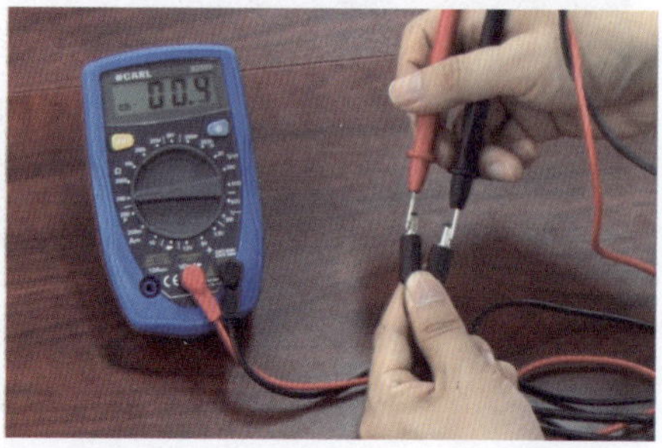

图 2-4-24　检查 CAN 线 L 针脚是否断路

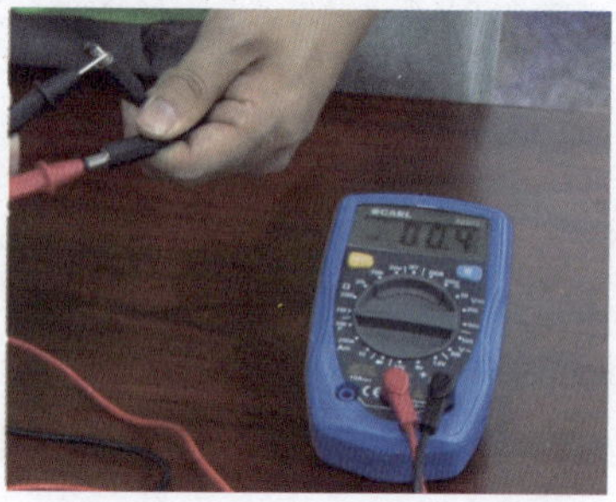

图 2-4-25　检查 CAN 线是否短路

### 3. 排除故障

1）更换新的 CAN 线，如图 2-4-26 所示。

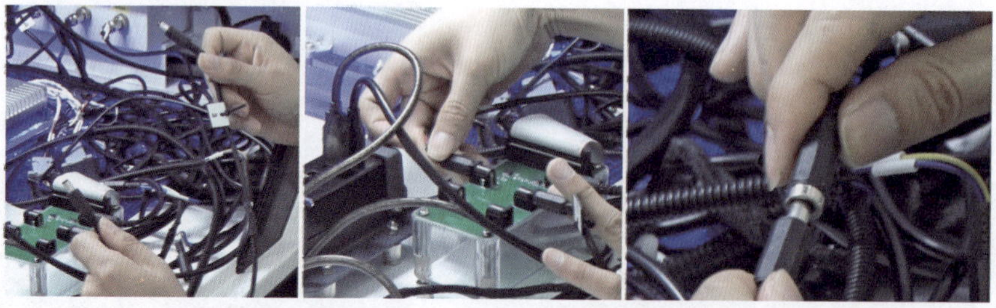

图 2-4-26　更换新的 CAN 线

2）验证故障是否排除。打开超声波雷达电源开关。使用 Ctrl+Alt+T 键打开终端，输入 candump can0，查看有无超声波雷达 can0 数据（使用 Ctrl+C 键可以中断数据刷出），有输出数据，如图 2-4-27 所示。

### 4. 整理工位

1）关闭终端界面，关闭计算机。

2）关闭电源控制器盒上 AGX、LCD、ULT、M2 等电源开关。关闭主电源开关，关闭动力蓄电池包开关。

3）工具、防护用品归位，整理、清洁工位。

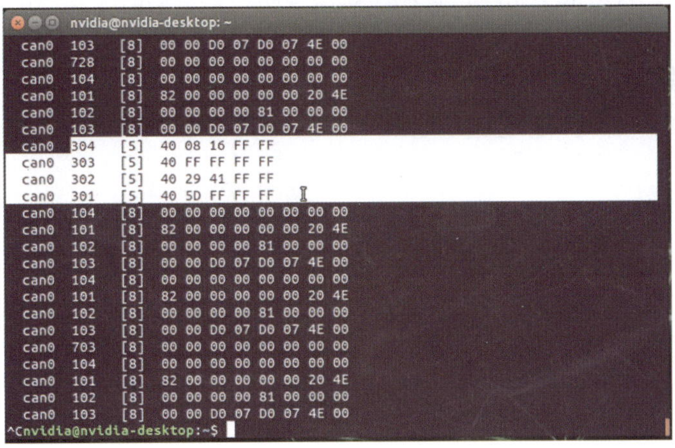


图 2-4-27　验证故障

## 【延伸阅读】

刘永坦，出生于江苏南京，毕业于英国伯明翰大学，中国科学院院士、中国工程院院士、哈尔滨工业大学教授、雷达与信号处理技术专家、中国对海探测新体制雷达理论体系的奠基人。

多年来，刘永坦率领团队全面自主创新，实现对海新体制探测理论、技术的重大突破，在成功研制我国第一部对海探测新体制雷达的基础上，陆续攻克制约新体制雷达性能发挥的系列国际性技术难题，使我国新体制雷达核心技术“领跑”世界，在保卫祖国海疆中发挥了不可替代的强大作用。

重大科技创新成果是国之重器、国之利器，必须牢牢掌握在自己手上，必须依靠自力更生、自主创新。刘永坦围绕一个方向，聚焦一个领域，一辈子坚守初心，将这一关系国家全局和长远的重大原始创新，牢牢掌握在中国人自己的手上！他在 2018 年度国家科学技术奖励大会上发自肺腑地讲道：“我亲身经历了国家从站起来、富起来到强起来的伟大历史进程。我们始终坚信，国家需要的是最强大的动力。我们科技工作者一定不忘初心、牢记使命，攻坚克难、追求卓越，在加快建设创新型国家和世界科技强国的时代浪潮中，创造出更多让人民激扬振奋、让世界刮目相看的奇迹！”

刘永坦用一个甲子的无悔坚守，向深爱的祖国和人民交出了一份战略科学家的人生答卷！

信息来源：中国科学院学部

## 【学习小结】

本项目介绍了超声波雷达的概述及声波的分类，超声波的特性，超声波雷达的定义与类型，超声波雷达的结构和工作原理，超声波雷达的基本组成，超声波雷达的结构和工作原理，超声波雷达的测距原理，倒车雷达的工作原理，超声波雷达的基本应用，停车辅助系统和侧方位辅助系统，自动泊车系统，智能网联汽车超声波雷达的配置标定与故障排除。

## 【课后习题】

### 一、单项选择题

1. 根据声波频率的不同，声波分为（　　）种。

A. 2　　B. 3　　C. 4　　D. 5

2. 装在前、后保险杠上测量汽车前、后障碍物的倒车雷达，称为超声波泊车辅助系统，简称为（　　）。

A. UPA　　B. URA　　C. APA　　D. ARA

3. 装在汽车侧面测量侧方障碍物距离的超声波雷达，称为全自动泊车系统，简称为（　　）。

A. UPA　　B. URA　　C. APA　　D. ARA

4.（　　）由发送器和换能器组成，作用是接收控制部分电信号并转换为超声波后发射。

A. 发送部分　　B. 接收部分　　C. 控制部分　　D. 电源部分

5.（　　）是超声波雷达的“心脏”，控制发送部分和接收部分，并判断雷达至障碍物间的距离。

A. 发送部分　　B. 接收部分　　C. 控制部分　　D. 电源部分

### 二、判断题

1. 根据声波频率的不同，声波分为次声波、可闻声波和超声波。（　　）

2. 超声波为直线式传播，绕射能力弱，反射能力强。超声波的波长越短，反射能力越强。（　　）

3. 超声波在传播的过中，声能量会越来越少，这种特性称为超声波的传播特性。（　　）

4. 超声波雷达是利用超声波的特性研制而成的传感器，是在超声波频率范围内将电信号转换成声信号或将外界声信号转换为电信号的能量转换器件。（　　）

5. 对于低矮、圆锥形、过细的障碍物或者沟坎，超声波雷达容易探测到。（　　）

# 项目三

# 毫米波雷达传感技术与应用

## 【案例导入】

随着汽车保有量的增加，如何降低交通事故发生率已成为迫切需要解决的问题。解决该问题最有效的法之一就是增设先进驾驶辅助系统，用以提高汽车的行驶安全性，最大限度降低交通事故发生概率。

毫米波雷达在智能网联汽车先进驾驶辅助系统中起什么作用？毫米波雷达有哪些技术参数？毫米波雷达测试项目有哪些？通过项目的学习可以得到答案。

## 【项目目标】

| 知识与技能 | 过程与方法 | 情感态度与价值观 |
|---|---|---|
| 1. 了解毫米波的定义和毫米波的特性，掌握毫米波雷达的定义和特点<br>2. 了解毫米波雷达的分类，掌握毫米波雷达的基本组成<br>3. 了解毫米波雷达的结构，掌握毫米波雷达的工作原理<br>4. 掌握毫米波雷达的测距原理<br>5. 了解毫米波雷达的技术参数，了解毫米波雷达的实际应用<br>6. 掌握毫米波雷达的安装流程及步骤，掌握毫米波雷达的数据读取流程，掌握毫米波雷达的配置标定，掌握毫米波雷达的故障排除方法 | 1. 采用一体化分小步教学方法，边讲边练边评，提高学生的操作技能<br>2. 通过电子教案辅助学习，培养学生自主学习和探究学习的能力<br>3. 任务驱动教学法：通过布置任务，学生集体讨论，小组互助竞赛机制，激发学生的学习兴趣 | 1. 通过知识的学习，培养学生乐观的生活态度、求实的科学态度、宽容的人生态度<br>2. 通过图片、视频及案例引导学生积极思考，激发学生的学习兴趣和求知欲望<br>3. 通过对实训步骤进行分析，提高学生分析和知识迁移的能力<br>4. 通过实践训练，培养学生实事求是、自强不息、爱岗敬业、团队合作的精神 |

# 任务一　毫米波雷达的概述认知

## 【任务导入】

目前，毫米波雷达在智能网联汽车中起着无可替代的作用，它在智能网联汽车智能化的方向占据重要位置。那么你知道毫米波的特性和类型吗？毫米波雷达的定义是什么？智能网联汽车中毫米波传感器是什么样子的？学习本任务，你将可以回答以上问题。

## 【知识准备】

### 一、毫米波定义

毫米波是指波长为 1～10mm、频率范围大约在 30～300GHz 的电磁波。频率范围在 1～30GHz 或波长为 0.1～100cm 的电磁波被称为微波；频率范围在 300～1000GHz 或波长为 6.0～1000μm 的电磁波称为远红外波。毫米波波长位于微波与远红外波相交叠的波长范围，因而兼有两种波谱的特点。波长频段应用如图 3-1-1 所示。

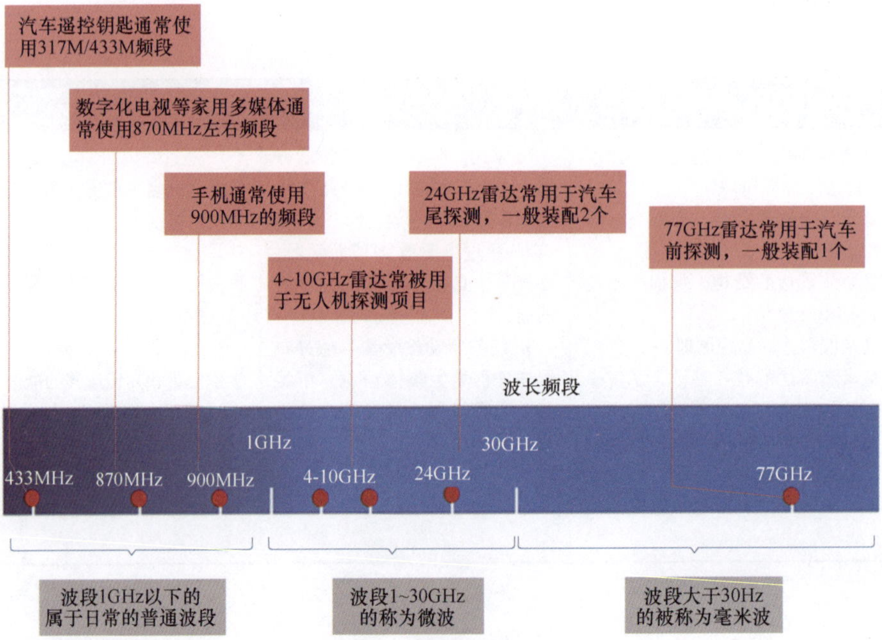


图 3-1-1　波长频段应用

## 二、毫米波特性

频带宽、波长短和大气传播衰减大，是毫米波的三大特性。

### 1. 频带宽

毫米波频率范围为 26. 5~300GHz，带宽高达 273. 5CHz，超过从直流到微波带宽之和的 10 倍，如图 3-1-2 所示。

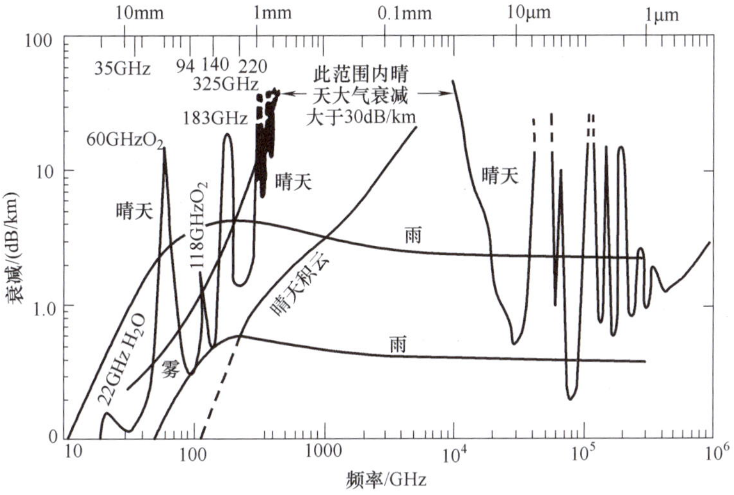


图 3-1-2　毫米波频带

### 2. 波长短

毫米波的频率介于红外波和厘米波之间，可以在全天候环境下使用，抗干扰能力强，不受物体表面形状、颜色的干扰；可以分辨小目标并能更为清晰地观察目标的细节，易于利用多普勒效应对动态目标进行识别；还具有波束窄、天线口径小、更容易小型化的优点。毫米波波长特点如图 3-1-3 所示。

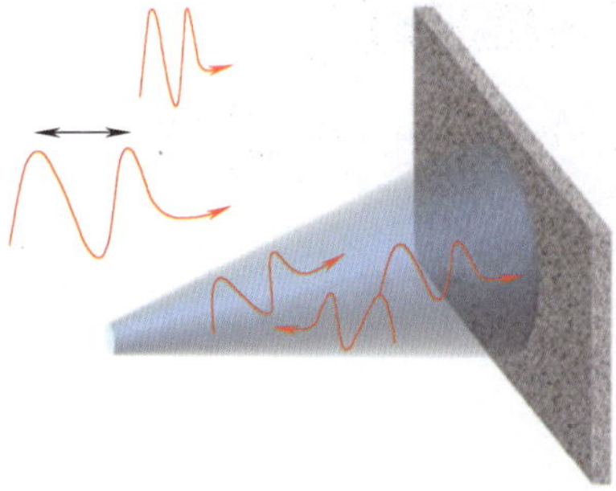

图 3-1-3　毫米波波长特点

### 3. 大气传播衰减大

毫米波在非“大气窗口”频率传播时，大气对毫米波具有较强的衰减作用，尤其在 60GHz、120CHz、180GHz 这 3 个频段附近，其衰减出现极大值，即出现“衰减峰”。毫米波相对于激光和红外线，对水滴、尘埃和烟雾的穿透能力强。车载毫米波雷达的探测距离一般为150~200m，有些能够达到300m，能够满足高速行驶环境下对较大距离范围的环境监测需要，如图3-1-4所示。

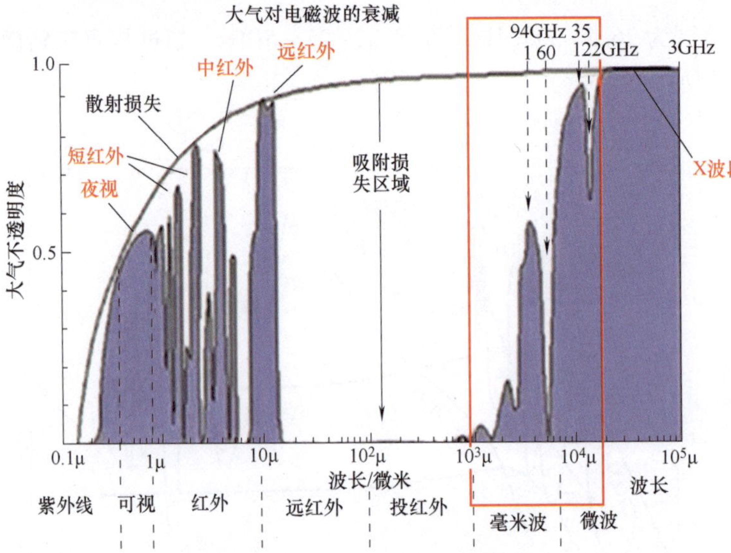


图3-1-4 毫米波大气传播衰减

## 三、毫米波雷达定义及应用

毫米波雷达就是工作在毫米波频段的雷达，如图3-1-5所示。

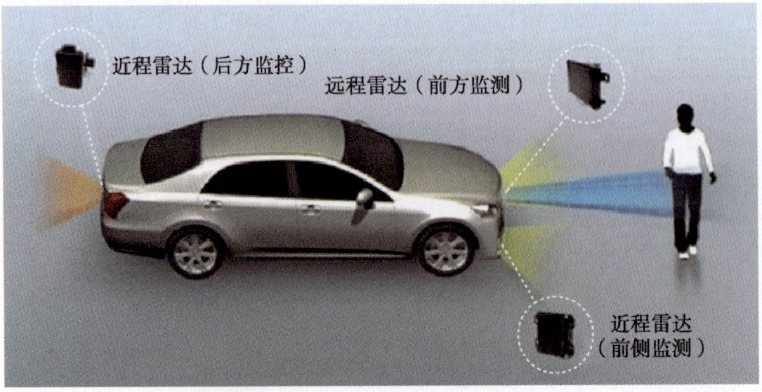


图3-1-5 毫米波雷达

车载毫米波雷达通过天线向外发射毫米波，接收目标反射信号，经后方处理后快速、准确地获取汽车车身周围的物理环境信息（如汽车与其他物体之间的相对距离、相对速度、角度、运动方向等），然后根据所探知的物体信息进行目标追踪和识别分类，进而结合车身动态信息进行数据融合，最终通过中央处理单元（ECU）进行智能处理。经合理决策后，以声、光及触觉等多种方式告知或警告驾驶人，或及时对汽车做出主动干预，从而保证驾驶过程的安全性和舒适性，减少事故发生概率。

毫米波雷达可以测量从雷达到被测物体之间的距离、角度和相对速度等。利用毫米波雷达可以实现自适应巡航控制（ACC）、前向碰撞报警（FCW）、盲点监测（BSD）、辅助停车（PK）、辅助变道（LCA）等高级驾驶辅助系统（ADAS）功能。比较常见的汽车毫米波雷达工作频率在24GHz和77GHz附近。24GHz雷达系统主要实现近距离探测（SRR），77GHz系统主要实现远距离的探测（LRR），如图3-1-6所示。

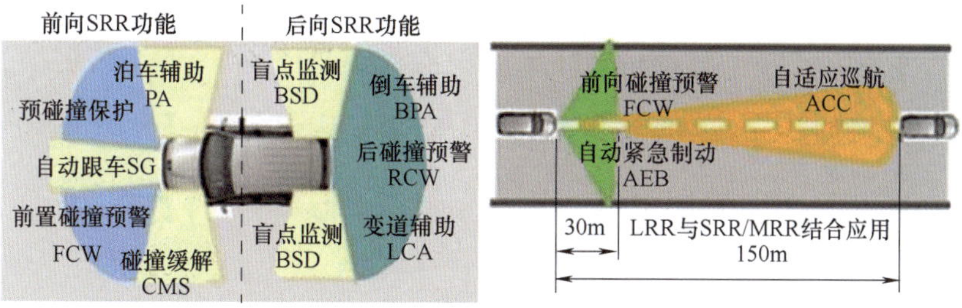


图3-1-6 毫米波雷达及应用

## 四、毫米波雷达的特点

### 1. 毫米波雷达的优点

毫米波雷达的优点是探测距离远、探测性能好、响应速度快、适应能力强、抗干扰能力强。

### 2. 毫米波雷达的缺点

毫米波雷达的缺点是覆盖区域呈扇形，有盲点区域；无法识别交通标志；无法识别交通信号灯。

## 五、毫米波雷达的分类

毫米波雷达可以按照工作原理、探测距离和频段进行分类。

### 1. 按工作原理分类

毫米波雷达按工作原理可分为脉冲式毫米波雷达与调频式连续毫米波雷达。

### 2. 按探测距离分类

毫米波雷达按探测距离可分为短程（SRR）、中程（MRR）和远程（LRR）毫米波雷达。

### 3. 按频段分类

毫米波雷达按采用的毫米波频段不同，划分有24GHz、60GHz、77GHz和79GHz毫米波雷达。

从24GHz过渡到77GHz，距离分辨率和精度将会提高约20倍。例如24GHz毫米波雷达的距离分辨率为75cm，而77GHz毫米波雷达则提高到4cm，这使其可以更好地探测多个彼此靠近的目标，如图3-1-7所示。

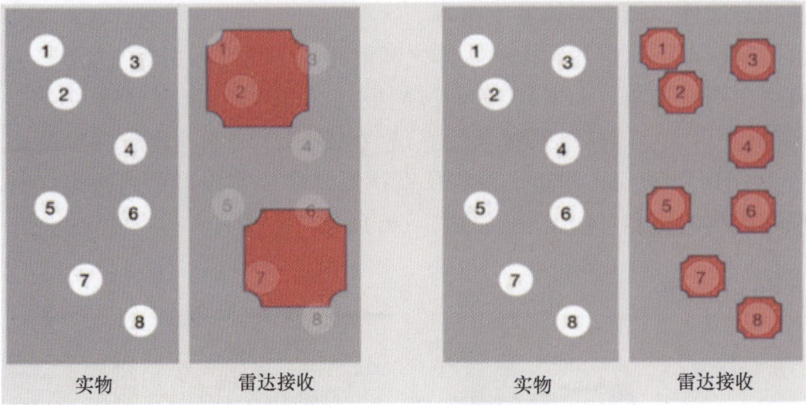


图 3-1-7　毫米波雷达及应用

## 【技能训练】

### 智能网联汽车毫米波雷达探头的安装

**1. 作业准备**

1）清洁操作工位，用抹布清洁毫米波雷达、配件螺栓等。

2）使用安全防护工具。

3）工具、设备的检查，检查 L 形工具是否正常。

**2. 毫米波雷达支架的准备**

准备毫米波雷达探头，将螺栓放入支架中，如图 3-1-8 所示。

图 3-1-8　毫米波雷达支架准备

**3. 毫米波雷达的安装**

**(1) 检查毫米波雷达螺栓孔**　检查毫米波雷达螺栓孔有无变形或损坏，如图 3-1-9 所示。

**(2) 安装毫米波雷达支架螺栓**　将毫米波雷达支架螺栓放入螺栓孔中（注意毫米波雷达线束插孔朝右）并用手将螺栓拧紧，如图 3-1-10 所示。

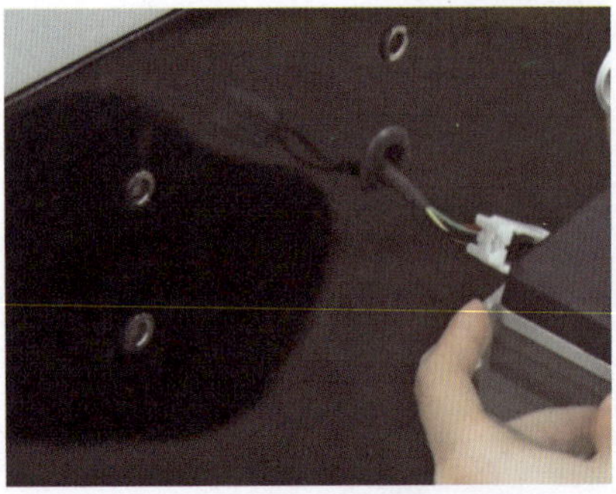

图 3-1-9　检查毫米波雷达螺栓孔

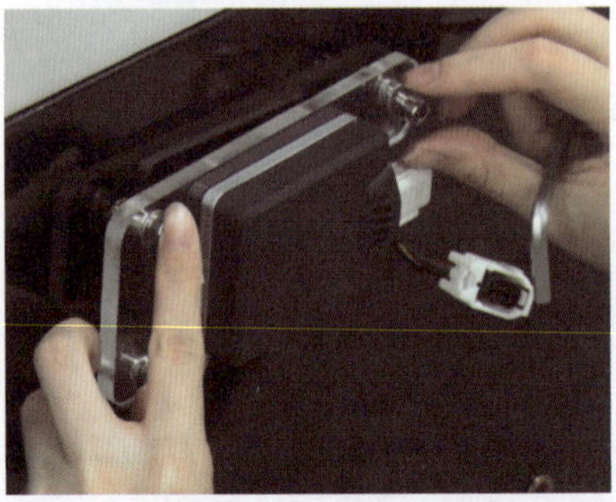

图 3-1-10　安装毫米波雷达支架螺栓

（3）紧固毫米波雷达支架螺栓　紧固毫米波雷达支架螺栓，如图 3-1-11 所示。

**4. 毫米波雷达插接件连接**

检查毫米波雷达插接件针脚是否损坏，卡扣是否变形，并连接。如图 3-1-12 所示。（注意：全部推入时会听见“啪”的声响）。

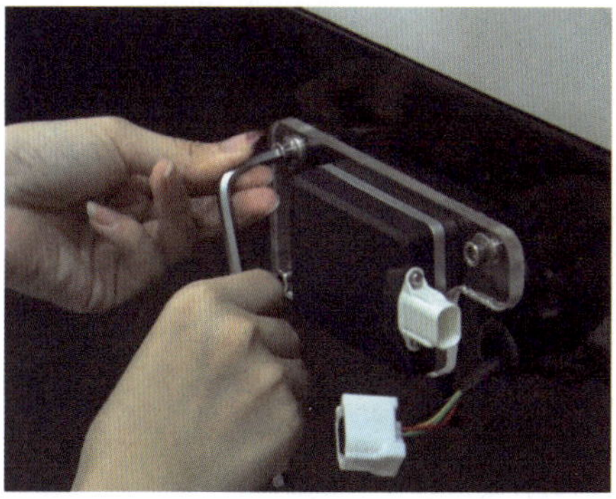

图 3-1-11　紧固毫米波雷达支架螺栓

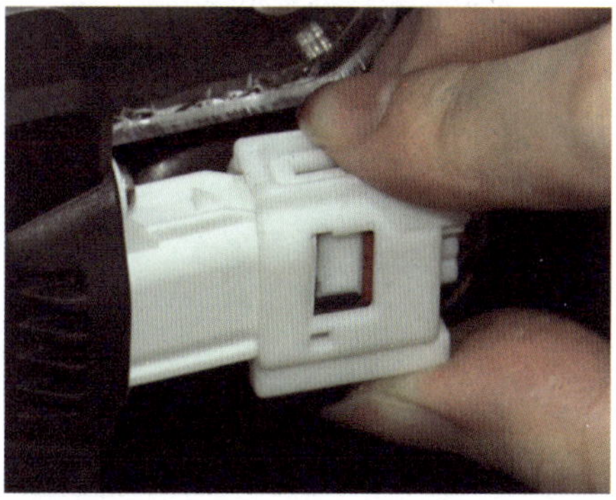

图 3-1-12　连接毫米波雷达插接件

**5. 安装完毕**

1）工具、防护用品归位。

2）清洁、整理工位。

# 任务二　毫米波雷达结构与原理的认知

## 【任务导入】

目前，毫米波雷达在智能网联汽车中起着无可替代的作用，它在智能网联汽车智能化的方向占据重要位置。那么你知道毫米波雷达的组成吗？毫米波雷达的工作原理是什么？智能网联汽车中毫米波雷达传感器 CAN 信号读取是什么样子的呢？学习本任务，你将可以回答以上问题。

## 【知识准备】

### 一、毫米波雷达的组成

毫米波雷达的组成包括外壳、天线、信号处理器、发射机和接收机等，如图 3-2-1 所示。

雷达天线的功用是将电能与电磁波能进行相互转换。雷达天线包括信号发射天线和信号接收天线，功用是发射和接收毫米波。

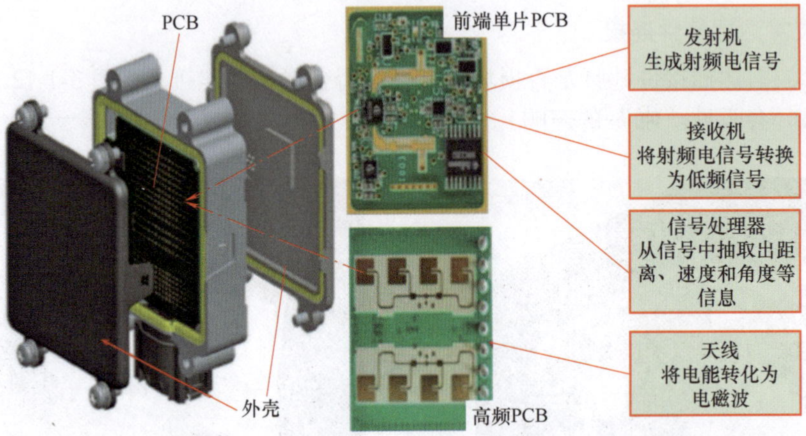


图 3-2-1　毫米波雷达组成

发射机的功用是生成高频射频信号，接收机的功用是将高频射频电信号转化为低频射频信号，信号处理器的功用是从信号中提取动态测量物的距离、速度和角度等信息。

毫米波雷达在工作状态时，发射机产生高频射频电信号，通过天线将电信号（电能）转化为电磁波信号并发出，接收机接收到高频射频信号后，将高频信号转化为低频信号，再由信号处理器从信号获取动态测量物的距离、速度和角度等信息。毫米波雷达工作必要条件是软件算法的实现。

## 二、毫米波波雷达的工作原理

多普勒效应是指当声音、光和无线电波等振动源与观测者以相对速度运动时，观测者所收到的振动频率与振动源所发出的频率不同的现象。当目标向雷达天线靠近时，反射信号频率将高于发射信号频率；当目标远离天线时，反射信号频率将小于发射信号频率。

### 1. 毫米波雷达测距、测速原理

毫米波雷达利用多普勒效应测量目标的距离和速度，它通过发射源向给定目标发射毫米波信号，并分析发射信号频率和反射信号频率之间的差值，精确测量出目标相对于毫米波雷达的距离与速度等信息。

毫米波雷达通过发射模块发射毫米波信号，发射信号遇到目标后经反射会产生回波信号，发射信号与回波信号相比形状相同、时间上存在差值。当目标与毫米波雷达信号发射源存在相对运动时，发射信号与回波信号之间除存在时间差外，还会产生多普勒频率。毫米波雷达的测速原理如图 3-2-2 所示。

毫米波雷达测量的距离和速度分别为

$$s=\frac{c\Delta t}{2}=\frac{cTf'}{4\Delta f'}$$

$$u=\frac{cf_{\mathrm{d}}}{2f_0}$$

式中，$s$ 为相对距离；$u$ 为相对速度；$c$ 为光速；$f$ 为发射信号的中心频率。

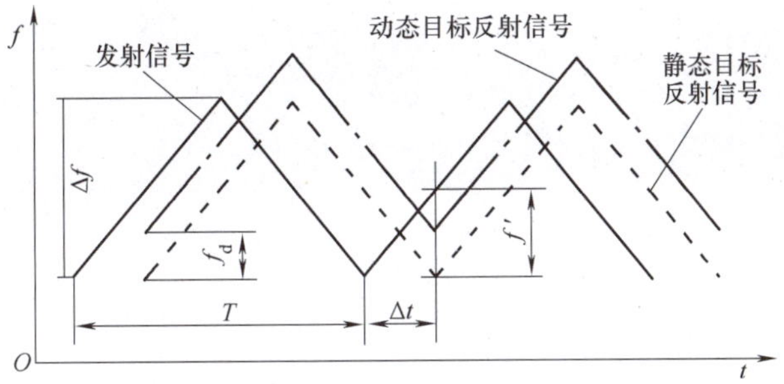


图 3-2-2　毫米波雷达的测速原理

Δ$f$—调频带宽　$f_d$—多普勒频率　$f'$—发射信号与反射信号的频率差

$T$—信号发射周期　Δ$t$—发射信号与回波信号的时间间隔

2. 毫米波雷达的定位原理

毫米波雷达的发射天线发射出毫米波信号后，信号遇到被监测目标反射回来，通过毫米波雷达并列的接收天线，通过收到同一监测目标反射信号的相位差就可以计算出被监测目标的方位角。毫米波雷达的测距原理如图 3-2-3 所示。

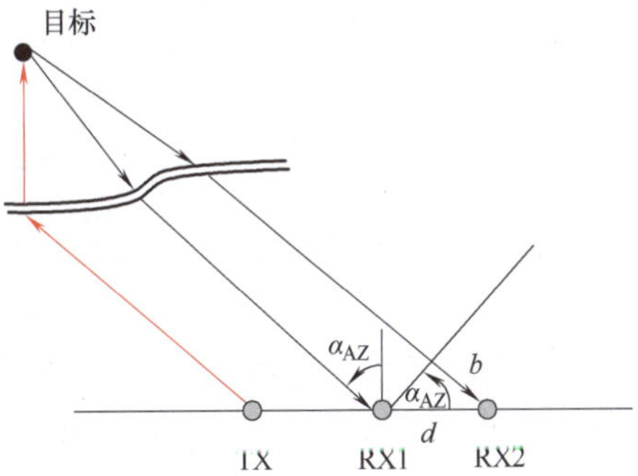


图 3-2-3　毫米波雷达的测距原理

TX—发射天线　RX1、RX2—接收天线　$\alpha_{AZ}$—方位角　$d$—几何距离　$b$—相位差

【技能训练】

## 智能网联汽车毫米波雷达 CAN 信号读取

1. 打开电源开关

1）打开动力蓄电池包开关和主电源开关。

2）打开电源控制盒上 AGX、LCD、Radar、M2 等电源开关。

2. 打开计算机输入终端

按 Ctrl+Alt+T 键打开输入终端，如图 3-2-4 所示。

3. 输入 CAN1 查找信号

输入 candump can1 后单击回车，按 Ctrl+C 键中断，如图 3-2-5 所示。

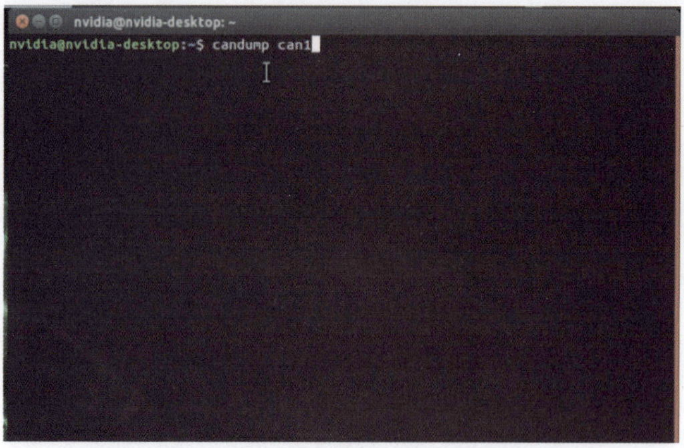


图 3-2-4　打开计算机输入终端

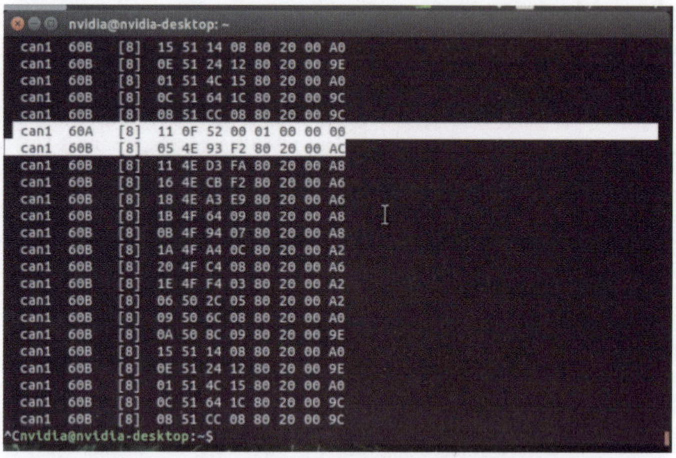


图 3-2-5　打开 CAN 信号

## 4. 检查毫米波雷达 CAN 信号

检查 can1 信号中的 60A 信号报文是否有变化，如图 3-2-6 所示。

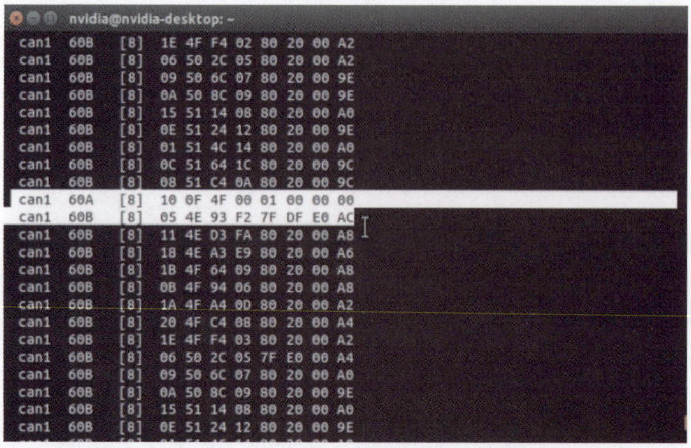


图 3-2-6　检查毫米波雷达 CAN 信号

**5. 毫米波雷达信号 CAN 信号读取完毕**

1）关闭终端界面，关闭计算机。

2）关闭电源控制盒上 AGX、LCD、M2、Radar 等电源开关、遥控器开关。关闭主电源开关，关闭动力蓄电池包开关。

3）工具、防护用品归位，整理、清洁工位。

# 任务三　毫米波雷达传感技术应用

## 【任务导入】

目前，毫米波雷达在智能网联汽车中起着无可替代的作用，它在智能网联汽车智能化的方向占据重要位置。那么你知道毫米波雷达的产品类型吗？毫米波雷达的主要参数是什么？智能网联汽车中如何读取毫米波雷达传感器的主要数据？学习本任务，你将可以回答以上问题。

## 【知识准备】

### 一、毫米波雷达产品介绍

77GHz 毫米波雷达 ARS404 如图 3-3-1 所示，适用于汽车前向碰撞预警、自动紧急制动、自适应巡航等先进驾驶辅助系统和自动驾驶等场景。

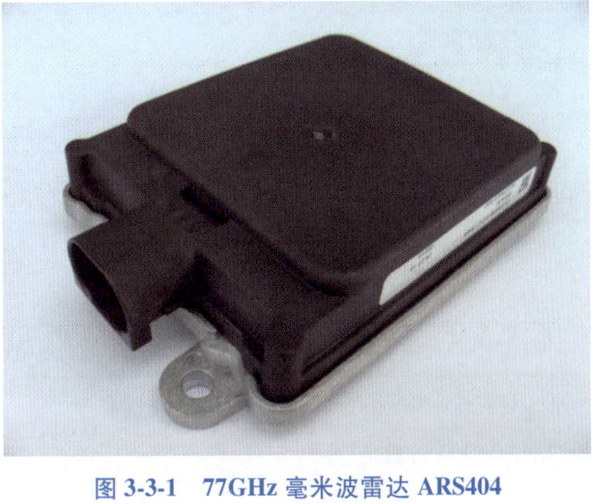

图 3-3-1　77GHz 毫米波雷达 ARS404

77GHz 毫米波雷达 ARS404 标准探测区域示意图如图 3-3-2 所示。

ARS404 毫米波雷达主要技术参数见表 3-3-1。

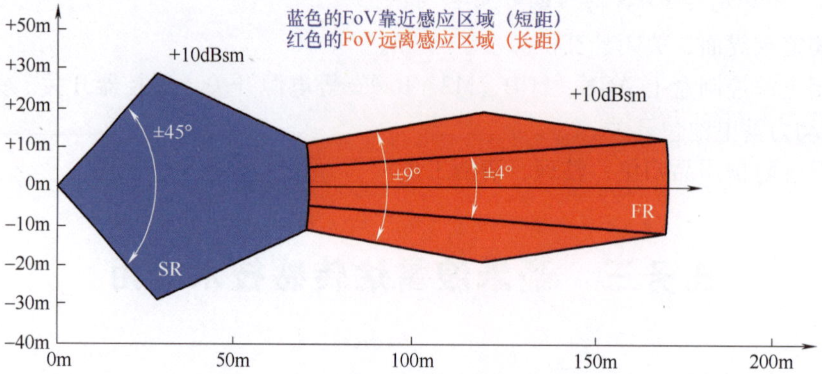


图 3-3-2　77GHz 毫米波雷达 ARS404 标准探测区域示意图

表 3-3-1　ARS404 毫米波雷达主要技术参数

| 性能测试 | 自然目标（非反射目标） | |
|---|---|---|
| 距离范围 | | 0. 20. 170m@ 0. . ±4°&0. 20. . 120m@ ±9°远距离扫描 |
| | | 0. 20. 70m@ 0. . ±9°&0. 20. . 40m@ ±45°近距离扫描 |
| 距离测量分辨率 | 定点目标，无追踪 | 0. 40m（0. 75～170m 测量距离） |
| 距离测量准确性 | | 0. 10m（0. 20～170m 测量距离） |
| 方位角增大 | FOV 视场 | ±9°远距离，±45°近距离 |
| 仰角增大 | FOV 视场 | 18°远、近距离 |
| 方位角波束带宽度（3db） | 6db 值的 1. 4 倍 | 4. 6°@ 0°远距离；9. 2°@ 0°…13. 0°@ ±45°近距离 |
| 决议方位角 | 定点目标，无追踪 | 3. 3°远距离；6. 6°@ 0°…9. 3°@ ±45°近距离 |
| 方位角精度 | | 0. 1@ ±6°. . 0. 2°@ ±9°远距离 0. 6°@ 0°…2. 0°@ ±45°近距离 |
| 速度范围 | | 400km/h…+120km/h |
| 速度分辨率 | 目标分离能力 | 0. 28km/h |
| 速度精度 | 定点目标 | ±0. 1km/h |
| 周期时间 | | 60m 近远距离测试 |
| 天线通道/原理 | | 6 通道＝2TX/2RX 近距离+2TX/1RX 远距离 |
| 操作条件 | | |
| 雷达工作频带 | 符合 ETSI&FCC | 76…77GHz |
| 电源供电 | | 直流 8. 0V…32V |
| 电力消耗 | 直流 12V/10A 熔断器 | 4. 5W/375mA 类型 &12W/1. 0A 峰值-睡眠<100μA |
| | 直流 24V/10A 熔断器 | |
| 卸载保护 | | 断开>60V，重启返回<60V |
| 操作/存储温度 | | 零下 45…+85 摄氏度 |
| 寿命 | | 10000h 或 10 年（乘用车） |

（续）

| 性能测试 | 自然目标（非反射目标） | |
|---|---|---|
| 冲击 | 机械 | 500m/s2@ 6ms 半正弦（10 倍振动用在 X/Y/Z 轴上） |
| 振动 | 机械 | |
| 保护等级 | ISO16750 | IP 6K 9K（粉尘，高压清洗）IP 6K7（水下 10cm） |
| 连接 | | |
| 监控功能 | | 自我监控 |
| 接口 | | CAN 高速 500kbit/s |
| 本质 | | |
| 尺寸/质量 | L＊W＊H（mm）/（质量） | 137×64×34/172g |
| 材质 | | 黑色/压铸铝 |

## 二、毫米波雷达在智能网联汽车上的应用

毫米波雷达在智能网联汽车上的应用主要有自适应巡航控制系统、前向碰撞预警系统、自动制动辅助系统、盲区监测系统和变道辅助系统等先进驾驶辅助系统。

### 1. 自适应巡航控制系统

自适应巡航控制系统是一种可以依据设定的车速或距离跟随前方车辆行驶，或根据前车速度主动控制本车行驶速度，最终将车辆与前车保持在安全距离的辅助驾驶功能，可提高驾驶的舒适性。自适应巡航控制系统如图 3-3-3 所示。

### 2. 前向碰撞预警系统

前向碰撞预警系统是通过毫米波雷达和前置摄像头不断监测前方的车辆，判断本车与前车之间的距离、方位及相对速度，探测到前方潜在的碰撞危险，当驾驶人没有采取制动措施时，仪表会显示报警信息并伴随声音报警，警告驾驶人务必采取应对措施。前向碰撞预警系统如图 3-3-4 所示。

图 3-3-3　自适应巡航控制系统

图 3-3-4　前向碰撞预警系统

### 3. 自动制动辅助系统

自动制动辅助系统是利用毫米波雷达测出与前车或障碍物的距离，然后利用数据分析模

块将测出的距离与警报距离、安全距离进行比较，小于警报距离时就进行警报提示，而小于安全距离时，即使驾驶人没有来得及踩制动踏板，该系统也会启动，使汽车自动制动，从而确保驾驶安全。自动制动辅助系统如图 3-3-5 所示。

**4. 盲区监测系统**

盲区监测系统根据毫米波雷达判断移动物体所处的相对位置及与本车的相对速度，当处于本车的盲区范围内，及时提醒驾驶人注意变道出现的风险。盲区监测系统如图 3-3-6 所示。

图 3-3-5　自动制动辅助系统

**5. 变道辅助系统**

变道辅助系统是通过毫米波雷达、摄像头等传感器，对车辆相邻两侧车道及后方进行探测，获取车辆侧方及后方物体的运动信息，并结合当前车辆的状态进行判断，最终以声、光等方式提醒驾驶人，让驾驶人掌握最佳变道时机，防止变道引发的交通事故，同时它对后向碰撞有比较好的预防作用。变道辅助系统如图 3-3-7 所示。

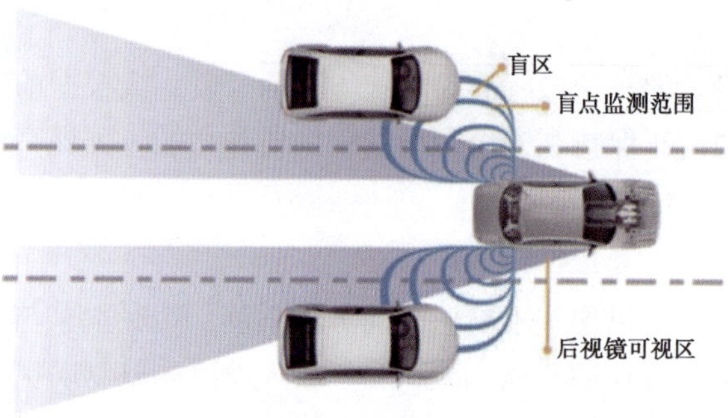


图 3-3-6　盲区监测系统

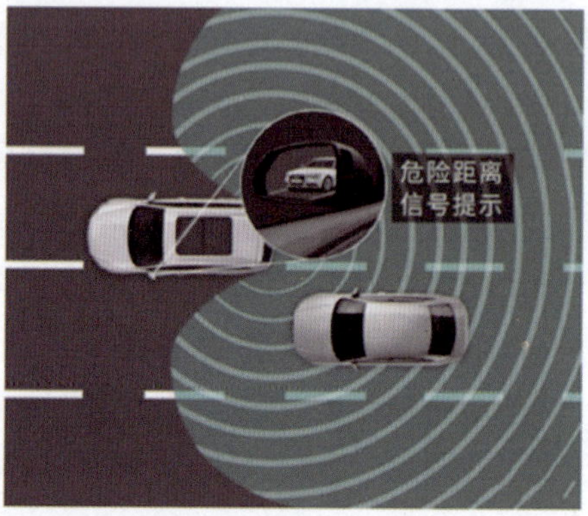


图 3-3-7　变道辅助系统

智能网联汽车先进驾驶辅助系统应用的毫米波雷达见表 3-3-2。

表 3-3-2　智能网联汽车先进驾驶辅助系统应用的毫米波雷达

| 毫米波雷达类型 | | 短程雷达（SRR） | 中程雷达（MRR） | 远程雷达（LRR） |
|---|---|---|---|---|
| 工作频段 | | 24GHz | 77GHz | 77GHz |
| 探测距离 | | 小于 60m | 100m 左右 | 大于 200m |
| 功能 | 自适应巡航控制系统 | | 前方 | 前方 |
| | 前向碰撞预警系统 | | 前方 | 前方 |
| | 自动制动辅助系统 | | 前方 | 前方 |
| | 盲区监测系统 | 侧方 | 侧方 | |
| | 变道辅助系统 | 后方 | 后方 | |

## 【技能训练】

### 智能网联汽车毫米波雷达数据读取

**1. 打开电源开关**

1）打开动力蓄电池包开关和主电源开关。

2）打开电源控制盒上 AGX、LCD、Radar、M2 等电源开关。

**2. 打开智能驾驶装调实训平台软件**

**（1）打开数据终端窗口** 在/home/apollo-arm 目录下打开命令行，如图 3-3-8 所示。

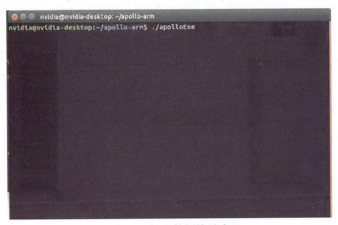

图 3-3-8　打开数据终端窗口

**（2）打开智能驾驶装调实训平台** 输入./apolloExe，单击回车，如图 3-3-9 所示。

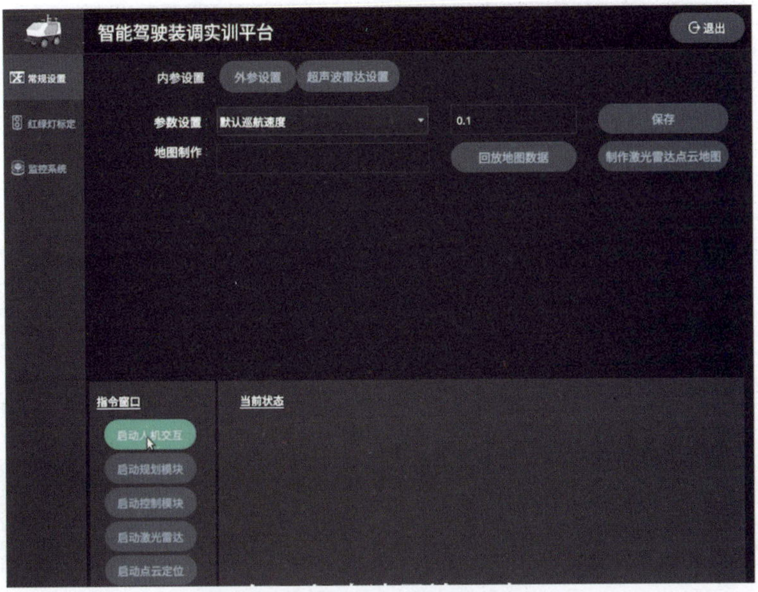


图 3-3-9　打开智能驾驶装调实训平台

### 3. 打开毫米波雷达驱动

进入 Dreamview 的 Tasks 界面，单击打开 ModulesCotroller 模块，单击 canbus 按钮和 Radar 按钮，如图 3-3-10 所示。

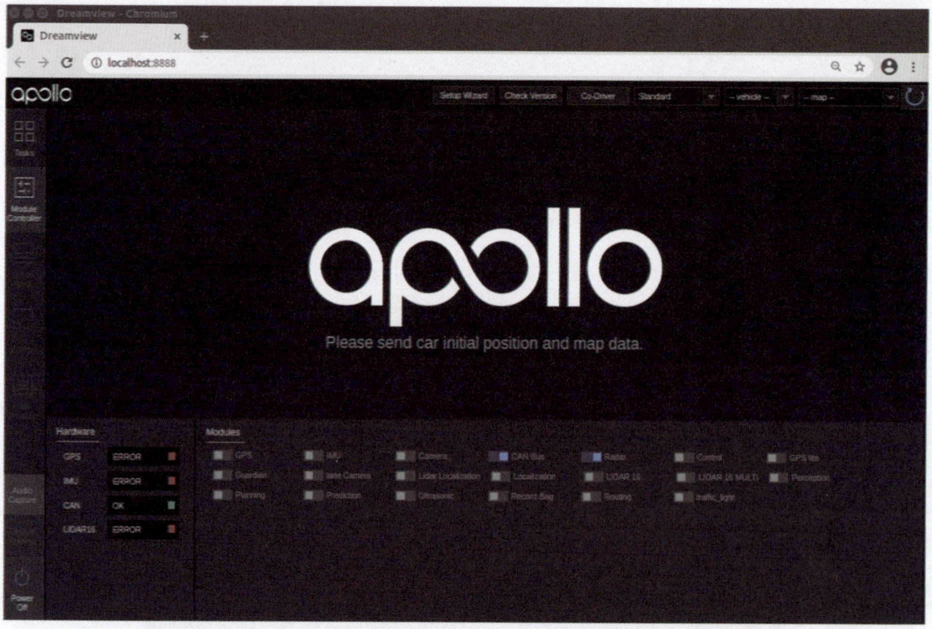


图 3-3-10　打开毫米波雷达驱动

### 4. 查看毫米波雷达数据

打开智能驾驶装调实训平台，在监控系统界面（图 3-3-11），查看毫米波雷达数据是否持续有数据刷出，且带有监测到的障碍物数据，如图 3-3-12 所示。

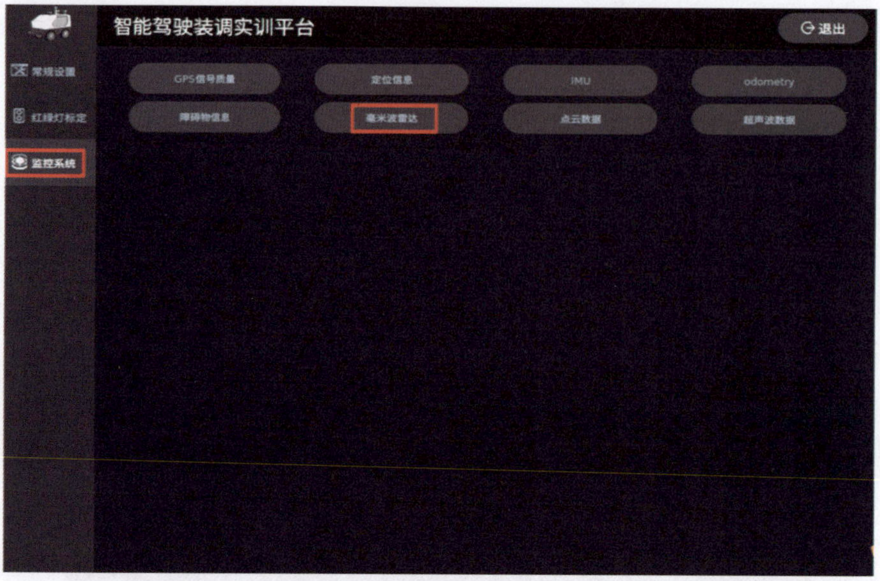


图 3-3-11　监控系统界面

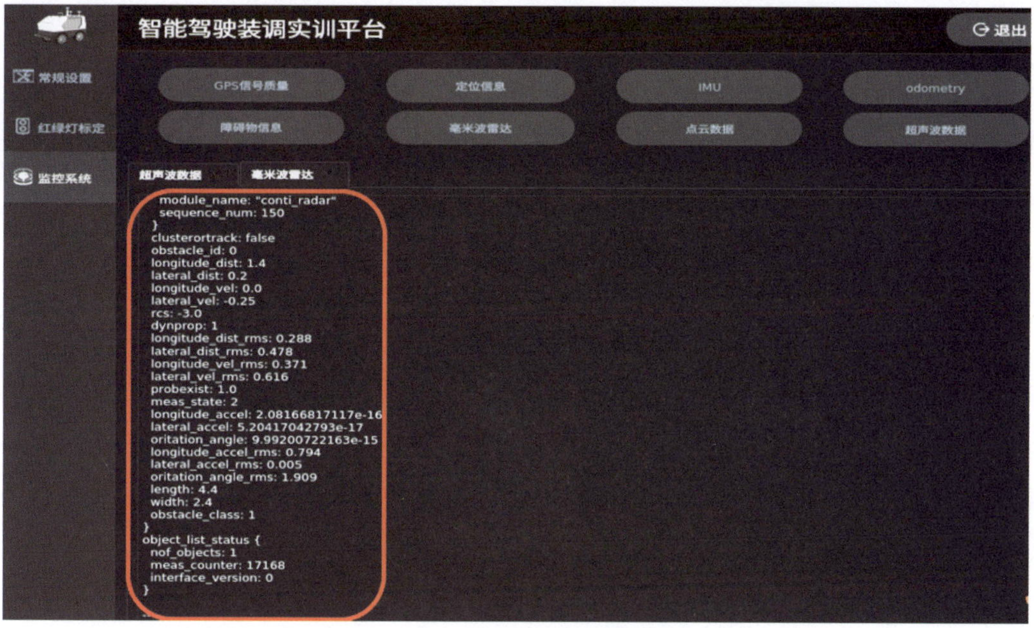


图 3-3-12　查看超声波雷达数据

### 5. 毫米波雷达数据读取完毕

1）单击 canbus、Radar 按钮，关闭 Dreamview 界面。

2）关闭智能驾驶装调实训平台，关闭终端界面，关闭计算机。

3）关闭电源控制盒上 AGX、LCD、M2、Radar 等电源开关，遥控器开关。关闭主电源开关，关闭动力蓄电池包开关。

4）工具、防护用品归位，整理、清洁工位。

# 任务四　毫米波雷达的标定和故障排除

## 【任务导入】

目前，毫米波雷达在智能网联汽车中起着无可替代的作用，它在智能网联汽车智能化的方向占据重要位置。那么毫米波雷达在智能网联汽车中的线束针脚定义是怎样的？智能网联汽车中毫米波雷达如何安装标定及故障排除？学习本任务，你将可以回答以上问题。

## 【知识准备】

### 一、某公司毫米波雷达

SR73F 是 77GHz 车载毫米波雷达传感器，SR73F 体型小、测量距离远、性能领先、性价比高、集成的外设接口。其外形如图 3-4-1 所示。

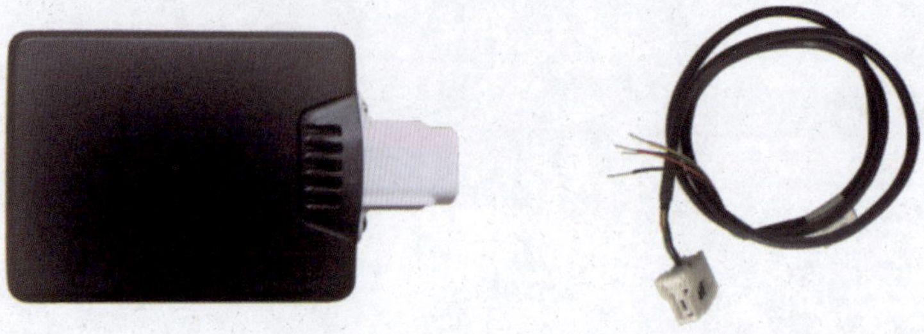

图 3-4-1　SR73F 外形及连接线

## 二、毫米波雷达的安装

### 1. 连接线安装

SR73F 接口定义（配置连接线）如图 3-4-2 所示。

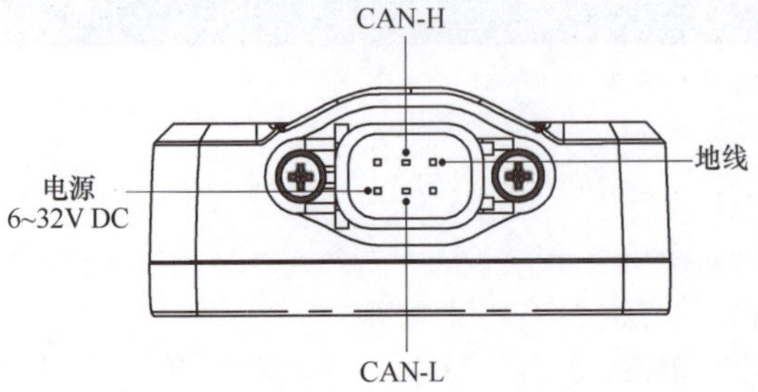


| 序号 | 定义 | 范围 | 线缆颜色 |
|---|---|---|---|
| 1 | CAN-H | DC −58~58V | 黄 |
| 2 | CAN-L | DC −58~58V | 绿 |
| 3 | GND | | 黑 |
| 4 | POWER IN | DC 6~32V | 红 |

图 3-4-2　SR73F 接口定义

### 2. 雷达安装及坐标系统

在前、后向检测及相关应用中，SR73F 安装距地面需有 0.4~1.5m 的距离，雷达天线面朝正前方。安装规范如图 3-4-3 所示。雷达前方不能有金属物质遮挡。雷达测试按照如图 3-4-4 所示方向安装，不能装反。

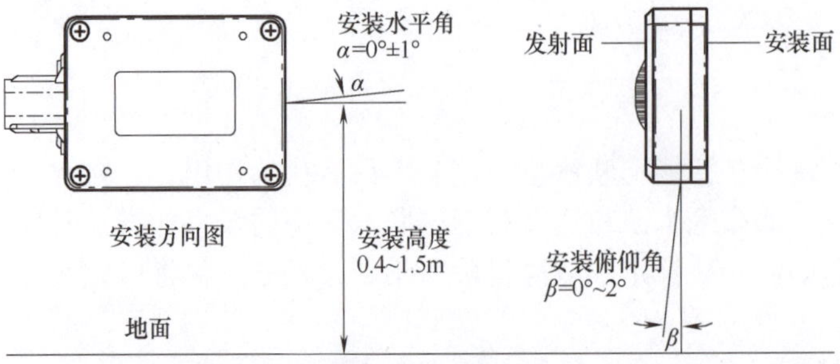


图 3-4-3　安装规范

## 三、测试使用

依据使用手册，安装与配置上位机测试软件。注意：功能测试时，雷达需要依据推荐的安装参数进行测试。《NSM_77 Tools》使用如图 3-4-5 所示 USB CAN 适配器与 SR73F 通信。

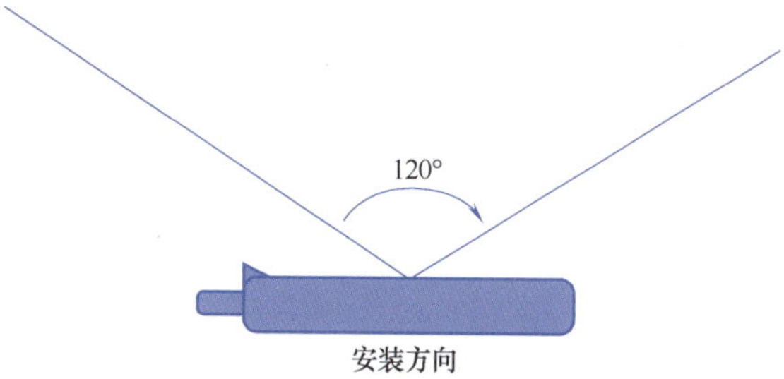


图 3-4-4　安装方向

图 3-4-5　USB CAN 适配器

测试步骤：

1）测试使用工具或软件见表 3-4-1。

表 3-4-1　测试使用工具或软件

| 序号 | 设备名称 | 数量 |
| --- | --- | --- |
| 1 | SR73F 传感器 | 1 |
| 2 | PC 机 | 1 |
| 3 | 连接线 | 2 |
| 4 | 12V 直流电源 | 1 |
| 5 | 上位机测试软件 | 1 |
| 6 | USBCAN 盒子 | 1 |

2）通过 USBCAN 适配器，连接 PC 与 SR73F 雷达传感器，连接示意图如图 3-4-6 所示。注意：SR73F 接通 DC 12V 电源后，USBCAN 盒子的绿灯（POWER）会持续亮，SR73F 正常工作时，黄灯会持续闪烁。

3）打开 CAN Monitor 驱动，并按要求配置。单击左上角绿色按钮，如图 3-4-7 所示。不用修改任何参数，单击确定按钮。

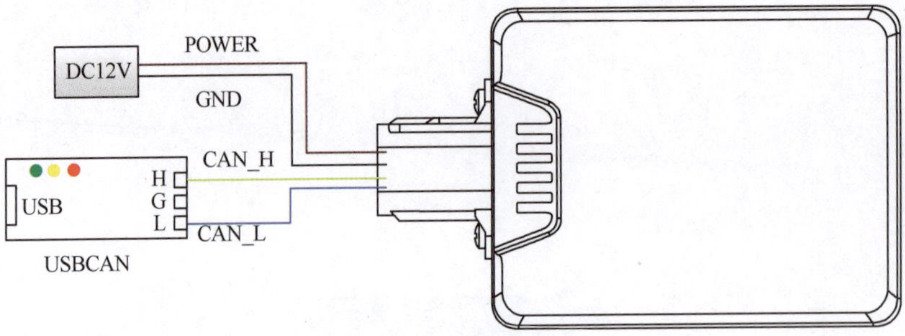


图 3-4-6　连接示意图

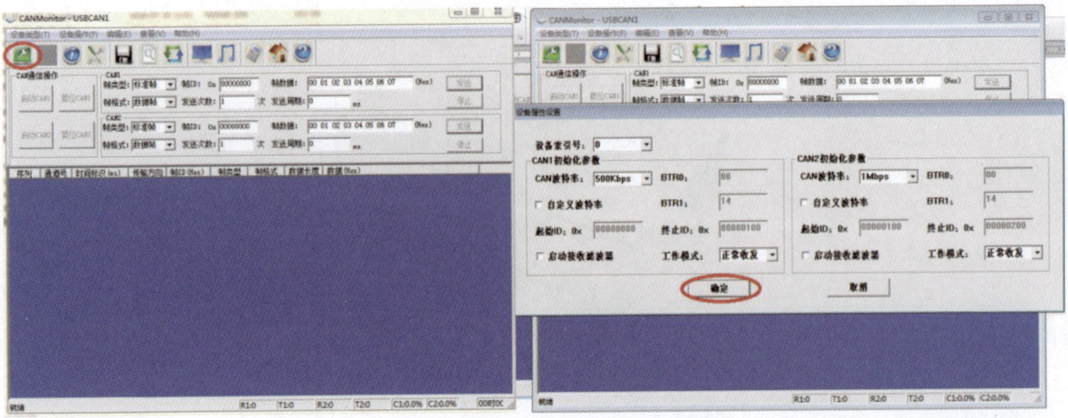

图 3-4-7　打开 CAN Monitor 驱动

如果出现打开设备失败提示，检查 SR73F 是否正确连接计算机。如已正确连接，单击启动 CAN1 按钮，雷达与目标存在相对运动时，命令行中会出现 0x70C 序列，否则表示连接或安装不正确，应检查安装和连接，如图 3-4-8 所示。

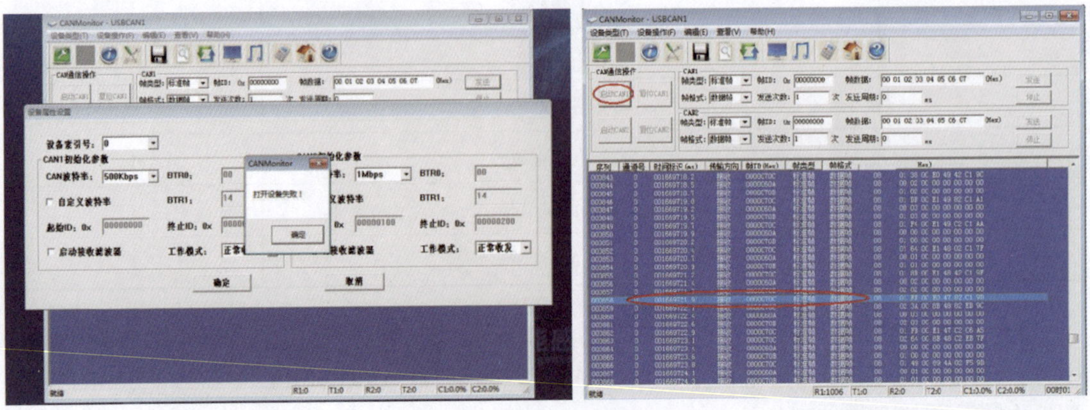

图 3-4-8　检查安装和连接

4）打开 NSM_77 Tools 软件，开始测试。如图 3-4-9 所示，雷达型号选择 SR73F。

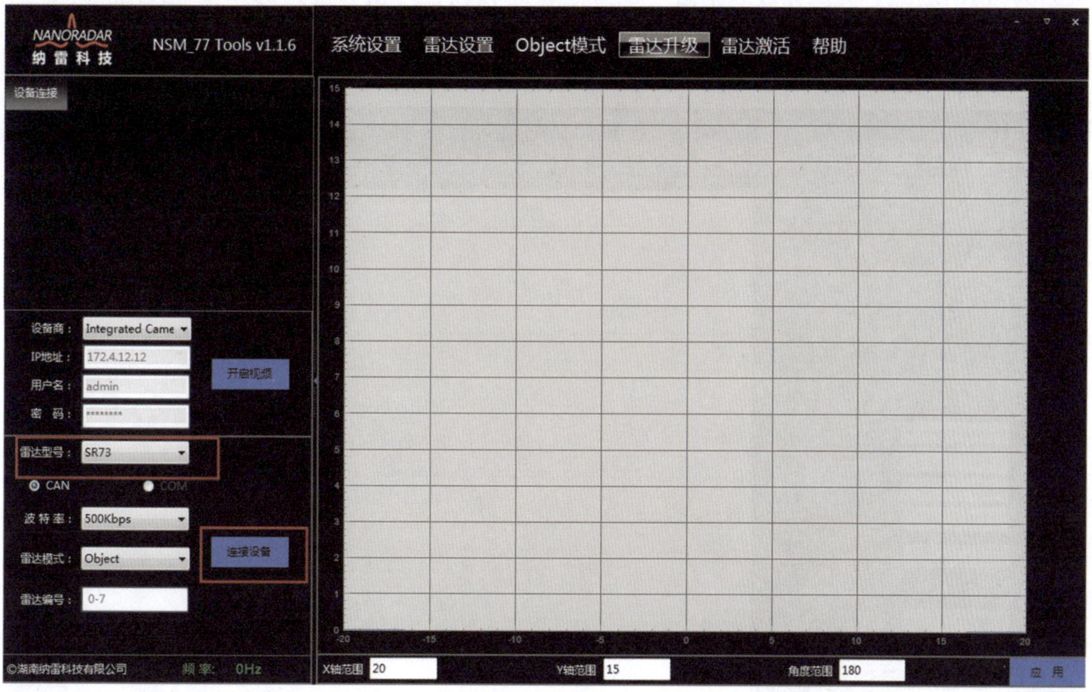


图 3-4-9　型号选择

5）选择 SR73F 后，单击连接设备。测试界面如图 3-4-10 所示，雷达开始工作。雷达检测到 12 个目标。

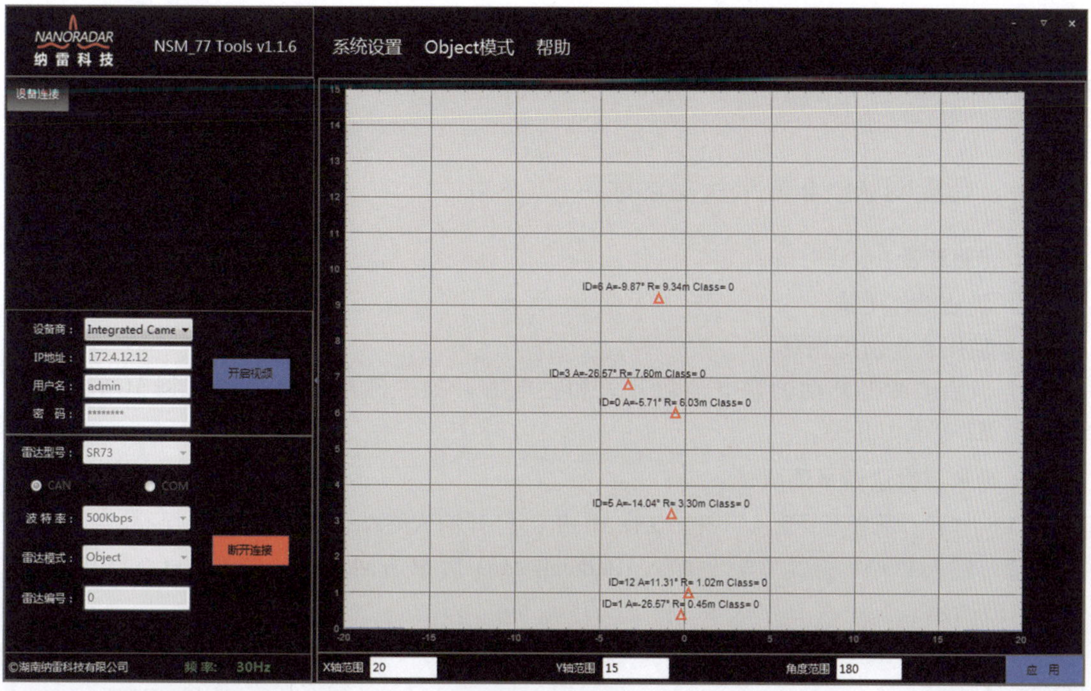


图 3-4-10　测试界面

6）退出测试。测试完成后单击“断开连接”按钮，单击右上角的“X”关闭程序，如图 3-4-11 所示。

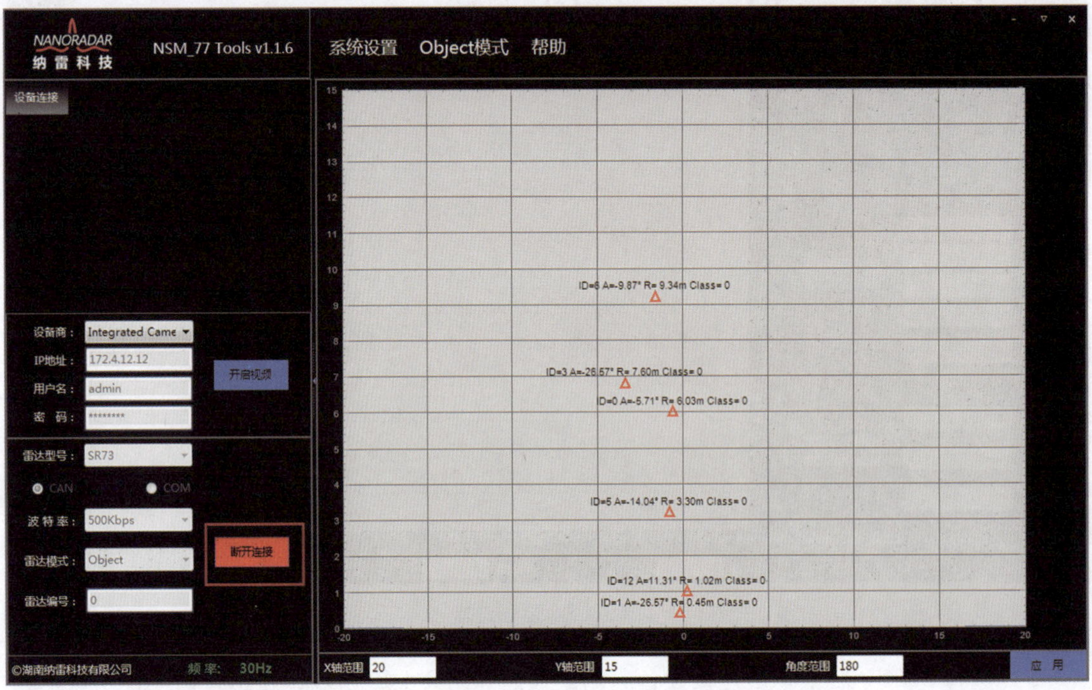


图 3-4-11　退出测试

## 【技能训练】

### 一、智能网联汽车毫米波雷达标定

**1. 作业准备**

1）清洁操作工位。

2）使用安全防护用具。

3）开启电源打开动力蓄电池包开关和主电源开关，打开电源控制盒上 AGX、LCD、Radar、M2 等电源开关。

**2. 毫米波雷达信号读取**

**（1）打开计算机输入终端**　按 Ctrl+Alt+T 键打开输入终端，如图 3-4-12 所示。

**（2）输入 CAN1 查找信号**　输入 candump can1 后单击回车键，按 Ctrl+C 键中断，如图 3-4-13 所示。

**（3）检查毫米波雷达 CAN 信号**　检查 CAN1 信号中的 60A 信号报文有无变化，如图 3-4-14 所示。

图 3-4-12　打开计算机输入终端

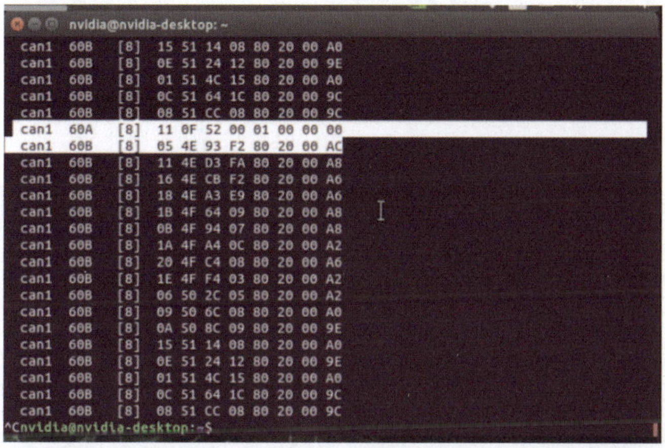


图 3-4-13　打开 CAN 信号

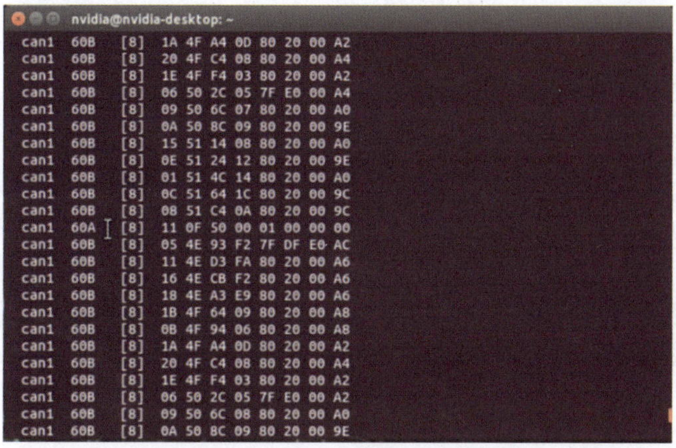


图 3-4-14　检查毫米波雷达 CAN 信号

### 3. 毫米波雷达数据读取

#### (1) 打开智能驾驶装调实训平台软件

1）打开数据终端窗口。在/home/apollo-arm 目录下打开命令行，如图 3-4-15 所示。

图 3-4-15　打开数据终端窗口

2）打开智能驾驶装调实训平台，输入./apolloExe，单击回车键，如图 3-4-16 所示。

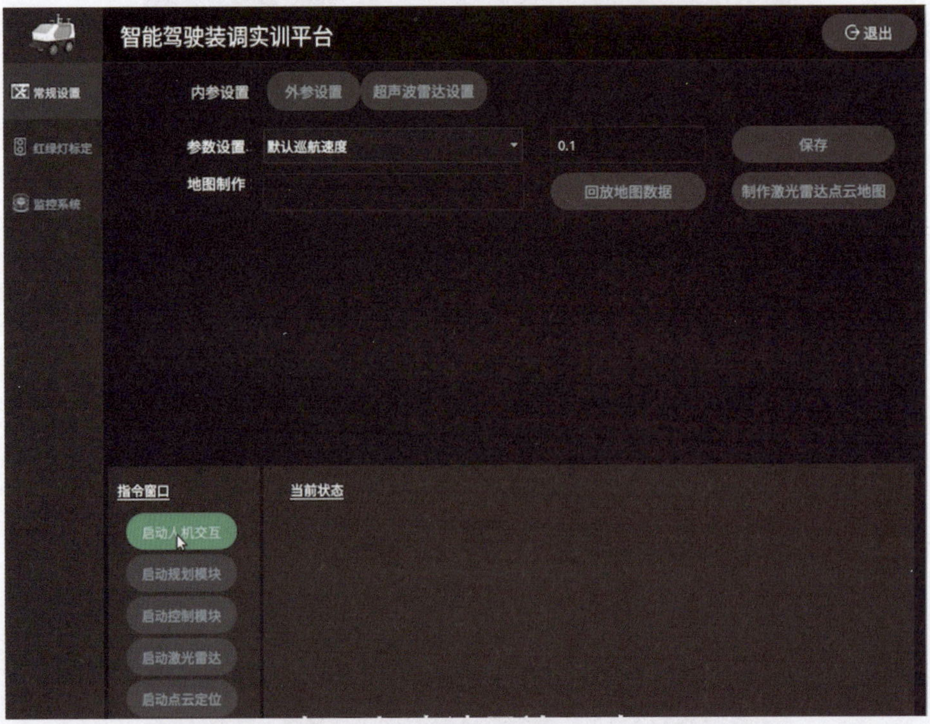


图 3-4-16　打开智能驾驶装调实训平台

**(2) 打开毫米波雷达驱动**　进入 dreamview 的 Tasks 界面，单击打开 ModulesCotroller 模块，单击 canbus 按钮和 Radar 按钮，如图 3-4-17 所示。

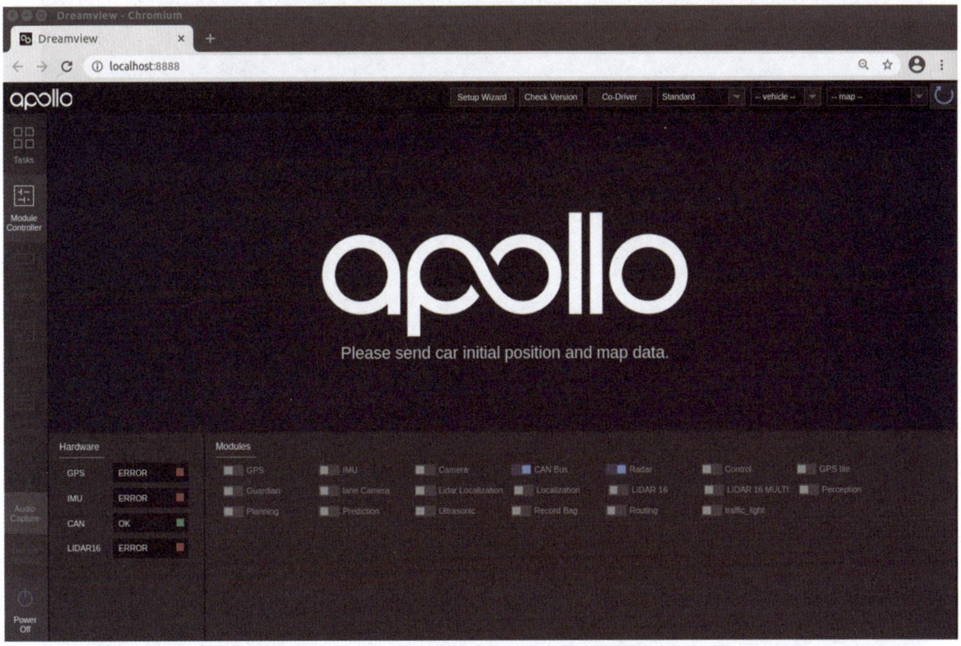


图 3-4-17　打开毫米波雷达驱动

**(3) 查看毫米波雷达数据**　打开智能驾驶装调实训平台，在监控系统界面（图 3-4-18），查看毫米波雷达数据是否持续有数据刷出，且带有监测到的障碍物数据，如图 3-4-19 所示。

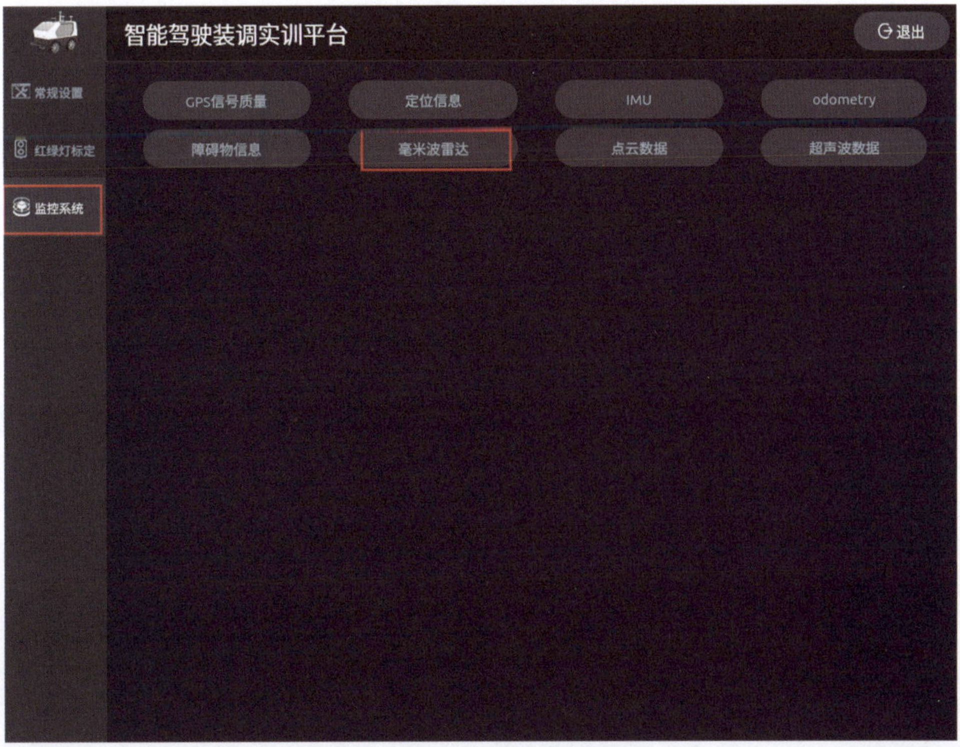


图 3-4-18　打开监控系统界面

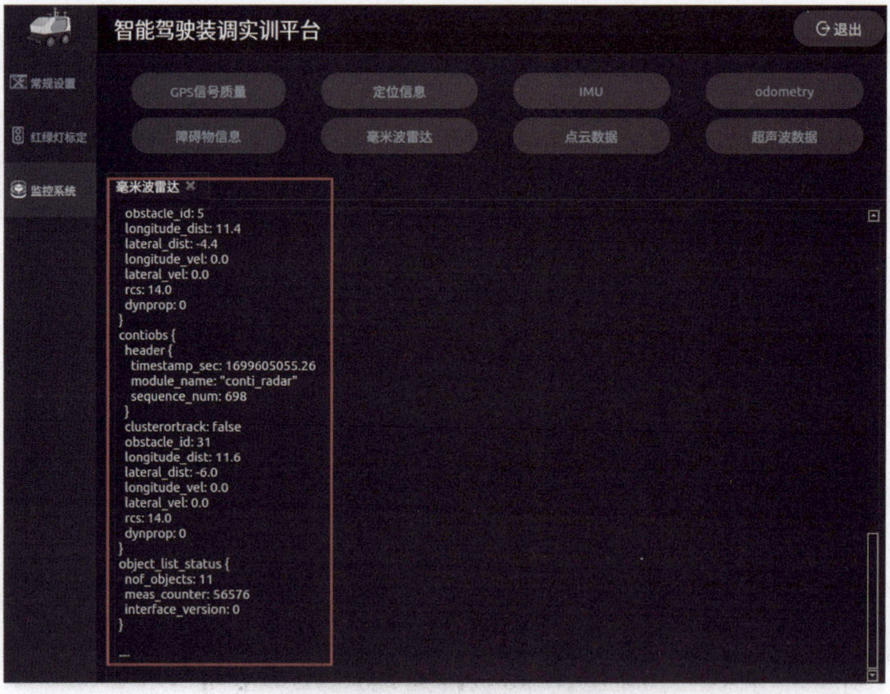


图 3-4-19　查看毫米波雷达数据

4. 毫米波雷达标定

**(1) 打开毫米波雷达参数界面**　打开智能驾驶装调实训平台，选择外参设置，如图 3-4-20 所示。

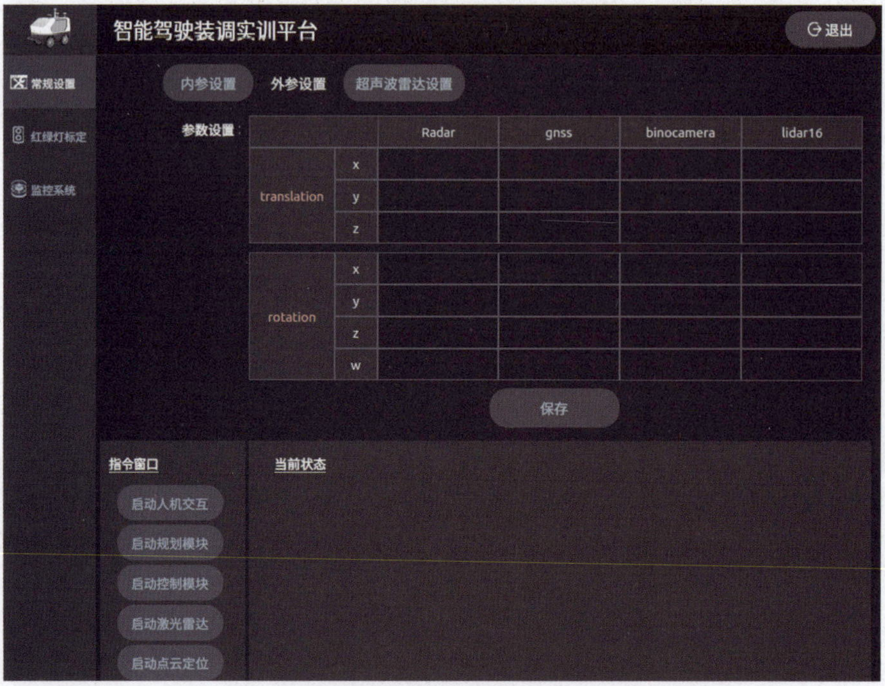


图 3-4-20　打开毫米波雷达参数界面

**（2）测量毫米波雷达参数**　确定坐标中心（导航定位模块定位中心），测量毫米波雷达相对坐标中心，测量 X、Y、Z 轴尺寸，如图 3-4-21 所示。

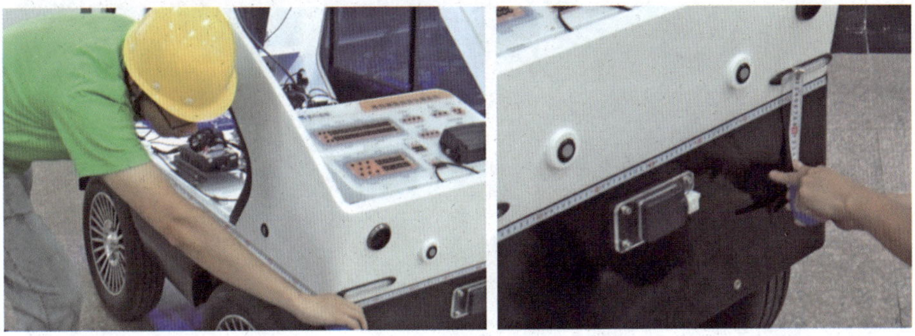

图 3-4-21　测量毫米波雷达参数

**（3）确定坐标四元数**　输入角度与四元数转换工具网址 https://quaternions. online/。在 Euler Angles 中输入欧拉角并转换，如图 3-4-22 所示。

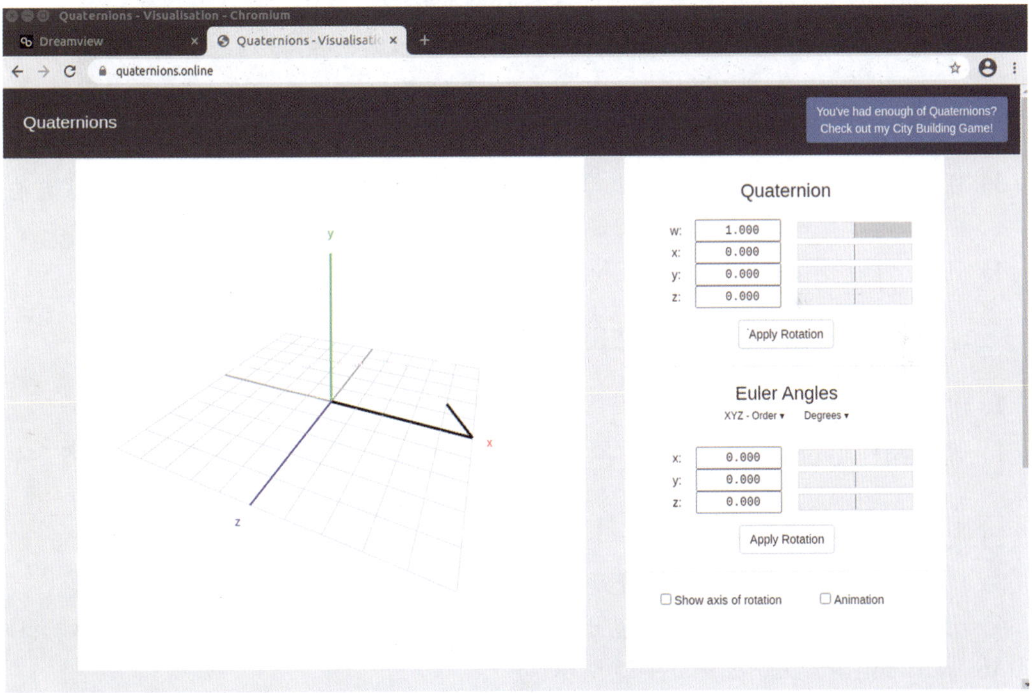


图 3-4-22　转换欧拉角四元数

**（4）输入参数**　将测量得到的 X、Y、Z 轴及四元数输入毫米波雷达参数，并保存，如图 3-4-23 所示。

**5. 整理工位**

1）单击 canbus、Radar 按钮，关闭 Dreamview 界面。

2）关闭智能驾驶装调实训平台，关闭终端界面，关闭计算机。

图 3-4-23　输入毫米波雷达参数

3）关闭 AGX、LCD、Radar、M2 等电源开关。关闭主电源开关，关闭动力蓄电池包开关。

4）工具、防护用品归位，整理工位。

## 二、智能网联汽车毫米波雷达的故障检修

### 1. 作业准备

1）清洁操作工位。用抹布清洁各零部件、万用表、安全防护工具等，如图 3-4-24 所示。

2）使用安全防护用具。

3）工具、设备的外观检查，检查万用表是否正常。

4）开启电源。打开动力蓄电池包开关和主电源开关，打开电源控制盒上 AGX、LCD、RADAR、M2 等电源开关，如图 3-4-25 所示。

图 3-4-24　作业准备

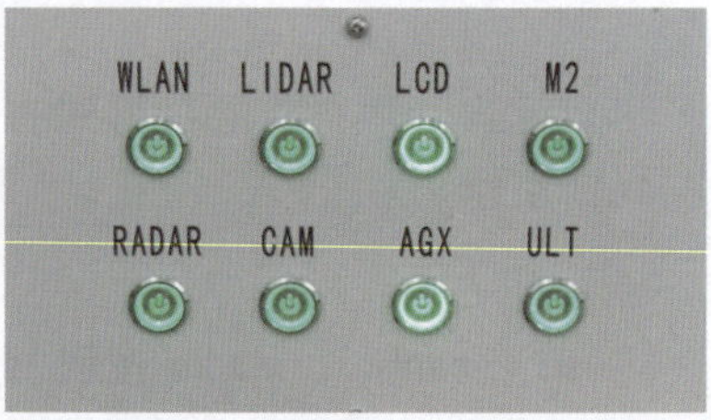


图 3-4-25　开启总电源开关

### 2. 确定故障点

#### （1）毫米波雷达信号读取

1）打开计算机输入终端。按 Ctrl+Alt+T 键打开输入终端，如图 3-4-26 所示。

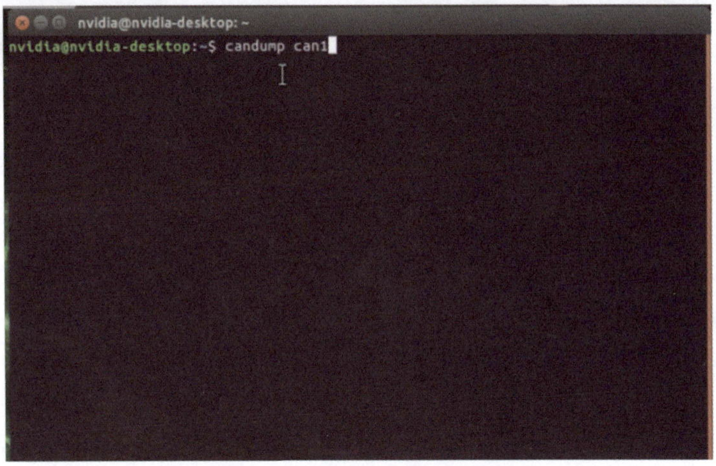


图 3-4-26　打开计算机输入终端

2）检查毫米波雷达 CAN 信号。使用 Ctrl+Alt+T 键打开终端，输入 candump can1，查看有无毫米波雷达 can 数据（使用 Ctrl+C 键可以中断数据刷出），无输出数据，如图 3-4-27 所示。

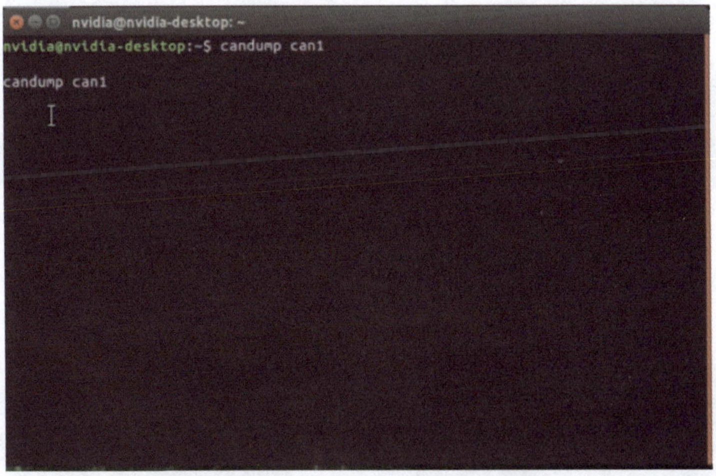


图 3-4-27　检查毫米波雷达 CAN 信号

#### （2）检查毫米波雷达电源线

1）关闭毫米波雷达电源开关，拆下毫米波雷达电源线。

2）测量毫米波雷达电源线是否断路。用表校零后，将万用表旋转至欧姆档，测量电源线通断。测量电源正极是否断路如图 3-4-28 所示；测量电源负极是否断路如图 3-4-29 所示。

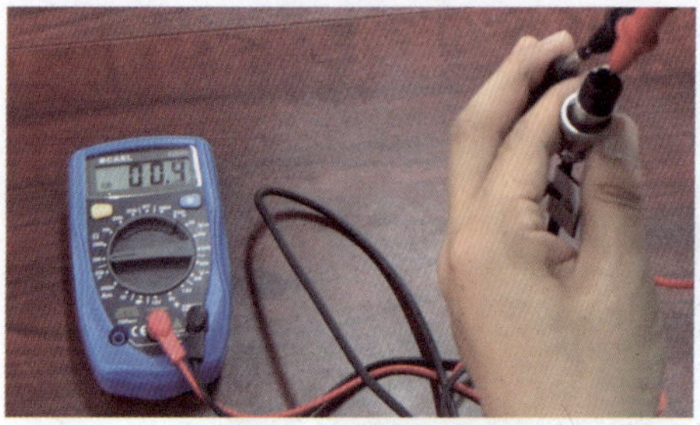

图 3-4-28　检查电源正极

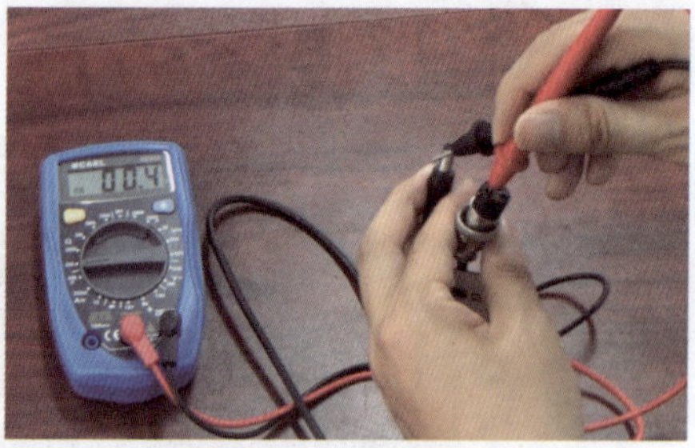

图 3-4-29　检查电源负极

3）测量毫米波雷达电源线是否短路。

万用表校零后，将万用表旋转至欧姆档，测量电源线通断，如图 3-4-30 所示。

### （3）检查毫米波雷达 CAN 线

1）检查 CAN1 线是否断路。拆下毫米波雷达 CAN1 线线束，检查 CAN1 线 H、L 针脚是否断路。

检查 CAN1 线 H 针脚是否断路如图 3-4-31 所示，检查 CAN1 线 L 针脚是否断路如图 3-4-32 所示。

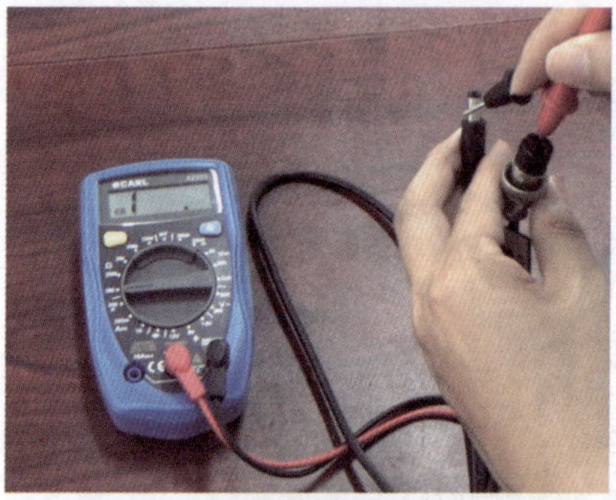

图 3-4-30　检查电源线是否短路

图 3-4-31　检查 CAN1 线 H 针脚是否断路

2）检查 CAN1 线是否短路。测量 CAN1 线 H、L 针脚是否短路，如图 3-4-33 所示。

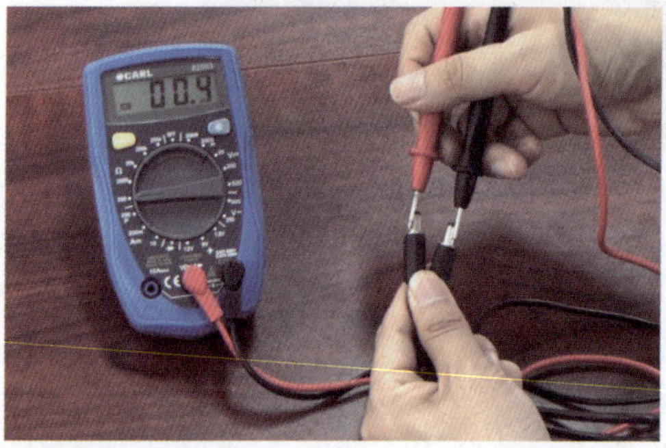

图 3-4-32　检查 CAN1 线 L 针脚是否断路

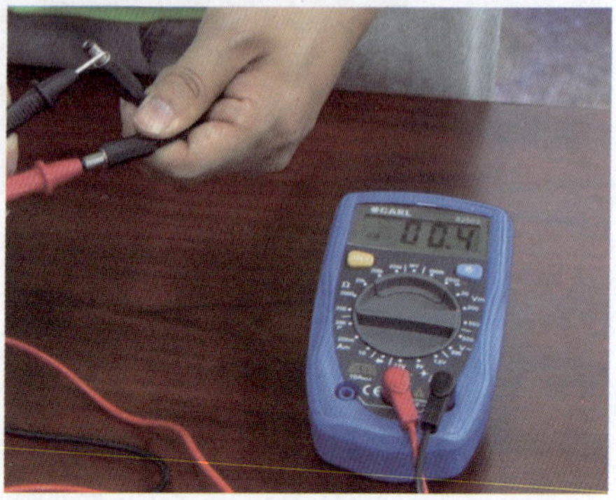

图 3-4-33　检查 CAN1 线是否短路

### 3. 排除故障

**（1）更换新的 CAN1 线**　更换新的 CAN1 线，如图 3-4-34 所示。

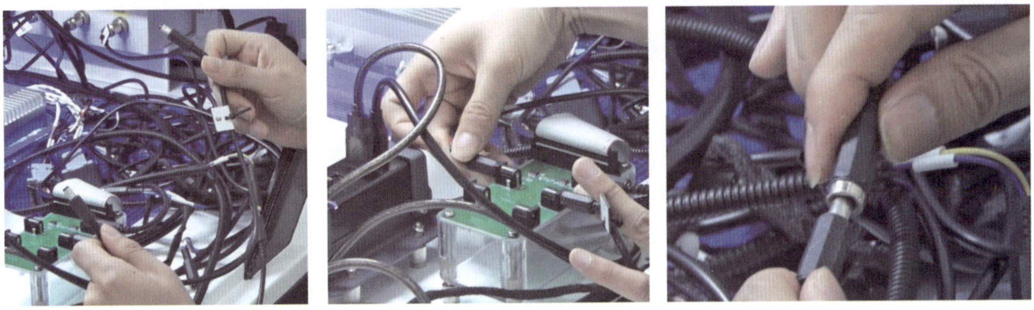

图 3-4-34　更换新的 CAN1 线

**（2）验证故障是否排除**　打开超声波雷达电源开关，使用 Ctrl+Alt+t 键打开输入终端，输入 candump can1，查看有无超声波雷达 can1 数据（使用 Ctrl+c 键可以中断数据刷出），有输出数据，如图 3-4-35 所示。

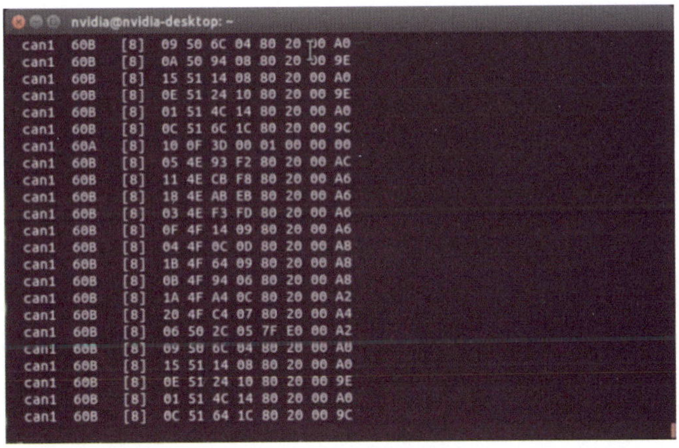


图 3-4-35　验证故障

### 4. 整理工位

1）单击 canbus、Radar 按钮，关闭 Dreamview 界面。

2）关闭智能驾驶装调实训平台，关闭终端界面，关闭计算机。

3）关闭电源控制盒上 AGX、LCD、Radar、M2 等电源开关。关闭主电源开关，关闭动力蓄电池包开关。

4）工具、防护用品归位，整理工位。

### 【延伸阅读】

顾诵芬，1930 年 2 月 4 日出生于江苏省苏州市，飞机空气动力学家，中国科学院学部委员，中国工程院院士，中国航空工业集团公司科技委研究员，中国航空研究院名誉院长。

顾诵芬直接组织领导和参与了低、中、高三代飞机中的多种飞机气动布局和全机的设计；在中国国内首创两侧进气方案；抓住初级教练机失速尾旋的特点，通过计算机翼环量分布，从优选择了机翼布局；消化吸收国内外机种的技术，利用我国国内条件，创立超音速飞机气动设计程序和计算方法；解决了方向安定性和排除抖振等重大技术关键，确保了飞机定型；利用系统工程管理方法，把飞机的各专业系统技术融合在一个总体优化的机型内。

顾诵芬主持歼八飞机的气动力设计，任歼八飞机型号总设计师，解决了大超音速飞行的飞机方向安定性问题和跨音速的飞机抖振问题；担任歼八Ⅱ飞机总设计师，利用系统工程管理法，把飞机的各项专业技术综合优化于一个机型中；主持了主动控制验证机的研制；与俄罗斯中央空气流体动力学研究院合作研究远景飞机布局等。

顾诵芬是新中国航空工业创建之初，最早参加到航空工业建设和发展事业中的青年知识分子，是新中国培养的有着极高声望的飞机总设计师，是堪称大师级的领军人物。(《中国科学报》评)

顾诵芬对歼 8 系列飞机贡献重大，被誉为“歼 8 之父”。(中国航空工业集团有限公司评)

消息来源：中国科学院学部

## 【学习小结】

本项目介绍了毫米波雷达的概述，毫米波的分类，毫米波的特性，毫米波雷达的定义与类型，毫米波雷达的结构和工作原理，毫米波雷达的测距原理，毫米波雷达的测速原理，毫米波雷达的基本应用，自适应巡航系统，自动制动系统，前向碰撞辅助系统和盲点辅助系统，智能网联汽车毫米波雷达的配置标定与故障排除。

## 【课后习题】

### 一、单项选择题

1.（　　）是指波长为 1~10mm 的电磁波，亦是指频率范围在 30~300GHz 的电磁波。

A. 微波　　B. 毫米波　　C. 远红外波　　D. 超声波

2. 毫米波雷达按（　　）不同可以分为脉冲式毫米波雷达与调频式连续毫米波雷达。

A. 工作原理　　B. 探测距离　　C. 频段　　D. 频率

3. 主流可用频段为 24GHz 和（　　）。

A. 60GHz　　B. 79GHz　　C. 77GHz　　D. 74GHz

4.（　　）的作用是生成高频射频信号。

A. 天线　　B. 接收机　　C. 信号处理器　　D. 发射机

5. 毫米波雷达利用（　　）测量出目标的距离和速度。

A. 多普勒效应　　B. 电磁感应效应　　C. 霍尔效应　　D. 雷达效应

### 二、判断题

1. 毫米波波长位于微波与远红外波相交叠的波长范围，因而兼有两种波谱的特点。

(　　)

2. 频带宽、波长短和大气传播衰减大，是毫米波的三大特性。(　　)

3. 毫米波雷达有探测距离远、探测性能好、响应速度快、覆盖区域呈扇形，有盲点区域等优点。(　　)

4. 从 24GHz 过渡到 77GHz，距离分辨率和精度将会提高约 10 倍。(　　)

5. 毫米波雷达在工作状态时，信号处理器产生高频射频电信号，通过天线将电信号（电能）转化为电磁波信号并发出。(　　)

# 项目四

# 激光雷达传感技术与应用

## 【案例导入】

汽车主动避撞系统是利用信息技术、传感技术来扩展驾驶人的感知能力，将获取的外界信息传递给驾驶人，并结合汽车的状态辨别目标运动状态、相对运动速度、相对运动方向，确定当前数据所适用的模型，再根据天气、路面状况确定危急程度、预测事故发生的可能性。在紧急情况下，由车载微处理器发出控制命令，自动采取控制措施，使汽车避开危险，保证车辆安全。

激光雷达的结构和工作原理是什么？激光雷达的应用有哪些？在汽车主动避撞系统中起什么作用？通过本项目的学习可以得到答案。

## 【项目目标】

| 知识与技能 | 过程与方法 | 情感态度与价值观 |
|---|---|---|
| 1. 了解激光的特性，掌握激光雷达的定义和特点<br>2. 了解激光雷达的分类，掌握激光雷达的基本组成<br>3. 了解激光雷达的结构，掌握激光雷达的工作原理<br>4. 掌握激光雷达的测距原理<br>5. 了解激光雷达的技术参数，了解激光雷达的实际应用<br>6. 掌握激光雷达的安装流程及步骤，掌握激光雷达的数据读取流程，掌握激光雷达的配置标定，掌握激光雷达的故障排除方法 | 1. 采用一体化分小步教学方法，边讲边练边评，提高学生的操作技能<br>2. 通过电子教案辅助学习，培养学生自主学习和探究学习的能力<br>3. 任务驱动教学法：通过布置任务，学生集体讨论，小组互助竞赛机制，激发学生的学习兴趣 | 1. 通过知识的学习，培养学生乐观的生活态度、求实的科学态度、宽容的人生态度<br>2. 通过图片、视频及案例引导学生积极思考，激发学生的学习兴趣和求知欲望<br>3. 通过对实训步骤进行分析，提高学生分析和知识迁移的能力<br>4. 通过实践训练，培养学生实事求是、自强不息、爱岗敬业、团队合作的精神 |

# 任务一　激光雷达的概念认知

## 【任务导入】

目前，激光雷达在智能网联汽车中起着无可替代的作用，它在智能网联汽车智能化的方向占据重要位置。那么你知道激光雷达的特性和类型吗？激光雷达的定义是什么？智能网联汽车中激光雷达传感器是什么样的？学习本任务，你将可以回答以上问题。

## 【知识准备】

### 一、激光雷达定义

激光雷达（图 4-1-1）是通过激光测距技术探测环境信息的传感器的统称，是一种光学遥感传感器。它通过向目标物体发射激光，然后根据接收-反射的时间间隔确定目标物体的实际距离，根据距离及激光发射的角度，通过几何变化推导出物体的位置信息。激光雷达能够确定物体的位置、大小、外部形貌甚至材质。

激光雷达采集到的物体信息呈现出一系列分散的、具有准确角度和距离信息的点，被称为点云。图 4-1-2 所示为激光雷达的点云图。

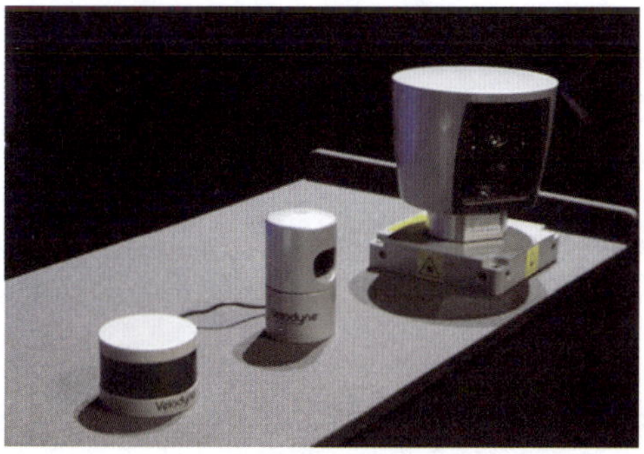

图 4-1-1　激光雷达

图 4-1-2　激光雷达的点云图

### 二、车载激光雷达的类型

车载激光雷达按扫描方式、雷达线数等方式可分为不同类型，如图 4-1-3 所示。

**1. 按扫描方式分类**

车载激光雷达根据其扫描方式的不同，可分为机械激光雷达和固态激光雷达。

机械激光雷达（图 4-1-4）调试、装配工艺复杂，生产周期长，成本高，使用寿命短。

机械式激光雷达由于光学结构固定，适配不同车辆往往需要精密调节其位置和角度。

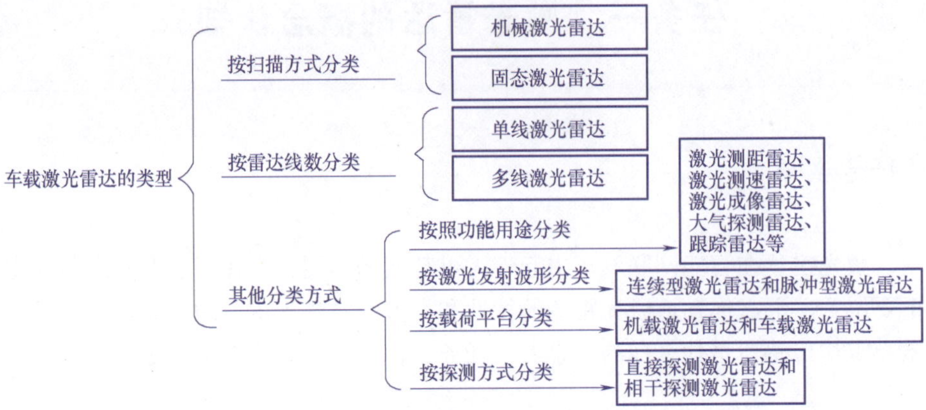


图 4-1-3　车载激光雷达的类型

图 4-1-4　机械激光雷达

固态激光雷达具备分辨率高、装调效率高、测距远以及成本低等技术优势。同时，固态激光雷达不存在旋转的机械结构，其结构简单、尺寸小，如图 4-1-5 所示。

**2. 按雷达线数分类**

按照激光束的多少，激光雷达分为单线激光雷达与多线激光雷达。

单线激光雷达（图 4-1-6）只能平面式扫描，不能测量物体高度，有一定局限性，主要应用于扫地机器人。

图 4-1-5　固态激光雷达

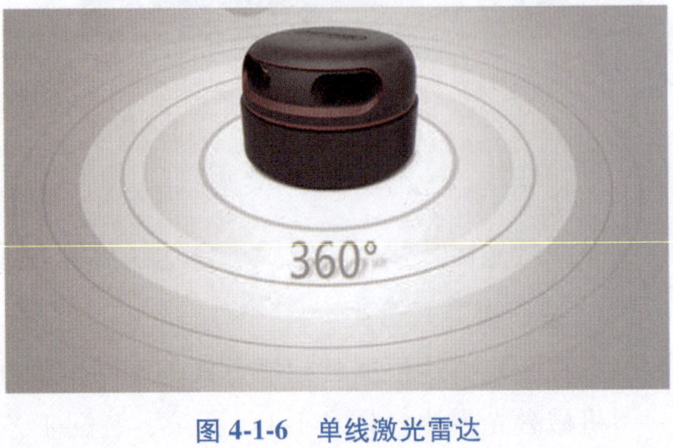


图 4-1-6　单线激光雷达

多线激光雷达扫描一次可产生多条扫描线，主要应用于障碍物的雷达成像，可以识别物体的高度信息。目前，市场上多线激光雷达产品包括 4 线、8 线、16 线、32 线和 64 线等。图 4-1-7 所示为多线激光雷达扫描的不同类型障碍物的点云图。

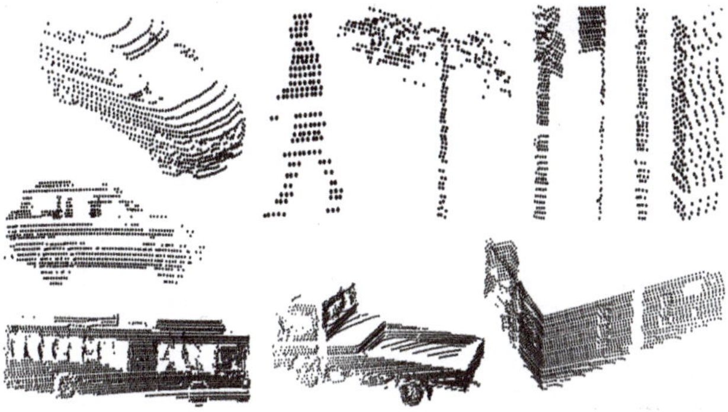

图 4-1-7　多线激光雷达扫描的不同类型障碍物的点云图

**3. 其他分类方式**

激光雷达按照功能用途，可以分为激光测距雷达、激光测速雷达、激光成像雷达、大气探测雷达和跟踪雷达等；按照激光发射波形分类可分为连续型激光雷达和脉冲型激光雷达；按载荷平台分类可分为机载激光雷达、车载激光雷达等；按探测方式分类可分为直接探测激光雷达和相干探测激光雷达。

## 三、激光雷达的特点

**1. 激光雷达的优点**

与普通微波雷达相比，激光雷达由于使用的是激光束，工作频率较微波高了许多，具有以下优点：

1）分辨率高。

2）低空探测性能好。

3）体积小、质量小。

**2. 激光雷达的缺点**

1）受气候影响大。

2）搜索范围小。

**3. 激光雷达性能评价**

激光雷达的性能一般从测量距离、测量精度、测量速率和角度分辨率等方面进行评价，见表 4-1-1。

表 4-1-1　激光雷达性能评价

| 序号 | 指标 | 机械式激光雷达 | 固态激光雷达 |
|---|---|---|---|
| 1 | 探测距离 | 0.5~200m | 0.5~200m |
| 2 | 测距精度 | 2cm | <5cm |

（续）

| 序号 | 指标 | 机械式激光雷达 | 固态激光雷达 |
|---|---|---|---|
| 3 | 回波强度 | 不低于 8bits | 不低于 8bits |
| 4 | 水平视场 | 360° | >100° |
| 5 | 垂直视场 | >500kHz | >500kHz |
| 6 | 测量帧频 | 10~20Hz | 10~20Hz |
| 7 | 距离分辨率 | <5mm | <5mm |
| 8 | 水平分辨率 | <0. 1° | <0. 1° |
| 9 | 扫描线束 | 不低于 32 线束 | 不低于 8 线束 |
| 10 | 通信接口 | Ethernet. PPS | Ethernet. PPS |
| 11 | 工作温度 | -40~85℃ | -40~85℃ |
| 12 | 相对湿度 | 0~95% | 0~95% |
| 13 | 防护等级 | 不低于 IP65 | 不低于 IP65 |
| 14 | 供电电源 | 9~32VDC | 9~32VDC |

## 【技能训练】

### 智能网联汽车激光雷达探头的安装

**1. 作业准备**

1）检查工具（水平仪、螺钉旋具、扳手）是否损坏。

2）检查激光雷达控制器。检查激光雷达控制器是否有损坏，数据线连接是否正常、电源线是否损坏，如图 4-1-8 所示。

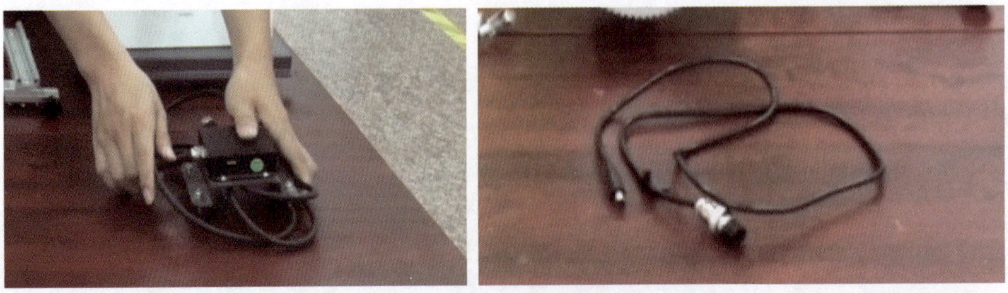

图 4-1-8　检查激光雷达控制器、数据线

3）检查激光雷达探头支架。检查激光雷达探头支架底座（图 4-1-9）是否正常，滑轨是否完好，激光雷达探头立柱（图 4-1-10）、万向节是否正常。

图 4-1-9　检查激光雷达探头支架底座

图 4-1-10　激光雷达探头立柱

2. 激光雷达传感器的安装

（1）激光雷达探头的安装

1）准备激光雷达探头，紧固 16 线雷达探头万向节固定螺栓，如图 4-1-11 所示。

2）安装激光雷达探头底座。将激光雷达探头底座装入底座滑轨中，使底座能够在滑轨中自由移动，不出现明显卡滞为正常，如图 4-1-12 所示。

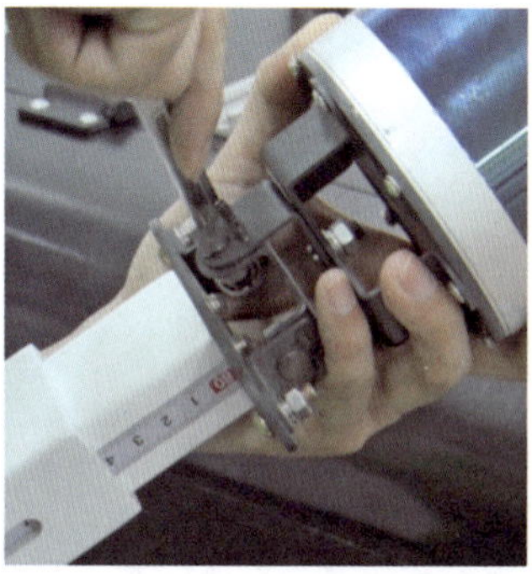

图 4-1-11　紧固探头万向节固定螺栓

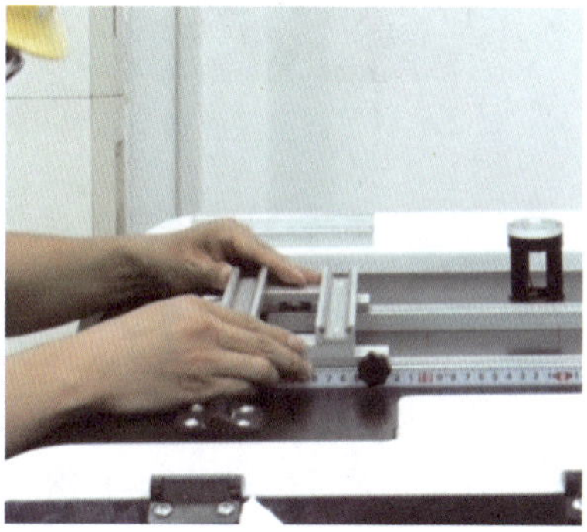

图 4-1-12　安装激光雷达探头底座

3）调整激光雷达探头底座。将底座推至滑轨中间，使底座中心对准滑轨上刻度尺零点位置，并紧固，如图 4-1-13 所示。

4）安装激光雷达探头组件。将激光雷达探头组件装至底座滑轨中，移动至底座中心位置并紧固，如图 4-1-14 所示。

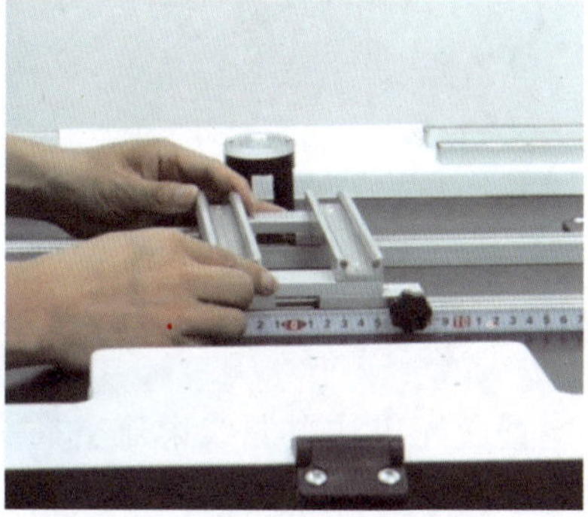

图 4-1-13　调整激光雷达探头底座

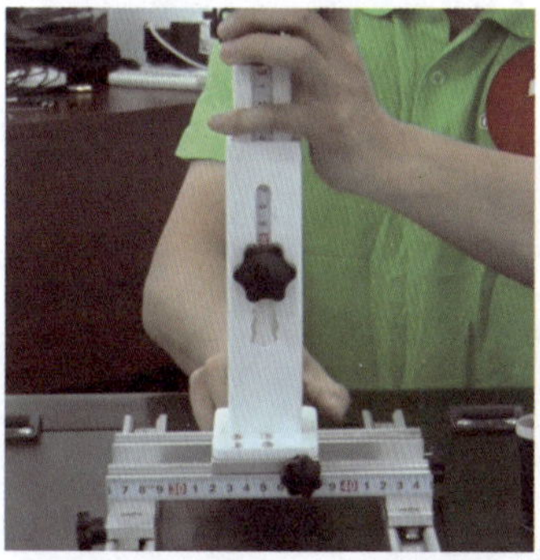

图 4-1-14　安装激光雷达探头组件

（2）激光雷达探头的调整

1）调整激光雷达探头 X 轴、Y 轴水平。将水平仪放在雷达探头上方，调节雷达探头 X 轴（车身长度方向）、Y 轴（车身宽度方向）水平，如图 4-1-15 所示。注意水平仪气泡在刻度线中间为水平。

2）紧固激光雷达调节螺栓。用一字螺钉旋具紧固调节螺栓，如图 4-1-16 所示。

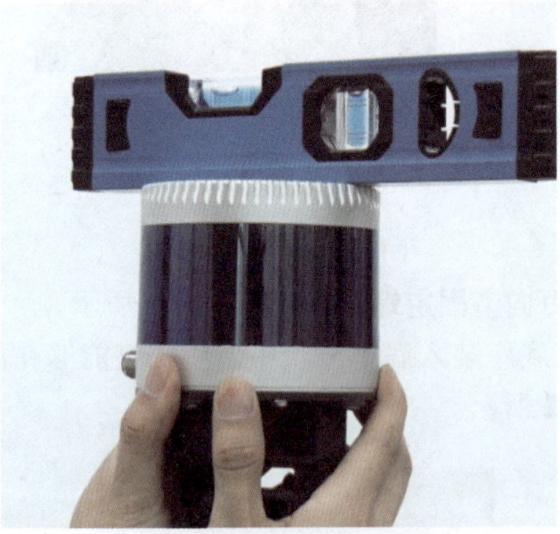

图 4-1-15　调整激光雷达探头

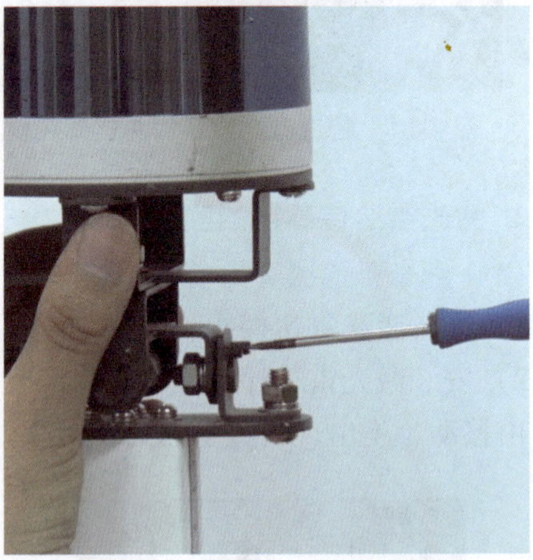

图 4-1-16　紧固激光雷达调节螺栓

（3）激光雷达控制器的安装

1）检查激光雷达控制器及线束。检查激光雷达控制器是否变形或损坏，线束连接是否正常，底座是否完好，如图 4-1-17 所示。

2）安装激光雷达控制器。在汽车底盘上找到激光雷达控制器安装位置，将激光雷达控制器安装到汽车底座上，如图 4-1-18 所示。注意：控制器电源口朝向汽车前方。

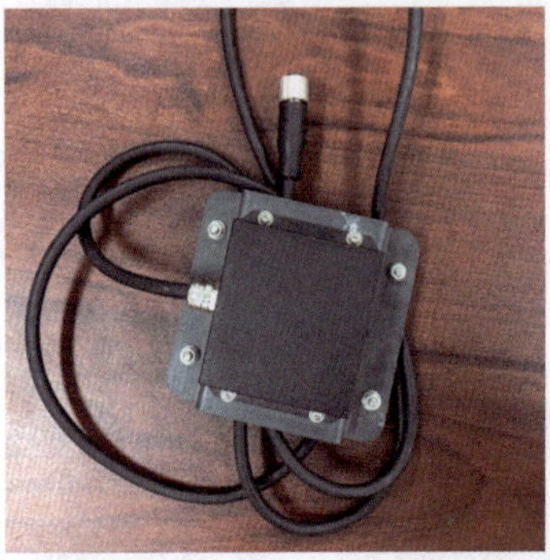

图 4-1-17　检查激光雷达控制器及线束

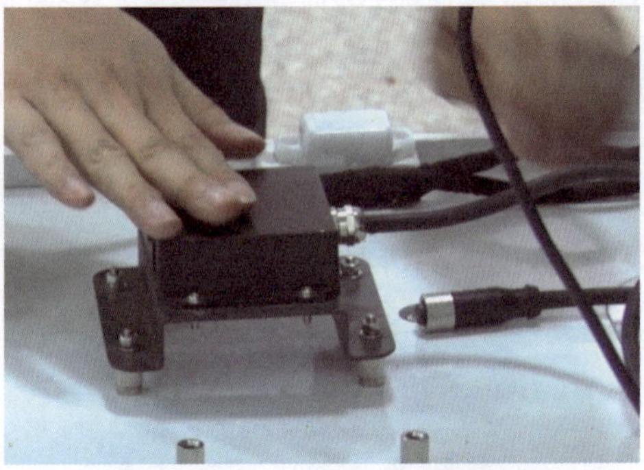

图 4-1-18　安装激光雷达控制器

3. 激光雷达线束的连接

（1）电源线束连接

1）检查激光雷达电源线束是否变形或损坏。检查激光雷达电源线束航空插头（母头端）和直流电源（公头）是否变形或损坏，如图 4-1-19 所示。

2）连接激光雷达电源线航空插头端。连接激光雷达电源线航空插头端（注意安装在电源盒激光雷达电源接口）并紧固，如图 4-1-20 所示。

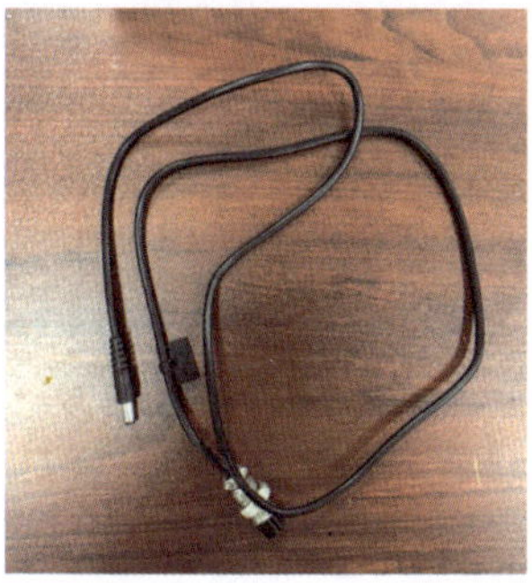

图 4-1-19　检查激光雷达电源线束

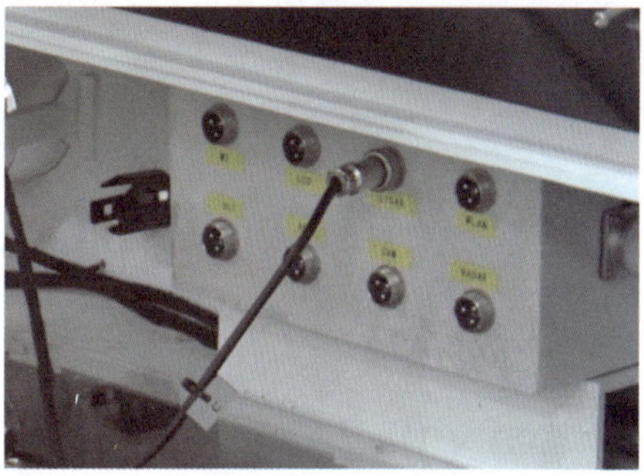

图 4-1-20　连接激光雷达电源线航空插头端

3）连接激光雷达电源线直流电源端。连接激光雷达电源线直流电源端并整理电源线束，如图 4-1-21 所示。

### （2）激光雷达数据线的连接

1）检查激光雷达数据线。检查激光雷达数据线是否损坏，航空插头是否变形，如图 4-1-22 所示。

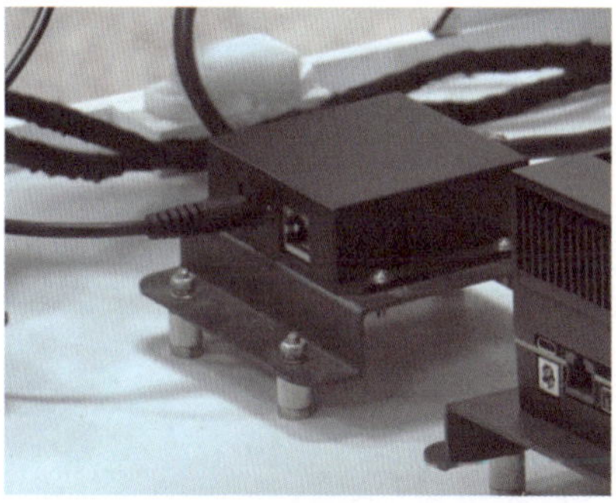

图 4-1-21　连接直流电源端

图 4-1-22　检查激光雷达数据线

2）穿入车辆顶部线束孔。将激光雷达数据线从车辆顶部穿入，如图 4-1-23 所示。

3）连接数据线与激光雷达探头。将激光雷达数据线连接在激光雷达探头上，如图 4-1-24 所示。注意航空插头连接凹槽位置。

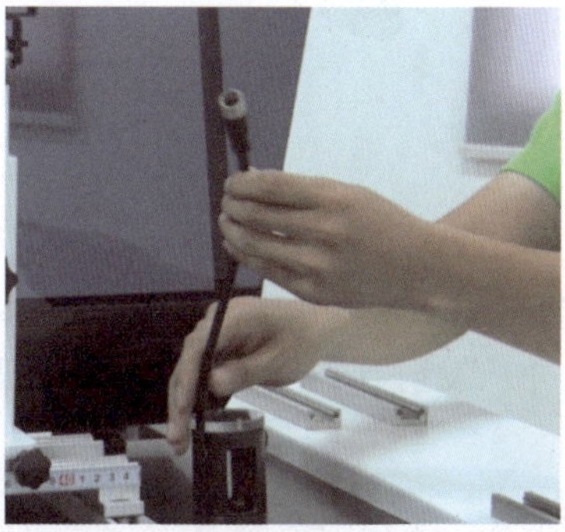

图 4-1-23　穿入车辆顶部线束孔

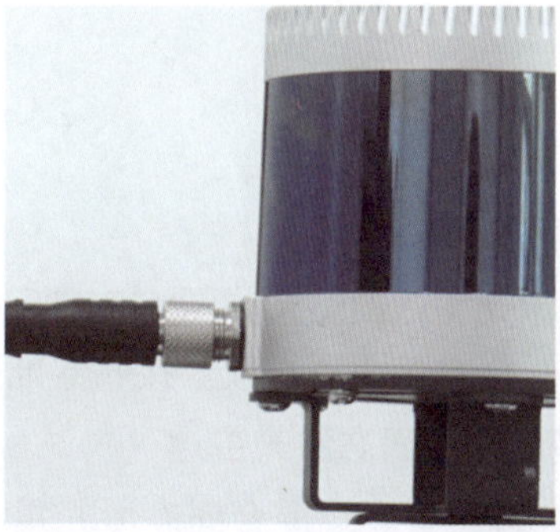

图 4-1-24　连接数据线与激光雷达探头

**4. 整理工位**

1）工具、防护用品归位。

2）清洁、整理工位。

# 任务二　激光雷达结构与原理的认知

## 【任务导入】

目前，激光雷达在智能网联汽车中起着无可替代的作用，它在智能网联汽车智能化的方向占据重要位置。那么你知道激光雷达基本组成及作用吗？激光雷达的工作原理是什么？智能网联汽车中激光雷达传感器如何在计算机中读取 IP 地址？学习本任务，你将可以回答以上问题。

## 【知识准备】

### 一、激光雷达的基本组成

激光雷达由发射光学系统、接收光学系统、主控及处理电路板、探测器接收电路模块、激光器及驱动模块组成。激光雷达零件分解图如图 4-2-1 所示。

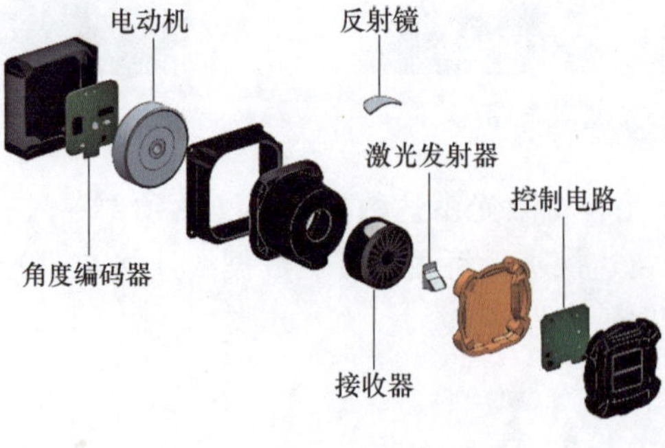


图 4-2-1　激光雷达零件分解图

**1. 机械激光雷达**

机械激光雷达的结构如图 4-2-2 所示。激光器产生并发射一束光脉冲，打在物体上并反射回来，最终被接收器接收。接收器准确地测量光脉冲从发射到被反射回的传播时间。

**2. 多线混合固态激光雷达**

C16/C32A 型多线混合固态激光雷达如图 4-2-3 所示。外壳内安装有 16/32 对固定在轴承上的激光发射与激光接收装置，通过电动机旋转进行 360°的全景扫描。

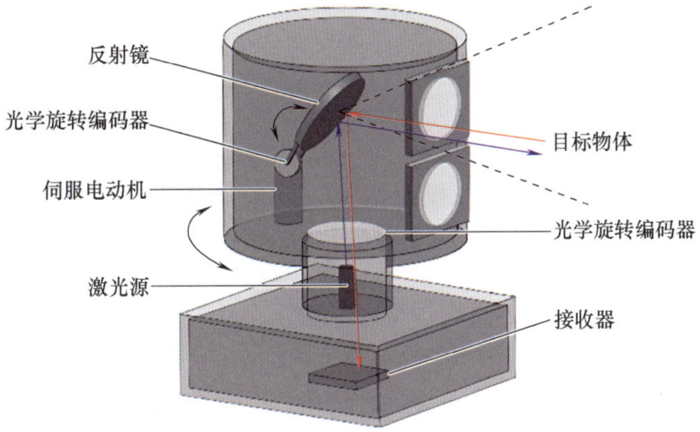


图 4-2-2　机械激光雷达的结构

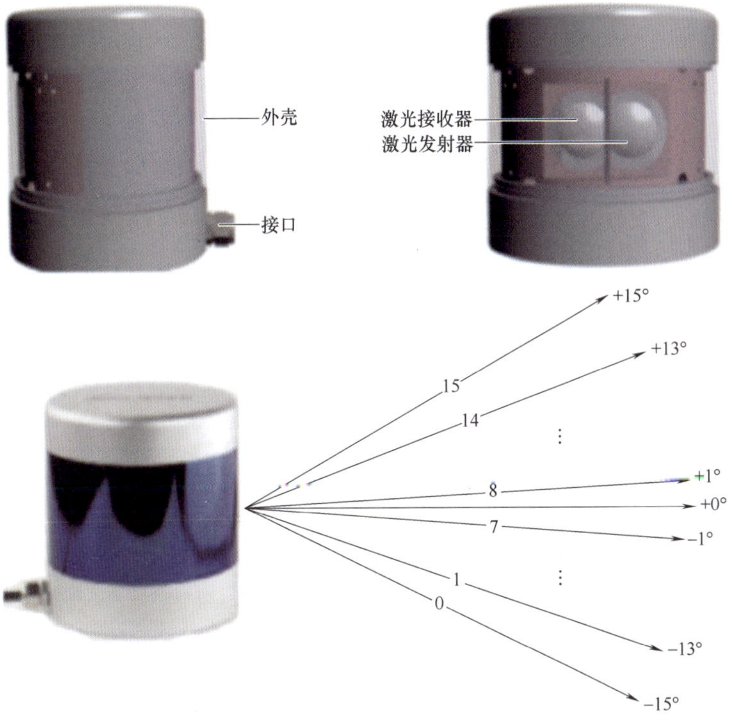


图 4-2-3　C16/C32A 型多线混合固态激光雷达

## 二、车载激光雷达的工作原理

激光雷达主要包括激光发射、扫描系统、激光接收和信息处理四大系统，如图 4-2-4 所示。激光发射系统中激励源周期性地驱动激光器，发射激光脉冲，激光调制器通过光束控制器控制发射激光的方向和线数，最后通过发射光学系统将激光发射至目标物体。扫描系统负责以稳定的转速旋转起来，实现对所在平面的扫描，产生实时的平面图信息。激光接收系统中光电探测器接受目标物体反射回来的激光，产生接收信号。信息处理系统中接收信号经过放大处理和数模转换，经由信息处理模块计算，获取目标表面形态、物理属性等特性，最终建立物体模型。

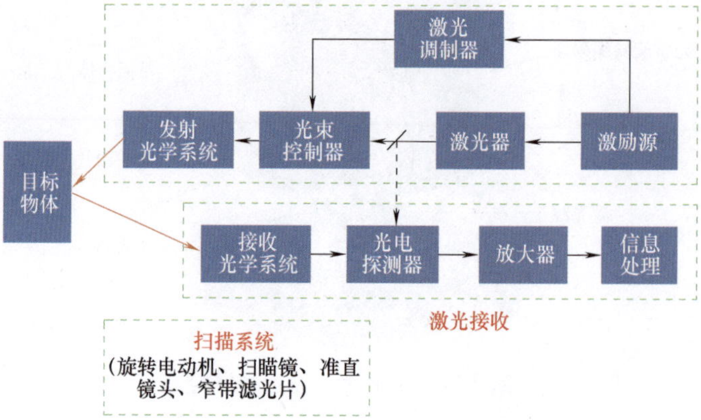


图 4-2-4 激光雷达的四大系统

目前，车载激光雷达主要是基于三角测距法、飞行时间法（TOF）和调幅连续波测距法（AMCW）3 种原理测距。

如图 4-2-5 所示，测距仪发出光脉冲，经被测目标反射，光脉冲回到测距仪接收系统。飞行时间法就是根据测量发射和接收光脉冲的时间间隔，即光脉冲在待测距离上的往返传播时间，然后根据光速计算出距离。激光光束可以准确地测量视场中物体轮廓边沿与设备间的相对距离，这些轮廓信息组成点云图并绘制出三维环境地图。

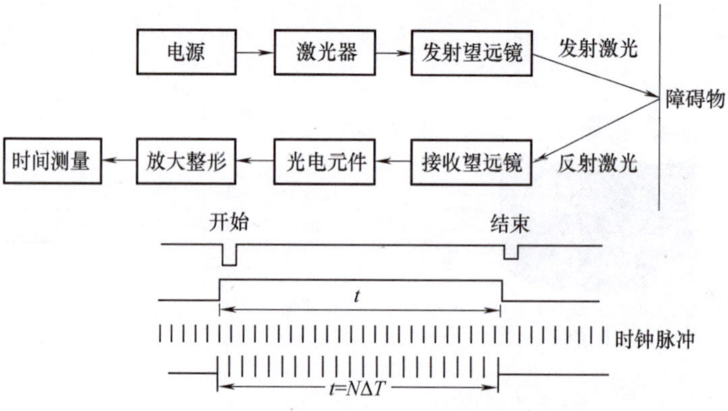


图 4-2-5 飞行时间法测距

3 种测距方案各具优缺点，将车载激光雷达需具备的 5 个核心能力作为选型的维度对上述 3 种测距方法进行总结对比，见表 4-2-1。

表 4-2-1 激光雷达 3 种测距方案对比

| 测距方案 | 探测距离 | 探测精度 | 抗强光能力 | 光功率 | 成本 |
|---|---|---|---|---|---|
| 三角法 | 最近 | 近距离精度高<br>远距离精度低 | 不具备 | 低 | 低 |
| TOF | 最远 | 高 | 强 | 适中 | 适中 |
| AMCW | 适中 | 适中 | 适中 | 高 | 适中 |

## 【技能训练】

### 激光雷达 IP 地址更改

**1. 作业准备**

准备零部件、智能网联汽车产品手册、笔记本电脑、网线、安全防护用具等，如图 4-2-6 所示。

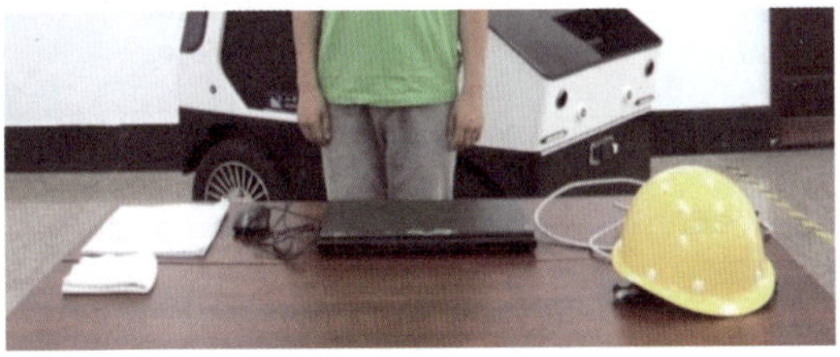

图 4-2-6　作业准备

**2. 设备的连接**

将网线一端接入激光雷达电源盒网线接线口，另一端接入计算机，如图 4-2-7 所示。

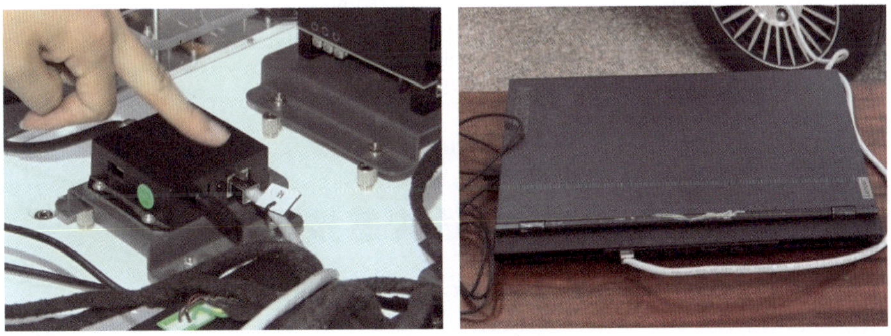

图 4-2-7　设备连接

**3. 开启电源**

1）打开动力蓄电池包开关和主电源开关。

2）打开电源控制盒上 WLAN、AGX、LCD、LIDAR 等电源开关，如图 4-2-8 所示。

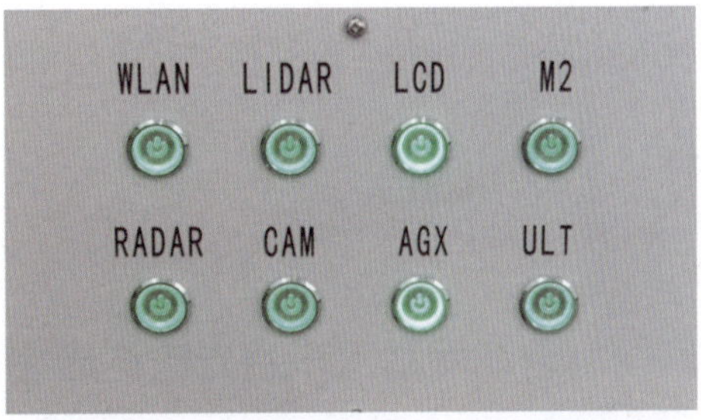


图 4-2-8　激光雷达（LIDAR）电源按钮

**4. 激光雷达目标 IP 的程序修改**

**（1）进入 IP 地址修改页面**　打开“网络和 Internet”设置，更改适配器选项，选择以太网右击单击属性，双击选择 TCP/IP4，如图 4-2-9 所示。

**（2）修改 IP 地址**　激光雷达目标 IP 为

（192.168.1.9）。使用计算机（Windows 系统）更改网络设置 TCP/IPv4，修改为固定 IP：192.168.1.9，255.255.255.0，单击确定并保存，如图 4-2-10 所示。

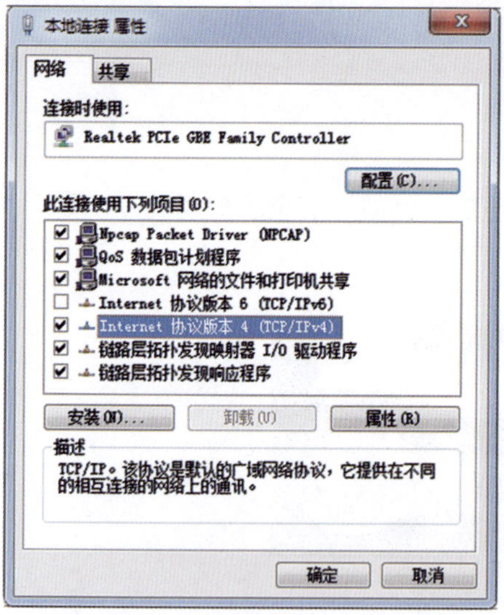


图 4-2-9 “网络和 Internet”设置

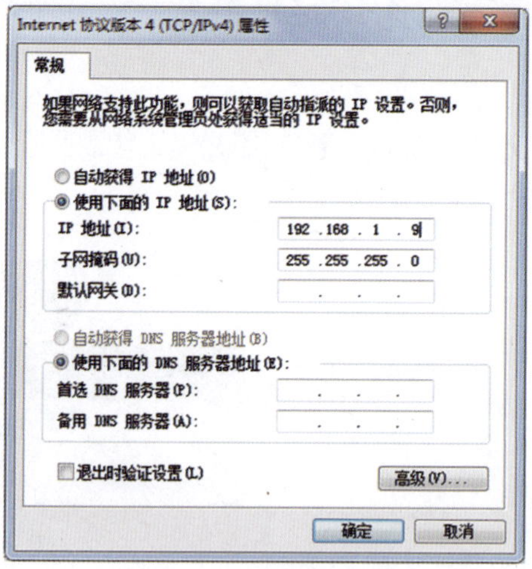


图 4-2-10 修改 IP 地址

**5. 激光雷达操作完毕**

1）拔下网线开关，关闭 IP 地址界面，关闭计算机。

2）关闭 WLAN、AGX、LCD、LIDAR 等电源开关。关闭主电源开关，关闭动力蓄电池包开关。

3）工具归位，清洁、整理工位。

# 任务三 激光雷达传感技术的应用

## 【任务导入】

目前，激光雷达在智能网联汽车中起着无可替代的作用，它在智能网联汽车智能化的方向占据重要位置。那么你知道激光雷达的主要应用场景吗？激光雷达的发展趋势是什么？智能网联汽车中激光雷达传感器如何进行上位机软件调试？学习本任务，你将可以回答以上问题。

## 【知识准备】

### 一、智能网联汽车激光雷达应用场景

智能网联汽车激光雷达主要应用场景有障碍物分类、障碍物跟踪、路沿可行驶区域检

测、车道标志线检测和高精度定位等。

### 1. 障碍物分类

激光雷达对周围障碍物进行扫描，对障碍物的形状特征进行提取，对比数据库原有特征数据，进行障碍物分类，如图 4-3-1 所示。激光雷达将轿车、货车和自行车等进行了分类。

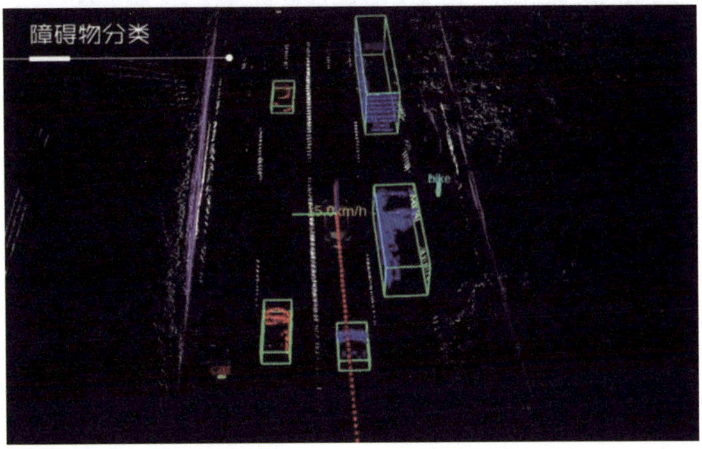


图 4-3-1　障碍物分类

### 2. 障碍物跟踪

激光雷达采用相关算法对比前、后帧变化障碍物，利用同一障碍物的坐标变化，实现对障碍物的速度和航向的检测跟踪，为后续避障提供可靠的数据信息，如图 4-3-2 所示。

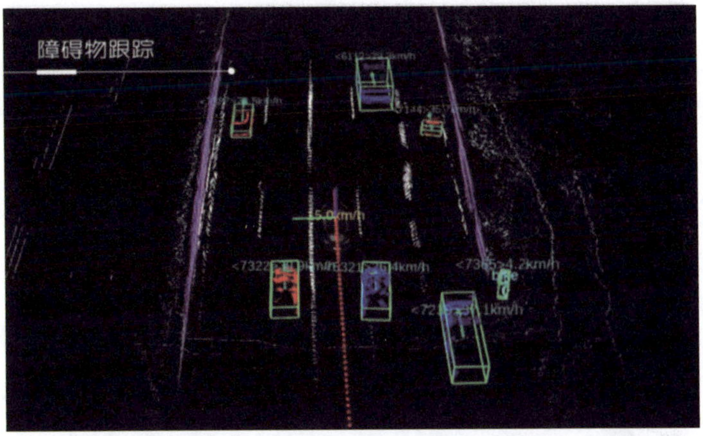


图 4-3-2　障碍物跟踪

### 3. 高精度定位

定位系统（GPS）给定初始位置，通过惯性测量元件（IMU）和车辆的编码器（Encoder）可以得到车辆的初始位置，然后对激光雷达的局部点云信息（包括点线面的几何信息和语义信息）进行特征提取，并结合车辆初始位置进行空间变换，获取基于全局坐标系下的矢量特征，接着将这些特征与高精度地图的特征信息进行匹配，获取一个准确的定位，如图 4-3-3 所示。

图 4-3-3　高精度定位

## 二、激光雷达发展趋势

激光雷达产业有 3 个主要发展方向：固态化、与摄像头底层融合、智能化。

### 1. 激光雷达固态化

激光雷达固态化后，将消除传统机械式激光雷达中存在的物理限制，并且带来高分辨率、长距离、车规级、易量产以及低成本等优势。

### 2. 激光雷达与摄像头底层融合

通过底层深度融合雷达和摄像头数据，可以发挥出更强大的感知能力。将二维彩色信息覆盖到三维高精度空间数据上，获得时空同步后的彩色点云数据，极大地提高了人工智能感知算法对目标物体的分割及分类探测距离、准确度、精细度，从而大幅提升自动驾驶车辆的安全性。

### 3. 激光雷达智能感知系统

固态激光雷达、人工智能（AI）环境感知算法、激光雷达与摄像头融合，组成了智能化激光雷达感知系统，如图 4-3-4 所示。

图 4-3-4　激光雷达智能感知系统

## 【技能训练】

### 激光雷达上位机软件程序调试

**1. 作业准备**

准备零部件，智能网联汽车产品手册、笔记本计算机、网线、安全防护用具等，如图 4-3-5 所示。

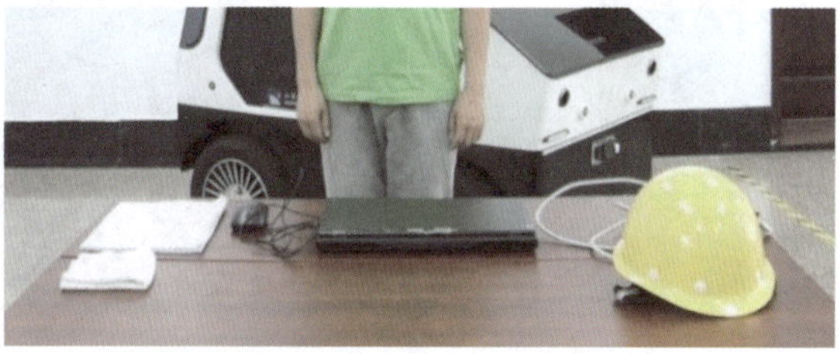

图 4-3-5 作业准备

**2. 设备的连接**

将网线一端接入激光雷达电源盒网线接线口，另一端接入计算机如图 4-3-6 所示。

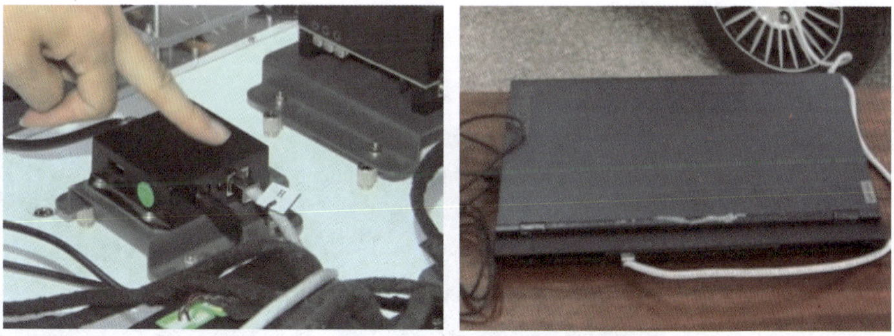

图 4-3-6 设备的连接

**3. 开启电源**

1）打开动力蓄电池包开关和主电源开关。

2）打开电源控制盒上 WLAN、AGX、LCD、LIDAR 等电源开关，如图 4-3-7 所示。

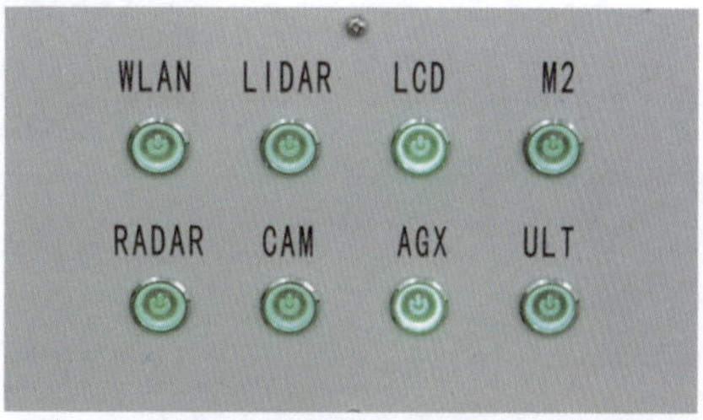


图 4-3-7 开启激光雷达（LIDAR）电源

**4. 激光雷达上位机配置软件程序调试**

**(1) 打开激光雷达上位机配置软件** 双击打开激光雷达上位机配置软件，如图 4-3-8 所示。打开上位机配置软件，单击 LIDAR 按钮连接雷达，选择 LSC16-1。

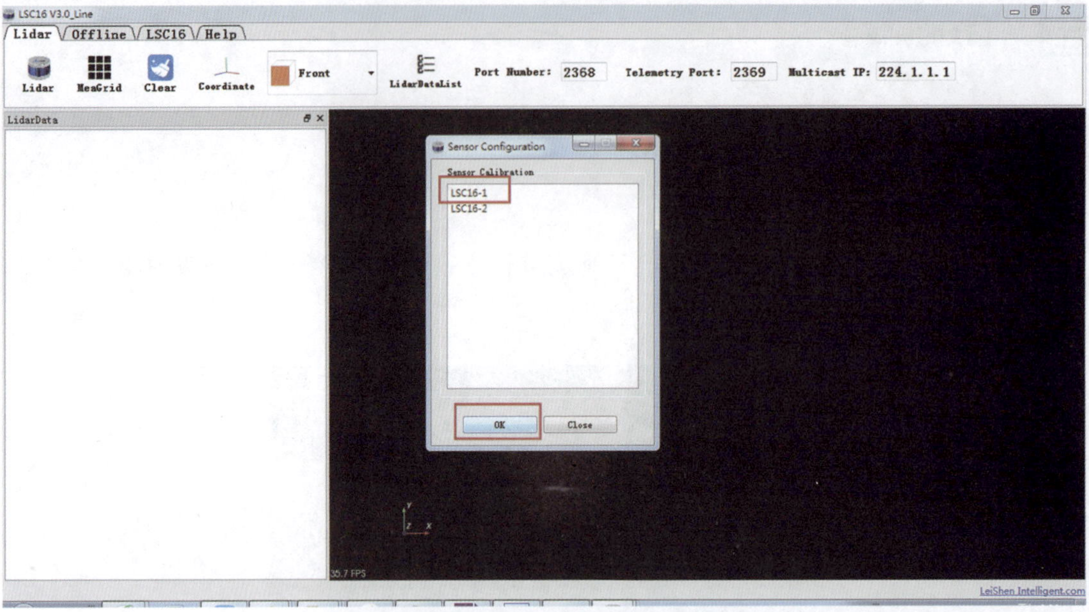


图 4-3-8 打开激光雷达上位机配置软件

(2) 打开参数设置　选择 LSC16 菜单，单击参数设置按钮，打开参数设置窗口，如图 4-3-9 所示。

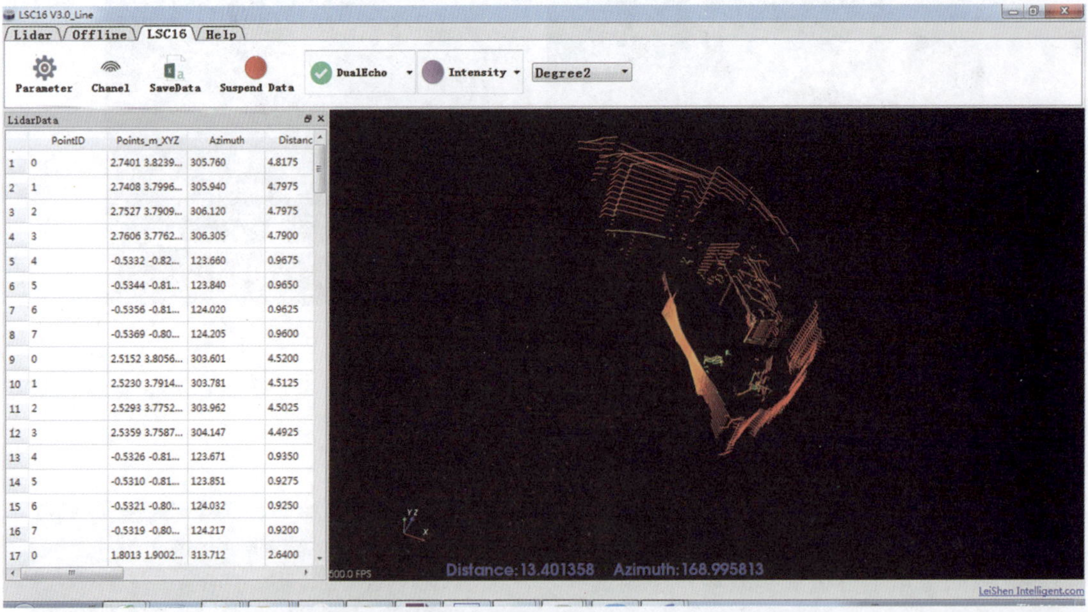


图 4-3-9 参数设置窗口

(3) 设置具体参数　具体参数设置为：雷达 IP 192. 168. 1. 200；目标 IP 192. 168. 1. 9，如图 4-3-10 所示。选择雷达频率：10Hz，单击刷新，保存设置后退出。

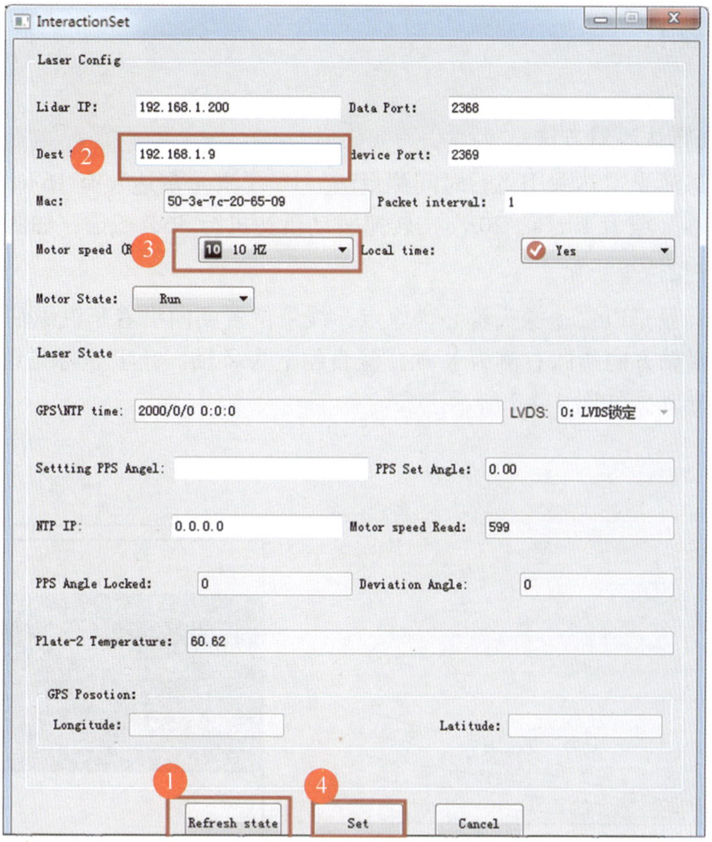


图 4-3-10 设置具体参数

### 5. 操作完毕

1）拔下网线开关、关闭 IP 地址界面，关闭计算机。

2）关闭 WLAN、AGX、LCD、LIDAR 等电源开关。关闭主电源开关，关闭动力蓄电池包开关。

3）工具归位，清洁、整理工位。

# 任务四 激光雷达的标定和故障排除

## 【任务导入】

目前，激光雷达在智能网联汽车中起着无可替代的作用，它在智能网联汽车智能化的方向占据重要位置。那么你知道 16 线激光雷达系统主要参数是什么吗？激光雷达在智能网联汽车中的线束针脚定义是什么样的？智能网联汽车中激光雷达如何安装标定及故障排除？学习本任务，你将可以回答以上问题。

## 【知识准备】

### 1. 16 线激光雷达测量方法

多线混合固态激光雷达采用飞行时间测量法。16 线激光雷达装有 16 对激光发射接收模组，电动机以 5r/s（或者 10r/s、20r/s）转速驱动雷达进行 360°扫描，如图 4-4-1 所示。

### 2. 16 线激光雷达坐标系

激光雷达坐标系是以雷达探头重心为原点，线束位置朝向沿着车辆纵轴方向指向前方为 Y 轴，沿着车辆横轴方向指向右侧为 X 轴，竖直朝上为 Z 轴。角度坐标是雷达线束端为 0°，从上往下顺时针转动，如图 4-4-2 所示。

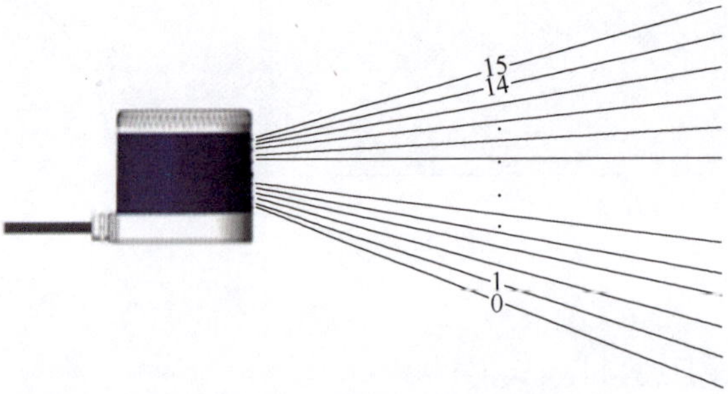


图 4-4-1 16 线 2°（左）和 1.33°（右）激光雷达示意图

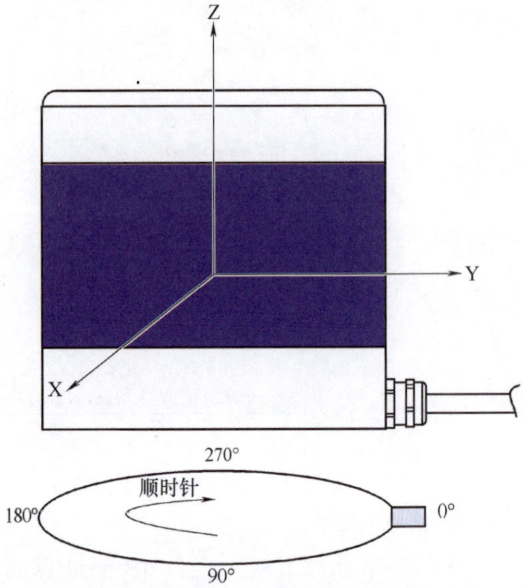


图 4-4-2 16 线激光雷达坐标系和扫描方向

接线盒侧线缆 A 面接口如图 4-4-3 所示。插头线束为 8 孔针式航空插头。

8 芯线缆的规格和定义见表 4-4-1。

表 4-4-1 8 芯线缆的规格和定义

| 序号 | 线缆的颜色和规格 | 定义 | 说明 |
|---|---|---|---|
| 1 | 红色（20AWG） | VCC | 电源正极 |
| 2 | 浅蓝（24AWG） | TD_N | 以太网发射差分负端 |
| 3 | 蓝色（24AWG） | TD_P | 以太网发射差分正端 |
| 4 | 浅橙（24AWG） | RD_N | 以太网接收差分负端 |
| 5 | 橙色（24AWG） | RD_P | 以太网接收差分正端 |
| 6 | 黄色（20AWG） | GPS_PPS | GPS 同步秒脉冲/外同步秒脉冲 |
| 7 | 白色（20AWG） | GPS_Rec | GPS 接收 |
| 8 | 黑色（20AWG） | GND | 电源负极（GND） |

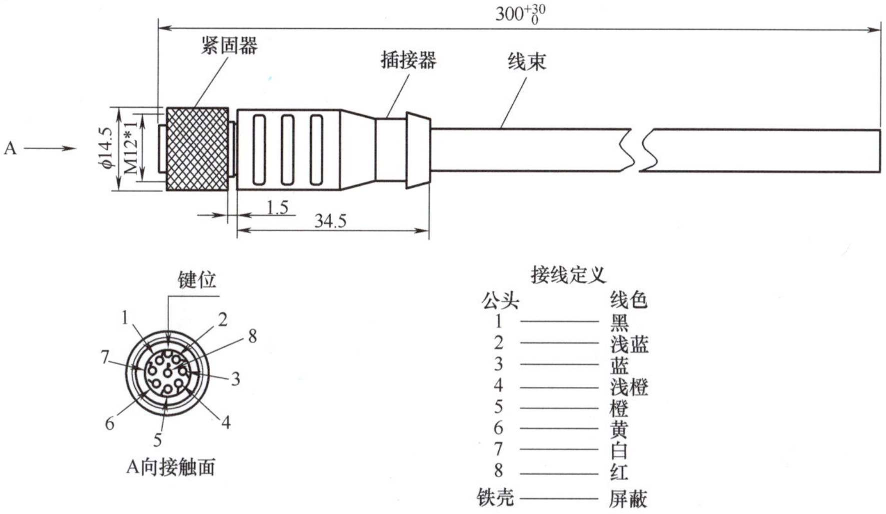


图 4-4-3　接线盒侧线缆 A 面接口

### 3. 16 线激光雷达接线盒

接线盒的作用是用计算机连接雷达进行测试。接线盒如图 4-4-4 所示。

图 4-4-4　接线盒

16 线激光雷达接线盒接口由插座、指示灯、网口和 GPS 接口组成。计算机与雷达接线盒用以太网连接，如图 4-4-5 所示。

## 【技能训练】

## 一、智能网联汽车激光雷达的标定

### 1. 作业准备

1）清洁操作工位。

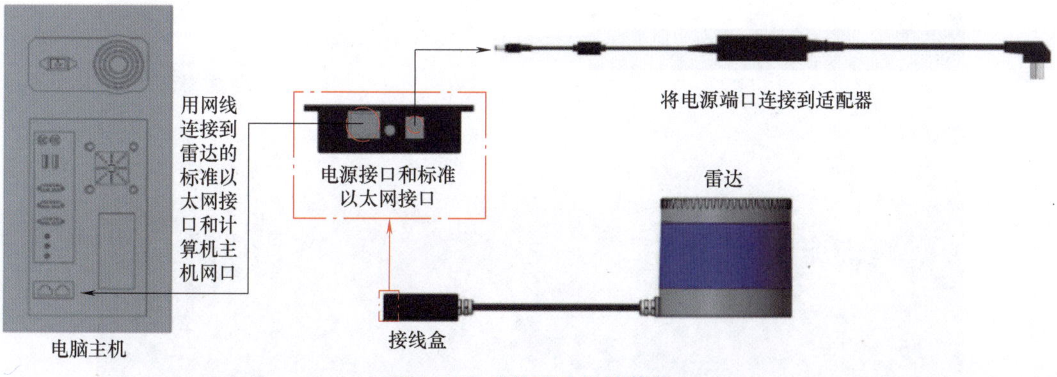


图 4-4-5　连接雷达和计算机

2）使用安全防护用具。

3）开启电源。打开动力蓄电池开关和主电源开关，打开电源控制盒上 AGX、LCD、Lidar、WLAN、M2 等电源开关。

**2. 智能网联汽车激光雷达的标定**

**（1）打开人机交互界面** 单击进入/home/apollo-arm 目录，在此目录下右键单击空白处，选择 open in terminal 打开命令行，输入 ./apolloExe 后单击回车键，打开智能驾驶实训平台软件，单击启动人机交互按钮即可打开 dreamview 界面，如图 4-4-6 所示。

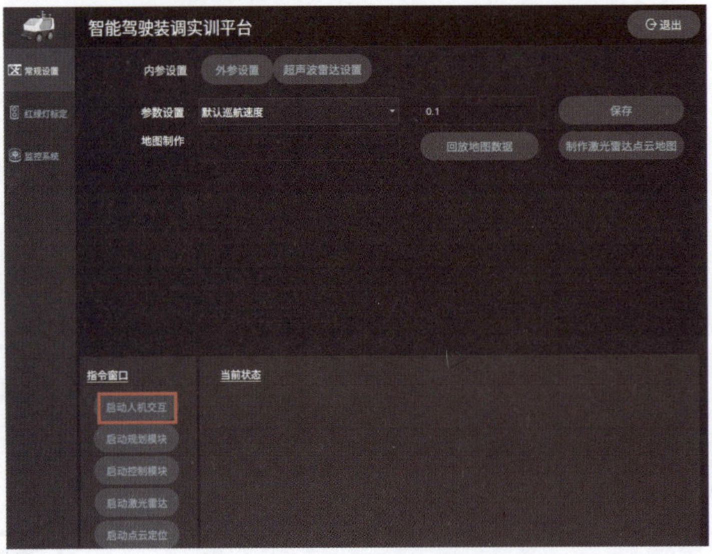


图 4-4-6　打开人机交互界面

**（2）启动激光雷达模块** 进入 dreamview 的 Tasks 界面，单击打开 ModulesCotroller 模块，单击打开激光雷达驱动，如图 4-4-7 所示。

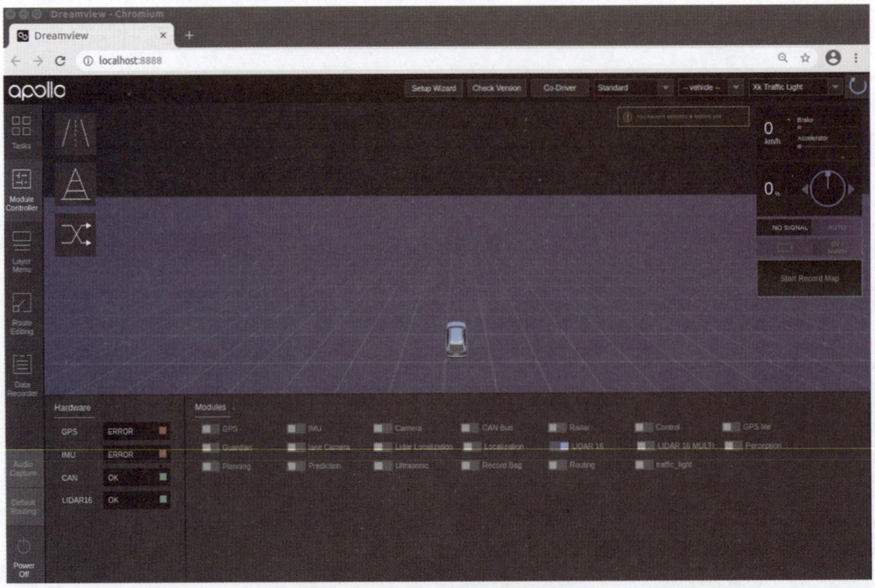


图 4-4-7　启动激光雷达模块

**（3）查看激光雷达工作状态**　查看“硬件”中“LIDAR16”状态是否变为 OK，如图 4-4-8 所示。

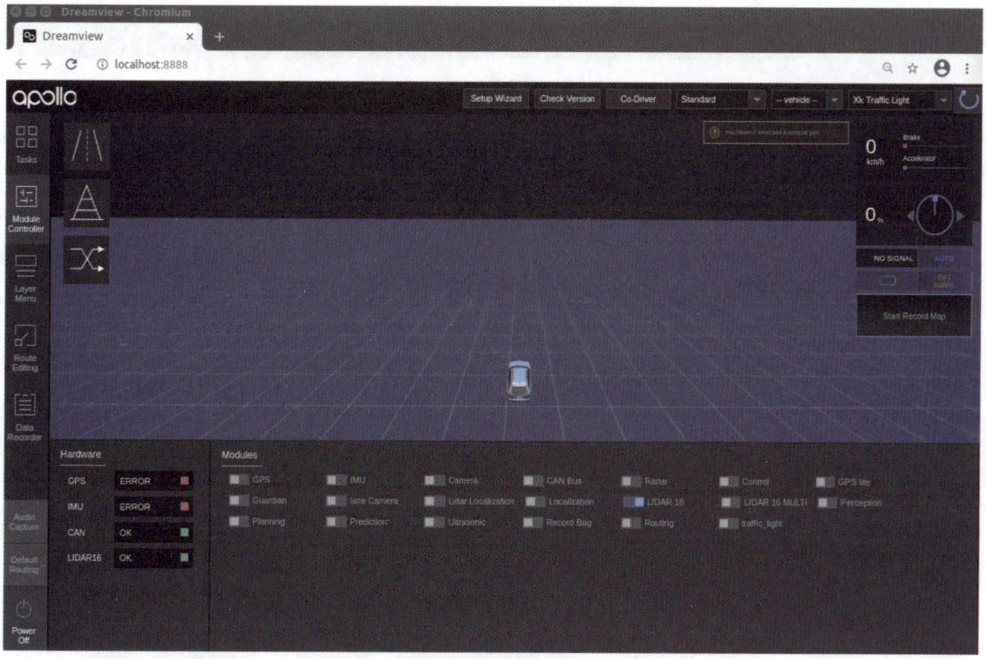


图 4-4-8　查看激光雷达工作状态

**（4）查看激光雷达点云状态**　在 dreamview 中的 Layer Menu 界面，打开 point cloud 模块，查看此时的激光雷达的点云状态，如图 4-4-9 所示。

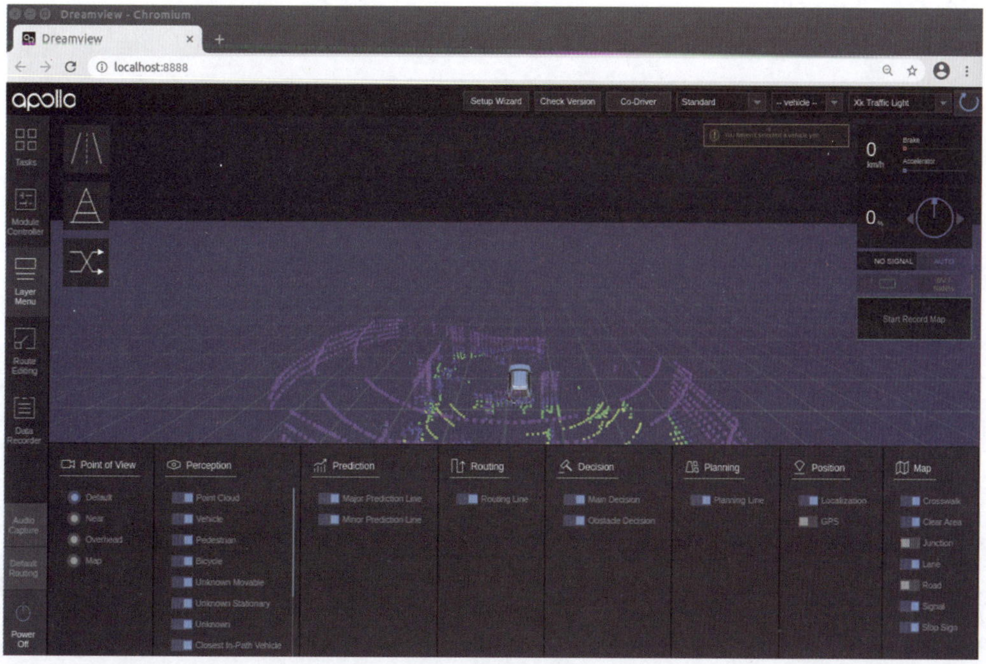


图 4-4-9　查看激光雷达的点云状态

**（5）查看激光雷达的相对位置是否正确** 用薄板等障碍物遮挡激光雷达的前后左右 4 个方向，对比点云图中的障碍物方位，查看激光雷达的相对位置是否正确，如图 4-4-10 所示。

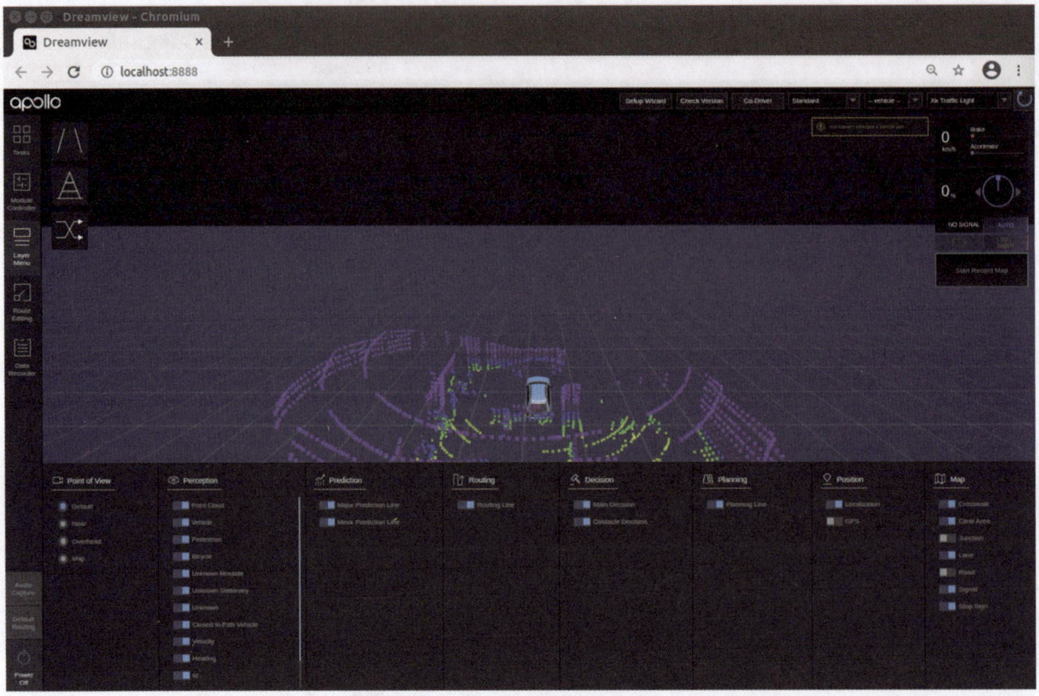


图 4-4-10 查看激光雷达的相对位置是否正确

若激光雷达扫描的三维立体图跟实车所在环境的相对位置有角度偏差，则需要将此角度偏差通过软件进行矫正。

**（6）激光雷达角度标定**

1）进入 docker 环境。在计算机桌面上使用 Ctrl+Alt+T 键打开新终端，输入/apollo/docker/scripts/dev_into. sh 进入 docker 环境，如图 4-4-11 所示。

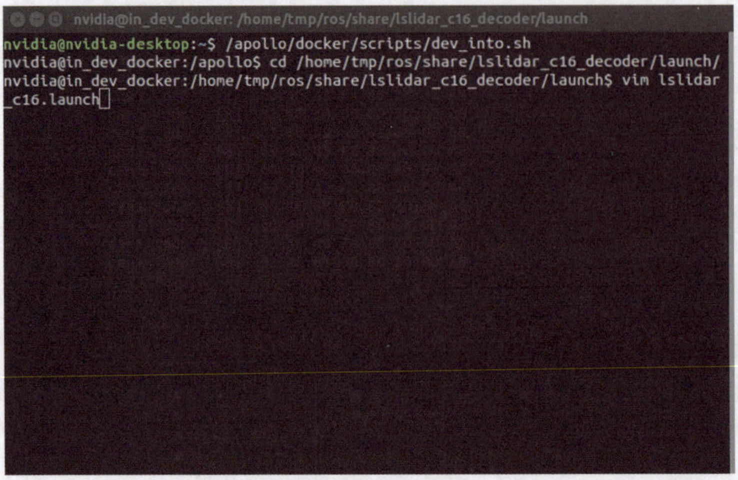


图 4-4-11 进入 docker 环境

2）进入 launch 文件。在 docker 环境中输入 cd /home/tmp/ros/share/lslidar_c16_decoder/launch，进入/home/tmp/ros/share/lslidar_c16_decoder/launch 路径之下，在命令行执行 vim lslidar_c16. launch，打开 lslidar_c16. launch 文件，输入 e，再输入 i 进入 insert 模式，如图 4-4-12 所示。

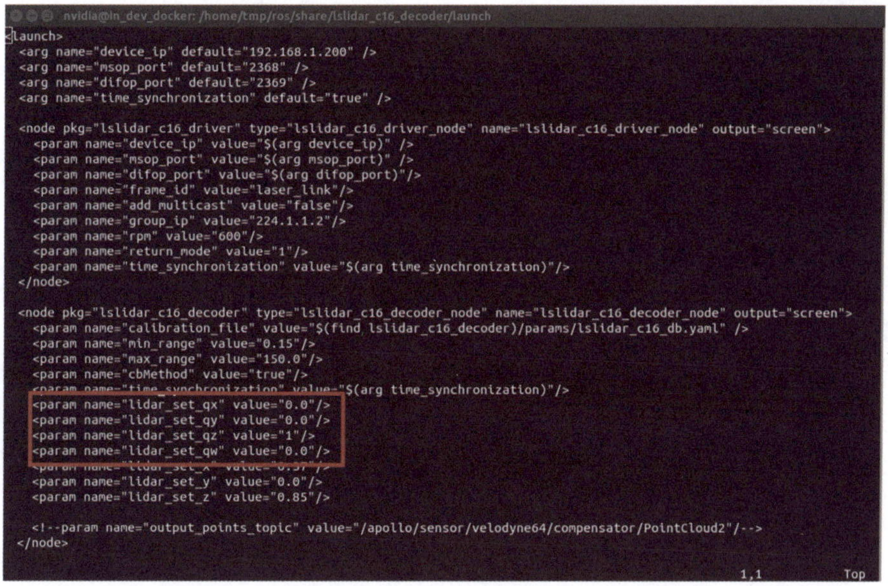

图 4-4-12　进入 insert 模式

找到图 4-4-12 中激光雷达的四元素代码，此处为配置激光雷达外参的代码，是由欧拉角转换过来的四元数，若校准激光雷达姿态，需要更改 value 的值，如下：

```
<param name="lidar_set_qx" value="0.0"/>
<param name="lidar_set_qy" value="0.0"/>
<param name="lidar_set_qz" value="-0.383"/>
<param name="lidar_set_qw" value="0.924"/>
```

3）转换四元数。利用水平仪测量智能网联汽车的激光雷达的俯仰角和翻滚角。俯仰角为激光雷达绕 X 轴旋转的角度，翻滚角为激光雷达绕 Y 轴旋转的角度。航向角为激光雷达绕 Z 轴旋转的角度，激光雷达出线口朝向车辆前进方向时角度为零度，逆时针旋转为正，取值范围为（-180°，180°）。激光雷达航向角安装在-45°的方向，则需要更改四元数参数以适配硬件安装角度。激光雷达安装角度与四元数转换工具网址 https://quaternions. online/，将激光雷达安装角度填入 Euler Angles 下面的 Z 轴后面的角度，单击 Apply Rotation，即能生成对应四元数，如图 4-4-13 所示。

4）配置四元数。将四元数对应填入 lslidar_c16. launch 文件之中的 value 值即可，填写完成后按 Esc 键退出 insert 模式，然后输入命令：wq 保存退出，至此激光雷达的配置与标定完成。

**(7) 查看点云图。**激光雷达的配置与标定完成后，再次查看激光雷达点云，看激光雷达的相对位置是否正确。

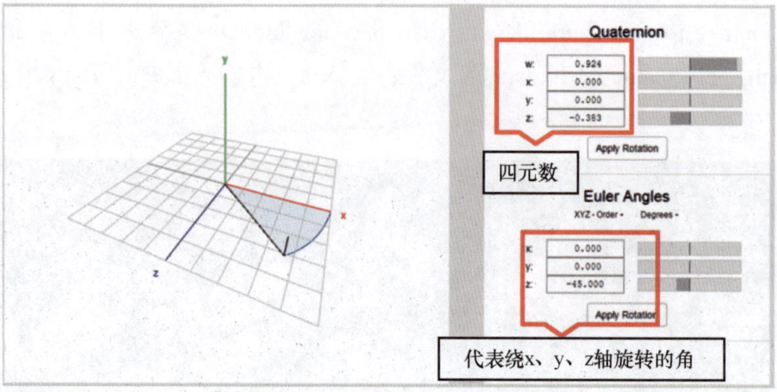


图 4-4-13 转换四元数

**3. 整理工位**

1）关闭 LIDAR 按钮，关闭 dreamview 界面。

2）关闭智能驾驶装调实训平台，关闭终端界面，关闭计算机。

3）关闭 WLAN、AGX、LCD、LIDAR 等电源开关。关闭主电源开关，关闭动力蓄电池包开关。

4）工具、防护用品归位，整理工位。

## 二、智能网联汽车激光雷达的故障排除

**1. 作业准备**

1）清洁操作工位。

2）使用安全防护用具。

3）智能网联汽车外观检查。

**2. 查看故障现象**

**（1）开启电源**

1）打开动力蓄电池开关和主电源开关。

2）打开电源控制盒上 WLAN、AGX、LCD、LIDAR 等电源开关。

**（2）查看激光雷达点云图** 参照前面的操作步骤查看激光雷达点云，激光雷达点云未显示，如图 4-4-14 所示。

**3. 故障排除过程**

**（1）检查激光雷达电源** 检查激光雷达电源盒电源线电压，电源电压 12V 为正常，如图 4-4-15 所示。

**（2）检查激光雷达网络连接** 检查激光雷达网络连接是否正常。使用 Ctrl+Alt+T 键打开输入终端，输入 ping 192.168.1.200，查看激光雷达是否能 ping 通，结果能 ping 通，如图 4-4-16 所示。

**（3）查看激光雷达探头** 查看激光雷达探头是否工作，利用手机照相机功能对准激光雷达本体，发现没有光点，如图 4-4-17 所示。

图 4-4-14　查看激光雷达点云图

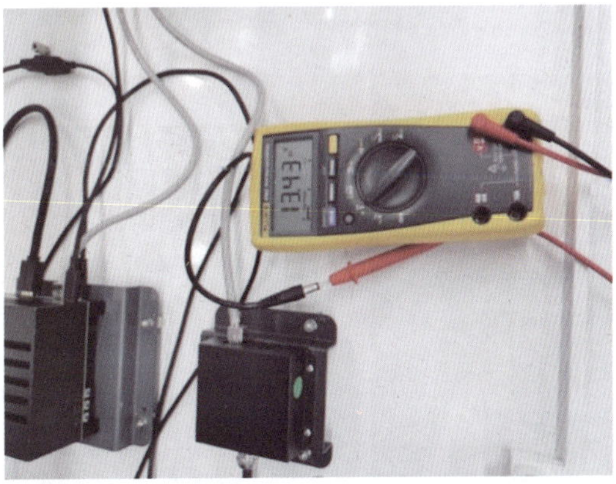

图 4-4-15　检查激光雷达电源盒电源线电压

（4）检查连接线束　检查激光雷达本体与激光雷达电源盒连接线束 1#线电压，如图 4-4-18 所示。电源电压为 0V，不正常。

4. 排除故障

（1）更换电源线　更换激光雷达本体与激光雷达电源盒连接线束。

（2）测量电源线束电压　打开设备电源，检查激光雷达本体与激光雷达电源盒连接线束 1#线电压，电源电压为 12V，正常。

（3）查看点云图　参照前面的操作步骤查看激光雷达点云，如图 4-4-19 所示，激光雷达点云正常显示。

图 4-4-16　检查激光雷达网络连接

图 4-4-17　查看激光雷达本体是否工作

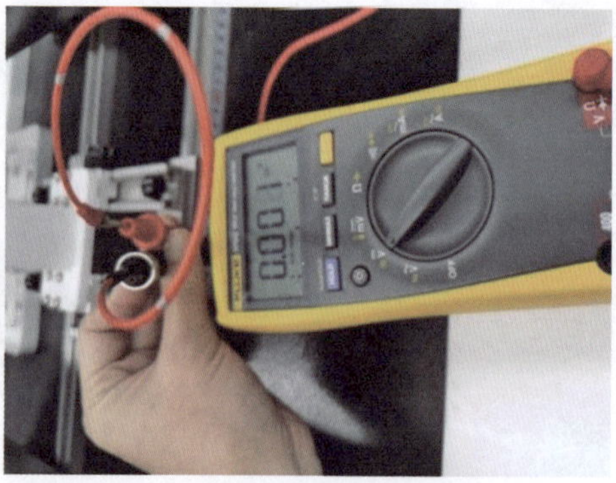

图 4-4-18　检查激光雷达本体与激光雷达电源盒连接线束 1#线电压

**5. 整理工位**

1）关闭 LIDAR 按钮，关闭 Dreamview 界面。

2）关闭智能驾驶装调实训平台，关闭终端界面，关闭计算机。

3）关闭 WLAN、AGX、LCD、LIDAR 等电源开关。关闭主电源开关，关闭动力蓄电池包开关。

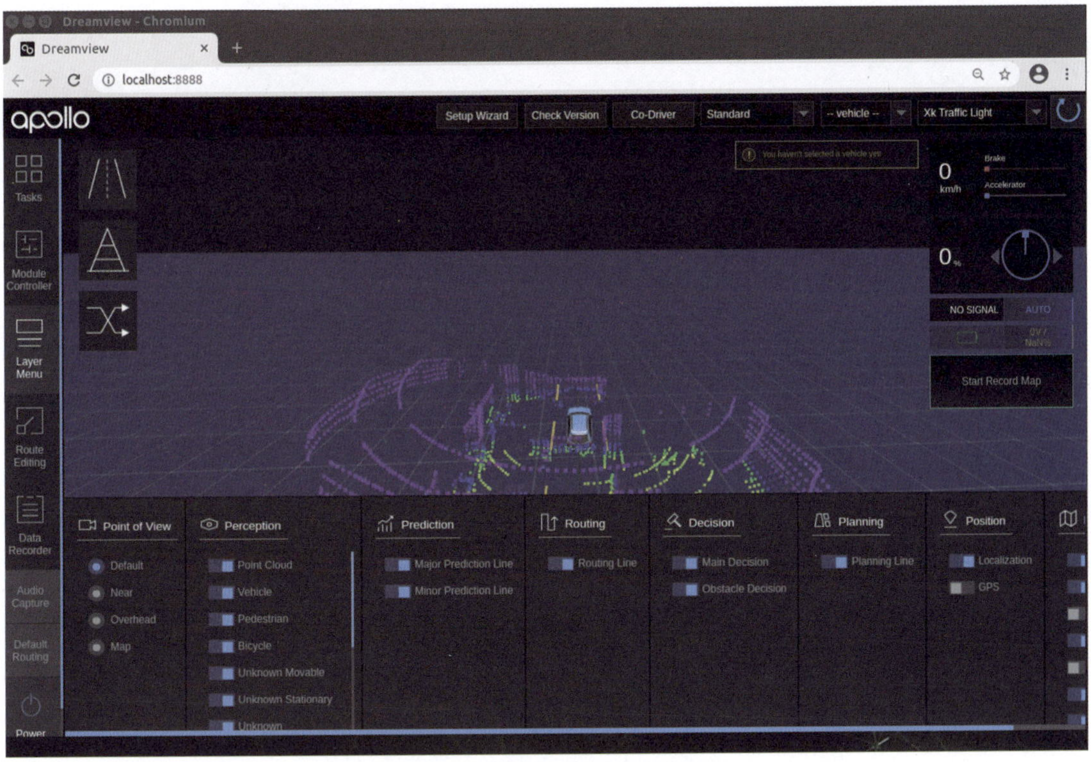


图 4-4-19　查看激光雷达点云图

4）工具、防护用品归位，整理工位。

## 【延伸阅读】

2014 年华为成立“车联网实验室”，致力于汽车互联化、智能化、电动化和共享化的技术创新，延伸华为“端、管、云”的 ICT 能力，面向智能网联电动汽车的应用场景储备技术。2019 年 5 月，华为正式成立智能汽车解决方案 BU，进一步明确了自身的定位业务边界：华为不造车，聚焦 ICT 技术，提供智能网联汽车增量部件，帮助车企造好车。2020 年 12 月，华为面向行业发布车规级高性能激光雷达产品和解决方案，这是一款 96 线中长距激光雷达产品，可以实现城区行人车辆检测覆盖，并兼具高速车辆检测能力，更符合我国复杂路况下的场景。华为的激光雷达产品在性能与可靠性方面都满足车规级要求，依托在光通讯领域积累的精密制造能力以及先进工艺装备实验室，华为快速建立了第一条车规级激光雷达的第一条 Pilot 生产线，已按照年产 10 万套/线推进产能，以适应未来大规模量产需求。

华为激光雷达产品实现了性能、成本、可靠性三方面的平衡。华为针对 MEMS 激光雷达功率较低的问题，采用多线程微振镜激光测量模组技术做了改进。华为借鉴了机械激光雷达的做法，采用了多个发射和接收组件，利用 MEMS 振镜的垂直扫描密度易于控制的优点，使同线数下的华为产品所含有的激光发射接收模组的数量处于机械激光雷达和 MEMS 激光雷达之间，在提升功率和控制成本之间实现了平衡。

## 【学习小结】

本项目介绍了激光雷达的定义、类型和特点，激光雷达的结构和工作原理，激光雷达的基本应用（障碍物的分类、障碍物的跟踪、高精度地图），激光雷达的发展趋势，智能网联汽车激光雷达的安装、标定与故障排除（安装激光雷达，激光雷达点云数据的读取，激光雷达典型故障的排除），为自动驾驶打下坚实的基础。

## 【课后习题】

### 一、单项选择题

1. 激光雷达以激光作为载波，激光是光波段电磁辐射，波长比微波和毫米波（　　）。

A. 长　　B. 短　　C. 一样长　　D. 以上均不对

2. 关于激光雷达说法错误的是（　　）。

A. 全天候工作，不受白天和黑夜光照条件的限制

B. 可以获得目标反射的幅度、频率和相位等信息

C. 不受大气和气象限制

D. 抗干扰性能好

3. 激光雷达在测量物体距离和表面形状上的精确度一般达到（　　）。

A. 毫米级　　B. 厘米级　　C. 米级　　D. 以上均不对

4. 雨天测试激光雷达时，雨量增大，激光雷达的探测距离会（　　）。

A. 增加　　B. 减小　　C. 不影响　　D. 以上均不对

5. 一般情况下，激光雷达激光发射器越多，需要处理的数据越（　　）。

A. 多　　B. 少　　C. 不影响　　D. 以上均不对

### 二、判断题

1. 激光雷达每旋转一周，收集到的所有反射点坐标的集合形成点云。（　　）
2. 激光雷达可分为单线激光雷达和多线激光雷达。（　　）
3. 车载激光雷达只能基于飞行时间法测距原理进行测距。（　　）
4. 激光雷达主要包括激光发射、扫描系统、激光接收和信息处理四大系统。（　　）
5. 所有的激光雷达都能进行360°的全景扫描。（　　）

# 项目五

## 视觉传感技术与应用

### 【案例导入】

智能网联汽车或无人驾驶汽车在高速公路行驶时，有时车辆会偏离行驶车道，如图 5-1-1 所示。

车辆偏离车道时，如果不及时纠正，就会产生危险。依靠什么传感器测试车辆是否偏离行驶车道？在智能网联汽车上，视觉传感器有哪些类型？视觉传感器的作用是什么？通过本项目的学习可以得到答案。

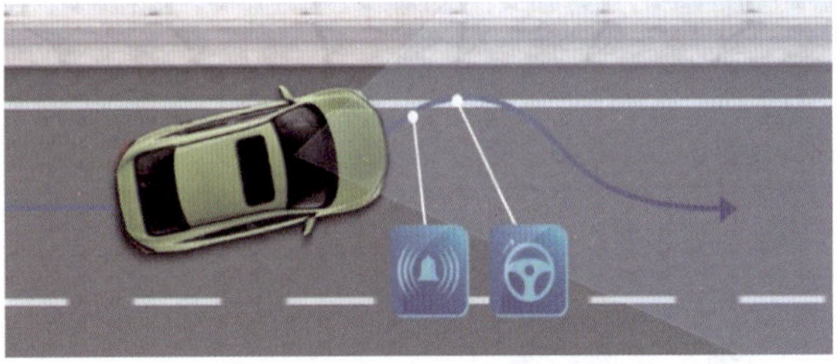

图 5-1-1　车辆偏离行驶车道

### 【项目目标】

| 知识与技能 | 过程与方法 | 情感态度与价值观 |
| --- | --- | --- |
| 1. 了解视觉传感器的定义，掌握视觉传感器的特点和要求<br>2. 掌握视觉传感器的分类，掌握视觉传感器的功能<br>3. 了解视觉传感器的环境感知流程，掌握视觉传感器的标定<br>4. 了解视觉传感器的技术参数，了解视觉传感器的实际应用<br>5. 掌握双目摄像头的安装流程及步骤，掌握摄像头的内参标定方法，掌握摄像头的目标数据标注方法，掌握摄像头的目标检测流程，掌握双目摄像头的配置标定方法，掌握双目摄像头的故障排除方法 | 1. 采用一体化分小步教学方法，边讲边练边评，提高学生的操作技能<br>2. 通过电子教案辅助学习，培养学生自主学习和探究学习的能力<br>3. 任务驱动教学法：通过布置任务，学生集体讨论，小组互助竞赛机制，激发学生的学习兴趣 | 1. 通过知识的学习，培养学生乐观的生活态度、求实的科学态度、宽容的人生态度<br>2. 通过图片、视频及案例引导学生积极思考，激发学生的学习兴趣和求知欲望<br>3. 通过对实训步骤进行分析，提高学生分析和知识迁移的能力<br>4. 通过实践训练，培养学生实事求是、自强不息、爱岗敬业、团队合作的精神 |

# 任务一　视觉传感器的概述

## 【任务导入】

目前，视觉传感器在智能网联汽车中起着无可替代的作用，它在智能网联汽车智能化的方向占据重要位置。那么你知道视觉传感器的基本定义吗？视觉传感器的要求和特点是什么？视觉传感器在智能网联汽车上能实现哪些功能？智能网联汽车中双目摄像机如何安装？学习本任务，你将可以回答以上问题。

## 【知识准备】

### 一、视觉传感器的定义

视觉传感器又称为摄像头（机），是将二维光强分布的光学图像转变成一维时序电信号的传感器。它指通过对摄像头拍摄到的图形进行图像处理，对目标进行检测，并输出数据和判定结果的传感器。图 5-1-2 所示为某无人驾驶汽车上使用的摄像头。

### 二、视觉传感器的特点及要求

**1. 视觉传感器特点**

1）信息丰富。

2）信息获取面大。视觉传感器的多目标检测如图 5-1-3 所示，它不会出现相互干扰的现象。

图 5-1-2　某无人驾驶汽车上使用的摄像头

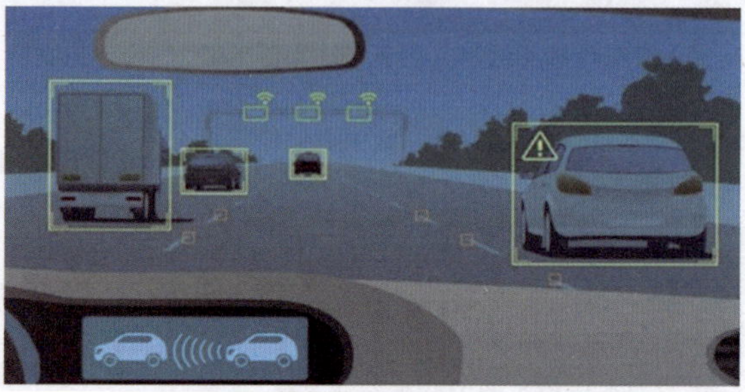

图 5-1-3　视觉传感器的多目标检测

3）实时获取场景图像。

4）实现视觉定位与地图构建（SLAM），如图 5-1-4。

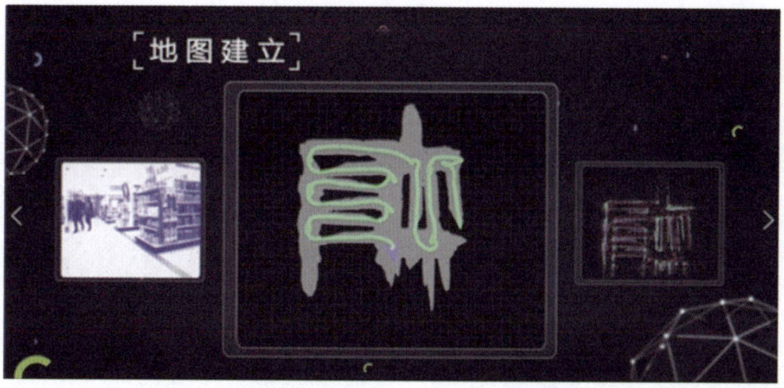

图 5-1-4　视觉定位与地图构建

5）可与人工智能相融合。

**2. 视觉传感器的要求**

智能网联汽车使用的视觉传感器比工业级别的视觉传感器要求更高，主要表现为以下 3 个方面。

**（1）工艺要求高**

1）温度要求，温度范围在-40~80℃。

2）防磁、抗震，具备极高的防磁、抗震的可靠性。

3）较长的使用寿命，使用寿命至少要 8~10 年。

**（2）功能要求高**　高动态；高像素；大角度。

**（3）认证要求高**　车载摄像头的发展趋势是探测距离越来越远，摄像头必须与深度学习相结合，使识别能力越来越强。

## 三、视觉传感器的分类

根据摄像头数量和布置方式的不同，视觉传感器可分为单目摄像头、双目摄像头、三目摄像头和环视摄像头。

**1. 单目摄像头**

单目摄像头如图 5-1-5 所示，一般安装在前风窗玻璃上部，用于探测车辆前方环境，识别道路、车辆、行人等。

**2. 双目摄像头**

图 5-1-6 所示为百度无人驾驶汽车上使用的双目摄像头，可分别进行近处和远处的红绿灯识别。

双目摄像头的算法思路是先测距后识别，通过对两幅图像视差的计算，直接对前方景物（图像所拍摄到的范围）进行距离测量。依靠两个平行布置的摄像头产生的视差，找到同一个物体所有的点，依赖精确的三角测距，就能够算出摄像头与前方障碍物的距离，实现更高的识别精度和更远的探测范围。

双目摄像头测距原理应用在图像上每一个像素点时，即可得到图像的深度信息，如图 5-1-7 所示。

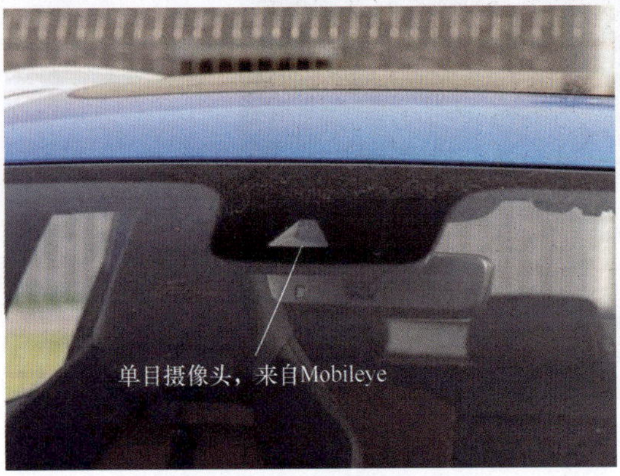


图 5-1-5　单目摄像头

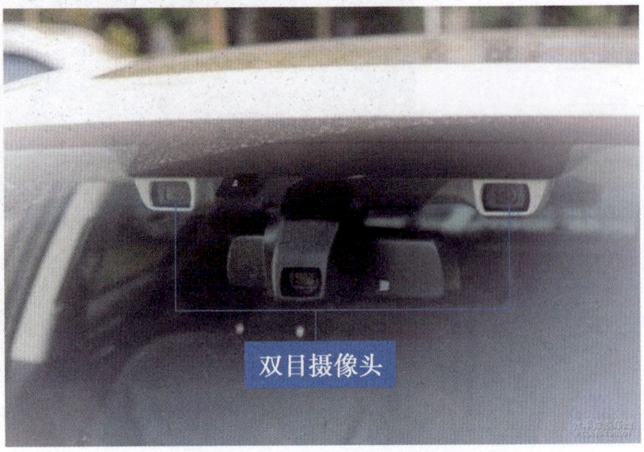


图 5-1-6　双目摄像头

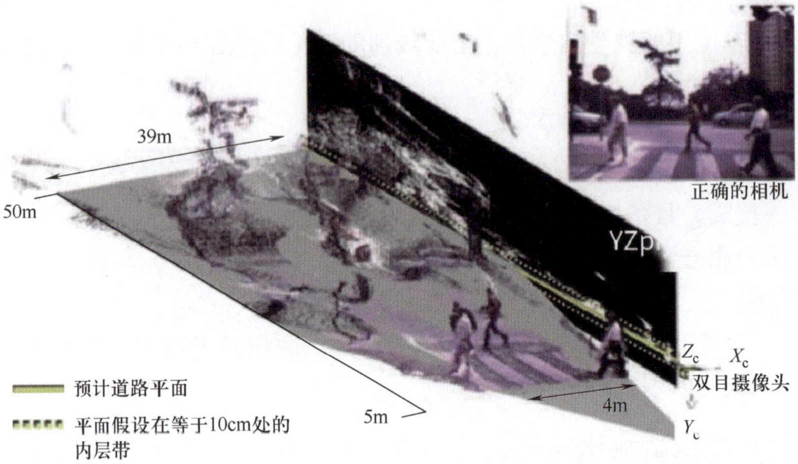


图 5-1-7　双目摄像头成像

**3. 三目摄像头**

三目摄像头如图 5-1-8 所示，它实质上是 3 个不同焦距的单目摄像头的组合。

图 5-1-9 所示为特斯拉电动汽车安装在风窗玻璃下方的三目摄像头，作用是增加深度学习功能，可识别障碍物位置、可行空间、车辆形状、行人、交通标志和交通信号灯等。

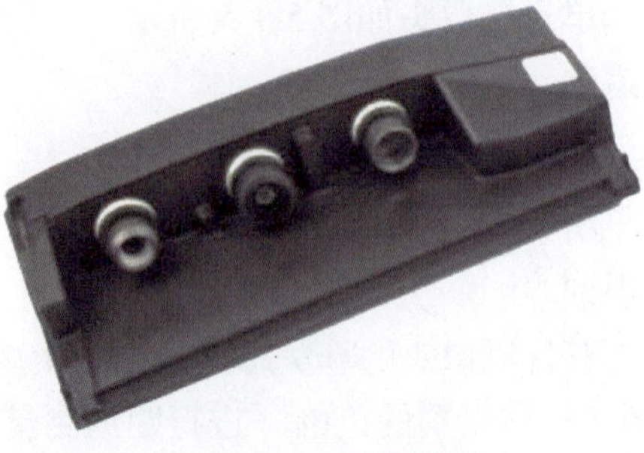

图 5-1-8　三目摄像头

由于三目摄像头每个相机的视野不同，因此近处的测距交给宽视野摄像头，中距离的测距交给主视野摄像头，更远的测距交给窄视野摄像头，这样每个摄像头都能发挥其最大优势。

**4. 环视摄像头**

环视摄像头一般至少包括 4 个鱼眼摄像头（图 5-1-10），能够实现 360°环境感知。

环视摄像头有红外摄像头和普通摄像头，如图 5-1-11 所示。

图 5-1-9　特斯拉电动汽车使用的三目摄像头

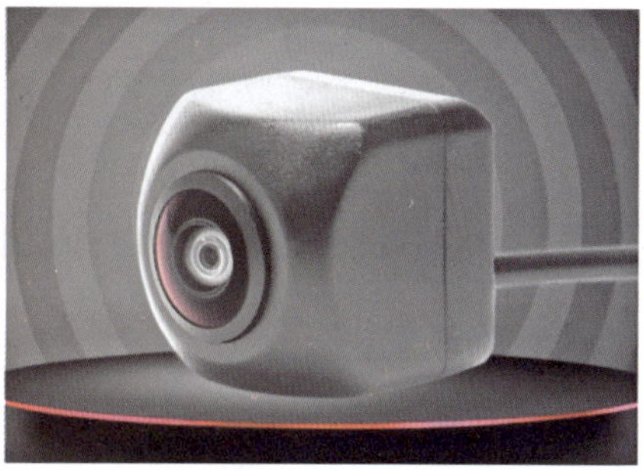

图 5-1-10　鱼眼摄像头

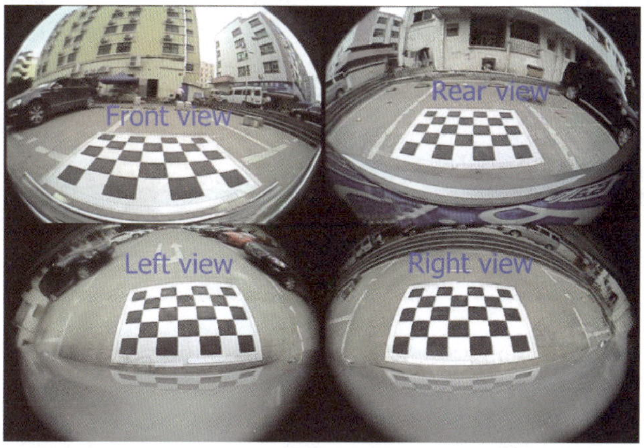


图 5-1-11　环视摄像头

## 【技能训练】

### 智能网联汽车双目摄像头的安装

**1. 作业准备**

1）清洁操作工位。

2）使用安全防护用品。

**2. 双目摄像头的安装**

**（1）双目摄像头支架的安装**　准备双目摄像头支架，将螺栓（6 个）放入支架中，并紧固固定螺栓，如图 5-1-12 所示。

**（2）双目摄像头的安装**　准备双目摄像头，将螺栓（4 个）放入支架中，并紧固固定螺栓，如图 5-1-13 所示。

**3. 双目摄像头线束的连接**

**（1）双目摄像头插接件连接**

1）双目摄像头相机口连接。检查双目摄像头插接件针脚是否损坏，卡扣是否变形，并连接，如图 5-1-14 所示。注意：全部推入时会听见“啪”的声响。

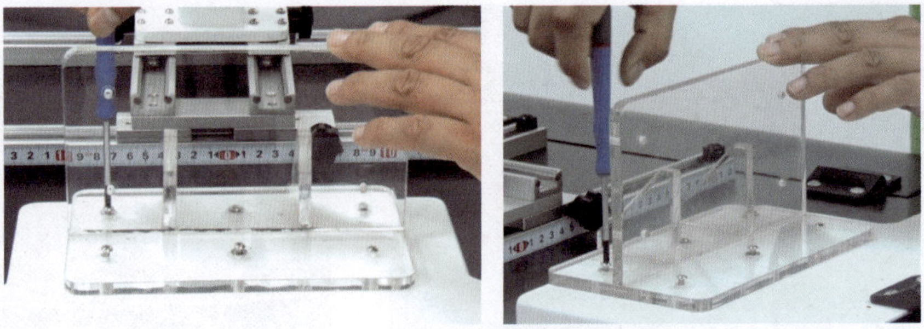

图 5-1-12　双目摄像头支架的安装

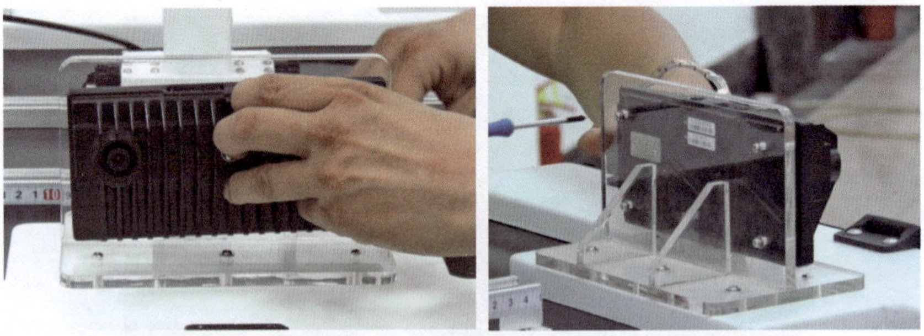

图 5-1-13　双目摄像头的安装

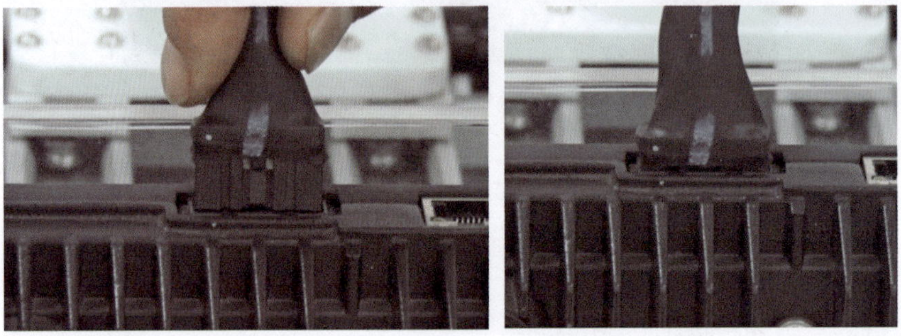

图 5-1-14　双目摄像头线束的安装

2）双目摄像头电源口插入车身内部。将双目摄像头电源口从车身上部插入车身内部，如图 5-1-15 所示。

(2) 双目摄像头网线的连接

1）连接双目摄像头网线端接口。连接双目摄像头网线端接口并检查锁止卡扣是否到位，如图 5-1-16 所示。

2）双目摄像头网线插入车身内部。将双目摄像头网线从车身上部插入车身内部，如图 5-1-17 所示。

3）连接车载路由器网线接口。连接车载路由器网线接口，检查锁止卡扣是否到位并整理网线位置，如图 5-1-18 所示。

4. 安装完毕

1）工具、防护用品归位。

2）打扫工位。

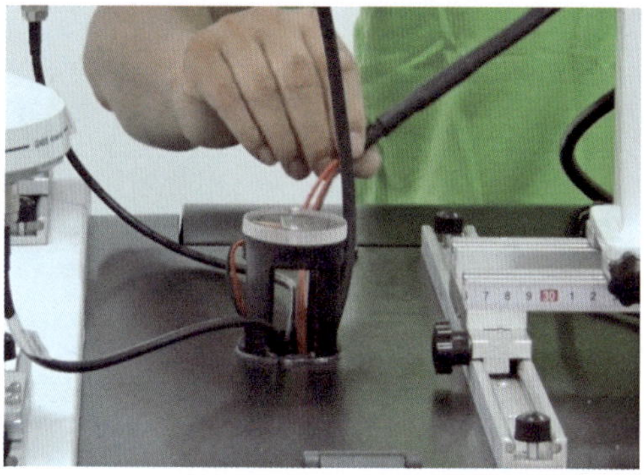

图 5-1-15　双目摄像头电源口插入车身内部

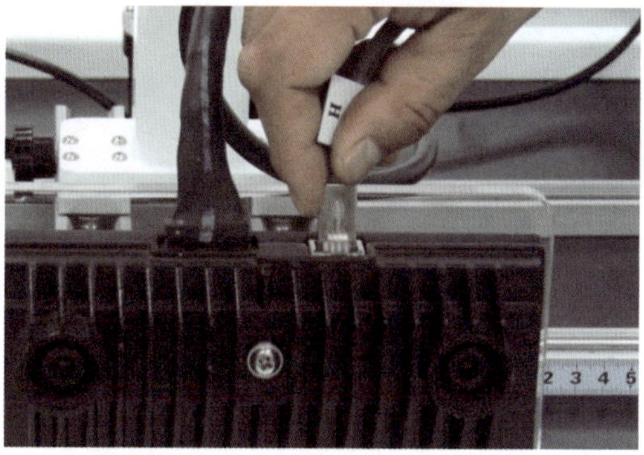

图 5-1-16　连接双目摄像头网线端接口

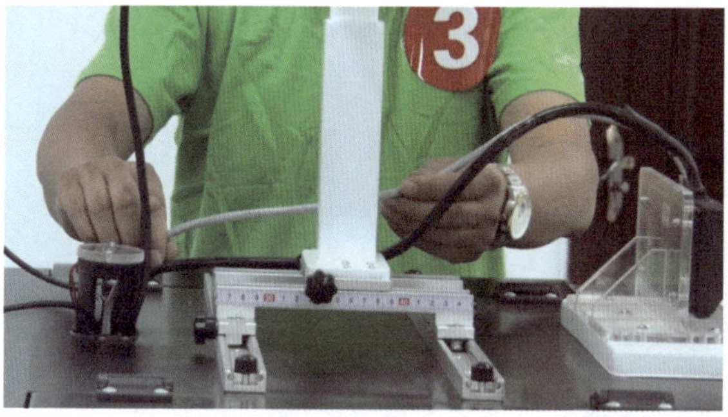

图 5-1-17　双目摄像头网线插入车身内部

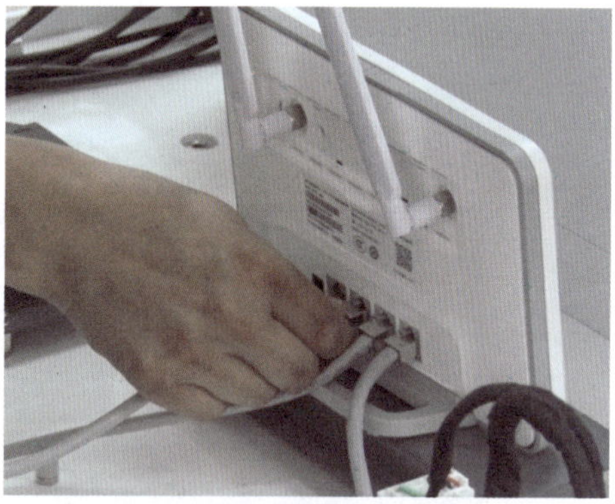

图 5-1-18　连接车载路由器网线接口

# 任务二　视觉传感器结构与参数的认知

## 【任务导入】

目前，视觉传感器在智能网联汽车中起着无可替代的作用，它在智能网联汽车智能化的方向占据重要位置。那么你知道视觉传感器的基本组成是什么吗？视觉传感器的主要参数是什么？如何对双目摄像机进行内参标定？学习本任务，你将可以回答以上问题。

## 【知识准备】

### 一、视觉传感器的基本组成

视觉传感器主要由光源、镜头、图像传感器、模/数转换器、图像处理器和图像存储器等组成，如图 5-2-1 所示。

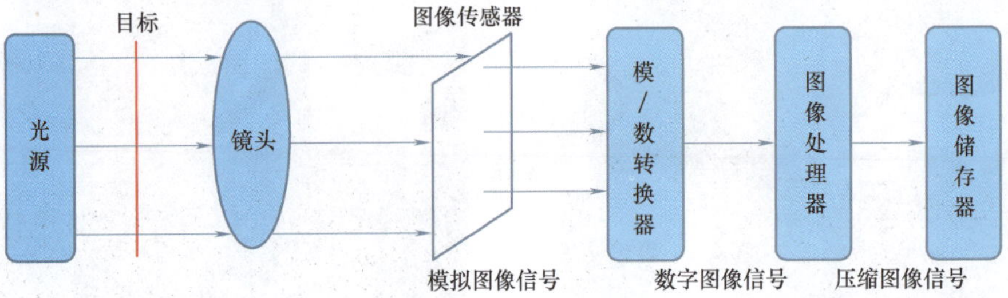


图 5-2-1　视觉传感器的组成

按照成像原理分类，传感器主要分电荷耦合元件图像传感器和互补性氧化金属半导体图像传感器两种。

**1. 电荷耦合元件图像传感器**

电荷耦合元件（CCD）图像传感器主要由一个类似马赛克的网格、聚光镜片以及电子线路矩阵组成，其外形如图 5-2-2 所示。

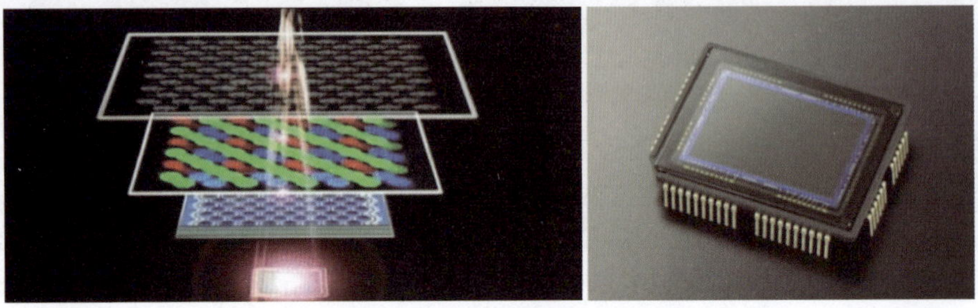

图 5-2-2　CCD 图像传感器

电荷耦合元件是一种特殊的半导体器件，能够把光学影像转化为数字信号。半导体器件上植入的微小光敏物质称为像素。器件上包含的像素数越多，它提供的画面分辨率就越高。

**2. 互补性氧化金属半导体图像传感器**

互补性氧化金属半导体（CMOS）图像传感器是利用互补性氧化金属半导体工艺制造的图像传感器，其外形如图 5-2-3 所示。

互补性氧化金属半导体成像是利用硅和锗这两种元素所做成的半导体，使其在互补性氧化金属半导体上共存着带负电的锗和带正电的硅，这两个互补效应所产生的电流即可被处理芯片记录和解读成影像。

图 5-2-3　CMOS 图像传感器

**3. 电荷耦合元件（CCD）图像传感器和互补性氧化金属半导体（CMOS）图像传感器的差异**

电荷耦合元件图像传感器和互补性氧化金属半导体图像传感器的差异见表 5-2-1。

表 5-2-1　CCD 图像传感器和 CMOS 图像传感器的差异

| 传感器种类 | CCD | CMOS |
|---|---|---|
| 设计 | 单一感光器 | 感光器连接放大器 |
| 灵敏度 | 同样面积下灵敏度高 | 感光开口小，灵敏度低 |
| 解析度 | 连接复杂度低，解析度高 | 解析度低 |
| 噪点比 | 单一放大，噪点低 | 百万放大，噪点高 |
| 功耗比 | 需外加电压，功耗高 | 直接放大，功耗低 |
| 成本 | 线路品质影响程度高，成本高 | CMOS 整合集成，成本低 |

## 二、视觉传感器的主要参数

### 1. 图像传感器的主要参数

图像传感器的主要参数有像素、帧率、靶面尺寸、感光度、信噪比和电子快门等。

**(1) 像素**　像素是图像传感器的最小感光单位，即构成影像的最小单位。

**(2) 帧率**　帧率代表单位时间内记录或播放的图片的数量，连续播放一系列图片就会产生动画效果。

**(3) 靶面尺寸**　靶面尺寸也就是图像传感器感光部分的大小。

**(4) 感光度**　感光度代表通过电荷耦合元件感应入射光线的强弱。

**(5) 信噪比**　信噪比指的是信号电压对于噪声电压的比值，单位为 dB。

**(6) 电子快门**　电子快门用来控制图像传感器的感光时间。

### 2. 视觉传感器的内部参数

视觉传感器的内部参数有焦距、光学中心、图像尺寸和畸变系数等。

**(1) 焦距**　焦距是指镜头的光学中心到图像传感器的距离。视觉传感器的焦距如图 5-2-4 所示。

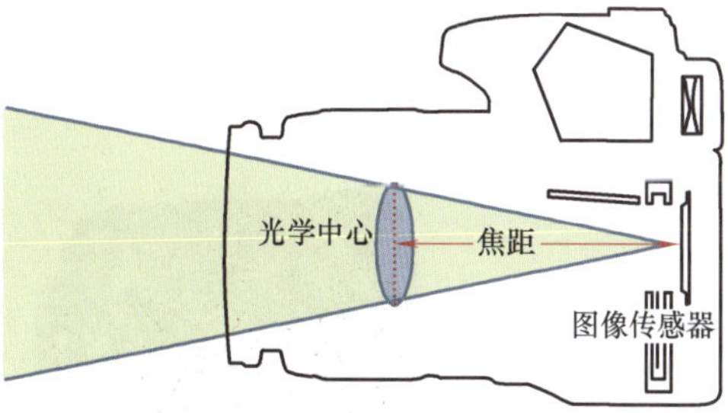


图 5-2-4　视觉传感器的焦距

焦距对拍摄图像的影响如图 5-2-5 所示。

焦距与水平视角、图像大小密切相关。焦距越小，水平视角越大，图像越大；焦距越大，水平视角越小，图像越小。因此，焦距与水平视角成反比。焦距与水平视角的关系如图 5-2-6 所示。

**(2) 光学中心**　视觉传感器镜头及其光学系统如图 5-2-7 所示。

光学系统的功能等价于一个薄透镜，实际上薄透镜是不存在的。光学中心是这一等价薄透镜的中心，如图 5-2-8 所示。

**(3) 图像尺寸**　图像尺寸是指构成图像的长度和宽度，与分辨率有关。分辨率是指单位长度中所表达或截取的像素数目，即表示每英寸图像内的像素点数，单位是像素/英寸。图像分辨率越高，像素的点密度越高，图像越清晰。

**(4) 畸变系数**　畸变系数分为径向畸变系数和切向畸变系数。径向畸变发生在视觉传感器坐标系转向物理坐标系的过程中；切向畸变产生的原因是透镜不完全平行于图像。

a) 焦距为24mm　　b) 焦距为50mm　　c) 焦距为100mm

图 5-2-5　焦距对拍摄图像的影响

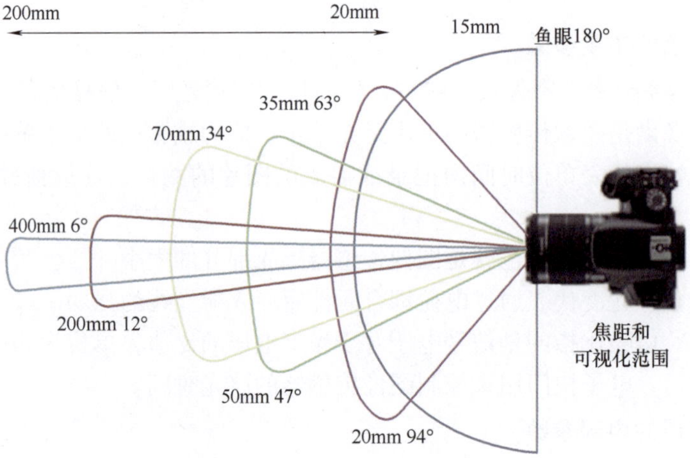


图 5-2-6　焦距与水平视角的关系

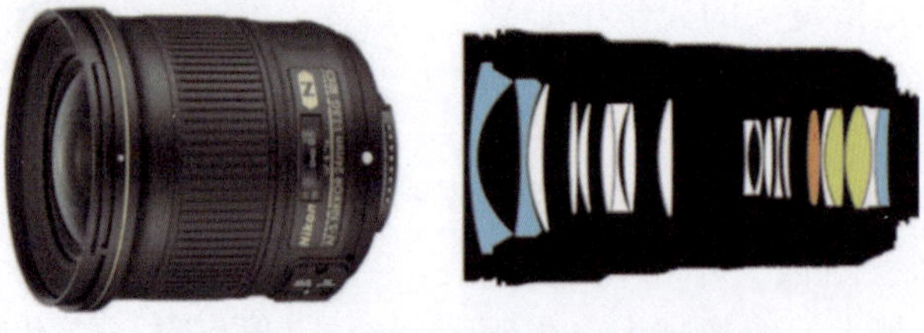

图 5-2-7　视觉传感器镜头及其光学系统

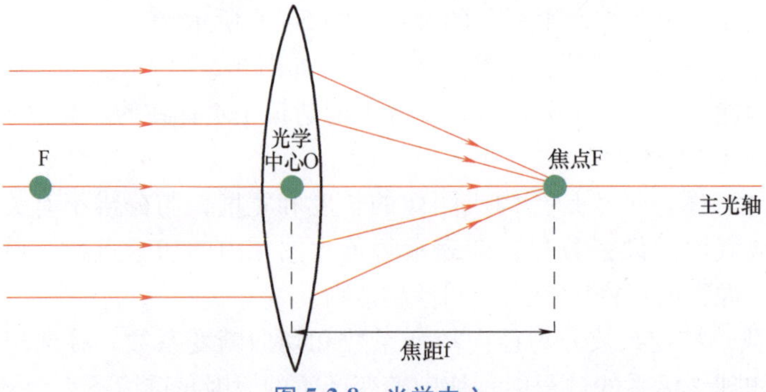


图 5-2-8　光学中心

径向畸变就是沿着透镜半径方向分布的畸变，径向畸变主要包括枕形畸变和桶形畸变两种，如图 5-2-9 所示。

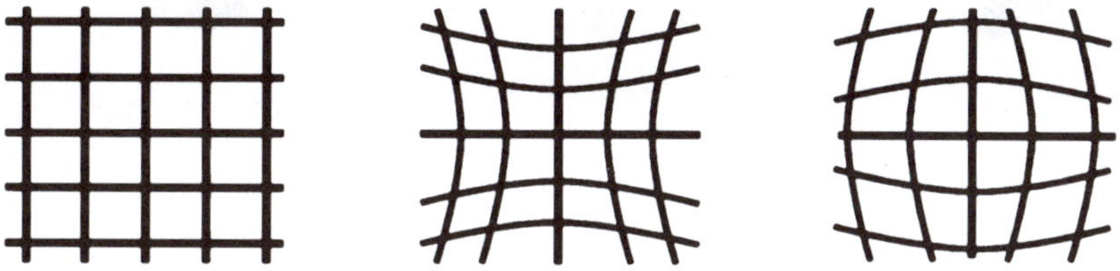

a) 正常图像　　b) 枕形畸变　　c) 桶形畸变

图 5-2-9　径向畸变

镜头畸变会引起的图像的变形失真，所以需要校正。畸变校正前、后图像对比如图 5-2-10 所示。

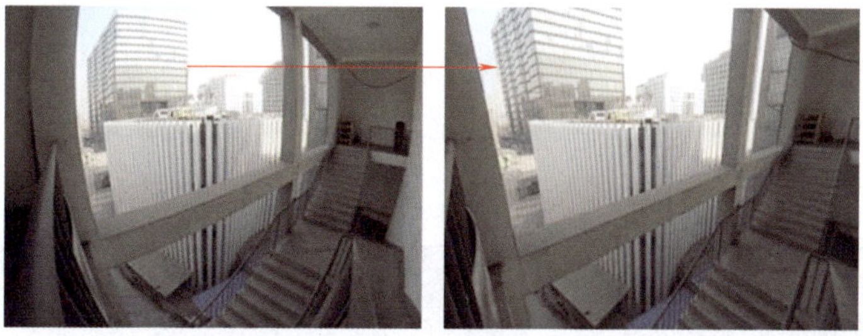

校正前　　校正后

图 5-2-10　畸变校正前、后图像对比

**3. 视觉传感器的外部参数**

**（1）离地高度**　离地高度是指从地面到视觉传感器焦点的垂直高度。视觉传感器离地高度如图 5-2-11 所示。

图 5-2-11　视觉传感器离地高度

**（2）旋转角度**　视觉传感器相对于车辆坐标系的旋转角度有俯仰角、偏航角和翻滚角。

俯仰运动是指视觉传感器绕车辆坐标系 $Y_v$ 轴的转动；偏航运动是指视觉传感器绕车辆坐标系 $Z_v$ 轴的转动；翻滚运动是指视觉传感器绕车辆坐标系 $X_v$ 轴的转动，如图 5-2-12 所示。

俯仰角是指车辆的水平面与视觉传感器光轴之间的夹角；偏航角是指车辆的 $X_v$ 轴与视觉传感器光轴之间的夹角；翻滚角是指视觉传感器绕光轴的转角。

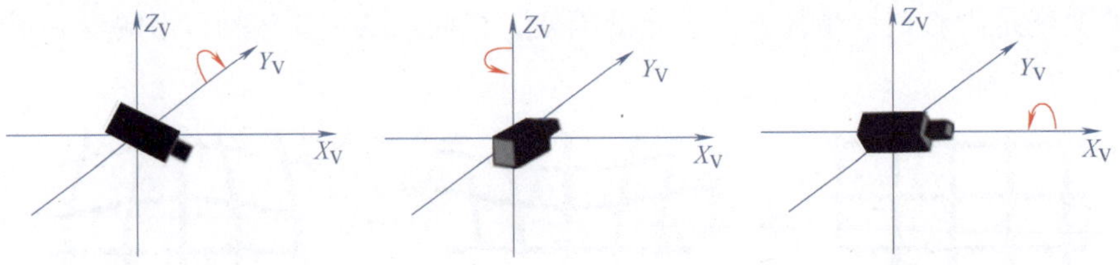


图 5-2-12　视觉传感器的旋转运动

【技能训练】

## 智能网联汽车摄像头内部参数标定

### 1. 摄像头标定准备

（1）打开机器视觉教学实训系统　打开视觉台架主机，打开机器视觉教学平台，如图 5-2-13 所示。

图 5-2-13　打开机器视觉教学实训系统

（2）选择标定板　在识别显示器上选择标定板 1，如图 5-2-14 所示。

### 2. 摄像头参数标定示教板 1

（1）输入内角点　打开摄像头标定系统，输入所选标定示教板 1 的内角点，如图 5-2-15 所示。标定示教板 1 内角点 8×6。

（2）输入像素值　输入摄像头像素值（默认为 720×480），右下角显示该标定板上点的信息，如图 5-2-16 所示。

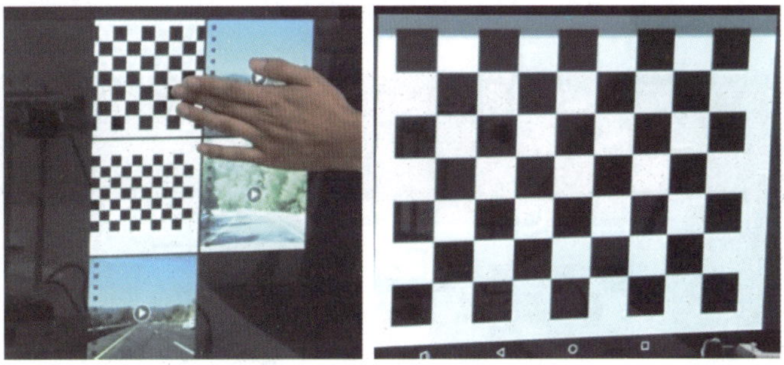

图 5-2-14　选择标定板 1

图 5-2-15　输入内角点

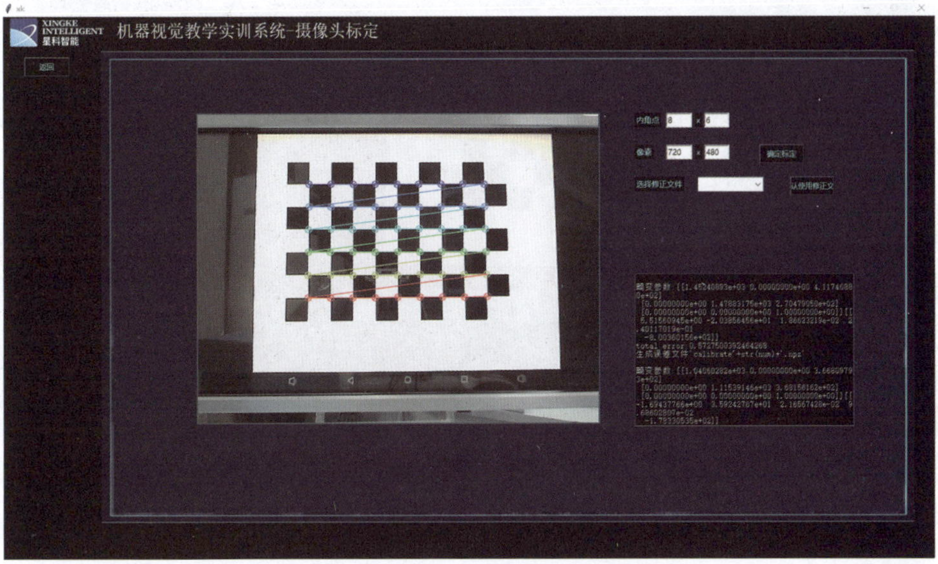


图 5-2-16　输入摄像头像素值

**(3）选择修正文件** 选择修正文件以减小标定误差，如图 5-2-17 所示。

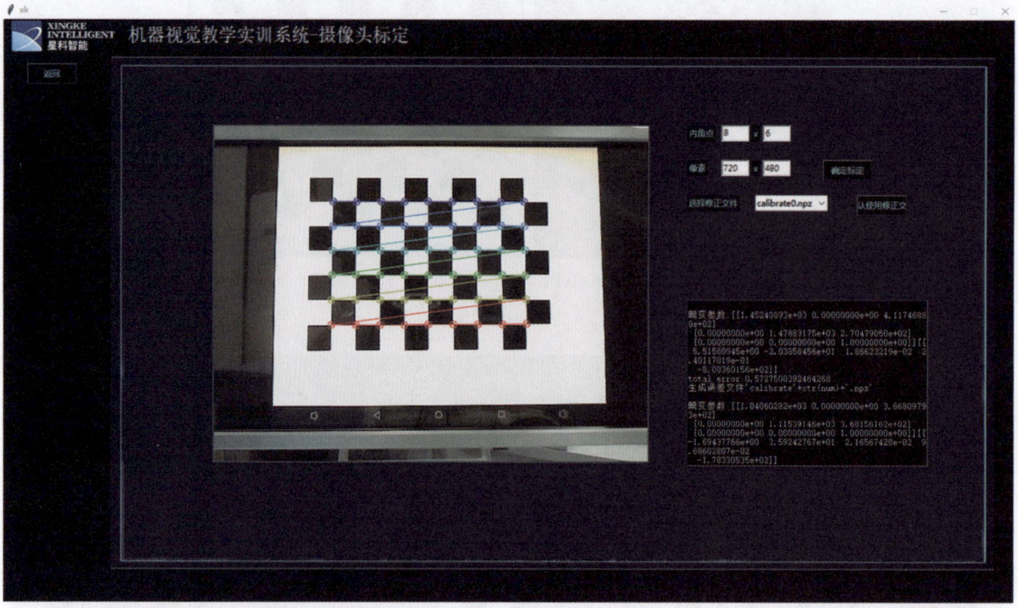


图 5-2-17 选择修正文件

### 3. 摄像头参数标定示教板 2

**(1）输入内角点** 打开摄像头标定系统，输入所选标定示教板 2 的内角点，如图 5-2-18 所示。标定示教板 2 内角点 9×6。

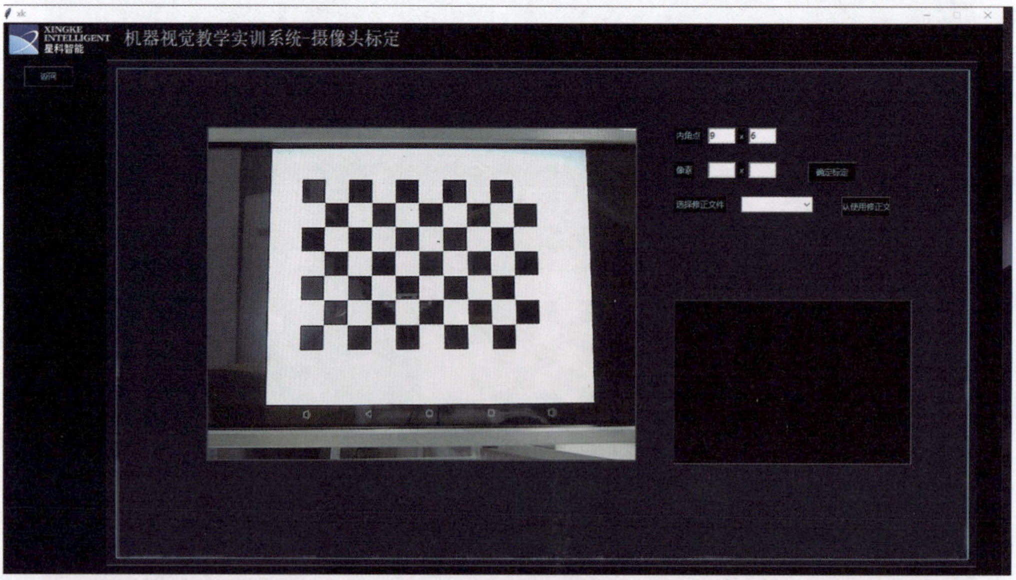


图 5-2-18 输入内角点

**(2）输入像素值** 输入摄像头像素值（默认为 720×480)，右下角显示该标定板上点的信息，如图 5-2-19 所示。

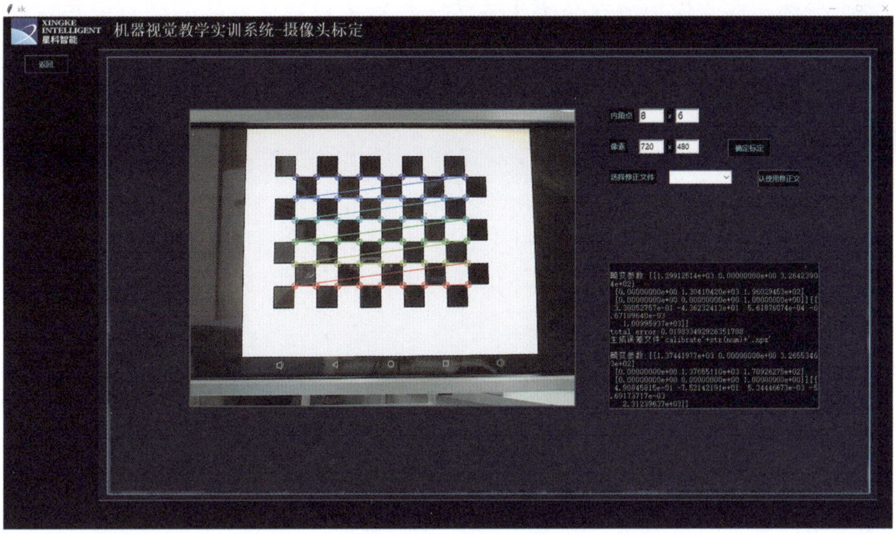


图 5-2-19　输入像素值

**（3）选择修正文件**　选择修正文件以减小标定误差，如图 5-2-20 所示。

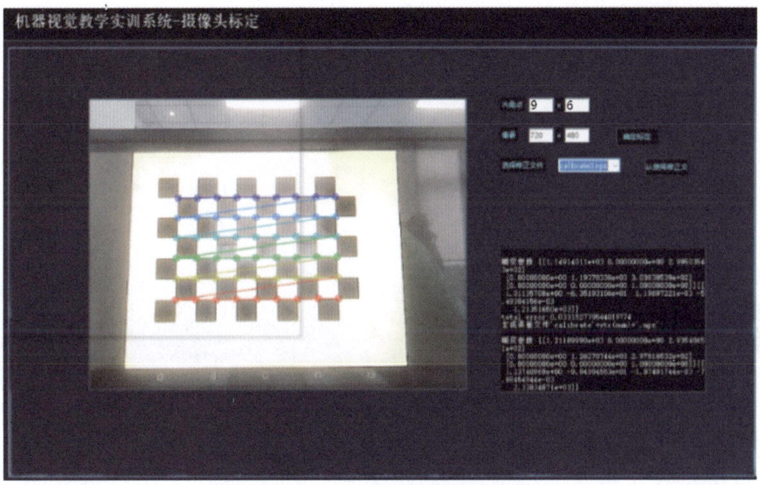


图 5-2-20　选择修正文件

**4. 标定完成**

关闭机器视觉系统，关闭机器视觉主机。

# 任务三　视觉传感器的环境感知流程

## 【任务导入】

目前，视觉传感器在智能网联汽车中起着无可替代的作用，它在智能网联汽车智能化的方向占据重要位置。那么你知道视觉传感器环境感知流程是什么吗？各自流程有什么作用？如何对摄像头进行目标数据标注？学习本任务，你将可以回答以上问题。

## 【知识准备】

视觉传感器环境感知流程如图 5-3-1 所示，包括图像采集、图像预处理、图像特征提取、图像模式识别和结果传输。根据具体识别对象和采用的识别方法不同，环境感知流程也会略有差异。

图 5-3-1　视觉传感器环境感知流程

### 1. 图像采集

图像采集主要是通过摄像头采集图像，如果是模拟信号，需要把模拟信号转换为数字信号。根据具体研究对象和应用场合，应选择性价比高的摄像头。图 5-3-2 所示为某高清摄像机采集的车道线原始图像。

### 2. 图像预处理

图像预处理包含的内容较多，有图像灰度化、图像压缩、图像增强和复原、图像分割等，要根据具体实际情况进行选择。

图 5-3-2　车道线原始图像

**(1) 图像灰度化**　视觉传感器采集的原始图像是彩色图像，即由红色、绿色、蓝色三通道构成的图像。直接彩色图像进行处理时，数据量很大。在灰度图像中，每个像素点的信息只需一个变量来表示，即灰度值（数据处理范围为 0~255），需要处理的数据量小，图 5-3-3 所示为车道线的灰度图像。

**(2) 图像压缩**　图像压缩技术可以减少描述图像的数据量，以便节省图像传输、处理时间和减少所占用的存储器容量。

**(3) 图像增强和复原**　图像增强和复原的目的是提高图像的质量，如去除噪声、提高图像的清晰度等。图像增强技术有空域法和频域法两类方法。

图像复原技术一般建立降质模型，按照某种处理方法，恢复或重建原来的图像。图 5-3-4 所示为增强处理后的车道线图像。

**(4) 图像分割**　图像分割就是把图像分成若干个特定的、具有独特性质的区域并提出感兴趣目标的技术和过程。

### 3. 图像特征提取

为了完成图像中目标的识别，要在图像分割的基础上提取需要的特征，并将这些特征计算、测量、分类，以便于计算机根据特征值进行图像分类和识别。在图像识别中，主要有以下特征：

图 5-3-3 车道线的灰度图像

图 5-3-4 增强处理后的车道线图像

**(1) 边缘特征** 图像的边缘特征包括照明的变化、深度上的不连续、表面方向的不连续、物体属性的变化。常用来获取图像边缘特征的检测算子有卡尼（Canny）算子、罗伯茨（Roberts）算子和普鲁伊特（Prewitt）算子等，如图 5-3-5 所示。

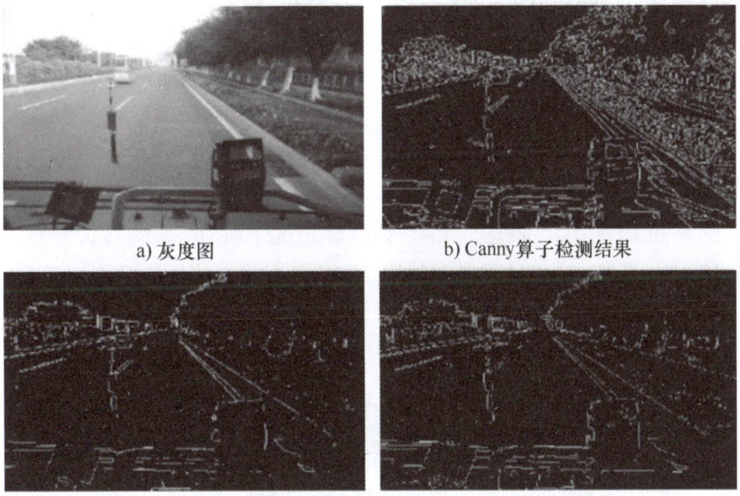

a) 灰度图　b) Canny算子检测结果

c) Roberts算子检测结果　d) Prewitt 算子检测结果

图 5-3-5 不同检测算子的边缘特征检测结果

**(2) 图像幅度特征** 包括像素灰度值、红绿蓝三通道、频谱值等。

**(3) 直观性特征** 图像的边沿、轮廓、纹理和区域等，这些都属于图像灰度的直观特征。

**(4) 图像统计特征** 图像统计特征主要有直方图特征、统计性特征（如均值、方差、能量、熵等）、描述像素相关性的统计特征（如自相关系数、协方差等）。

**(5) 图像几何特征** 图像几何特征主要有面积、周长、分散度、伸长度、曲线的斜率和曲率、凸凹性、拓扑特性等。

### 4. 图像模式识别

图像模式识别是根据提取到的样本图像的特征，对样本进行分类的过程。根据图像模式识别提取的特征对象来看，图像识别方法可分为基于形状特征的识别技术、基于色彩特征的识别技术和基于纹理特征的识别技术等。

根据模式特征选择及判别决策方法的不同，图像模式识别方法可分为统计模式（决策理论）识别方法、句法（结构）模式识别方法、模糊模式识别方法和神经网络模式识别方法等。

车道线图像划分如图 5-3-6 所示，区域 A 和区域 B 构成了感兴趣区域。其中，A 为近视野区域，大约为道路区域的 3/4；B 为远视野区域，大约为道路区域的 1/4。

基于形状特征的识别技术，车道线识别结果如图 5-3-7 所示。

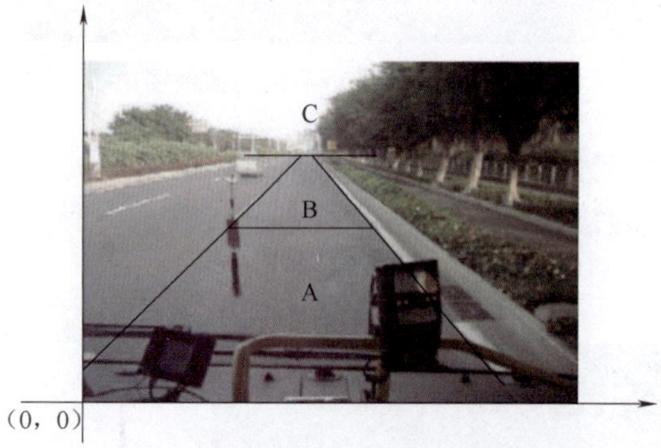


图 5-3-6　车道线图像划分

图 5-3-7　车道线识别结果

### 5. 结果传输

通过环境感知系统识别出的信息，传输到车辆其他控制系统或者传输到车辆周围的其他车辆，完成相应的控制功能，如图 5-3-8 所示。

图 5-3-8　车道偏离预警系统

【技能训练】

## 智能网联汽车摄像头的目标数据标注

### 1. 目标数据标注准备

（1）打开机器视觉教学实训系统　打开视觉台架主机，打开机器视觉教学平台，如图 5-3-9 所示。

图 5-3-9　打开机器视觉教学实训平台

（2）选择模型训练　选择模型训练项目，如图 5-3-10 所示。

图 5-3-10　选择模型训练项目

2. 目标数据标注

（1）选择目标标注类别　在目标标注列表中选择车辆为标注目标，单击“目标标注”按钮，打开标注界面，如图 5-3-11 所示。

图 5-3-11　选择目标标注类别

（2）选择目标车辆图片　在界面中打开车辆图片，如图 5-3-12 所示。

图 5-3-12　选择目标车辆图片

（3）创建车辆侧面信息　选择“create”选项，并选择车辆识别范围，自动获取信息后保存，如图 5-3-13 所示。

图 5-3-13　创建车辆侧面信息

**（4）再次录入车辆车头信息**　打开有车辆头部的车辆图片信息进行自动识别后保存，如图 5-3-14 所示。

图 5-3-14　录入车辆头部信息

### 3. 查看车辆标注信息

打开车辆标注存储文件，用记事本打开，查看车辆信息，如图 5-3-15 所示。

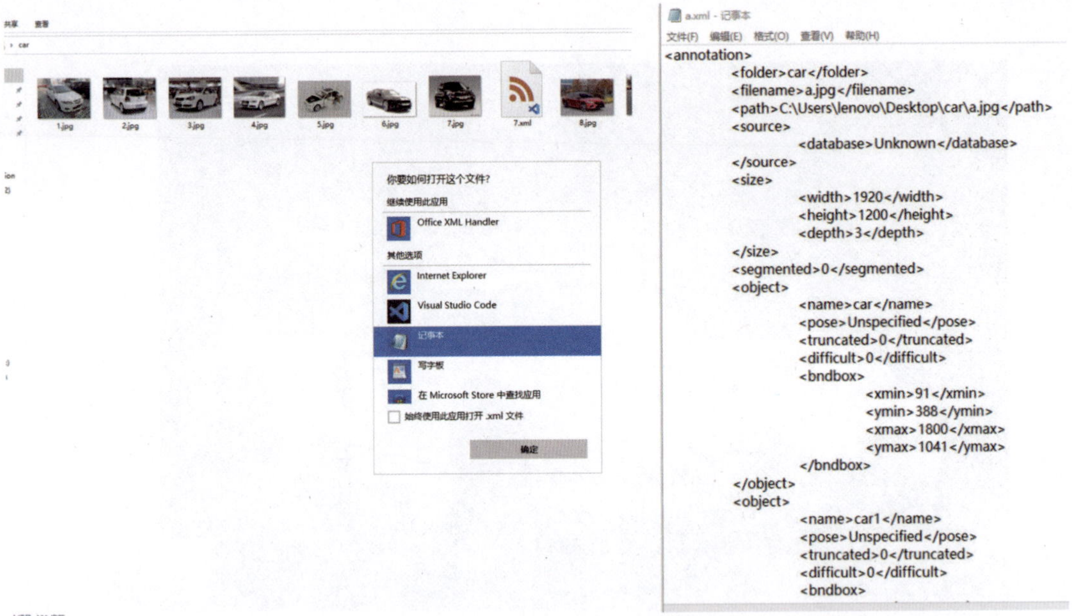


图 5-3-15　查看车辆标注信息

**4. 标注完成**

关闭机器视觉系统，关闭计算机主机。

# 任务四　视觉传感器的应用

## 【任务导入】

目前，视觉传感器在智能网联汽车中起着无可替代的作用，它在智能网联汽车智能化的方向占据重要位置。那么你知道视觉传感器相关产品参数有什么吗？视觉传感技术在智能网联汽车上如何应用？如何对摄像头进行目标检测？学习本任务，你将可以回答以上问题。

## 【知识准备】

### 一、摄像头相关产品技术参数及应用

**1. 摄像头技术参数**

图 5-4-1 所示为某公司汽车摄像头，其主要参数见表 5-4-1。

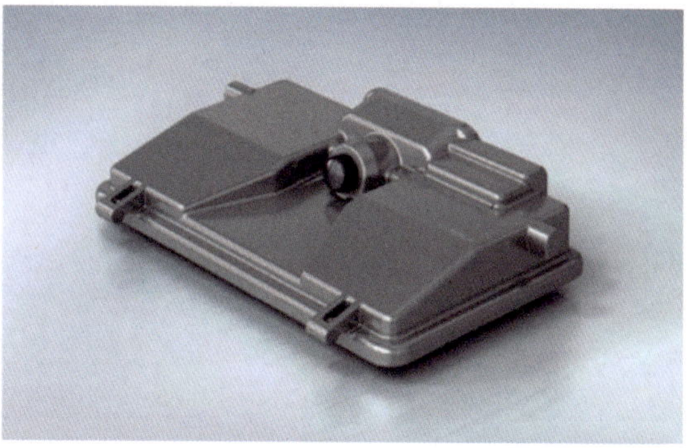

图 5-4-1　某公司汽车 ADAS 摄像头 MPC2

表 5-4-1　某公司汽车摄像头主要参数

| 项目 | 参数 |
| --- | --- |
| 图像分辨率 | 1280 像素＊960 像素 |
| 最大探测距离 | >120m |
| 水平视场角 | 50° |
| 垂直视场角 | 28° |
| 分辨率 | 25 像素/(°) |
| 帧率 | 30 帧/s |
| 波长 | 400～750nm |
| 工作温度 | -40～+80℃ |

### 2. 摄像头应用

摄像头应用主要包括物体探测、车道探测、光源探测和道路标志识别。

## 二、视觉传感器技术应用

### 1. 车道偏离预警系统

车道偏离预警系统可比较道路标线与车辆在车道中的位置。当车速达到设定车速时，一旦系统探测到驾驶人存在无意识偏离行车道的危险，系统便会发出视觉信号、听觉信号和/或触觉信号，如转向盘的振动，如图 5-4-2 所示。这些警告提示驾驶人车辆正在偏离车道，使驾驶人有足够的时间纠正方向，从而避开危险。当驾驶人打转向灯有意变换车道或转向时，该功能不会发出警告。

### 2. 车道保持辅助系统

当车道保持辅助系统探测到车辆以不低于设定车速（如 60km/h）行驶时过于靠近车道标线，系统会轻微但可感知地反向转动转向盘，以使车辆保持在正确的道路中，如图 5-4-3 所示。驾驶人可以单独设定转向干预点和干预强度，选择在早期进行轻微干预或者在稍后进行较强干预。系统可通过电子助力转向直接进行干预，也可通过对车辆一侧施加制动而间接进行干预。驾驶人可随时接管该功能，随时保持对车辆的控制。当驾驶人打转向灯有意变换车道或转向时，该功能不会进行干预。

图 5-4-2　基于视觉传感器的车道偏离预警系统

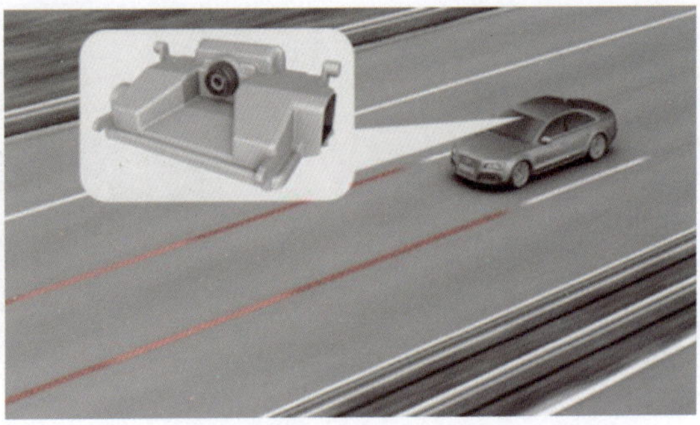

图 5-4-3　基于视觉传感器的车道保持辅助系统

### 3. 前方碰撞预警系统

如果前方碰撞预警系统探测到与前方行驶车辆即将发生追尾，便会以视觉、听觉和/或触觉信号警告驾驶人，如图 5-4-4 所示。该功能不进行独立干预，而是提醒驾驶人进行制动。

### 4. 行人碰撞预警系统

行人碰撞预警系统通过不断分析车辆前方区域，来探测是否将与行车道上或正朝行车道行进的行人发生碰撞，如图 5-4-5 所示。当车速不超过设定车速（如 60km/h）时，一旦系统识别这种危险情况，系统便会与雷达传感器一并向驾驶人发出警告，同时会触发紧急制动。

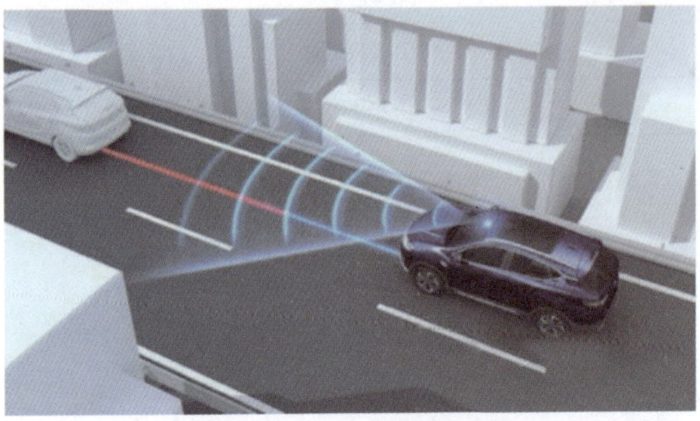

图 5-4-4　基于视觉传感器的前方碰撞预警系统

图 5-4-5　基于视觉传感器的行人碰撞预警系统

### 5. 交通标志识别系统

图 5-4-6 所示为交通标志识别系统，利用视觉传感器检测限速道路交通标志（限速），显示标志内容，提醒驾驶人注意。

图 5-4-6　基于视觉传感器的交通标志识别系统

视觉传感器在智能网联汽车上的应用见表 5-4-2。

表 5-4-2 视觉传感器在智能网联汽车上的应用

| ADAS | 使用的摄像头 | 具体功能介绍 |
|---|---|---|
| 车道偏离预警系统 | 前视 | 当前视摄像头检测到车辆即将偏离车道线时发出警告 |
| 车道保持辅助系统 | 前视 | 当前视摄像头检测到车辆即将偏离车道线时通知控制中心发出指示，纠正行驶方向 |
| 前方碰撞预警系统 | 前视 | 当前视摄像头检测到与前车距离小于安全车距时发出警告 |
| 盲区监测系统 | 侧视 | 利用侧视摄像头将后视镜盲区的影像显示在后视镜或驾驶舱内 |
| 行人碰撞预警系统 | 前视 | 当前视摄像头检测到车辆前方的行人可能与车辆发生碰撞时发出警告 |
| 交通标志识别系统 | 前视、侧视 | 利用前视、侧视摄像头识别前方和两侧的交通标志 |
| 自动泊车辅助系统 | 后视 | 利用后视摄像头将车尾影像显示在驾驶舱内 |
| 全景泊车系统 | 前视、侧视、后视 | 利用图像拼接技术将摄像头采集的影响组成周边的全景图 |
| 驾驶员疲劳预警系统 | 内置 | 利用内置摄像头检测驾驶人是否疲劳、闭眼等 |
| 交通信号灯识别系统 | 前视 | 利用前视摄像头识别前方的交通信号灯 |

## 【技能训练】

### 智能网联汽车摄像头的目标检测

**1. 目标检测准备**

**(1) 打开机器视觉教学实训系统** 打开视觉台架主机，打开机器视觉教学实训平台，如图 5-4-7 所示。

图 5-4-7 打开机器视觉教学实训系统

(2) 选择目标检测　选择目标检测，如图 5-4-8 所示。

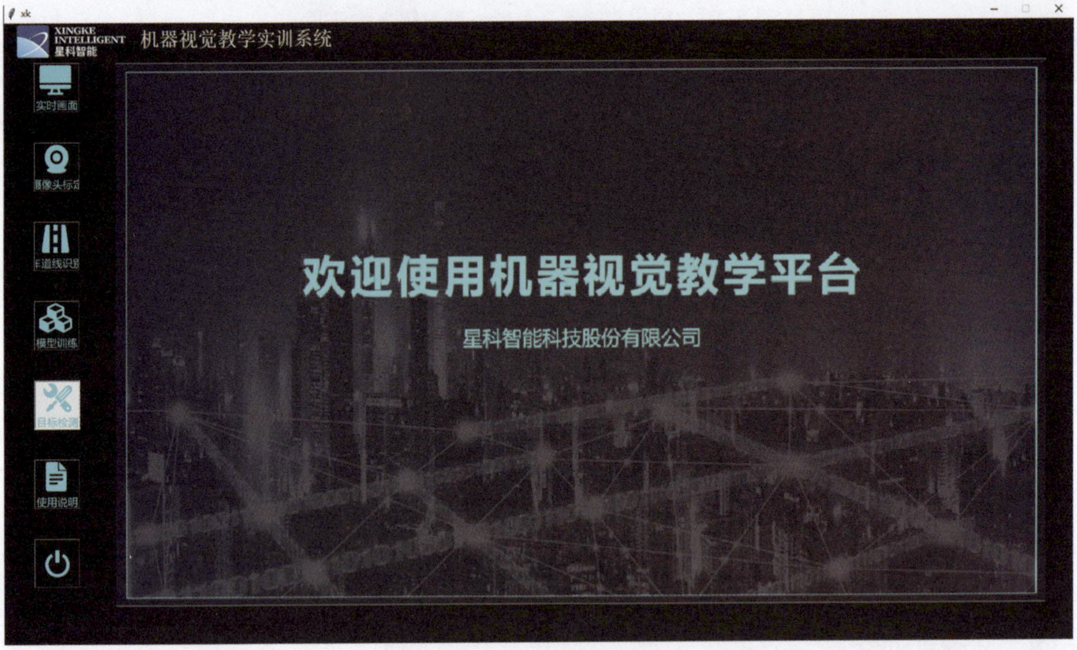


图 5-4-8　选择目标检测

(3) 选择目标图片　在识别显示器上选择车辆图片，如图 5-4-9 所示。

图 5-4-9　选择目标图片

### 2. 目标检测

选择车辆识别，识别框内有 car 标识，如图 5-4-10 所示。

### 3. 目标识别完成

关闭机器视觉系统，关闭机器视觉系统主机。

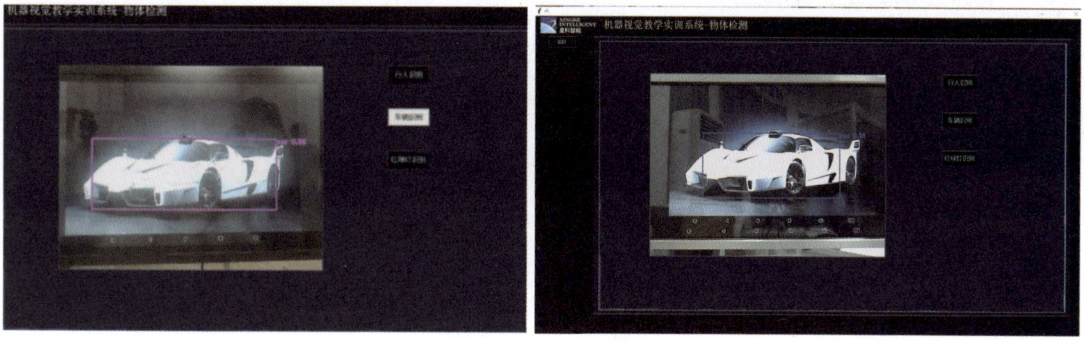


图 5-4-10　目标检测

# 任务五　视觉传感器的标定和故障排除

## 【任务导入】

目前，视觉传感器在智能网联汽车中起着无可替代的作用，它在智能网联汽车智能化的方向占据重要位置。那么你知道视觉传感器的坐标系有哪些？视觉传感的棋盘格标定是什么？如何对双目摄像头进行配置标定以及故障排除？学习本任务，你将可以回答以上问题。

## 【知识准备】

### 一、视觉传感器的坐标系

#### 1. 摄像头坐标系

视觉传感器以其低廉的价格和丰富的图像信息而成为智能网联汽车必不可少的传感器。视觉传感器的作用是把三维世界中的形状、颜色信息压缩到一张二维图像上。基于视觉传感器的感知算法是从二维图像中提取并还原三维世界中的元素和信息，如车道线、车辆和行人等，并计算它们与车辆的相对位置。

摄像头投影相关坐标系有世界坐标系、摄像头坐标系、图像坐标系和像素坐标系，如图 5-5-1 所示。

**（1）世界坐标系**　世界坐标系为符合右手系的三维直角坐标系，为用户自定义坐标系，可描述物体相对空间位置关系和摄像头的相对位置。图 5-5-1 中 $O_wX_wY_wZ_w$ 为世界坐标系，用于描述视觉传感器的位置，单位为 m。

**（2）摄像头坐标系**　以摄像头光心为原点，过原点垂直于成像平面的光轴为 $Z_c$，建立

摄像头坐标系 $O_cY_cZ_c$，单位为 m。

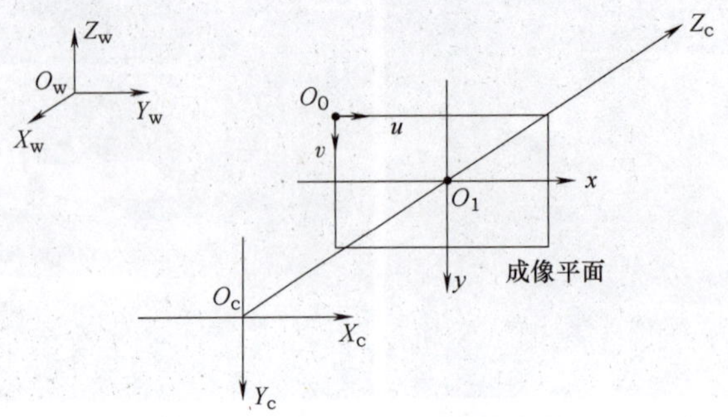


图 5-5-1　摄像头投影相关坐标系

**（3）图像坐标系**　以光轴与成像平面的交点为原点，建立图像坐标系 $O_1xy$，单位为 mm。

**（4）像素坐标系**　以成像平面左上角为原点，建立像素坐标系 $O_0uv$，单位为像素。

**2. 坐标系的转换**

**（1）从世界坐标系到摄像头坐标系**　涉及旋转运动和平移运动。世界坐标系向摄像头坐标系转换可以用旋转矩阵和平移矩阵来表示，即

$$\begin{bmatrix} X_c \\ Y_c \\ Z_c \\ 1 \end{bmatrix} = \begin{bmatrix} R & T \\ \vec{O} & 1 \end{bmatrix} \begin{bmatrix} X_w \\ Y_w \\ Z_w \\ 1 \end{bmatrix} = L_w \begin{bmatrix} X_w \\ Y_w \\ Z_w \\ 1 \end{bmatrix} \tag{5-1}$$

式中，$R$ 为 3×3 旋转矩阵，$T$ 为 3×1 平移矩阵；$O=[0 \quad 0 \quad 0]$；$L_w$ 为 4×4 矩阵。

**（2）从相机坐标系向图像坐标系转换**　是从 3D 转换到 2D，属于透视投影关系，用矩阵表示为

$$Z_c = \begin{bmatrix} x \\ y \\ 1 \end{bmatrix} = \begin{bmatrix} f & 0 & 0 & 0 \\ 0 & f & 0 & 0 \\ 0 & 0 & 1 & 0 \end{bmatrix} \begin{bmatrix} X_c \\ Y_c \\ Z_c \\ 1 \end{bmatrix} \tag{5-2}$$

式中，$f$ 为焦距。

**（3）从图像坐标系向像素坐标系转换**　转换矩阵为

$$\begin{bmatrix} u \\ v \\ 1 \end{bmatrix} = \begin{bmatrix} \frac{1}{\mathrm{d}x} & 0 & u_0 \\ 0 & \frac{1}{\mathrm{d}y} & v_0 \\ 0 & 0 & 1 \end{bmatrix} \begin{bmatrix} x \\ y \\ 1 \end{bmatrix} \tag{5-3}$$

式中，$u_0$、$v_0$ 为图像坐标系原点在像素坐标系中的坐标值；$\mathrm{d}x$ 和 $\mathrm{d}y$ 表示每一列和每一行分别代表多少毫米，即 1pixel = $\mathrm{d}x$ mm。

**(4) 任意一点从世界坐标系转换到像素坐标系**　转换矩阵为

$$Z_c\begin{bmatrix}u\\v\\1\end{bmatrix}=\begin{bmatrix}\frac{1}{\mathrm{d}x} & 0 & u_0\\0 & \frac{1}{\mathrm{d}y} & v_0\\0 & 0 & 1\end{bmatrix}\begin{bmatrix}f & 0 & 0 & 0\\0 & f & 0 & 0\\0 & 0 & q & 0\end{bmatrix}\begin{bmatrix}R & T\\\vec{0} & 1\end{bmatrix}\begin{bmatrix}X_w\\Y_w\\Z_w\\1\end{bmatrix}=$$

$$\begin{bmatrix}f_x & 0 & u_0 & 0\\0 & f_y & v_0 & 0\\0 & 0 & 1 & 0\end{bmatrix}\begin{bmatrix}R & T\\\vec{0} & 1\end{bmatrix}\begin{bmatrix}X_w\\Y_w\\Z_w\\1\end{bmatrix}\tag{5-4}$$

最右边的第一个矩阵是摄像头的内部参数，第二个矩阵是摄像头的外部参数。

## 二、利用棋盘格进行摄像头标定

### 1. 视觉传感器标定

在使用视觉传感器之前，必须对它进行标定。摄像头标定可以利用像棋盘一样的标定图像估计摄像头的内部参数和外部参数，以便配置摄像头的模型。

**(1) 摄像头的外部参数**　摄像头的外部参数是指摄像头的安装位置，即摄像头离地高度以及摄像头相对于车辆坐标系的旋转角度。

**(2) 棋盘坐标系**　棋盘坐标系主要用于摄像头的标定，如图 5-5-2 所示。在棋盘坐标系中，$X_p$ 轴指向右方，$Y_p$ 轴指向下方。

车辆坐标系如图 5-5-3 所示，$X_v$ 轴指向车辆前方，$Y_v$ 轴指向左方。从正面看，原点位于道路表面，直接位于摄像头焦点下方。当放置棋盘格时，$X_p$ 轴和 $Y_p$ 轴必须与车辆的 $X_v$ 轴和 $Y_v$ 轴对齐。

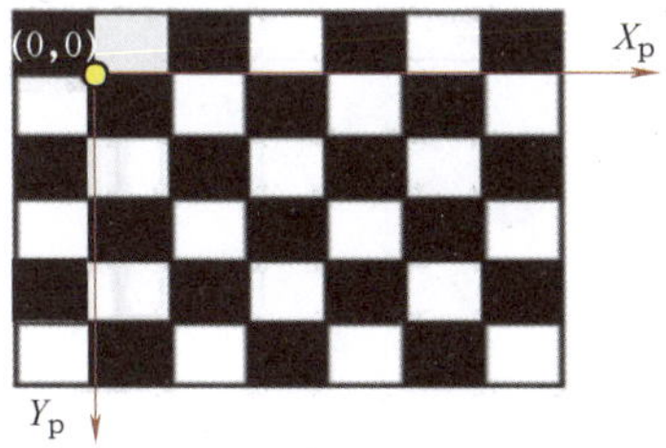


图 5-5-2　棋盘坐标系

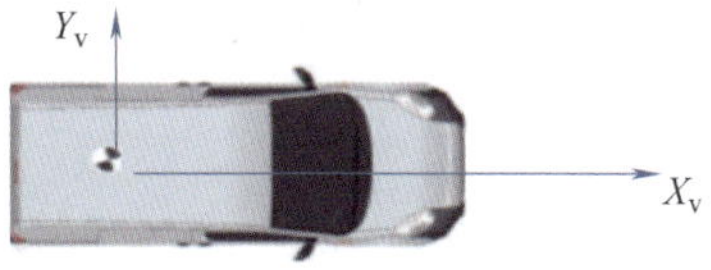


图 5-5-3　车辆坐标系

### 2. 视觉传感器标定步骤

**(1) 水平方向标定**　在水平方向上，棋盘格放在地面上或平行于地面，可以将棋盘格放在车辆的前面、后面、左面或右面，如图 5-5-4 所示。

**(2) 垂直方向标定**　在垂直方向上，棋盘格垂直于地面，可以将棋盘格放置在车辆前面、后面、左面或右面，如图 5-5-5 所示。

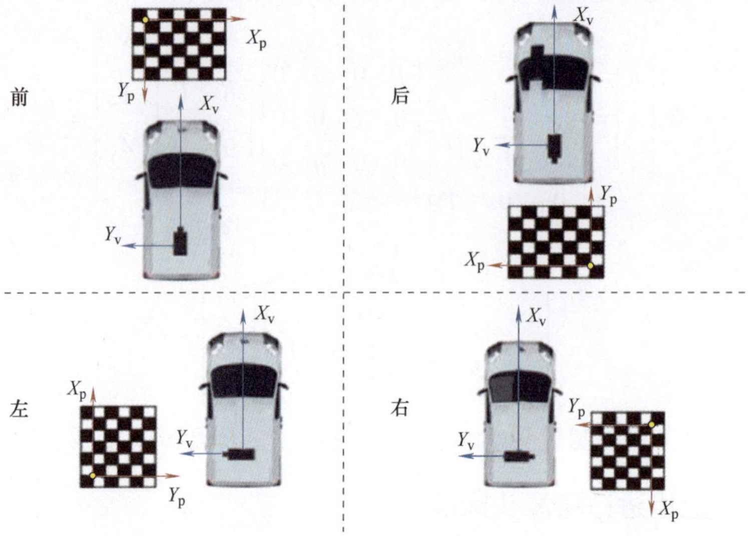


图 5-5-4　水平方向标定

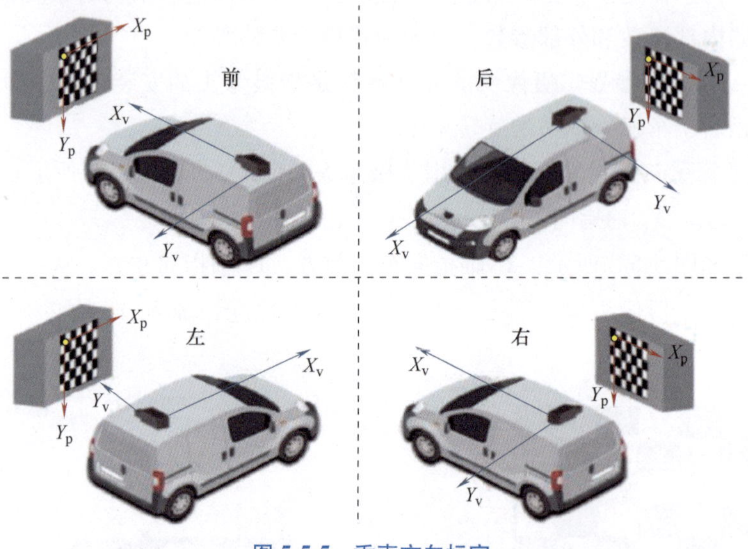


图 5-5-5　垂直方向标定

【技能训练】

## 一、智能网联汽车视觉传感技术配置与标定

**1.** 作业准备

1）清洁操作工位。

2）使用安全防护用品。

3）开启电源。打开动力蓄电池包开关和主电源开关，打开电源控制盒上 WLAN、AGX、LCD、CAM 等电源开关。

**2. 车辆准备**

将车辆放置在车道线中间，停放要求如图 5-5-6 所示，注意事项如下：

1）尽量保证学习道路的车道线为实线，如果学习道路的车道线是虚线，需保证车道线每条线段的长度大于 4m。

2）单条车道线的线宽应在 10~30cm 之间，同时左右两条车道线的线宽比值小于 2。

3）左右两条车道线的总长度不小于 40m。

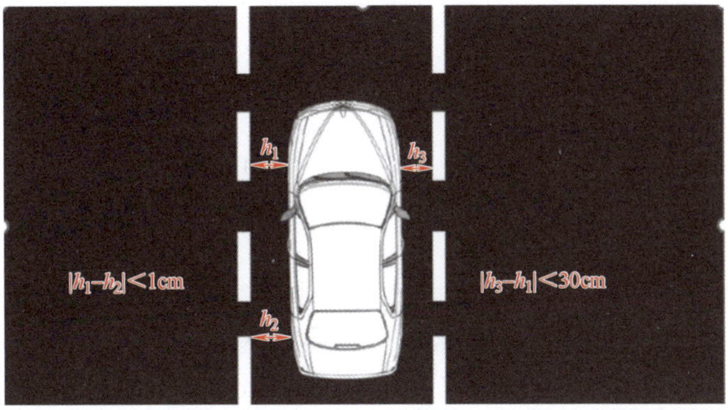


图 5-5-6　车辆准备

**3. 双目摄像头的标定**

**（1）准备笔记本计算机**　网络连接笔记本计算机和车载路由器，确保计算机能够上网，如图 5-5-7 所示。

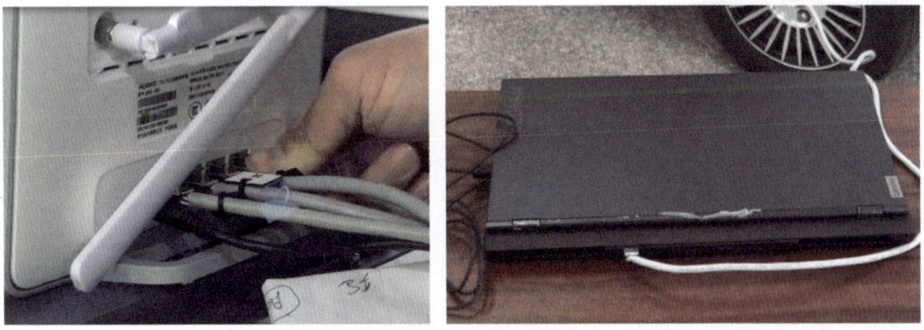

图 5-5-7　计算机准备

**（2）进入调试界面**　打开计算机 FieldHelper 上位机软件，并登录。登录成功后单击【连接设备】，输入设备 IP（双目摄像头 IP 为 192. 168. 1. 251），如图 5-5-8 所示。

进入到主页后，显示设备的型号、序列号、固件类型、设备状态、固件版本以及显示屏的型号、序列号、固件版本，单击【安装设备】按钮，进入设备安装流程，如图 5-5-9 所示。

**（3）摄像头检测**　摄像头检测中，用户选择左下角【跳过该步骤】，如图 5-5-10 所示。

**（4）通信设置**　通信设置中，选择不连接第三方设备，不使用车速信号，保存并下一步，如图 5-5-11 所示。

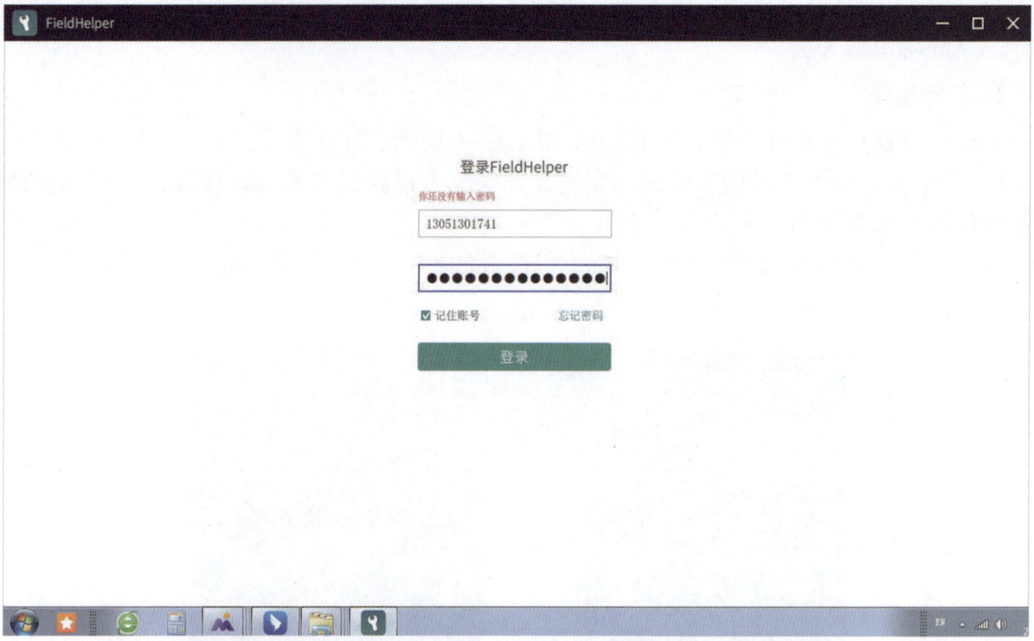


图 5-5-8 进入调试界面

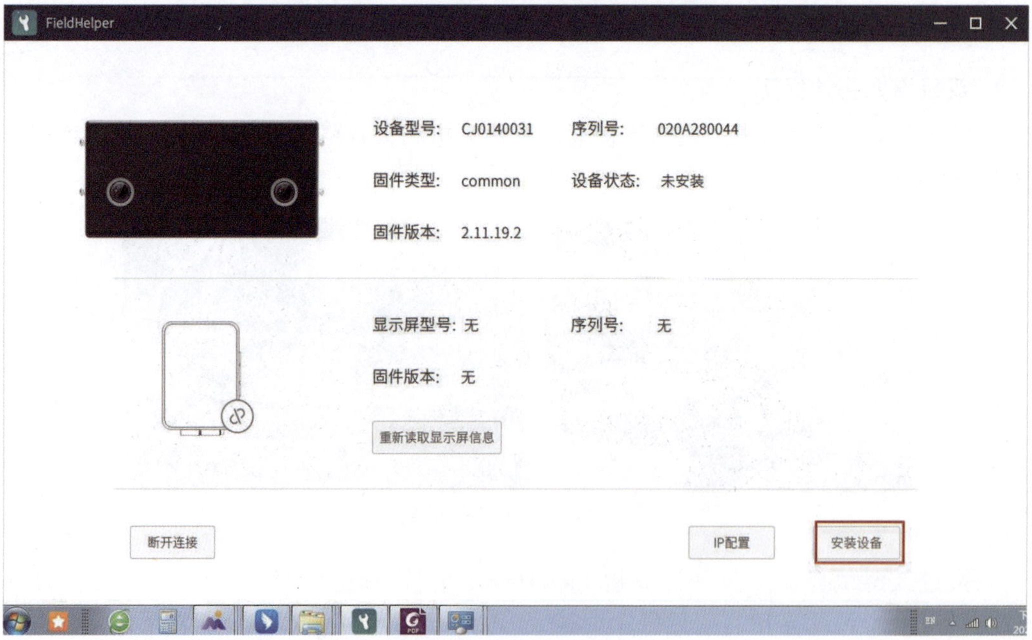


图 5-5-9 进入到主页

**(5) 摄像头安装** 在摄像头安装中，详情可单击【查看示例】，然后根据实际情况填入摄像头的安装参数，单击【保存并下一步】按钮，如图 5-5-12 所示。

用户需要实际测量和输入摄像头安装位置信息的说明：

1）车辆左侧摄像头距离地面的距离（单位：cm）。

图 5-5-10　摄像头检测

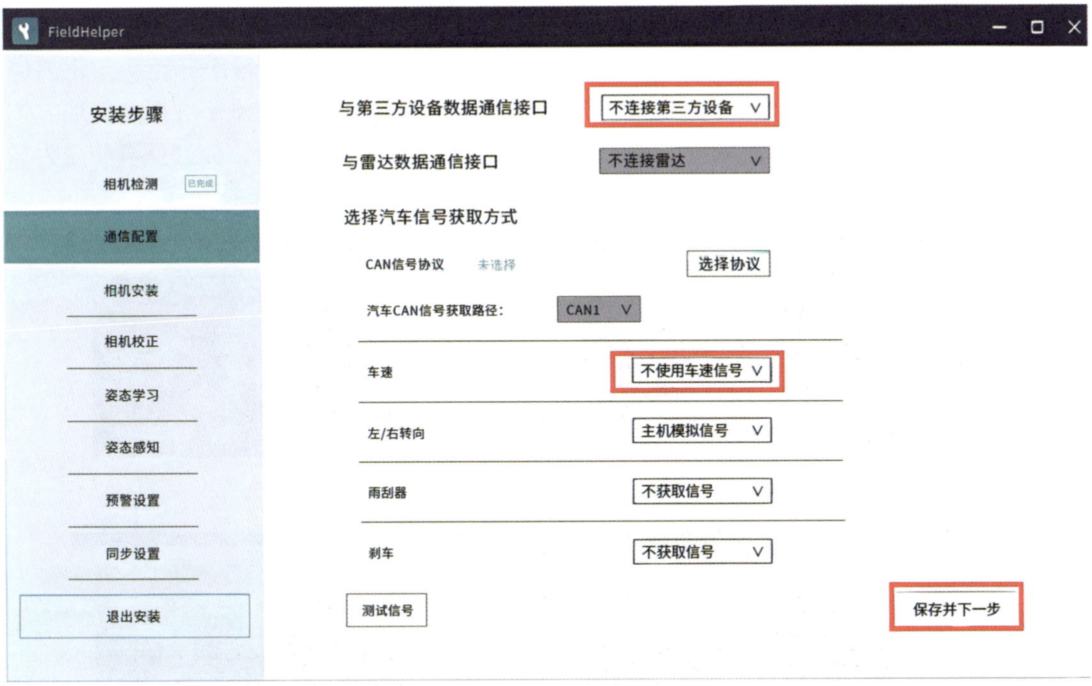


图 5-5-11　通信设置

2）车辆左侧摄像头距前风窗玻璃左边缘的距离（单位：cm）。

3）车辆左侧摄像头距前保险杠的距离（单位：cm）。

图 5-5-12　摄像头安装

4）车辆左侧摄像头距前风窗玻璃右边缘的距离（单位：cm）。

5）车头距离地面的距离（单位：cm）。

6）车辆两个前轮外边缘的间距（单位：cm）。

7）摄像头安装位置中的左摄像头指从驾驶人视角看到的设备的左摄像头。

**（6）摄像头校正**　在摄像头校正时，需用黑白棋盘格靶标进行摄像头标定，按距离摄像头 4m/6m/8m/10m（误差小于 20cm 即可）的位置，顺序在摄像头前十字红框内的地方拍摄 4 组图像。拍图时，需将靶标与实时图像中的参考十字线的中心重合，使红框自动变为绿框后进行拍图，如图 5-5-13 所示。

图 5-5-13　摄像头校正

**（7）姿态学习**　车速不允许超过 40km/h 或车辆无法上路行驶，需要选择工具学习模式学习，单击【下一步】按钮，在摄像头视野内显示出两条绿色标识后，单击【开始学习】完成操作，如图 5-5-14 所示。

图 5-5-14　姿态学习

**（8）姿态感知设置**　在姿态感知设置中，用户选择左下角【跳过该步骤】，如图 5-5-15 所示。

**（9）预警设置**　用户可以根据特定需求，将预警设置的“启用车速”参数进行适当的修改，单击【保存并下一步】，如图 5-5-16 所示。

**（10）同步设置**　无需填写信息，单击【同步设置】按钮，完成设置，如图 5-5-17 所示。

**4. 整理工位**

1）拔下网线开关，关闭 FieldHelper 上位机软件，关闭计算机。

2）关闭 WLAN、AGX、LCD、CAM 等电源开关。关闭主电源开关，关闭动力蓄电池包

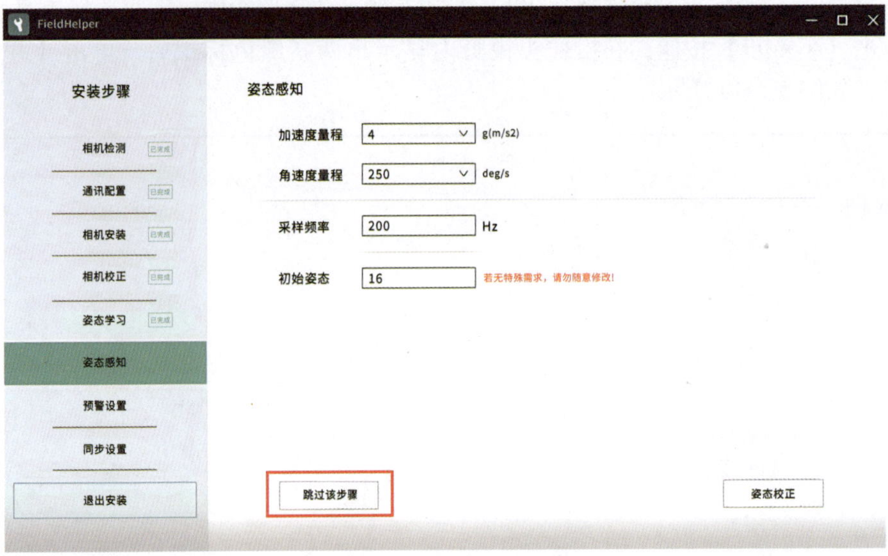


图 5-5-15　姿态感知设置

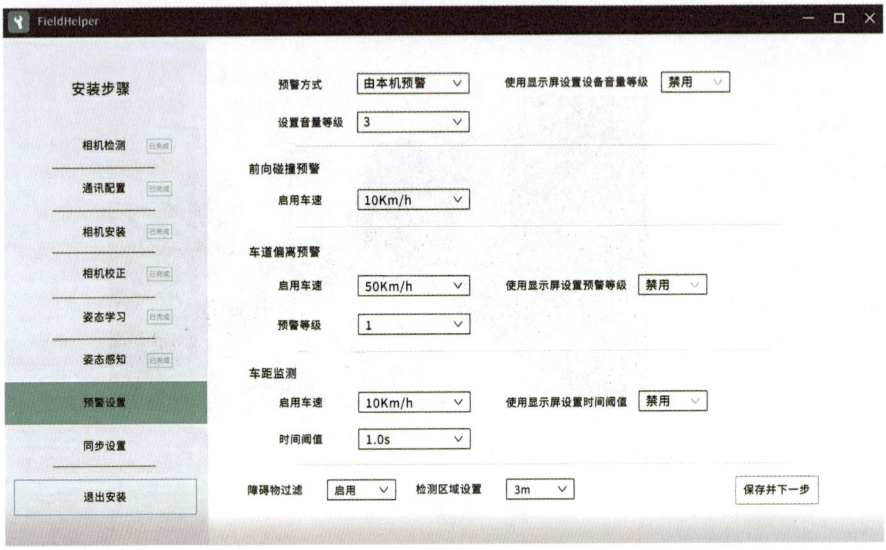


图 5-5-16　预警设置

开关。

3）工具归位，清洁、整理工位。

## 二、智能网联汽车视觉传感器的故障排除

### 1. 作业准备

1）清洁操作工位。

2）使用安全防护用具。

3）工具、设备的外观检查。

① 网线测试器的检查。检查网线测试器是否变形或损坏，如图 5-5-18 所示。

图 5-5-17　同步设置

② 万用表检查。检查万用表表笔是否变形或损坏，如图 5-5-19 所示。

图 5-5-18　网线测试器的检查

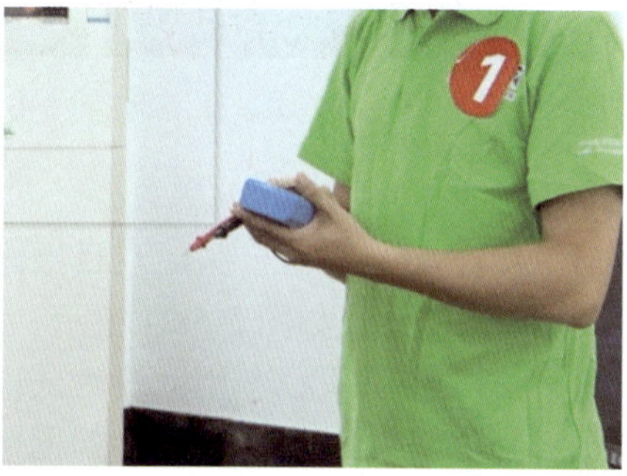

图 5-5-19　万用表的检查

4）开启电源。打开动力蓄电池包开关和主电源开关，打开电源控制盒上 WLAN、AGX、LCD、CAM 等电源开关，如图 5-5-20 所示。

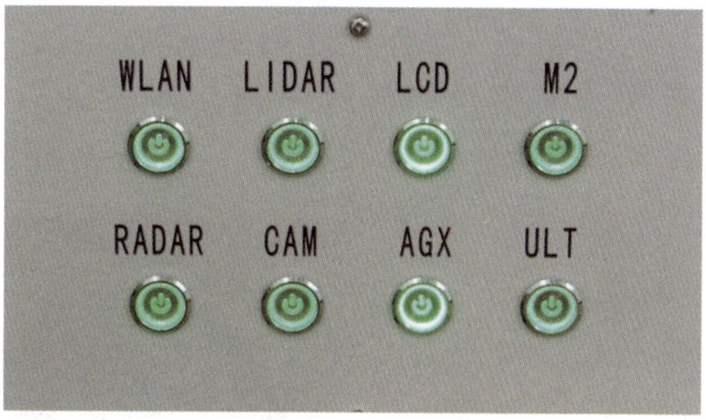


图 5-5-20　开启电源

**2. 确定故障点**

**（1）检查双目摄像头网络信号**　右键单击空白处，选择 open in terminal 打开命令行，输入：ping 192.168.1.251，看到双目摄像头信号不通，如图 5-5-21 所示。

**（2）检查双目摄像头电源线**

1）拆下双目摄像头电源线。关闭双目摄像头电源开关，拆下电源线，如图 5-5-22 所示。

2）检查双目摄像头电源线。检查双目摄像头电源线是否正常，如图 5-5-23 所示。

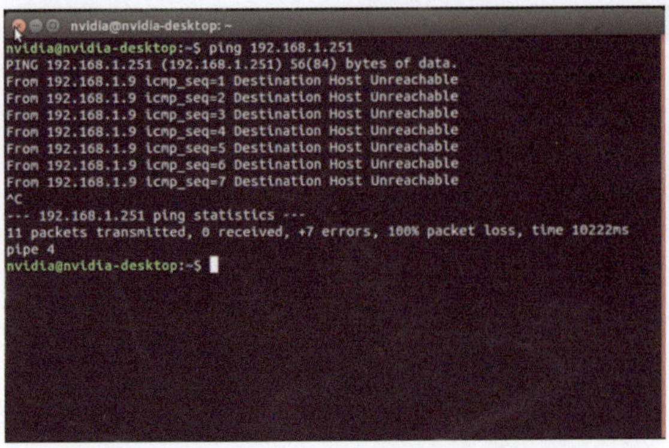


图 5-5-21　检查双目摄像头网络信号

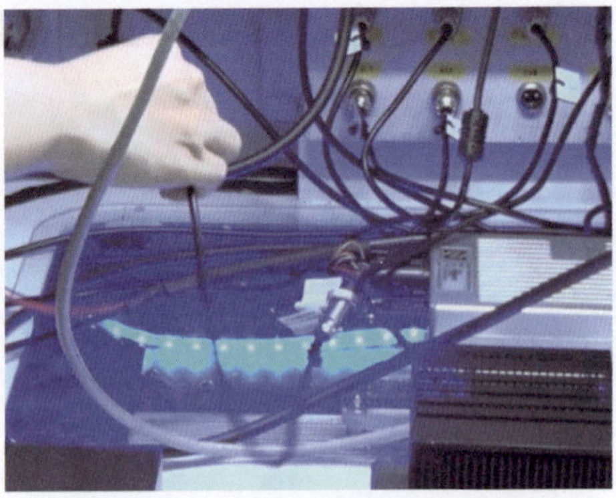

图 5-5-22　拆下双目摄像头电源线

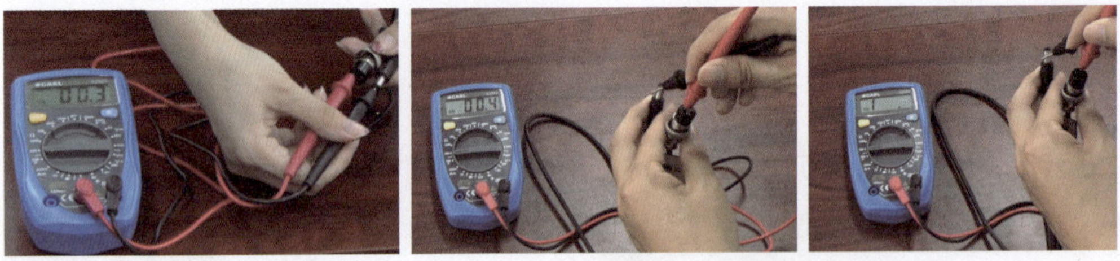

图 5-5-23　检查双目摄像头电源线

## （3）检查双目摄像头网络数据线

1）拆下网络数据线。关闭双目摄像头电源开关，拔下网线，如图 5-5-24 所示。

2）检查网络数据线。用网线测试仪测试网络是否通断，发现网络不通，如图 5-5-25 所示。

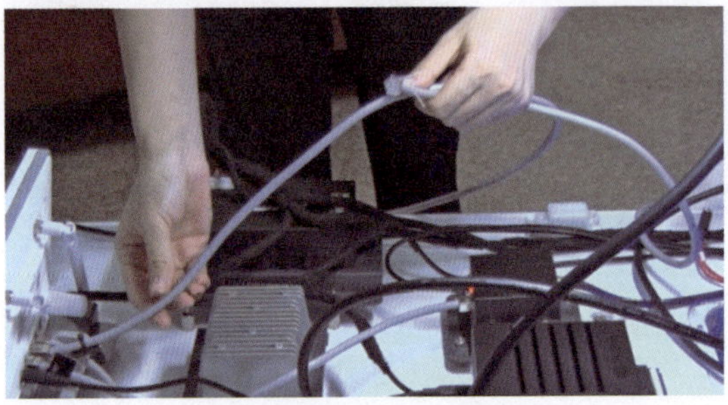

图 5-5-24　拔下网线

### 3. 排除故障

1）重新做一个网线并测试通断。测试新网线通断情况，新网线连接正常，如图 5-5-26 所示。

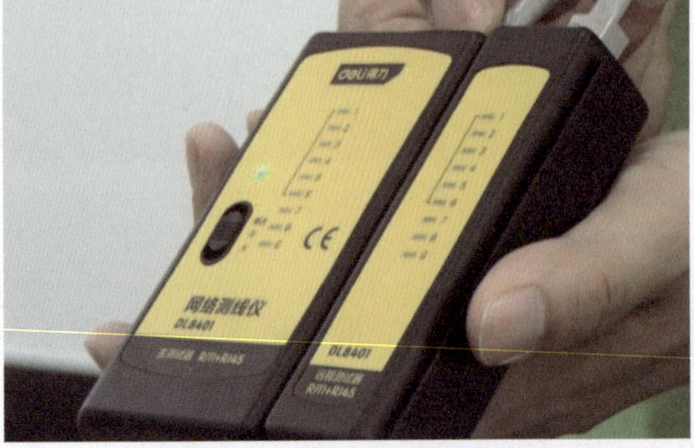


图 5-5-25　检查网络数据线

图 5-5-26　检查网络数据线

2）更换新的网线。更换新的网线，连接在激光雷达盒子和车载路由器之间，如图 5-5-27 所示。

3）验证故障是否排除。打开双目摄像头电源，右键单击空白处，选择 open in terminal 打开命令行，输入：ping 192.168.1.251。看到双目摄像头信号接通，故障排除。如图 5-5-28 所示。

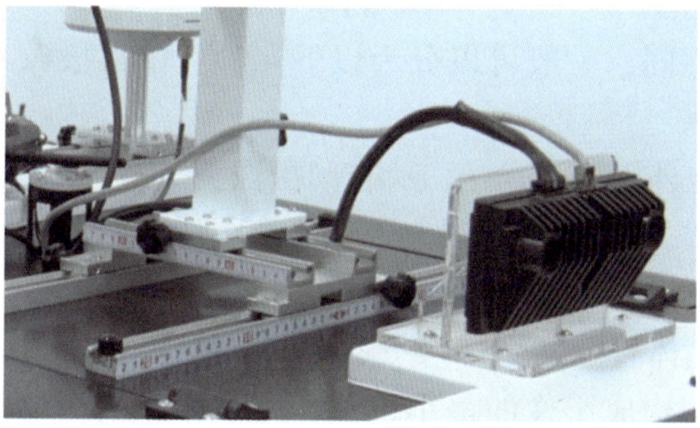

图 5-5-27 更换新的网线

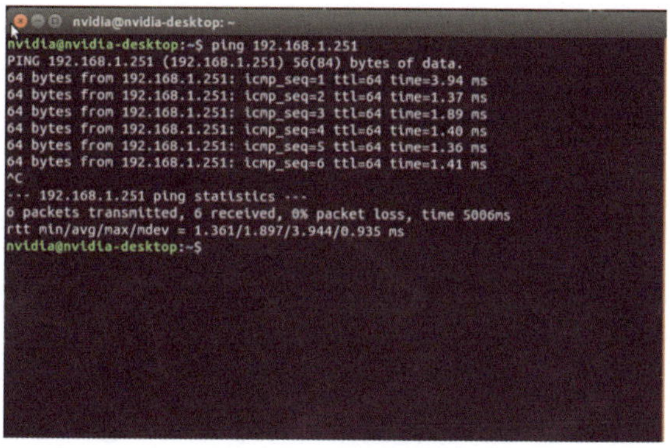


图 5-5-28 验证故障

**4. 操作完毕**

1）关闭 WLAN、AGX、LCD、CAM 等电源开关。关闭主电源开关，关闭动力蓄电池包开关。

2）工具归位，清洁、整理工位。

## 【延伸阅读】

中国科学院空天信息创新研究院（以下简称空天院）是在中国科学院电子学研究所、遥感与数字地球研究所、光电研究院的基础上整合组建的。

空天院拥有 21 个国家级/院级重点实验室、中心，依托原有几个研究机构的核心竞争力，聚焦国家战略需求，以重大产出和支撑国家实验室建设为目标，已基本形成了空天信息领域高起点、大格局、全链条布局的研究方向。

未来，空天院将进一步建设强大的空天信息研究团队，成为引领我国空天信息领域创新发展的重要科技力量；建设中国科学院大学电子学院和光电学院，形成科教融合教育科研新机制，成为国内排名第一、国际排名前列的培养光电与空天信息类高端人才的教育机构。

## 【学习小结】

本项目介绍了视觉传感器的概述，声视觉传感器的定义与类型，超声波雷达的结构和工作原理，视觉传感器的基本组成，视觉传感器的结构和工作原理；视觉传感器的图像识别流程，视觉传感器的基本应用，视觉传感器的标注，智能网联汽车视觉传感器的配置标定与故障排除。

## 【课后习题】

### 一、单项选择题

1. 视觉传感器能提供无人驾驶汽车感知和（　　）两种功能。

A. 巡航　　B. 识别　　C. 定位　　D. 测速

2. 视觉传感器根据摄像头数量和布置方式的不同，一般可以分为以下 4 种：单目摄像头、（　　）、三目摄像头和环视摄像头。

A. 鱼眼摄像头　　B. 双目摄像头　　C. 红外摄像头　　D. 夜间摄像头

3. 视觉传感器主要由光源、镜头、图像传感器、（　　）、图像处理器和图像存储器等组成。

A. 元器件　　B. 模数转换器　　C. 晶体管　　D. 图像转换单元

4.（　　）是图像传感器的最小感光单位，即构成影像的最小单位。一帧影像画面由许多密集的亮暗、色彩不同的点组成。

A. 像素　　B. 帧率　　C. 感光度　　D. 信噪比

5.（　　）是指镜头的光学中心到图像传感器的距离。

A. 焦距　　B. 光学中心　　C. 图像尺寸　　D. 畸变系数

### 二、判断题

1. 视觉传感器又称摄像头（机），是将二维光强分布的光学图像转变成一维时序电信号的传感器。（　　）

2. 单目摄像头的优点是成本低廉，能够识别具体障碍物的种类，算法成熟度高，且识别准确。（　　）

3. 环视摄像头一般至少包括 4 个单目摄像头，而且安装位置是朝向地面的，能够实现 360°环境感知。（　　）

4. 视觉传感器具有车道线识别、障碍物检测、交通标志和地面标志识别、交通信号灯识别、可行空间检测等功能。（　　）

5. CCD 图像传感器中文全称为互补性氧化金属半导体图像传感器。（　　）

# 项目六

## 定位与导航传感技术与应用

### 【案例导入】

随着生活中的无人车应用越来越多，很多人关心无人车是如何实现自动驾驶的。无人车在行驶过程中必须要知道自己在哪里、该走哪条车道、车道多长、何时转弯、怎么转弯、转弯半径多大等一系列的信息，因此无人车的定位和导航地图对实现自动驾驶至关重要。

如何实现高精度定位？常见的定位方法有哪些？定位与导航传感技术的应用有哪些？高精度定位技术在自动驾驶中起什么作用？通过本项目的学习可以得到答案。

### 【项目目标】

| 知识与技能 | 过程与方法 | 情感态度与价值观 |
|---|---|---|
| 1. 了解高精度定位技术的作用和要求，了解高精度定位技术的组成和常见定位方法<br>2. 了解全球卫星导航技术的主要定位技术，掌握全球定位系统（GPS）的特点、基本组成、工作原理，了解北斗定位技术的基本情况<br>3. 了解惯性导航技术的特点、基本组成、工作原理<br>4. 了解全球卫星导航技术的应用情况，了解惯性导航技术的应用情况，了解全球卫星导航技术和惯性导航技术的融合应用<br>5. 掌握定位与导航模块的安装流程及步骤，掌握定位与导航模块的数据读取方法，掌握定位与导航模块的配置标定方法，掌握定位与导航模块的故障排除方法 | 1. 采用一体化分小步教学方法，边讲边练边评，提高学生的操作技能<br>2. 通过电子教案辅助学习，培养学生自主学习和探究学习的能力<br>3. 任务驱动教学法：通过布置任务，学生集体讨论，小组互助竞赛机制，激发学生的学习兴趣 | 1. 通过知识的学习，培养学生乐观的生活态度、求实的科学态度、宽容的人生态度<br>2. 通过图片、视频及案例引导学生积极思考，激发学生的学习兴趣和求知欲望<br>3. 通过对实训步骤进行分析，提高学生分析和知识迁移的能力<br>4. 通过实践训练，培养学生实事求是、自强不息、爱岗敬业、团队合作的精神 |

# 任务一　全球卫星导航技术的认知

## 【任务导入】

目前，高精度地图及导航系统在智能网联汽车中起着无可替代的作用，高精度定位技术在智能网联汽车自动驾驶中占据很重要的位置。那么你知道高精度定位技术吗？常见的定位方法是什么？全球定位系统有什么作用？智能网联汽车中车载定位组合模块如何安装？学习本任务，你将可以回答以上问题。

## 【知识准备】

### 一、高精度定位技术概述

#### 1. 定位系统的作用和要求

定位系统的作用是提供车辆的位置和姿态等信息。智能网联汽车的定位信息是车辆决策控制的重要输入信息，既要求全局的规划，又需要局部和车辆实时的高精度位置，导航定位系统定位精度高（车道级定位），频率高。

智能网联汽车使用高精度定位系统，其基本要求有：

1）高精度：厘米级。

2）高可用性：定位系统能处理复杂交通状况。

3）高可靠性。

4）自检性好：保证较低的虚警率与漏警率。

L4/L5 级自动驾驶对定位的需求见表 6-1-1。

表 6-1-1　L4/L5 级自动驾驶对定位的需求

| 项目 | 指标 | 理想值 |
|---|---|---|
| 位置精度 | 误差均值 | <10cm |
| 位置鲁棒性 | 最大误差 | <30cm |
| 姿态精度 | 误差均值 | <0. 5° |
| 姿态鲁棒性 | 最大误差 | <2. 0° |
| 场景 | 覆盖场景 | 全天候 |

#### 2. 高精度定位系统的组成

高精度定位系统主要包括终端层、网络层、平台层和应用层，如图 6-1-1 所示。其中，终端层实现多源数据融合（卫星、传感器及蜂窝网数据）算法，保障不同应用场景、不同业务的定位需求；网络层包括5G基站、实时动态测量（RTK）基站和路侧单元（RSU），为定位终端实现数据可靠传输；平台层提供一体化车辆定位平台功能，包括差分解算能力、地图数据库、高清动态地图和定位引擎，并实现定位能力开放；应用层基于高精度定位系统，能够为应用层提供车道级导航、线路规划和自动驾驶等应用。

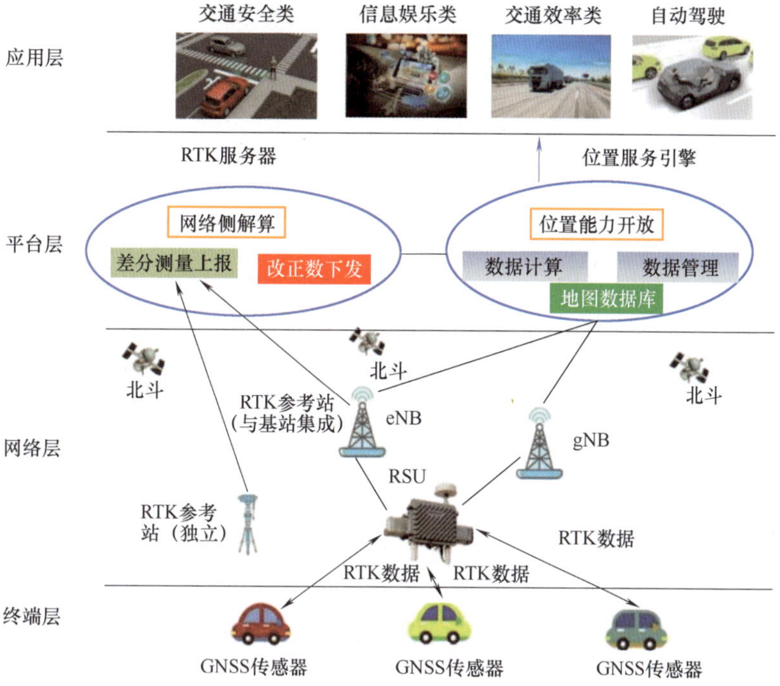


图 6-1-1　车辆高精度定位系统网络架构图

## 二、常见的定位方法

常用的定位技术有全球导航卫星技术、惯性导航技术、航迹推算技术、路标定位技术、高精度地图匹配定位技术、无线电（如蜂窝网、局域网等）定位技术、视觉定位技术、同步定位与地图创建（SLAM）技术等。组合定位技术融合了两种或两种以上不同类型的定位传感器信息，实现优势互补，以获得更高的定位性能。

## 三、全球定位系统 GPS

全球导航卫星系统（GNSS）是一种基于卫星基础设施的、具有全球覆盖范围的无线电定位技术，如图6-1-2所示。当前，投入运作的全球导航卫星系统主要包括美国的全球定位系统（GPS）、俄罗斯的格洛纳斯卫星导航系统（GLONASS）、欧洲的伽利略系统（GALILEO）和我国的北斗系统（BDS）。

### 1. GPS 导航系统

GPS是由美国国防部研制的全球首个定位导航服务系统，有24颗在轨卫星。其中，

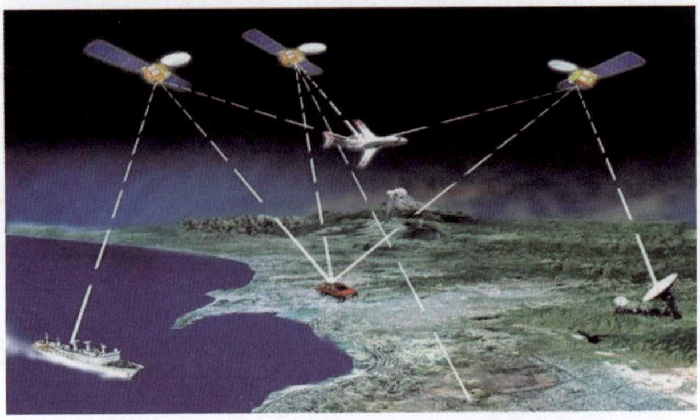

图 6-1-2　GNSS 运行示意图

24 颗导航卫星平均分布在 6 个轨道面上，保证在地球的任何地方可同时见到 4 ~ 12 颗卫星，使地球上任何地点、任何时刻均可实现三维定位、测速和测时，使用世界大地坐标。

与其他的导航和定位技术相比，GPS 定位技术主要有如下特点：

1）全球范围内连续覆盖。

2）实现实时定位。

3）定位精度高。

4）静态定位观测效率高。

5）应用广泛。

**2. GPS 组成**

GPS 主要由三大部分组成：卫星星座（空间部分）、地面监测系统（地面监控部分）和 GPS 接收机（用户设备部分），如图 6-1-3 所示。

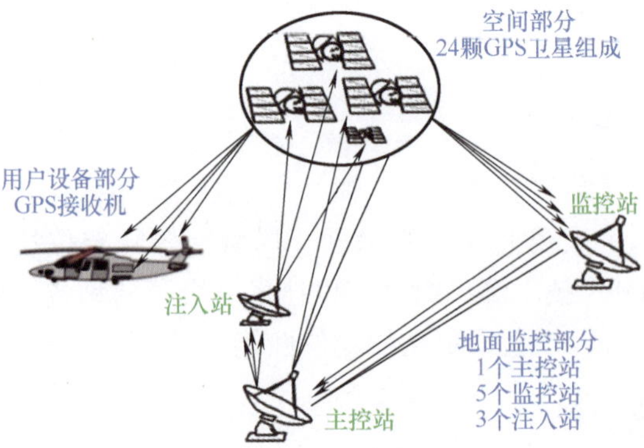


图 6-1-3　GPS 组成

**（1）GPS 卫星星座**　GPS 有 24 颗卫星，如图 6-1-4 所示。

GPS 卫星的主要功能：连续不断地向地球发送导航定位的 GPS 信号，以导航电文的形式向用户提供卫星星历表、时钟校正参数、传播延迟参数及其他信息。

**（2）地面监控系统**　如图 6-1-5 所示，该系统由 5 个监测站、1 个主控站和 3 个注入站组成，设在美国本土的科罗拉多和三大洋的美国军事基地中。各系统功能见表 6-1-2。

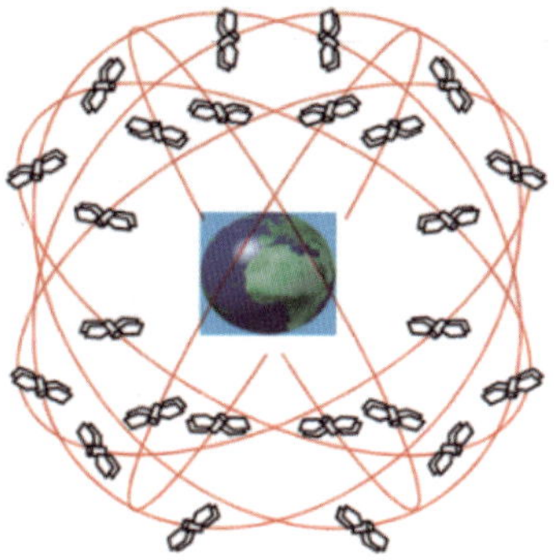

图 6-1-4　GPS 卫星星座

图 6-1-5　地面监控系统

表 6-1-2　地面监控系统功能与站点布局

| 系统 | 功能 | 站点 |
| --- | --- | --- |
| 主控站 | 收集由监测站传来的卫星跟踪数据并计算卫星星历和时间参数 | 1 个，科罗拉多 · 斯普林斯 |
| 注入站 | 将主控站发来的导航电文（卫星星历和时间参数）注入给卫星 | 3 个，扬升、迪戈 · 加西亚岛和夸贾林 |
| 监测站 | 连续跟踪观测和接收 GPS 卫星的信号，并监测卫星的工作状态 | 5 个，主控站和 3 个注入站各设一个，另一个设在夏威夷 |
| 地面站 | 对卫星进行实时监测；向每颗卫星提供其编写并播发的导航电文，包括卫星星历、卫星钟差和大气修正参数等，以保证卫星能够不间断地向地面用户发送准确可靠的导航信号 | |

**（3）GPS 接收机**　GPS 接收机是能够接收、跟踪、解译和测量 GPS 信号的设备，由接收主机、天线、计算机以及控制显示设备等组成。GPS 接收机如图 6-1-6 所示。

### 3. GPS 定位原理

GPS 是利用卫星基本三角定位原理来测量距离，如图 6-1-7 所示。3 个卫星组成 1 个三角形，通过计算 3 个卫星位置几何数据，并融合同步计算结果，计算出当前接收器的卫星坐标位置。通常，GPS 接收器会使用第 4 颗卫星的位置对前 3 颗卫星的位置测量进行确认，以校正准确性。

工作原理：已知 1 颗卫星的位置和接收器到它的距离，就可以确定接收器在 1 个球面上；已知两颗卫星的位置和接收器到它们的距离，就可以确定接收器在 1 个环上，如图 6-1-8所示。

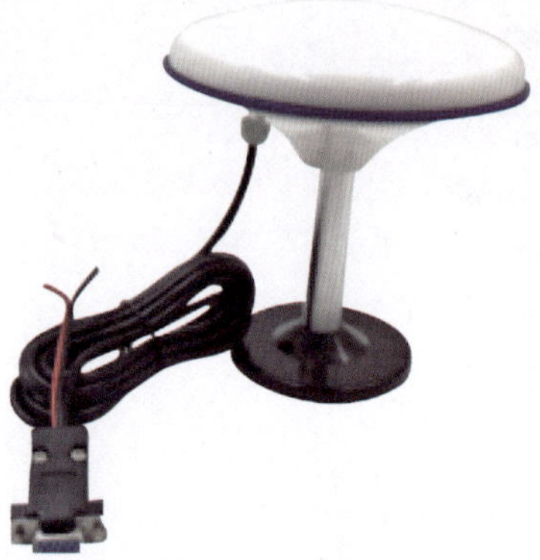

图 6-1-6　GPS 接收机

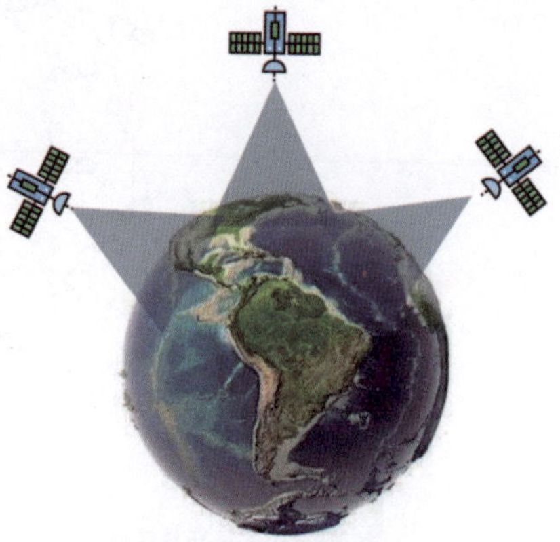

图 6-1-7　三角定位原理

如果知道卫星的位置和接收器到它们的距离，就可以确定接收器一定位于两点之一。若排除一点，接收器的位置就可以确定，如图 6-1-9 所示。

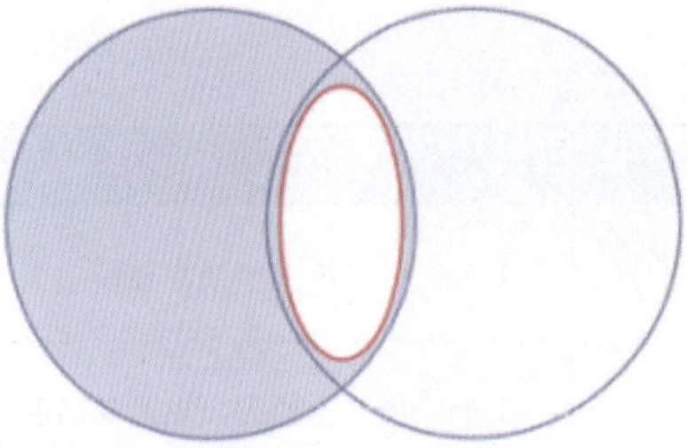

图 6-1-8　确定环面

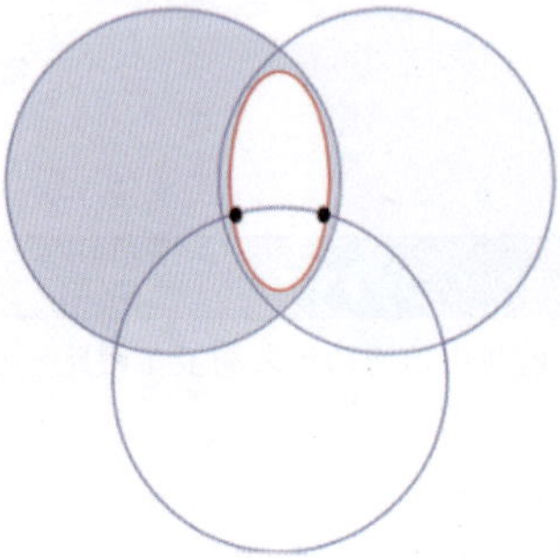

图 6-1-9　确定点

**4. 差分 GPS 定位技术**

为了降低天气、云层对 GPS 信号的影响，出现了差分 GPS。如图 6-1-10 所示，差分 GPS 技术通过在 1 个精确的已知位置（基准站）上安装 GPS 监测接收机，计算得到基准站与 GPS 卫星的距离，然后根据误差修正结果提高定位精度。

差分 GPS 分为两大类，即位置差分和距离差分。距离差分分为伪距差分和载波相位差分两类。实时动态差分（RTK）技术是实时处理两个基站载波相位观测量的差分方法，即将基准站采集的载波相位发送给用户接收机，通过求差解算坐标。实时动态差分可使定位精度达到厘米级。

**5. 北斗卫星导航系统**

北斗卫星导航系统（BDS）是由我国自主研发、独立运行的全球卫星定位与通信系统，空间段包括 5 颗静止轨道卫星和 30 颗非静止轨道卫星，采用我国独立建设使用的 CCCS2000 坐标系。

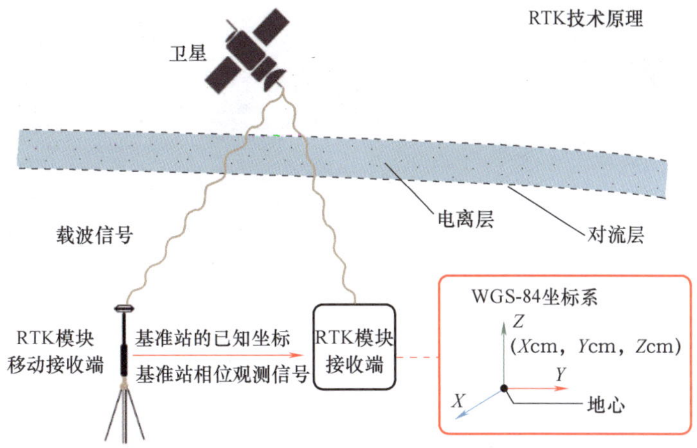


图 6-1-10 差分 GPS 定位示意图

在我国，汽车定位终端模式分为两种：北斗车载终端，依靠北斗星导航系统进行定位跟踪；GPS 车载终端，依据车载 GPS 进行跟踪定位。

## 【技能训练】

### 智能网联车载组合定位模块天线安装

**1. 作业准备**

1）清洁操作工位。用抹布清洁各零部件、车载组合定位模块天线、天线连接线、电源线束、组合定位模块主机、天线底座支架、HUB 插接器和 USB 转 485 连接线等，如图 6-1-11 所示。

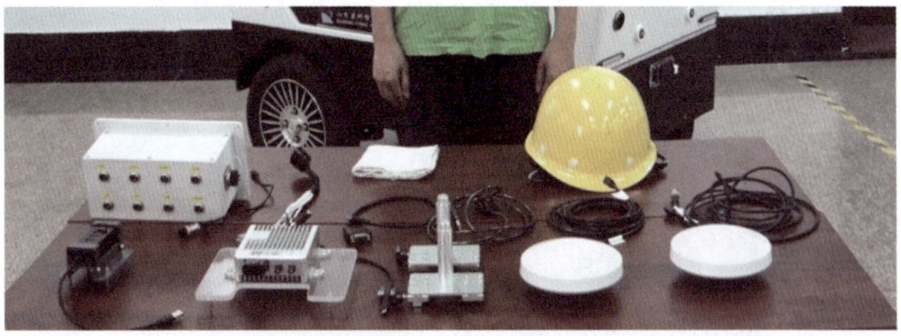

图 6-1-11 作业准备

2）正确使用安全防护工具。

**2. 车载组合导航模块天线及支架检查**

检查组合导航定位天线是否损坏，接线口是否正常，检查组合导航定向天线是否损坏，接线口是否正常，天线支架是否变形，如图 6-1-12 所示。

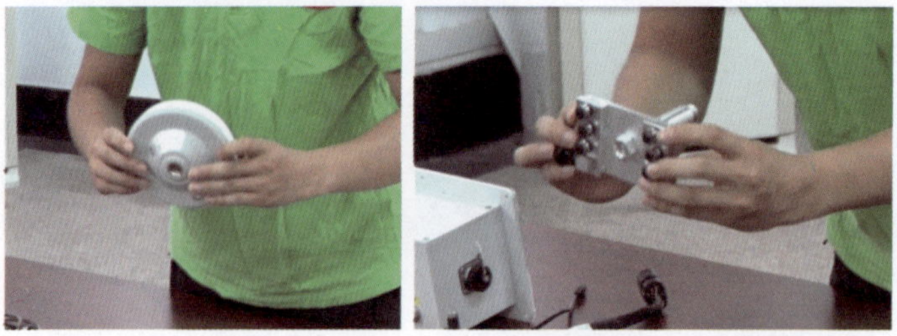

图 6-1-12　天线及支架检查

3. 组合导航天线的安装

（1）安装组合天线　安装组合天线在支架上，注意天线要紧固在支架上，如图 6-1-13 所示。

（2）安装组合导航天线底座　将安装组合导航天线底座装入底座滑轨中，使底座能够在滑轨中自由移动，不出现明显卡滞为正常，如图 6-1-14 所示。注意：定位天线安装在车辆左侧，定向天线安装在右侧。接线口朝向汽车前方。

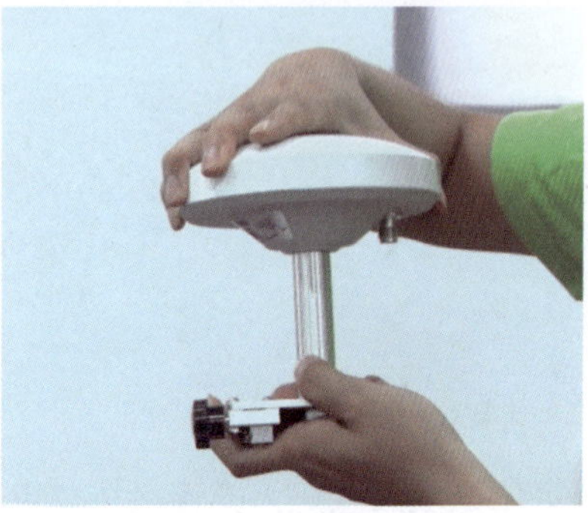

图 6-1-13　安装组合天线

图 6-1-14　安装组合导航天线底座

（3）调整组合导航天线底座　将底座推至滑轨中间，使底座中心对准滑轨上刻度尺中心位置，并紧固，如图 6-1-15 所示。

图 6-1-15　调整组合导航天线底座

### 4. 组合导航天线线束连接

**（1）检查组合导航定位天线线束**　检查组合导航定位天线线束 FRKRA 接口是否损坏，卡扣是否正常，航空插头是否正常，如图 6-1-16 所示。

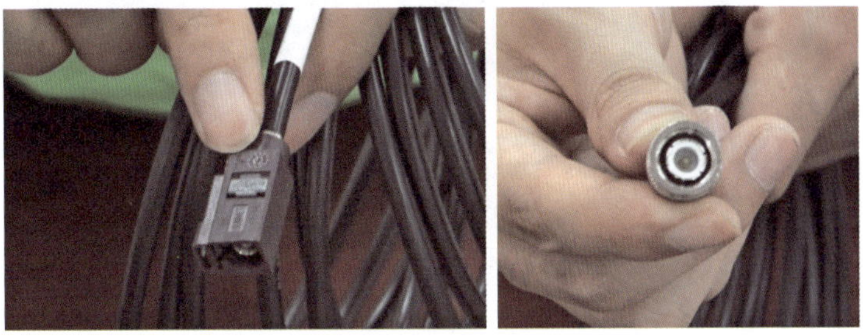

图 6-1-16　检查组合导航定位天线线束

**（2）连接组合导航定位天线线束**　连接组合导航定位天线线束航空接口端，并将线束穿入车身，整理线束后将 FAKRA 插头接入组合导航主机 GNSS 主接口，如图 6-1-17 所示。

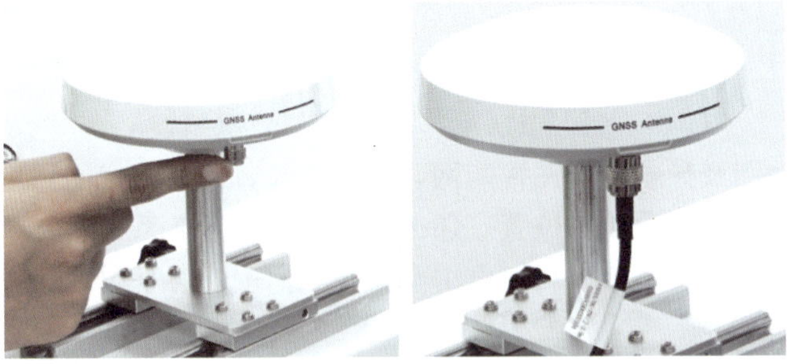


图 6-1-17　连接组合导航定位天线线束

**（3）检查组合导航定向天线线束**　检查组合导航定位天线线束 FRKRA 接口是否损坏，卡扣是否正常，航空插头是否正常，如图 6-1-18 所示。

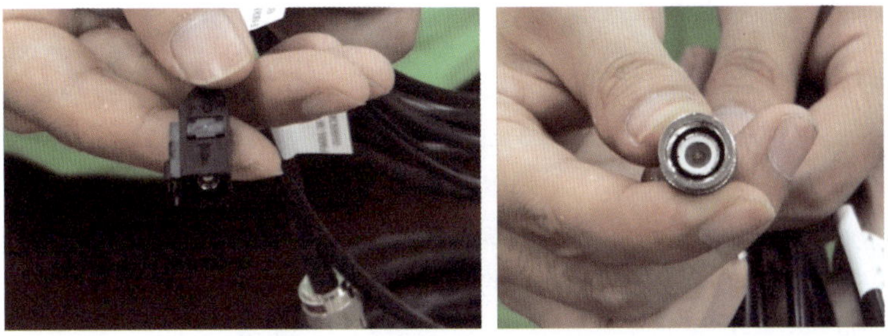

图 6-1-18　检查组合导航定向天线线束

**（4）连接组合导航定向天线线束**　连接组合导航定向天线线束航空接口端，并将线束穿入车身，整理线束后将 FAKRA 插头接入组合导航主机 GNSS 主接口，如图 6-1-19 所示。

### 5. 安装完毕

1）工具、防护用品归位。

2）清洁、整理工位。

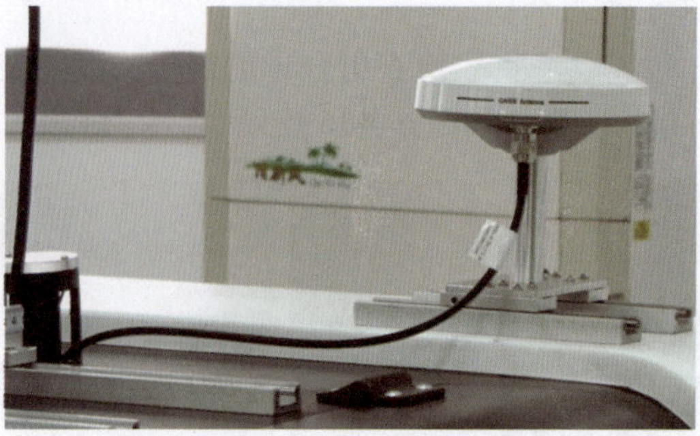

图 6-1-19　连接组合导航定向天线线束

# 任务二　惯性导航技术的认知

## 【任务导入】

目前，高精度地图及导航系统在智能网联汽车中起着无可替代的作用，导航技术在智能网联汽车自动驾驶中占据很重要的位置。那么你知道惯性导航系统吗？惯性导航系统的组成和特点是什么？智能网联汽车中车载定位组合模块如何安装？学习本任务，你将可以回答以上问题。

## 【知识准备】

### 一、惯性导航系统概述

惯性导航系统（INS）简称为惯导，是一种不依赖于外部信息，也不向外部辐射能量的自主式导航系统。惯性导航系统基于陀螺仪和加速度传感器的信号组合进行自主式导航，系统根据陀螺仪的输出建立导航坐标系，根据加速度传感器输出值计算出运载体在导航坐标系中的速度和位置。惯性导航系统外观如图 6-2-1 所示。

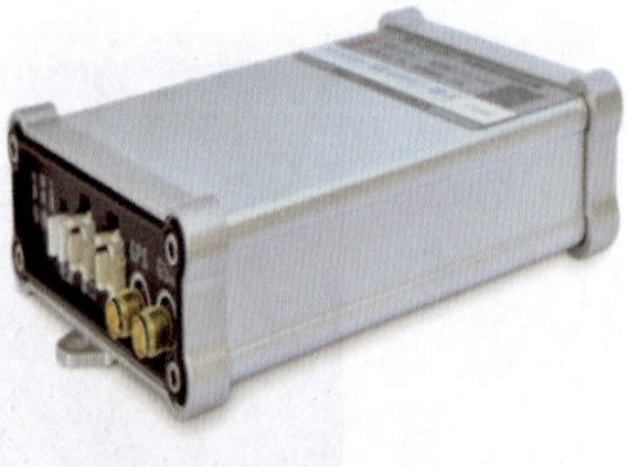

图 6-2-1　惯性导航系统外观

惯性导航系统包括计算机及含有加速度传感器、陀螺仪或其他运动传感器的平台（或模块）。加速度传感器用来测量运动体的加速度大小和方向，经过对时间的一次积分得到速度，速度经过对时间的一次积分即可得到位移；陀螺仪用来测量运动体围绕各个轴向的旋转角速率值，通过四元数角度计算形成导航坐标系，使加速度传感器的测量值投影在该坐标系中，并可给出航向和姿态角；磁力仪用来测量磁场强度和方向，定位运动体的方向，通过地磁向量得到的误差表征量，可反馈到陀螺仪的姿态解算输出中，校准陀螺仪的漂移。惯性导航系统的工作原理框图如 6-2-2 所示。

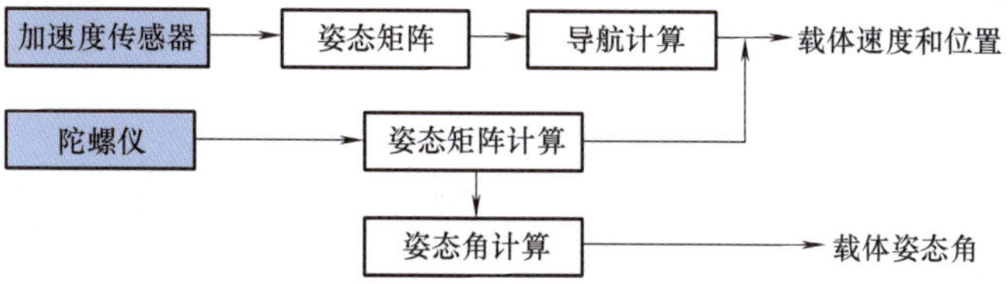


图 6-2-2　惯性导航系统的工作原理框图

## 二、惯性导航系统的组成

惯性导航系统主要由 3 个模块组成：惯性测量单元、信号预处理单元和机械力学编排模块，如图 6-2-3 所示。

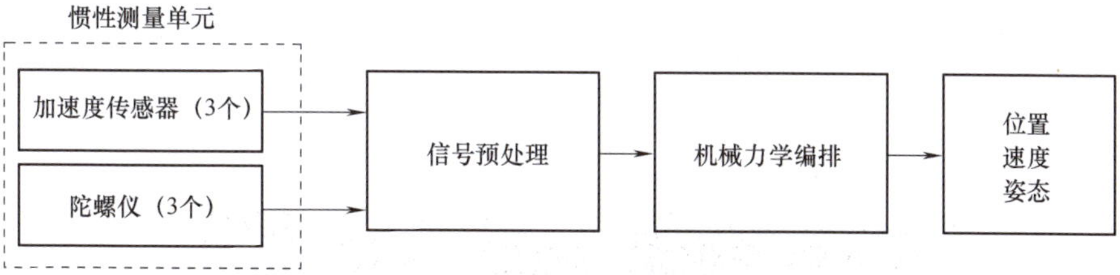


图 6-2-3　惯性导航系统的主要模块

惯性测量单元（IMU）利用陀螺仪或加速度传感器等惯性传感器的参考方向和初始位置信息来确定载体位置。

一个惯性测量单元包括 3 个相互正交的单轴加速度计和 3 个相互正交的单轴陀螺仪。惯性测量单元结构如图 6-2-4 所示。

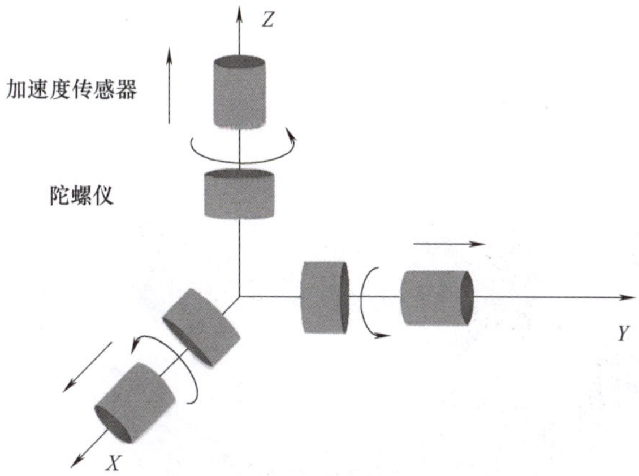


图 6-2-4　惯性测量单元结构

## 三、惯性导航系统特点

### 1. 惯性导航系统的优点

1）自主式导航。

2）环境适应性强。

3）导航信息延迟低。

**2. 惯性导航系统的缺点**

1）长期精度差。

2）初始校准时间过长。

3）设备昂贵。

4）缺少时间信息。

## 【技能训练】

### 智能网联汽车车载组合定位模块主机安装

**1. 作业准备**

1）清洁操作工位。用抹布清洁各零部件，电源线束、组合定位模块主机、天线底座支架、HUB 插接器、USB 转 485 连接线等，如图 6-2-5 所示。

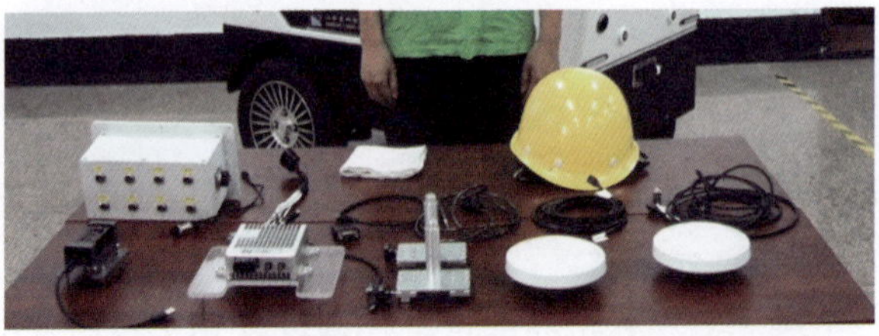

图 6-2-5　作业准备

2）正确使用安全防护工具。

**2. 设备的外观检查**

**（1）车载组合导航模块主机检查**　检查车载组合导航模块主机是否正常，各连接端子是否损坏或变形，如图 6-2-6 所示。

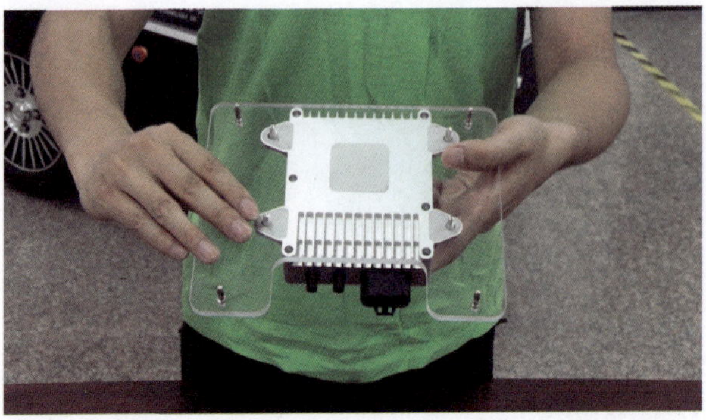

图 6-2-6　车载组合导航模块主机检查

**（2）车载组合导航模块主机数据连接线检查**　检查车载组合导航模块主机数据连接线 485、232 连接端子和主机数据连接端子是否正常，如图 6-2-7 所示。

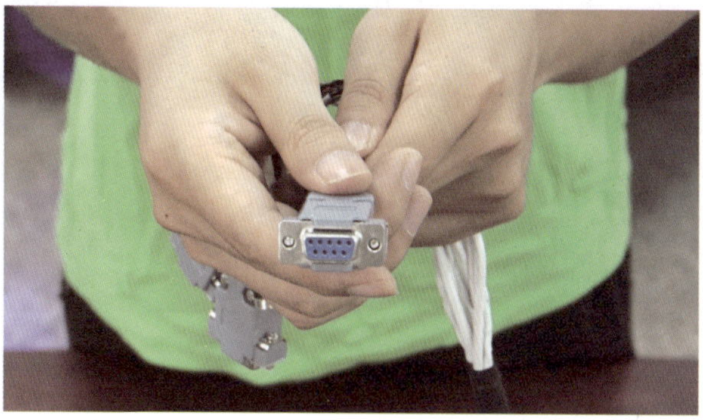

图 6-2-7　主机数据连接线检查

**(3) 车载组合导航模块天线数据连接线检查**　检查车载组合导航模块天线数据连接线是否破损，接口是否正常，如图 6-2-8 所示。

图 6-2-8　天线数据连接线检查

**(4) 车载组合导航模块主机转换数据线检查**　检查车载组合导航模块主机转换数据线是否正常，接线端口是否正常，如图 6-2-9 所示。USB 转 485，USB 转 232 连接线。

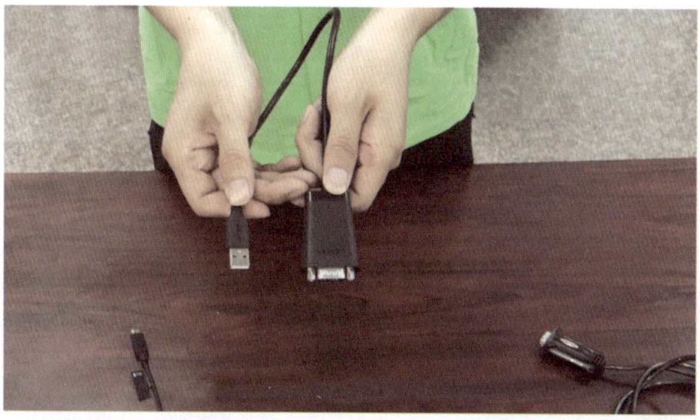

图 6-2-9　转换数据线检查

### 3. 组合导航模块主机的安装

**(1) 检查组合导航模块主机**　检查组合导航模块主机数据线接线口、GNSS 主接线口、GNSS 从接线口是否变形或损坏，底座是否完好，定位坐标是否完整，如图 6-2-10 所示。

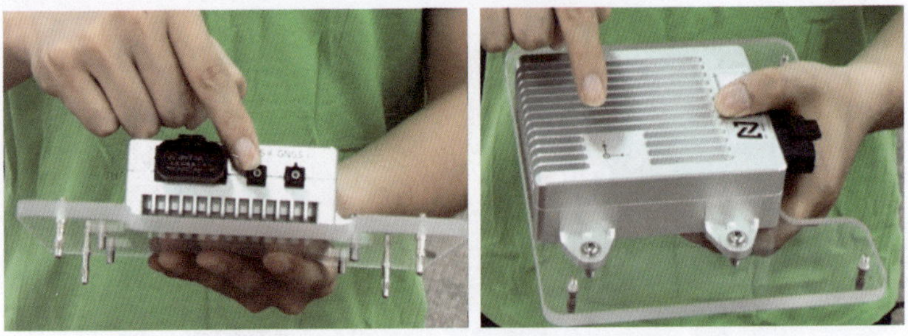

图 6-2-10　检查组合导航模块主机

（2）安装组合导航模块主机　在汽车底盘上找到组合导航模块主机安装位置，将组合导航模块主机装到汽车底座上，如图 6-2-11 所示。注意：组合导航模块主机 *X* 轴方向指向车前方。

图 6-2-11　安装组合导航模块主机

（3）HUB 集线器的安装

1）检查 HUB 集线器。检查 HUB 集线器 USB 接口和支架是否正常，无损坏，如图 6-2-12 所示。

2）安装 HUB 集线器。在汽车底盘上找到 HUB 集线器安装位置，将 HUB 集线器装到汽车底座上，如图 6-2-13 所示。注意：HUB 连接线口朝向汽车前方。

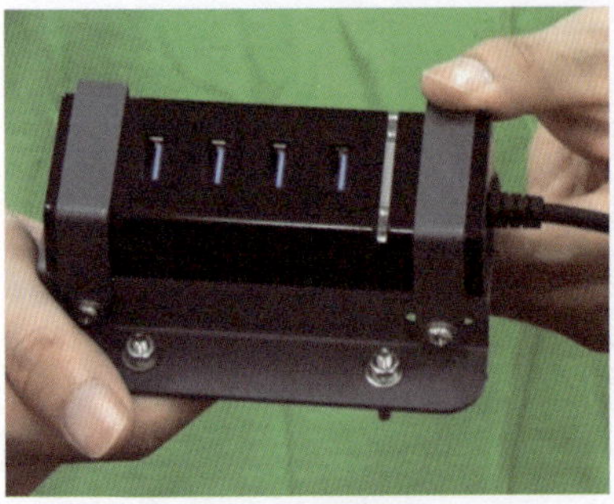

图 6-2-12　检查 HUB 集线器

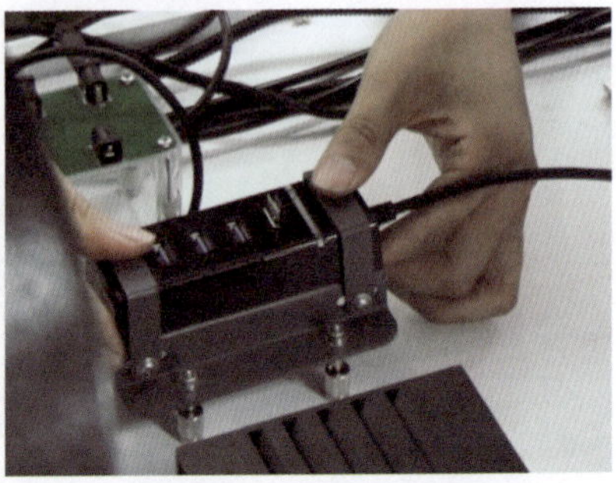

图 6-2-13　安装 HUB 集线器

**4. 组合导航天线线束连接**

（1）连接组合导航定位天线线束　连接组合导航定位天线线束航空接口端，并将线束穿入车身，整理线束后将 FAKRA 插头接入组合导航主机 GNSS 主接口，如图 6-2-14 所示。

**（2）连接组合导航定向天线线束**　连接组合导航定向天线线束航空接口端，并将线束穿入车身，整理线束后将 FAKRA 插头接入组合导航主机 GNSS 主接口，如图 6-2-15 所示。

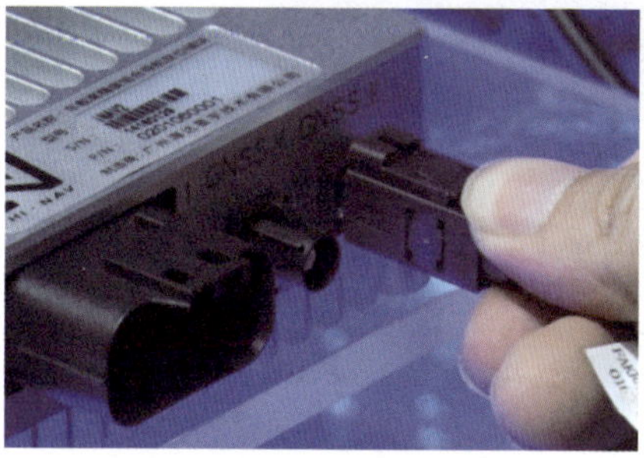

图 6-2-14　连接组合导航定位天线线束

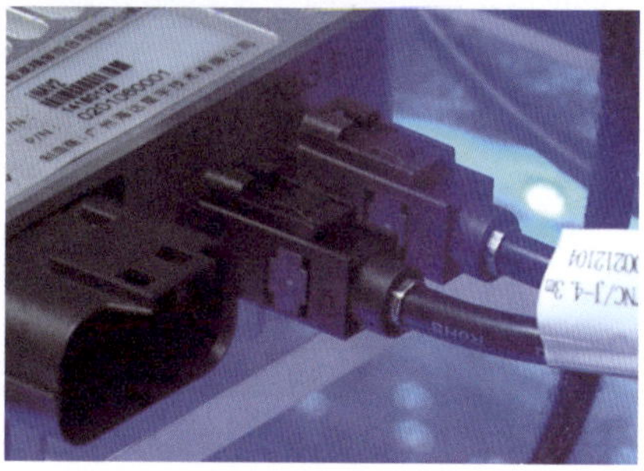

图 6-2-15　连接组合导航定向天线线束

**（3）组合导航主机数据线连接**

1）检查组合导航主机数据线。检查组合导航主机数据线主机连接接口针脚是否正常，卡扣是否完好，485 接口是否正常，如图 6-2-16 所示。

2）连接组合导航主机数据线（主机端口）。连接组合导航主机数据线，注意卡扣位置一定要到位，如图 6-2-17 所示。

图 6-2-16　检查组合导航主机数据线

图 6-2-17　连接组合导航主机数据线

**（4）组合导航天线转换数据线连接（USB 转 485，USB 转 232 接口）**

1）组合导航天线转换数据线（黑色）连接。检查组合导航定位天线转换数据线两端接口是否损坏，检查天线 485 接口是否正常，连接并紧固，如图 6-2-18 所示。

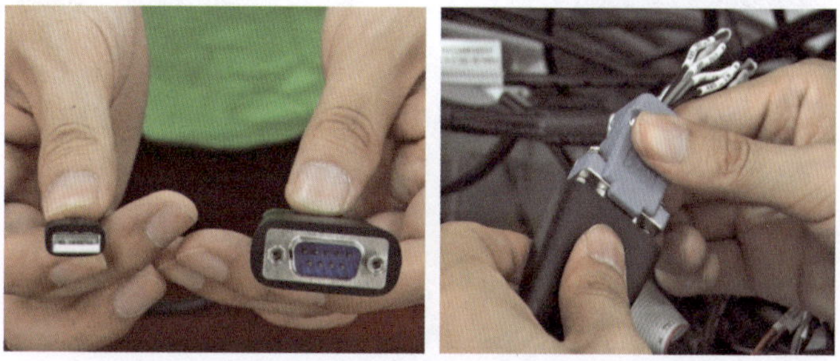

图 6-2-18　组合导航天线转换数据线（黑色）连接

2）组合导航天线转换数据线（棕色）连接。检查组合导航定向天线转换数据线两端接口是否损坏，检查天线485接口是否正常，连接并紧固，如图6-2-19所示。

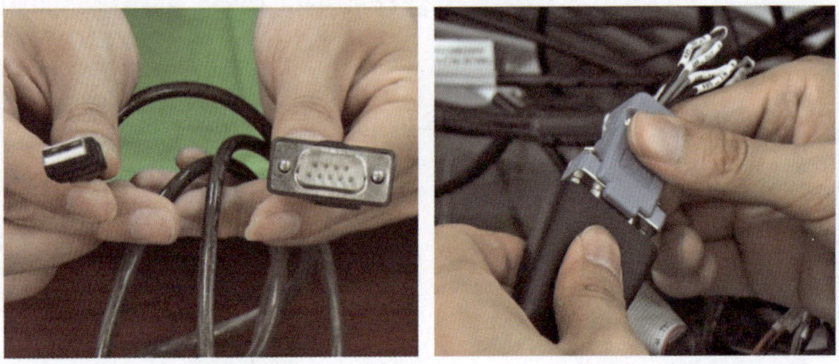

图6-2-19　组合导航天线转换数据线（棕色）连接

3）连接组合导航天线转换插头USB端。将组合导航定位天线转换接头USB端接在HUB上，将组合导航定向天线转换插头USB端接在HUB上，如图6-2-20所示。

**5. 组合导航定位模块电源线束连接**

**（1）检查组合导航定位模块电源线束是否变形或损坏**　检查电源线束航空插头（母头端）和直流电源（公头）是否变形或损坏，如图6-2-21所示。

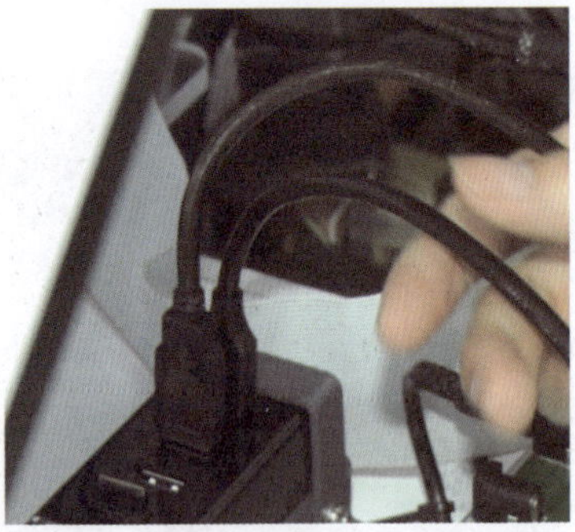

图6-2-20　连接组合导航天线转换插头USB端

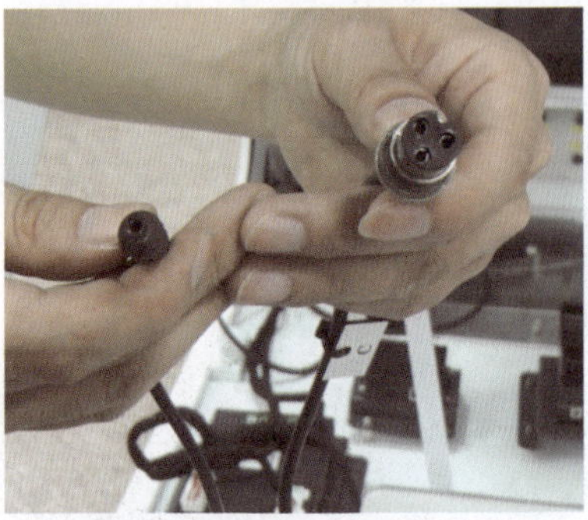

图6-2-21　检查电源线束

**（2）连接组合导航定位模块电源线航空插头端**　连接组合导航定位模块电源线航空插头端（注意安装在电源盒激光雷达电源接口）并紧固，连接组合导航定位模块电源线直流电源端并整理电源线束，如图6-2-22所示。

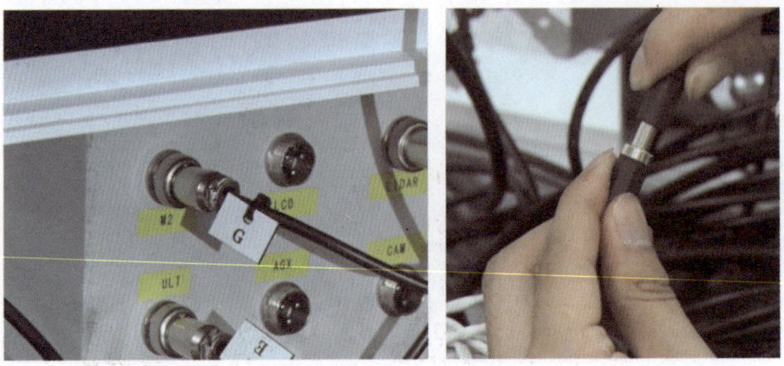


图6-2-22　连接电源线束

**6. 安装完毕**

1）工具、防护用品归位。

2）清洁、整理工位。

# 任务三　定位与惯性导航传感技术的应用

## 【任务导入】

目前，高精度地图及导航系统在智能网联汽车中起着无可替代的作用，高精度定位及导航技术在智能网联汽车自动驾驶中占据很重要的位置。那么你知道定位与导航系统的具体应用吗？全球卫星定位技术应用有哪些？智能网联汽车中车载定位组合模块数据如何标定与配置？学习本任务，你将可以回答以上问题。

## 【知识准备】

### 一、惯性导航系统应用

在自动驾驶技术中，高精地图、全球卫星导航系统和惯性导航系统是相互配合、相辅相成的，共同确定车辆的绝对位置。其中，全球卫星导航系统依赖卫星信号可以提供全局的定位信息，惯性导航系统不依赖外界信息提供相对的局部信息。将全球卫星导航系统和惯性导航系统的联合信息与本地的高精度地图进行比对，即可得到当前车辆在该高精地图中的绝对位置，从而为后续的感知、决策和执行模块提供数据基础。

**1. 辅助全球卫星导航系统进行高精度定位**

全球卫星导航系统和惯性导航联合进行高精度定位，使自动驾驶可以适应复杂的外在环境。全球卫星导航系统和惯性导航方案是一种最常用的设计组合惯性导航系统的方案。惯性导航系统虽然可以提高精准的绝对定位，但是在局部区域卫星信号丢失或者微弱时，会导致定位信息延迟而造成车辆失控；惯性导航系统虽然可以不依托外在信息，无惧极端环境提供稳定的位置和速度信息，但是长期系统具有累计误差。将全球卫星导航系统和惯性导航系统提供的定位信息进行融合形成组合惯性导航系统可以发挥两种导航系统的优势，提高车辆导航系统的鲁棒性。

**2. 配合激光雷达进行定位**

在实际应用中，自动驾驶系统首先通过全球卫星导航系统得到初始位置信息，再通过惯性导航系统和车辆的编码器配合得到车辆的初始位置。其次，对激光雷达实时扫描单次的点云数据（包括其几何信息和语义信息）进行特征提取，并结合车辆初始位置进行空间变化，获取基于全局坐标系下的矢量特征。最后，将初始位置信息、激光雷达提取的特征跟高精度地图的特征信息进行匹配，从而获取一个准确的定位。在该过程中，组合惯性导航系统提供给车辆的初始位置并建立激光云点的坐标系起到了十分重要的作用。

**3. 惯性导航系统与控制巡航系统结合**

惯性导航系统与控制巡航系统联合预测路径并将该路径连接到障碍物的检测上实现主动的车距控制，而且惯性导航系统能做到在坡道上对车辆的姿态控制。

## 二、惯性导航系统与全球导航卫星系统的融合

通过融合全球导航卫星系统与惯性导航系统的定位方法，两个导航系统可以相互补充，形成一个有机的整体，可以为智能网联汽车提供既准确又实时的位置更新，如图 6-3-1 所示。

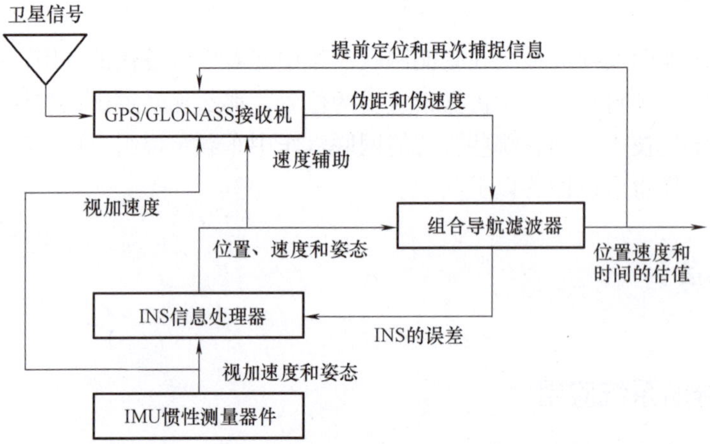


图 6-3-1 全球导航卫星系统和惯性导航系统融合

L4 无人车运营商常用的定位方案多使用多线束的激光雷达和高精度定位系统和惯性导航系统联合使用。百度智能车（Sdxk2. 0）就是使用的类似方案，其传感器融合定位模块的框架如图 6-3-2 所示。定位模块依赖的硬件以及数据包括惯性导航系统（IMU）、基站、车端天线、激光雷达以及定位地图；基站和车端天线构成全球导航卫星系统（GNSS）定位，输出位置及速度信息，激光雷达和定位地图构成点云定位，输出位置及航向角信息；通过惯性

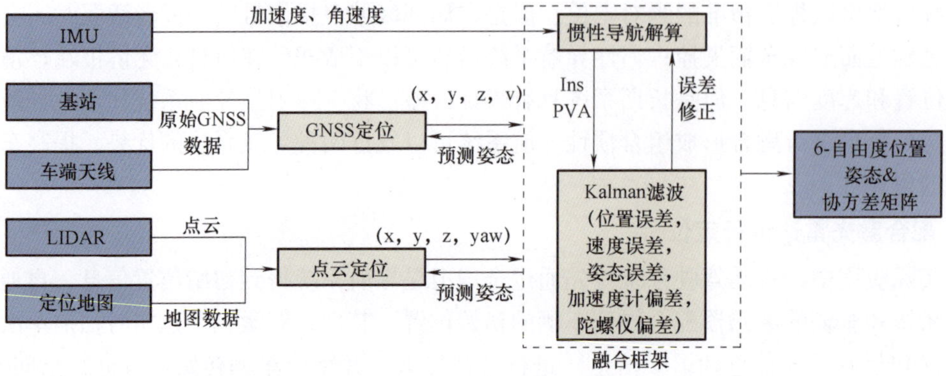


图 6-3-2 Sdxk2. 0 的多传感器融合定位模块的框架

导航解算和卡尔曼滤波进行融合定位，融合定位的结果会反过来用于全球导航卫星系统（GNSS）定位和点云定位的预测；最后车辆融合定位的输出是一个6自由度的位置和姿态，以及协方差矩阵。

## 【技能训练】

### 智能网联汽车导航设备数据配置

**1. 打开电源开关**

1）打开动力蓄电池包开关和主电源开关。

2）打开电源控制盒上WLAN、AGX、LCD、M2等电源开关。

**2. 打开智能驾驶装调实训平台软件**

在/home/apollo-arm目录下打开命令行，输入./apolloExe，单击回车键，如图6-3-3所示。

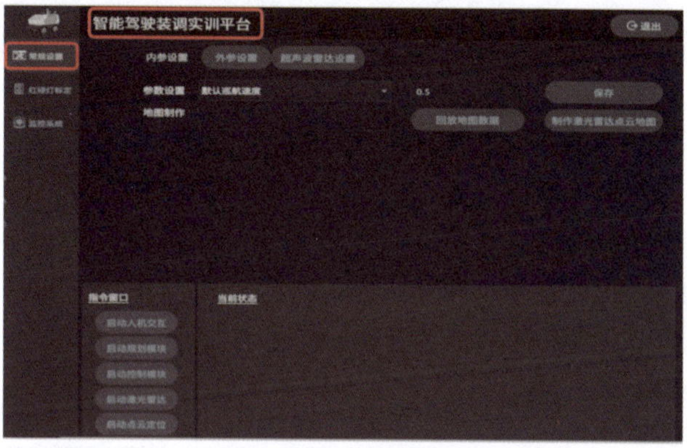


图6-3-3　打开智能驾驶装调实训平台

**3. 打开组合导航驱动**

进入dreamview的Tasks界面，单击打开Setup wizard界面，单击进入GPS接收机配置界面，如图6-3-4所示。

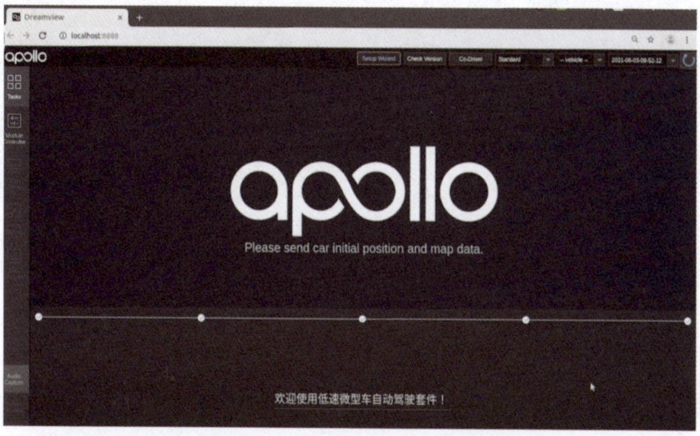


图6-3-4　打开组合导航驱动

### 4. 配置车辆位置信息

按提示对车辆基本信息进行配置，单位是 m（系统默认值），如图 6-3-5 所示。

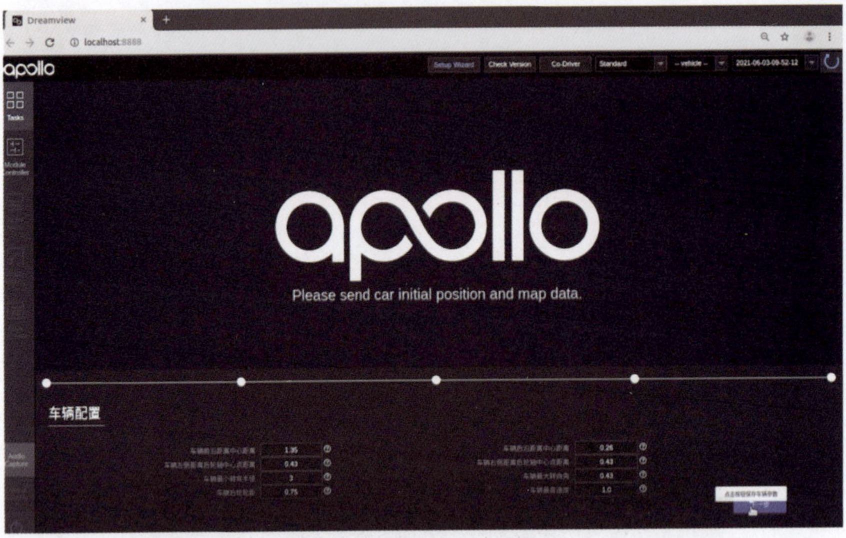


图 6-3-5 配置车辆位置信息

### 5. GPS 接收机配置

设置 RTK 基站地址：203. 107. 45. 154，RTK 基站端口：8002，RTK 基站用户名：xxxxx，密码 xxxxx，RTK 基站挂载点：RTCM32_GGB，如图 6-3-6 所示。具体每个小车信息各不相同。

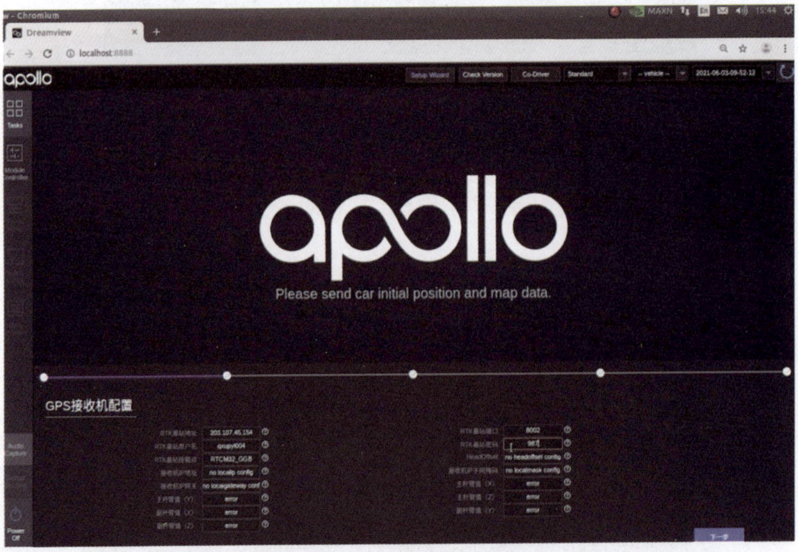


图 6-3-6 GPS 接收机配置

### 6. 确认 PTK 信息

单击进入/apollo/modules/drivers/gnss/conf 文件夹内，确认文件中的 RTK 信息中的 RTK

信息，如图 6-3-7 所示。

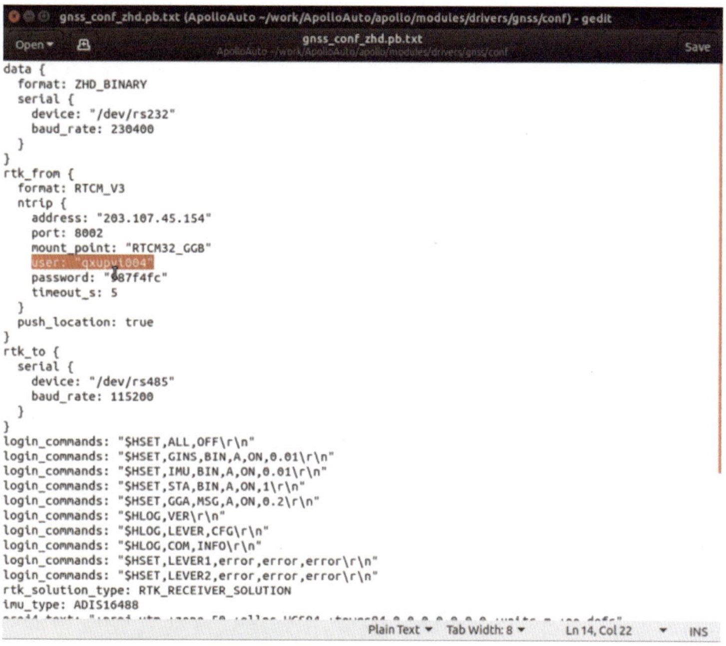

```
gnss_conf_zhd.pb.txt (ApolloAuto ~/work/ApolloAuto/apollo/modules/drivers/gnss/conf) - gedit
data {
  format: ZHD_BINARY
  serial {
    device: "/dev/rs232"
    baud_rate: 230400
  }
}
rtk_from {
  format: RTCM_V3
  ntrip {
    address: "203.107.45.154"
    port: 8002
    mount_point: "RTCM32_GGB"
    user: "qxupvi004"
    password: "987f4fc"
    timeout_s: 5
  }
  push_location: true
}
rtk_to {
  serial {
    device: "/dev/rs485"
    baud_rate: 115200
  }
}
login_commands: "$HSET,ALL,OFF\r\n"
login_commands: "$HSET,GINS,BIN,A,ON,0.01\r\n"
login_commands: "$HSET,IMU,BIN,A,ON,0.01\r\n"
login_commands: "$HSET,STA,BIN,A,ON,1\r\n"
login_commands: "$HSET,GGA,MSG,A,ON,0.2\r\n"
login_commands: "$HLOG,VER\r\n"
login_commands: "$HLOG,LEVER,CFG\r\n"
login_commands: "$HLOG,COM,INFO\r\n"
login_commands: "$HSET,LEVER1,error,error,error\r\n"
login_commands: "$HSET,LEVER2,error,error,error\r\n"
rtk_solution_type: RTK_RECEIVER_SOLUTION
imu_type: ADIS16488
Plain Text  Tab Width: 8  Ln 14, Col 22  INS
```

图 6-3-7　确认 PTK 信息

## 7. 查看配置文件

打开导航全局配置文件/apollo/modules/drivers/gnss/conf/gnss. conf，如图 6-3-8 所示。

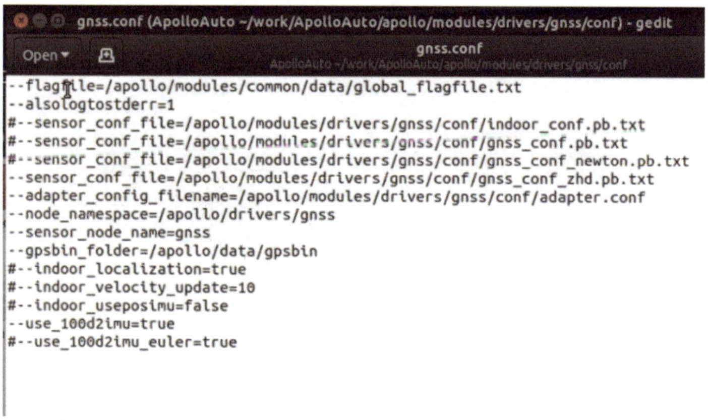

```
gnss.conf (ApolloAuto ~/work/ApolloAuto/apollo/modules/drivers/gnss/conf) - gedit
--flagfile=/apollo/modules/common/data/global_flagfile.txt
--alsologtostderr=1
#--sensor_conf_file=/apollo/modules/drivers/gnss/conf/indoor_conf.pb.txt
#--sensor_conf_file=/apollo/modules/drivers/gnss/conf/gnss_conf.pb.txt
#--sensor_conf_file=/apollo/modules/drivers/gnss/conf/gnss_conf_newton.pb.txt
--sensor_conf_file=/apollo/modules/drivers/gnss/conf/gnss_conf_zhd.pb.txt
--adapter_config_filename=/apollo/modules/drivers/gnss/conf/adapter.conf
--node_namespace=/apollo/drivers/gnss
--sensor_node_name=gnss
--gpsbin_folder=/apollo/data/gpsbin
#--indoor_localization=true
#--indoor_velocity_update=10
#--indoor_useposimu=false
--use_100d2imu=true
#--use_100d2imu_euler=true
```

图 6-3-8　查看配置文件

## 8. 导航设备配置完毕

1）关闭 Dreamview 界面。

2）关闭智能驾驶装调实训平台，关闭终端界面，关闭计算机。

3）关闭主电源开关，关闭 WLAN、AGX、LCD、M2 等电源开关。

4）工具、防护用品归位，整理工位。

# 任务四　组合导航的安装标定与故障排除

## 【任务导入】

目前，高精度地图及导航系统在智能网联汽车中起着无可替代的作用，高精度定位及导航技术在智能网联汽车自动驾驶中占据很重要的位置。那么你知道车载组合定位模块的具体参数吗？定位模块主机各针脚是如何定义的？智能网联汽车中车载定位组合模块数据是如何标定与配置以及故障排除的？学习本任务，你将可以回答以上问题。

## 【知识准备】

### 1. 车载组合定位模块

车载组合定位模块用于车载定位导航，主要用于具有自动驾驶或智能驾驶功能的乘用车、无人车。组合定位模块作为自动驾驶系统中的定位传感器，为车辆提供厘米级定位定向数据和姿态数据，结合高精度地图实现自动驾驶或者智能辅助驾驶。组合定位模块支持定位定向，内置惯性传感器支持姿态输出。车载组合定位模块外观如图 6-4-1 所示。

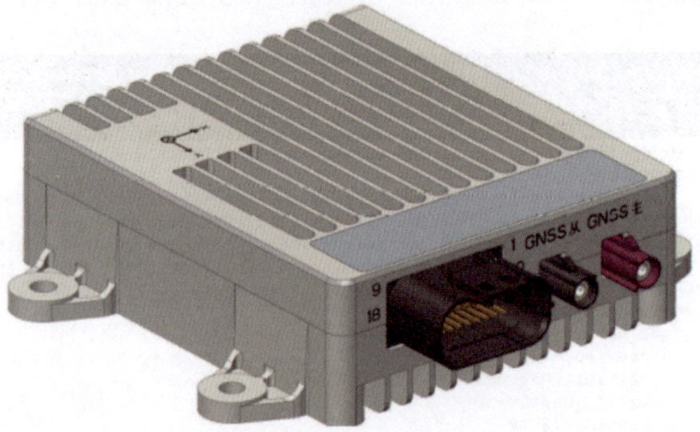


图 6-4-1　车载组合定位模块外观

### 2. 车载组合定位模块引脚

车载组合定位模块引脚如图 6-4-2 所示。

### 3. 车载组合定位模块安装

**(1) 首次安装流程**　首次安装按照以下步骤操作：

1）安装设备。将天线和组合模块安装好，并将电源、信号线接好。

2）数据连接。将组合模块与差分数据模块连接好，再将组合模块与汽车 CAN 总线（如果不需轮速融合则不需要）、测试计算机连接好。

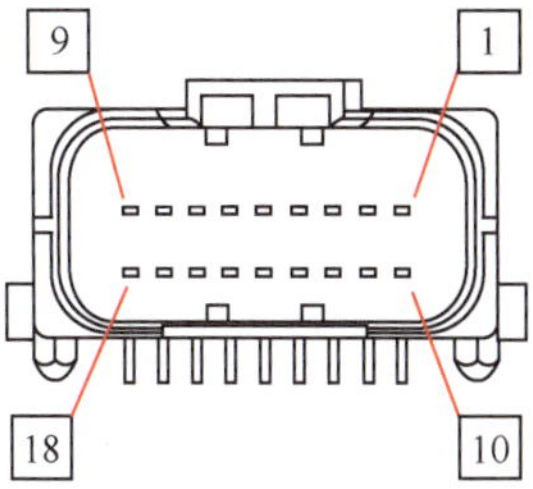


| 引脚号 | 定义 | 类型 | 描述 | 备注 |
|---|---|---|---|---|
| 1 | VCC_IN_12V | PWR | 电源12V输入 | – |
| 2 | GND_VIN | PWR | 输入电源地 | – |
| 3 | CAN_HPP_H | I/O | CAN总线高电平 | 定位数据输出和车辆数据输入，命令输入 |
| 4 | CAN_HPP_L | I/O | CAN总线低电平 | 定位数据输出和车辆数据输入，命令输入 |
| 5 | EXT_PPS | O | 秒脉冲输出 | 同步信号 |
| 6 | GND | PWR | 数据板电源地 | – |
| 7 | CAN_RTK_H | I/O | CAN总线高电平 | 定位数据输出和车辆数据输入，命令输入 |
| 8 | CAN_RTK_L | I/O | CAN总线低电平 | 定位数据输出和车辆数据输入，命令输入 |
| 9 | GND | PWR | 数据板电源地 | – |
| 10 | RS422_IN_P | I | RS422接口数据接收（+） | 差分数据输入接口（+） |
| 11 | RS422_IN_N | I | RS422接口数据接收（–） | 差分数据输入接口（–） |
| 12 | RS422_OUT_P | O | RS422接口数据发送（+） | GGA数据输出接口（+） |
| 13 | RS422_OUT_N | O | RS422接口数据发送（–） | GGA数据输出接口（–） |
| 14 | GND | PWR | 数据板电源地 | – |
| 15 | COM_RTK_RXD | I | COM-RTK口数据接收 | 调试数据输入 |
| 16 | COM_RTK_TXD | O | COM-RTK口数据发送 | 调试数据输出 |
| 17 | COM_DEBUG_RXD | I | COM-DEBUG口数据接收 | 程序打印信息输入 |
| 18 | COM_DEBUG_TXD | O | COM-DEBUG口数据发送 | 程序打印信息输出 |

图 6-4-2 车载组合定位模块 I/O 引脚描述说明

3）量取天线臂杆参数。量取主、副天线的臂杆参数并记录好。

4）设置天线臂杆参数。设备上电，使用串口或者 CAN 总线设置天线臂杆参数。

5）跑车标定。通过串口或者 CAN 总线设置命令进入标定模式，在空旷环境绕圈跑车完成标定。

6）跑车使用。标定完成后模块进入导航模式，按照导航模式初始化后可正常跑车使用。

**（2）组合模块、天线位置发生变化后使用流程** 当模块或天线的位置发生变化时，需要按以下步骤操作：

1）重新量取天线臂杆参数。重新量取主、副天线的臂杆参数并记录好。

2）设置天线臂杆参数。设备上电，使用串口或者 CAN 总线设置天线臂杆参数。

3）跑车标定。通过串口或者 CAN 总线设置命令进入标定模式，在空旷环境绕圈跑车完成标定。

4）跑车使用。标定完成后模块进入导航模式，按照导航模式初始化后可正常跑车使用。

图 6-4-3 所示为车载组合定位模块数据连接线，接口具体作用及描述如下：

① 标注处 DB9 为 COM-RTK 接口，用于输出组合定位 GINS 数据。

② 标注处 DB9 为 COM-DEBUG 接口，用于打印程序调试信息。

③ 标注处为 12V 电源输入接口。

④ 标注处 DB9 为 RS422 接口，用于差分数据输入及定位数据 GGA 数据的输出。

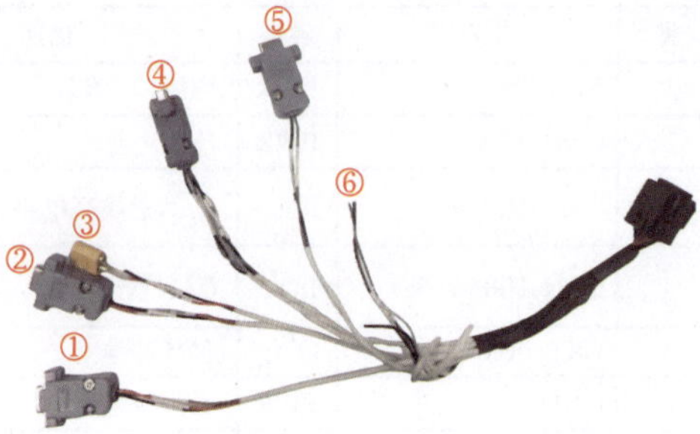

图 6-4-3　车载组合定位模块数据连接线

⑤ 标注处 DB9 为 CAN-HPP 总线接口，用于输出定位数据以及车辆 ODB 信息的输入。

⑥ 标注处为裸露的铜线，包括了 PPS 信号线和地线，用于测试 PPS 信号。

## 【技能训练】

### 一、智能网联汽车组合导航的配置

**1. 作业准备**

1）清洁操作工位。

2）使用安全防护用具。

3）打开动力蓄电池开关和主电源开关，打开电源控制盒上 WLAN、AGX、LCD、M2 等电源开关，如图 6-4-4 所示。

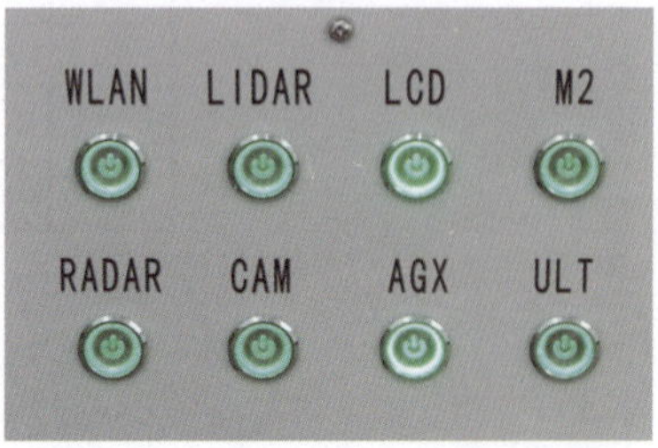

图 6-4-4　打开智能网联汽车电源

**2. 智能网联汽车组合导航的标定**

**（1）车辆准备**　操作遥控器将智能网联小车移动至空旷区域（周围无遮挡）。

**（2）打开智能驾驶装调实训平台软件**　在/home/apollo-arm 目录下打开命令行，输入 ./apolloExe，单击回车键，如图 6-4-5 所示。

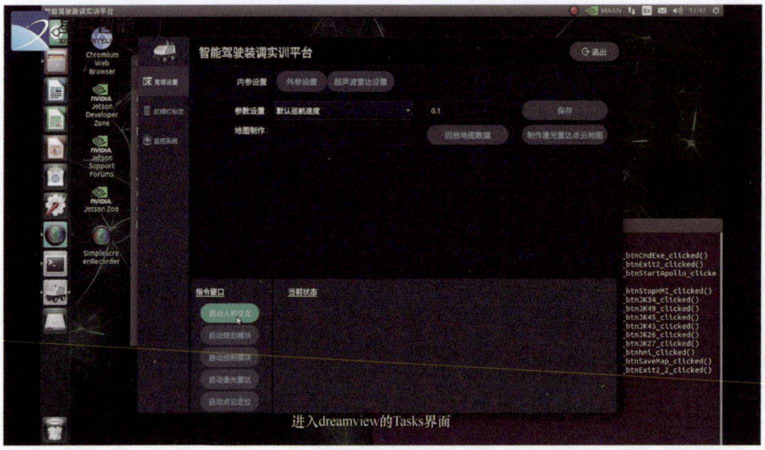

图 6-4-5　打开人机交互界面

**（3）进入接收机配置界面**　进入 dreamview 的 Tasks 界面，单击打开 Setup wizard 界面，单击进入 GPS 接收机配置界面，如图 6-4-6 所示。

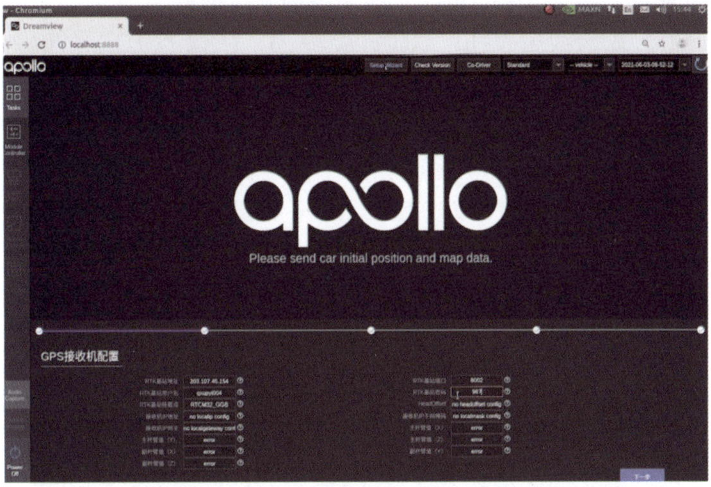


图 6-4-6　进入 GPS 接收机配置界面

**（4）设置 GPS 接收机信息**

1）设置 RTK 基站。RTK 基站地址：203. 107. 45. 154，RTK 基站端口：8002，RTK 基站用户名：xxxxx，密码 xxxxx，RTK 基站挂载点：RTCM32_GGB。RTK 基站信息以智能网联小车的实际情况为准。单击进入/apollo/modules/drivers/gnss/conf/文件夹，对应修改 gnss_conf. pb. txt 中的 RTK 基站信息，如图 6-4-7 所示。

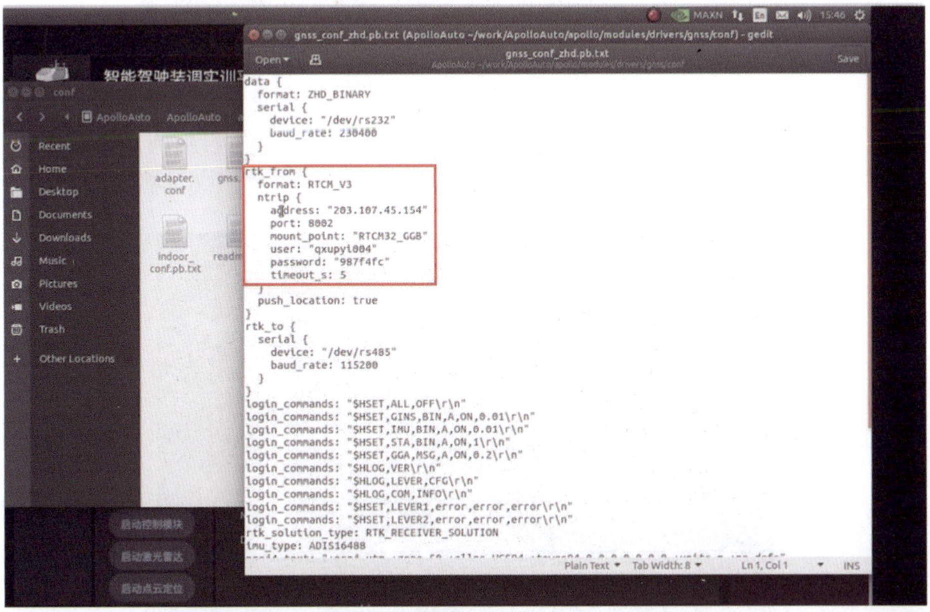


图 6-4-7　修改 RTK 基站信息

2）设置 GPS 接收机。设置 GPS 接收机 IP 地址、IP 子网掩码、IP 网关。具体设置说明如下：将接收机的 IP 地址设置为 192.168.1.223，子网掩码为 255.255.255.0，网关为 192.168.1.1。

3）设置 HeadOffset。设置 HeadOffset，即天线的安装方式。组合导航天线的坐标系：主天线为钟表表盘圆心，副天线为表针，顺时针旋转。0°为 12 点方向，90°为 3 点方向，180°为 6 点方向，270°为 9 点方向。

4）设置杆臂值。测量杆臂值 *X*、*Y*、*Z*，杆臂值为主天线相对接收机主机原点的位置偏移（全车以车载卫星惯性导航系统坐标原点为车辆坐标系原点，*X* 轴正方向朝向车辆的右方，负方向朝左；*Y* 轴正方向朝前，负方向朝后；*Z* 轴正方向朝上，*Z* 轴负方向朝下）。

**（5）配置完成 GPS 导航接收机** 配置完 GPS 导航接收机，打开 Module Controller 界面，打开 GPS，Localization 模块，并观测模块反馈中“GPS”“IMU”显示“ok”，如图 6-4-8 所示。

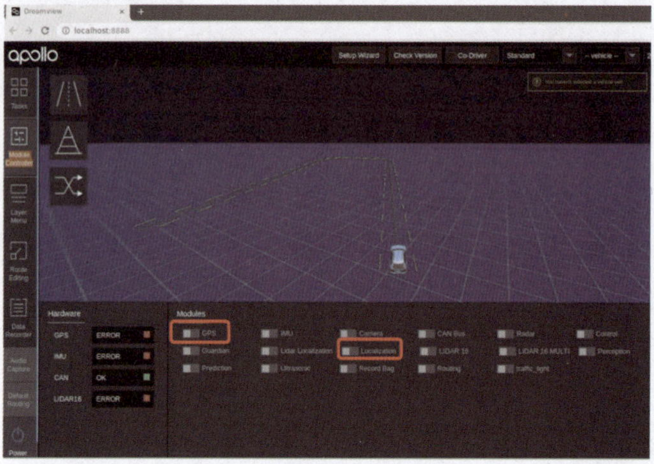


图 6-4-8 打开 GPS 模块

**（6）检查 GPS 信号质量** 在监控窗口界面中单击 GPS 信号质量按钮，查看 GPS 信号质量，检查 GPS 信号质量的 sol_type 字段是否为 NARROW_INT，如图 6-4-9 所示。

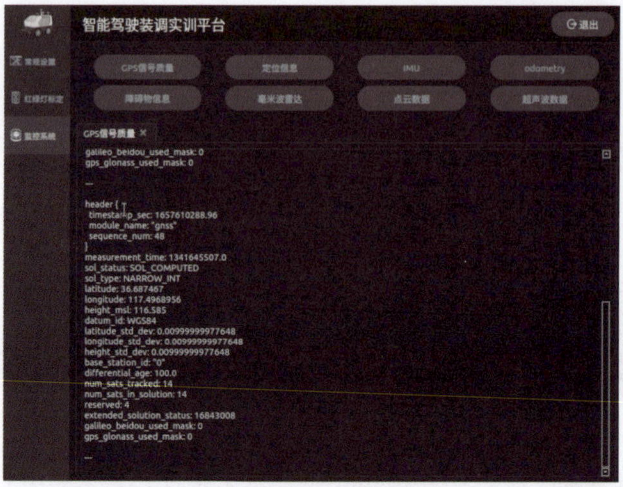


图 6-4-9 检查 GPS 信号质量

**(7) 查看定位信息质量** 在监控窗口界面中单击定位信息按钮，查看定位信息质量，如图 6-4-10 所示。检查定位信息中 uncertainty 字段下的任意数据，均表示当前定位稳定性，其数值在静止定位稳定时约小于 0.1，运动时小于 1。

图 6-4-10 查看定位信息质量

### 3. 整理工位

1）单击 GPS 按钮、locallization 按钮，关闭 Dreamview 界面。

2）关闭智能驾驶装调实训平台，关闭终端界面，关闭计算机。

3）关闭主电源开关，关闭 WLAN、AGX、LCD、M2 等电源开关。

4）工具、防护用品归位，整理工位。

## 二、智能网联汽车组合导航的故障排除

### 1. 作业准备

1）清洁操作工位。

2）使用安全防护用具。

3）检查智能网联汽车外观。

### 2. 查看故障现象

**(1) 开启电源** 打开动力蓄电池包开关和主电源开关，打开电源控制盒上 WLAN、AGX、LCD、M2 等电源开关。

**(2) 查看 GPS 信号质量** 参照前面的操作步骤查看 GPS 信号质量，如图 6-4-11 所示。GPS 信号为空，没有任何数据输出。

### 3. 故障排除过程

检查组合导航电源线，具体步骤如下：

1）拆下组合导航电源线。关闭组合导航电源开关，拆下组合导航电源线。

2）测量组合导航电源线是否断路。万用表校零后，将万用表旋转至欧姆档，测量电源线通断。

图 6-4-11　查看 GPS 信号质量

a. 测量电源正极是否断路，如图 6-4-12 所示。

b. 测量电源负极是否断路，电源负极断路，如图 6-4-13 所示。

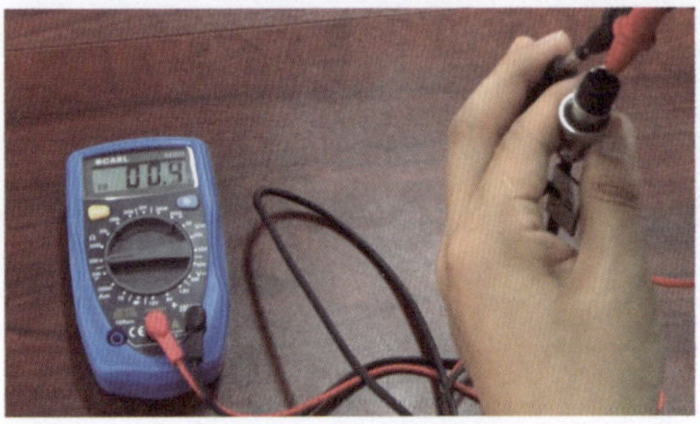

图 6-4-12　检查电源正极

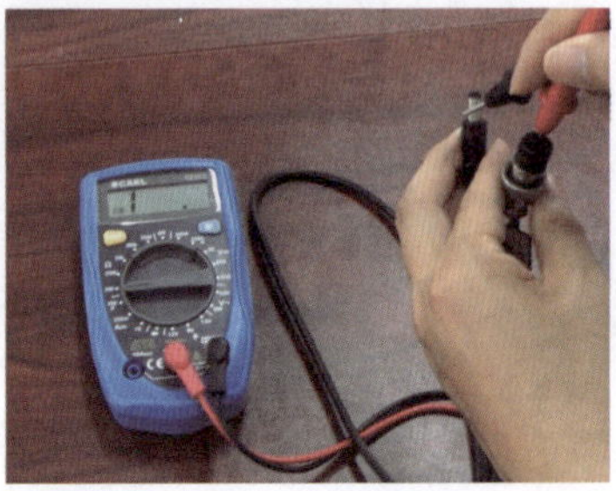

图 6-4-13　检查电源负极

3）测量组合导航电源线是否短路。万用表校零后，将万用表旋转至欧姆档，测量电源线是否短路，如图 6-4-14 所示。

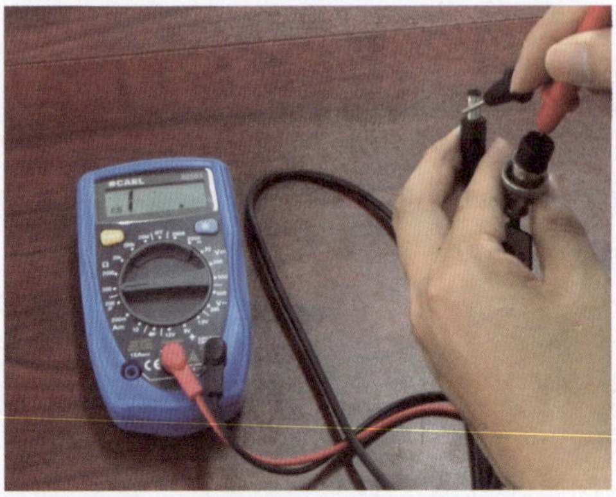

图 6-4-14　检查电源线是否短路

#### 4. 排除故障

**（1）更换新的电源线**　更换新组合导航电源。

**（2）检查 GPS 信号质量**　参照前面的操作步骤查看 GPS 信号质量，GPS 信号质量的 sol_type 字段为 NARROW_INT，如图 6-4-15 所示。智能网联汽车需在空旷的地方。

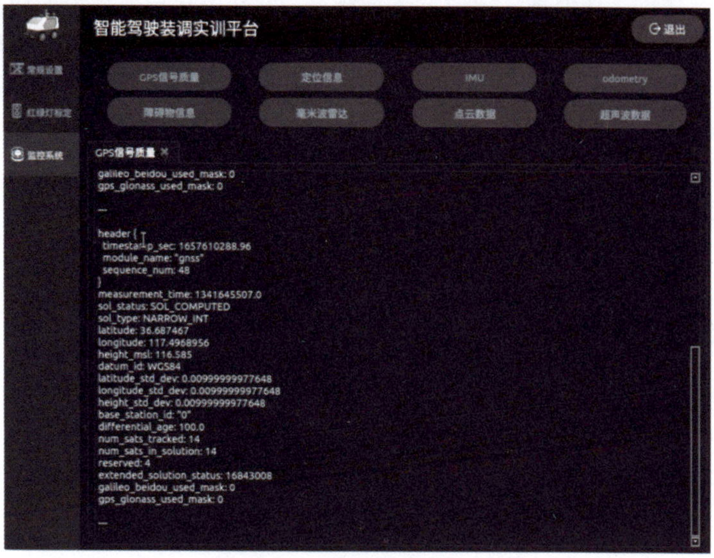


图 6-4-15　检查 GPS 信号质量

#### 5. 整理工位

1）单击 GPS 按钮、locallization 按钮，关闭 Dreamview 界面。

2）关闭智能驾驶装调实训平台，关闭终端界面，关闭计算机。

3）关闭主电源开关，关闭 WLAN、AGX、LCD、M2 等电源开关。

4）工具、防护用品归位，整理工位。

## 【延伸阅读】

北斗卫星导航系统（以下简称北斗系统）是我国着眼于国家安全和经济社会发展需要，自主建设运行的全球卫星导航系统，是为全球用户提供全天候、全天时、高精度的定位、导航和授时服务的国家重要时空基础设施。

北斗系统的建设实践走出了在区域快速形成服务能力、逐步扩展为全球服务的中国特色发展路径，丰富了世界卫星导航事业的发展模式。北斗系统具有以下特点：一是北斗系统空间段采用 3 种轨道卫星组成的混合星座，与其他卫星导航系统相比高轨卫星更多，抗遮挡能力强，尤其低纬度地区性能优势更为明显；二是北斗系统提供多个频点的导航信号，能够通过多频信号组合使用等方式提高服务精度；三是北斗系统创新融合了导航与通信能力，具备定位导航授时、星基增强、地基增强、精密单点定位、短报文通信和国际搜救等多种服务能力。

## 【学习小结】

本项目介绍了高精定位技术的概念，高精定位技术的组成和常见的定位技术，全球卫星导航定位系统的组成、工作原理、定位方法、特点，北斗卫星导航系统的应用情况，惯性导航系统的组成、工作原理、特点，定位与导航传感技术的应用情况，智能网联汽车组合导航的安装、标定与故障排除，安装组合导航，组合导航数据的读取，组合导航典型故障的排除。

## 【课后习题】

### 一、单项选择题

1. 目前全世界的卫星定位系统有（　　）种。

A. 2　　B. 4　　C. 6　　D. 8

2. （　　）是全球定位系统的简称，是美国国防部为了军事定时、定位与导航的目的而发展起来的。

A. GPS　　B. CDMA　　C. DGPS　　D. GLONASS

3. 在实际应用中，GPS 接收装置利用（　　）颗以上卫星信号来确定使用者所在位置。

A. 1　　B. 2　　C. 4　　D. 6

4. 由于自动驾驶汽车无法像人类驾驶者一样准确感知障碍物、可行驶区域和交通标志标线等交通环境信息，因此需要（　　）、惯性导航系统、高精地图等将自动驾驶汽车与周边交通环境有机结合，实现超视距感知，降低车载感知传感器计算压力。

A. 全球卫星导航系统　　B. 发动机电控系统

C. 底盘电控系统　　D. 车载网络控制系统

5. 惯性传感器的定位误差会随着物体运行时长的增加而（　　）。

A. 增加　　B. 修正　　C. 不变　　D. 以上均不对

### 二、判断题

1. 目前，在全球定位导航系统中渗透率最高的是欧洲“伽利略”卫星导航定位系统。（　　）

2. 目前，GPS 占据着绝大部分的车载导航应用市场，且具备成熟完善的产业链。（　　）

3. 卫星定位系统分为空间段、地面段和用户段。（　　）

4. 卫星定位系统利用三边测量法进行定位。（　　）

5. 惯性导航系统数据更新频率高，定位误差随时间的累积而减小。（　　）

# 项目七

## 多传感器融合技术与应用

### 【案例导入】

未来智能网联汽车能够在道路上有序地安全行驶，特别是无人驾驶汽车，不依赖驾驶人也能安全行驶，如图 7-1-1 所示。单一的传感器都有各自的优缺点，在复杂路面上行驶需要各种传感器共同使用。

图 7-1-1　无人驾驶汽车

智能网联汽车或无人驾驶汽车依靠什么技术进行安全行驶？如何对道路、车辆、行人、交通标志和交通信号灯等进行检测和识别？通过本项目的学习可以得到答案。

## 【项目目标】

| 知识与技能 | 过程与方法 | 情感态度与价值观 |
|---|---|---|
| 1. 了解多传感器融合的定义和优势<br>2. 了解多传感器融合的过程<br>3. 了解多传感器融合的 Low-level 融合体系、High-level 融合体系、混合式融合的具体内容<br>4. 掌握超多传感器融合算法分类及特点<br>5. 了解多传感器融合前融合技术和后融合技术相关概念及内容 | 1. 采用一体化分小步教学方法，边讲边练边评，提高学生的操作技能<br>2. 通过电子教案辅助学习，培养学生自主学习和探究学习的能力<br>3. 任务驱动教学法：通过布置任务，学生集体讨论，小组互助竞赛机制，激发学生的学习兴趣 | 1. 通过知识的学习，培养学生乐观的生活态度、求实的科学态度、宽容的人生态度<br>2. 通过图片、视频及案例引导学生积极思考，激发学生的学习兴趣和求知欲望<br>3. 通过对实训步骤进行分析，提高学生分析和知识迁移的能力<br>4. 通过实践训练，培养学生实事求是、自强不息、爱岗敬业、团队合作的精神 |

# 任务一　多传感器融合概述

## 【任务导入】

目前，智能网联汽车在快速发展，各种类型的传感器在智能网联汽车自动驾驶中占据很重要的位置。那么你知道多传感器融合技术吗？多传感器融合结构有哪些？多传感器融合算法有哪些？学习本任务，你将可以回答以上问题。

## 【知识准备】

### 一、多传感器融合

#### 1. 多传感器融合的定义

传感器数据融合是针对一个系统使用多个（种）传感器这一特定问题而提出的信息处理方法，可发挥多个（种）传感器的联合优势，消除单一传感器的局限性。其把分布在不同位置的多个同类或不同类传感器所提供的数据资源加以综合，采用计算机技术对其进行分析，加以互补，实现最佳协同效果，获得对被观测对象的一致性解释与描述，提高系统的容错性，从而提高系统决策、规划、反应的快速性和正确性，使系统获得更充分的信息。

#### 2. 多传感器融合的优势

在智能网联汽车系统中使用多传感器融合技术主要有如下优势：

1）提高系统感知的准确度。

2）增加系统的感知维度，提高系统的可靠性和鲁棒性。

3）增强环境适应能力。

4）有效减少成本。

### 3. 多传感器融合过程

传感器融合过程如下：

1）多个（种）传感器独立工作获得观测数据。

2）对各传感器数据（RGB 图像、点云数据等）进行预处理。

3）对处理数据进行特征提取变换，并对其进行模式识别处理，获取对观测对象的描述信息。

4）在数据融合中心按照一定的准则进行数据关联。

5）使用足够优化的算法对各传感器数据进行融合，获得对观测对象的一致性描述和解释。

## 二、传感器融合结构

根据传感器信息在不同信息层次上的融合，可以将多传感器信息融合划分为低层（Low-level）融合、高层（High-level）融合和混合融合。其中，低层融合包括数据级融合和特征级融合，是一种集中式融合结构；高层融合是一种决策级别融合，可以是集中式融合或者分布式融合；混合融合由多种低层和高层融合结构组合而成。

### 1. 低层融合

低层融合是一种较低信息层次上的融合，是集中式融合结构。集中式融合将各传感器获得的原始数据直接送到数据融合中心，进行数据对准、数据关联、预测等。在传感器端不需要任何处理，可以实现实时融合。其结构如图 7-1-2 所示。

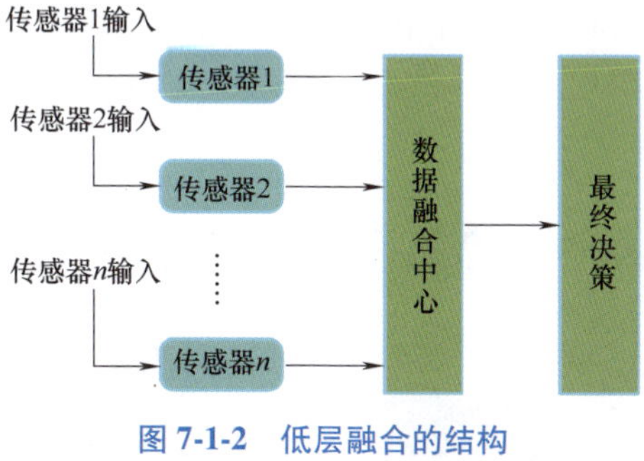


图 7-1-2　低层融合的结构

**（1）数据级融合**　数据级融合又称为像素级融合，是最低层次的融合，直接对传感器的观测数据进行融合处理，然后基于融合后的结果进行特征提取和判断决策。其结构如图 7-1-3所示。

数据级融合处理的数据是最底层融合，精确到图像像素级别的，但其计算量大、处理所耗费的时间成本巨大，不利于实时处理。

根据融合内容，数据级融合可以分为图像级融合、目标级融合和信号级融合。

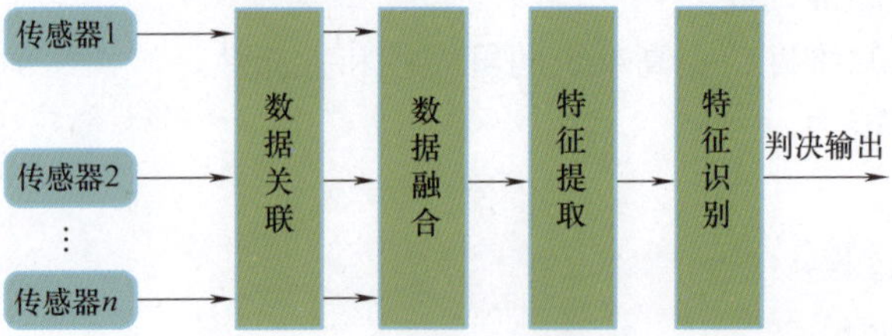


图 7-1-3 数据级融合结构

**（2）特征级融合** 特征级融合指在提取所采集数据包含的特征向量之后融合。特征向量用来体现所监测物理量的属性，在面向检测对象特征的融合中，这些特征信息是指采集图像中的目标或特别区域，如边缘、人物、建筑或车辆等信息。其结构如图 7-1-4 所示。

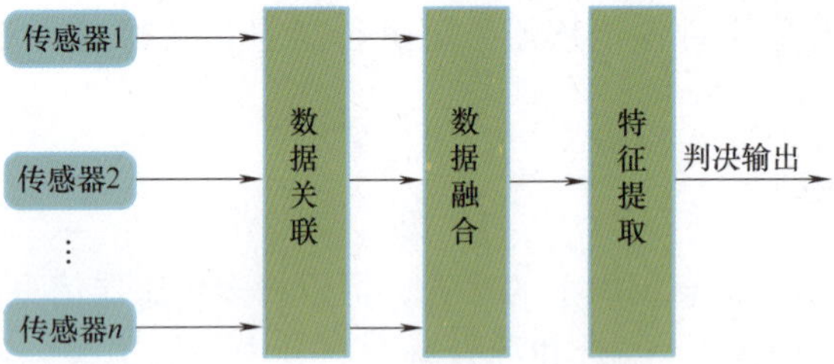


图 7-1-4 特征级融合结构

特征级融合先对图像信息进行了压缩，再用计算机分析与处理。所消耗的内存、时间与数量级相对会减少，因此处理的实时性会有所提高。

### 2. 高层融合

高层融合是一种较高语义层次上的融合，可以是集中式融合或者分布式融合结构。分布式融合在各独立节点都设置相应的处理单元，在对各个独立传感器所获得的原始数据进行局部处理基础上，将结果输入到信息融合中心，进行智能优化、组合、推理来获得最终的结果。其结构如图 7-1-5 所示。

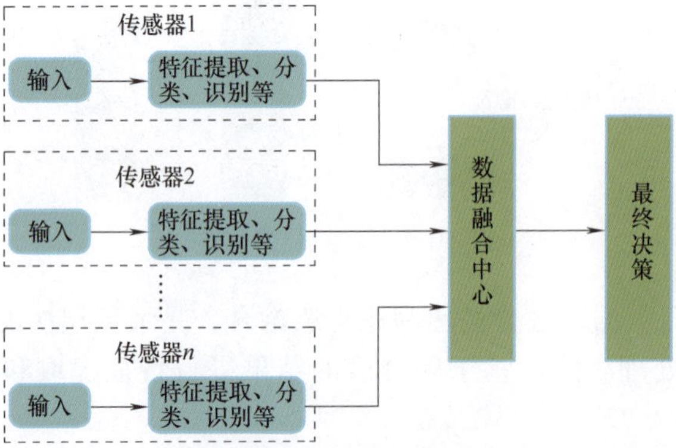


图 7-1-5 高层融合的结构

集中式融合指的是以认知为基础的方法，其结构如图 7-1-6 所示。

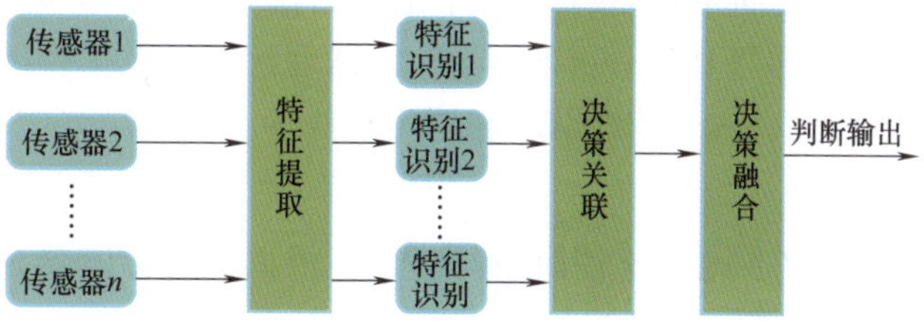

图 7-1-6 集中式融合结构

### 3. 混合式融合

混合式融合由多种低层和高层融合结构组合而成，如图 7-1-7 所示。部分传感器采用集中式融合方式，其余的传感器采用分布式融合结构，兼有二者的优点，能够根据不同需要灵活且合理地完成信息处理工作。但是，混合式融合方法的结构复杂，对结构设计要求高，加大了通信和计算上的代价。

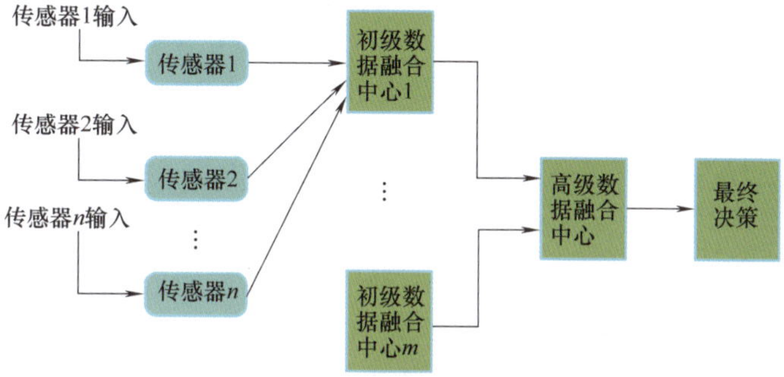

图 7-1-7 混合式融合的结构

### 4. 3 种融合结构的比较

3 种融合结构的比较见表 7-1-1。融合结构主要有分布式、集中式和混合式。

表 7-1-1 3 种融合结构的比较

| 体系结构 | 分布式 | 集中式 | 混合式 |
|---|---|---|---|
| 信息损失 | 大 | 小 | 中 |
| 精度 | 低 | 高 | 中 |
| 通信带宽 | 小 | 大 | 中 |
| 可靠性 | 高 | 低 | 高 |
| 计算速度 | 快 | 慢 | 中 |
| 可扩充性 | 好 | 差 | 一般 |
| 融合处理 | 容易 | 复杂 | 中等 |
| 融合控制 | 复杂 | 容易 | 中等 |

## 三、多传感器融合算法

多传感器融合常用的算法大致可以分为两类：随机类方法和人工智能方法。随机类方法代表是卡尔曼滤波法（Kalman filtering），此外还有加权平均法、贝叶斯估计法（Bayesian estimation）、德姆斯特—莎弗（Dempster-Shafer）证据理论等；人工智能方法常用方法主要有专家系统、模糊逻辑理论、人工神经网络和遗传算法等。

**1. 随机类方法**

**（1）加权平均法** 加权平均法比较简单与直观，根据多个传感器独立探测的数据（有一定的冗余）乘上相应的权值，之后累加求和并取平均值，将其结果作为融合值。由此可知，加权平均法实现起来较为容易，实时性好。但是，其权值的分配和取值带有一定的主观性，过于简单，融合效果并不够理想，实用性差。

**（2）贝叶斯估计法** 贝叶斯估计法是由托马斯—贝叶斯（Thomas Bayes）提出的，它基于先验概率，并不断结合新的数据信息来得到新的概率，常用于静态环境下特征层的融合。贝叶斯估计法在融合过程中，因传感器的输出信息有不确定性，对这些数据进行似然估计，并以条件概率表示该不确定性。

贝叶斯公式：

$$P(A_i \mid B) = \frac{P(A_i)P(B \mid A_i)}{\sum_{j=1}^{n} P(A_j)P(B \mid A_j)} = \frac{P(A_i)P(B \mid A_i)}{P(A_1)P(B \mid A_1) + \cdots + P(A_n)P(B \mid A_n)}$$

**（3）德姆斯特—莎弗证据理论** 也称为 Dempster-Shafer 证据理论（D-S 证据理论），属于随机类方法。

D-S 证据理论是贝叶斯估计的拓展，是一种用于决策层的信息融合方法，其 3 个基本要素是基本概率赋值函数、信任函数和似然函数。D-S 证据理论就是按照一定的原则对这些证据进行组合，并最终得到对被测物体的一致决策。不要求在未知情况下对每个事件进行单独赋值，仅将信任值（基本概览赋值）赋给信任项，先将所有不确定时间都归为未知命题，然后通过证据组合来不断缩小未知的范围，直到达到判决条件。

**（4）卡尔曼滤波法** 卡尔曼滤波法是一种利用线性状态方程，通过系统输入、输出观测数据，对系统状态进行最优估计的算法。卡尔曼滤波法能合理并充分地处理多种差异很大的传感器信息，通过被测系统的模型以及测量得到的信息完成对被测量物体的最优估计，并能适应复杂多样的环境。卡尔曼滤波法具有的递推特性既可以对当前状态进行估计，也可以对未来的状态进行预测。

**2. 人工智能方法**

**（1）模糊逻辑理论** 模糊逻辑理论基于多值逻辑，其打破以二值逻辑为基础的传统思想，模仿人脑的不确定性概念判断、推理思维方式。其实质是将一个给定输入空间通过模糊逻辑的方法映射到一个特定输出空间的计算过程，比较适合高层次上的融合，如决策级融合。

**（2）人工神经网络** 人工神经网络是基于称为人工神经元的连接单元或节点所构成的集合，这些单元或节点松散地模拟生物大脑中的神经元。像生物大脑中的突触一样，每个连接可以将信号从一个人工神经元传输到另一个人工神经元。接收信号的人工神经元可以对其进行处理，然后向与之相连的附加人造神经元发出信号。人工神经网络是一组相互连接的节点，每个圆形节点代表一个人工神经元，箭头代表从一个人工神经元的输出到另一个人工神经元的输入的连接，如图 7-1-8 所示。

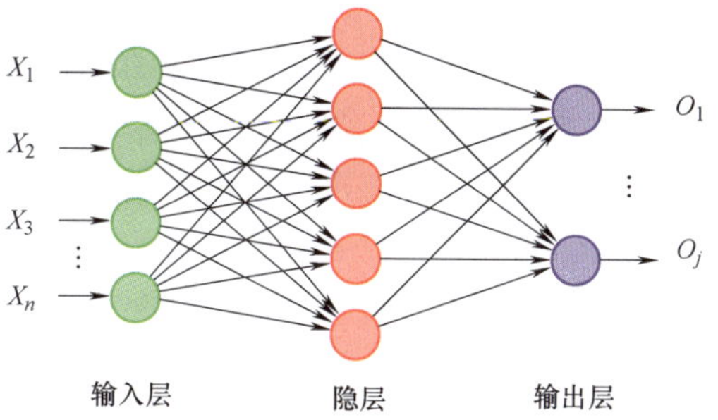


图 7-1-8　人工神经网络

在多传感器数据融合的过程中，各传感器的输出信息都存在一定程度上的不确定性，对这些不确定性信息的融合过程实际上是一个不确定性推理过程。神经网络基于大量传感器的输出信息，通过不断训练，学习更新网络权值，并且采用判定的学习算法来获取知识，得到不确定性推理机制。

# 任务二　多传感器融合技术的认知

## 【任务导入】

目前，智能网联汽车在快速发展，各种类型的传感器在智能网联汽车自动驾驶中占据很重要的位置。那么你知道多传感器融合技术吗？多传感器后融合技术有哪些？多传感器融合前融合技术有哪些？学习本任务，你将可以回答以上问题。

## 【知识准备】

### 一、多传感器后融合技术

后融合技术指的是每个传感器都独立地输出探测数据信息，在对每个传感器的数据信息进行处理后，把最后的感知结果进行融合汇总。后融合技术的结构如图 7-2-1 所示。

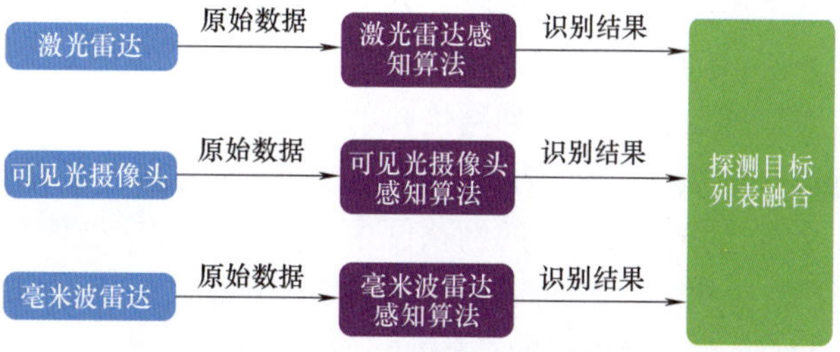


图 7-2-1　后融合技术的结构

本任务重点介绍其中两种算法：模块化融合方法和运动目标追踪模型方法。

**1. 模块化融合方法**

模块化融合方法是一种模块化的、传感器独立的融合方法，它允许高效的传感器替换。通过在网格映射、定位和追踪等关键模块中使用多种传感器来确保信息冗余性。环境感知系统能够有效地利用信息的冗余性和互补性，提高了系统的感知能力。

该算法主要对雷达、摄像头、激光扫描仪3种传感器的探测信息进行融合，3台激光扫描仪安装在前保险杠上，摄像头安装在风窗玻璃后面，并配备了多台雷达。完整的传感器覆盖范围如图7-2-2所示，其中蓝色表示摄像头视野范围，红色表示激光扫描仪感知范围，绿色表示雷达感知范围。

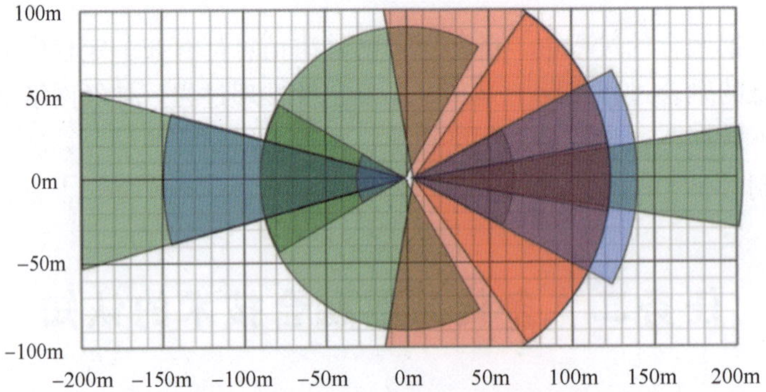


图7-2-2　完整的传感器覆盖范围

该算法提出了一个分层模块化环境感知系统（HMEP），它包含3个感知层：网格映射、定位和目标跟踪，如图7-2-3所示。

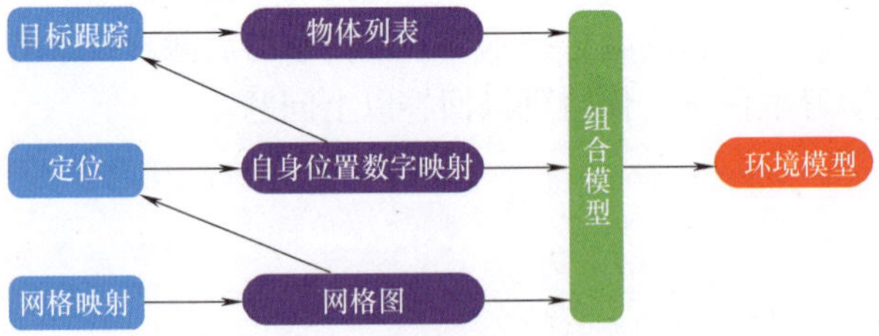


图7-2-3　分层模块化环境感知系统

网格映射层作为最底层，它将周围环境划分为单个网格单元，并根据经典的占用网格映射方法来估计每个单元在网格图中的占比状态，输出结果为每个单元格的占比概率。组合模块主要使用其输出信息来预测目标物体边界。基于传感器数据，逆传感器模型可以预测每个单元格占比概率，称为测量网格。然后，映射算法通过使用二进制贝叶斯滤波器更新测量网格的网格映射，并将多传感器数据融合到网格映射层中，如图7-2-4所示。

定位层融合传感器探测数据、网格层信息和数字地图，输出带有自定位信息的数字地图。具体地，在由3个激光扫描仪构建的网格图中利用极大稳定极值区域（MSER）提取特征，网格图中的特征包括树干、路标等。基于特征图显示，定位层利用蒙特卡洛定位（MCL）方法来预测目标姿态。定位层的结构如图7-2-5所示。

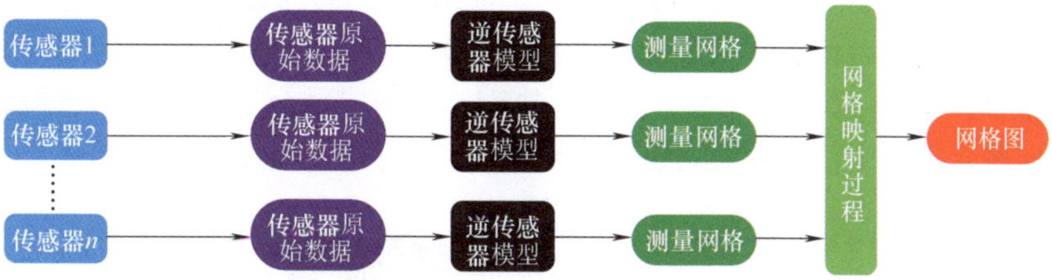


图 7-2-4　网格映射层结构

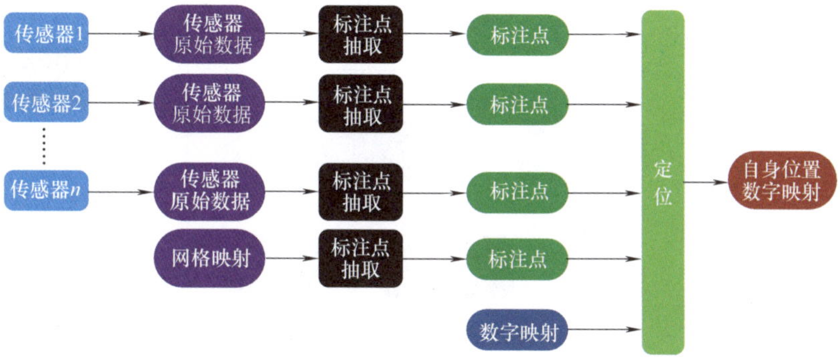


图 7-2-5　定位层的结构

跟踪层通过将雷达摄像头激光雷达的探测数据进行集中式融合，实现对周围环境中移动物体的感知，还可以利用来自网格映射层和定位层的信息获取目标朝向、最大速度等信息，从而完成多目标跟踪任务。融合模块通过使用带有标签的多伯努利（LMB）滤波器实现，输出一个包含目标轨迹空间分布和存在概率的列表。跟踪层的结构如图 7-2-6 所示。

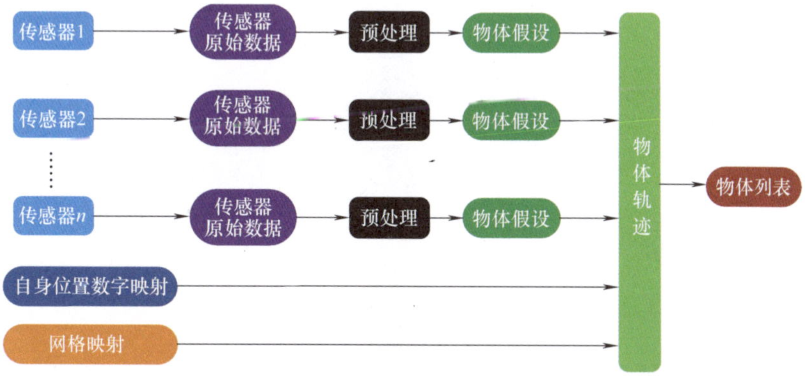


图 7-2-6　跟踪层的结构

该算法提出，对于未来自动驾驶感知系统，其关键技术是在不改变融合系统核心的情况下更换传感器的能力。模块化的结构有助于传感器的更换，并且传感器独立接口在网格映射、定位和跟踪模块的应用，使得修改传感器设置不需要对融合算法进行任何调整。

**2. 运动目标追踪模型方法**

运动目标追踪模型能可靠地检测与跟踪以运动状态和外观信息表示的移动目标。将目标的分类信息作为传感器融合的关键元素，以基于证据框架的方法作为传感器融合算法，着重解决了传感器数据关联、传感器融合的问题。图 7-2-7 显示了感知系统内的不同级别的融合方式，低层融合在视觉定位（SLAM）模块中执行；检测层融合了各个传感器检测到的目标列表；跟踪层融合了各个传感器模块追踪目标的轨迹列表，以生成最终结果。

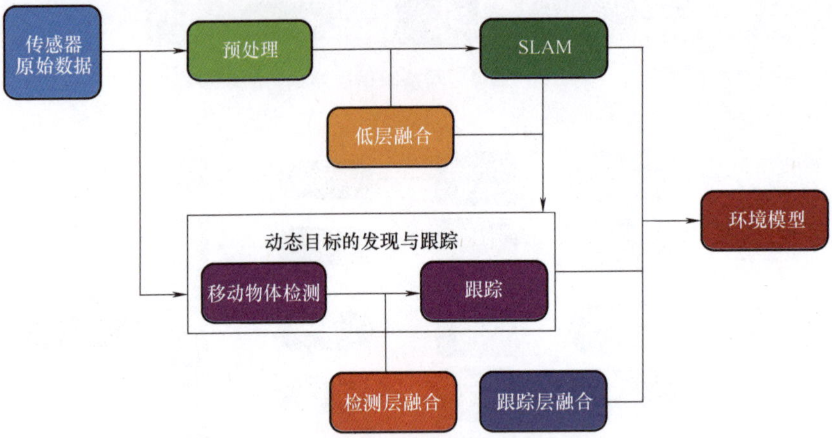


图 7-2-7　不同级别融合方式

运动目标追踪模型使用摄像头采集黑白图像、毫米波雷达采集移动目标信息、激光雷达生成扫描点的二维列表。完整的传感器覆盖范围如图 7-2-8 所示，其中棕色表示摄像头视野范围，蓝色表示激光雷达感知范围，绿色表示毫米波雷达感知范围。

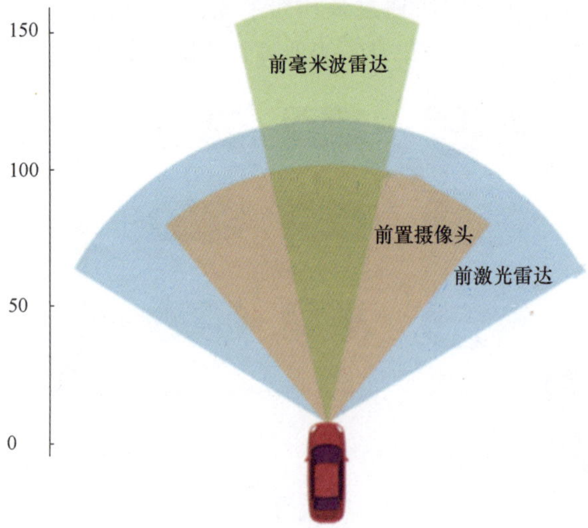


图 7-2-8　完整的传感器覆盖范围

运动目标追踪模型结构如图 7-2-9 所示。融合模型的输入信息有 3 种，分别是雷达、摄像头和激光雷达的检测目标列表，输出结果为融合后的目标检测信息，并送入到跟踪模块中。其中，雷达和激光雷达的探测数据主要用于移动目标检测，摄像头采集的图像主要用于目标分类，每个目标都由其位置、尺寸、类别假设的证据分布来表示，而类别信息是从检测结果中的形状、相对速度和视觉外观中获得的。

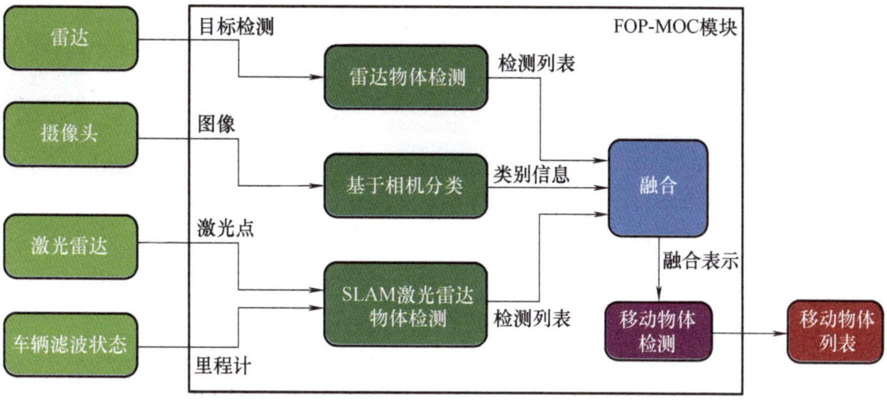


图 7-2-9　运动目标追踪模型结构

## 二、多传感器前融合技术

前融合技术是指在原始数据层面，把所有传感器的数据信息进行直接融合，然后根据融合后的数据信息实现感知功能，最后输出一个结果层的探测目标。前融合技术的结构如图 7-2-10所示。

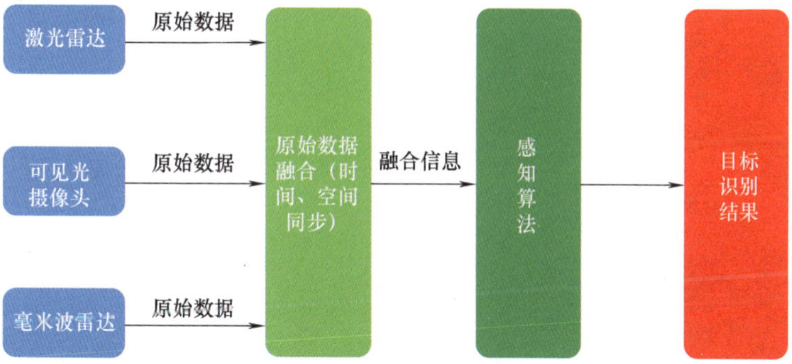


图 7-2-10　前融合技术的结构

为了实现目标检测和语义分割等功能，多使用基于神经网络的融合方法，其中的代表是多视觉目标检测（MV3D）、聚合视觉目标检测（AVOD）、视锥体网络目标检测（F-Point Net）等。

### 1. 多视觉目标检测

多视觉目标检测将点云数据和彩色图像进行融合，其输入数据为激光雷达投影的鸟瞰图、前视图和二维彩色图像，其网络结构主要有三维生成网络和基于融合网络区域，使用深度融合方式进行融合，具体如图 7-2-11 所示。

图 7-2-11 中，网络结构的第一部分称为三维方案网络。其类似卷积神经网络检测模型中应用的区域生成网络，并在三维层面推广，其实现的一个功能就是生成目标的三维候选框。

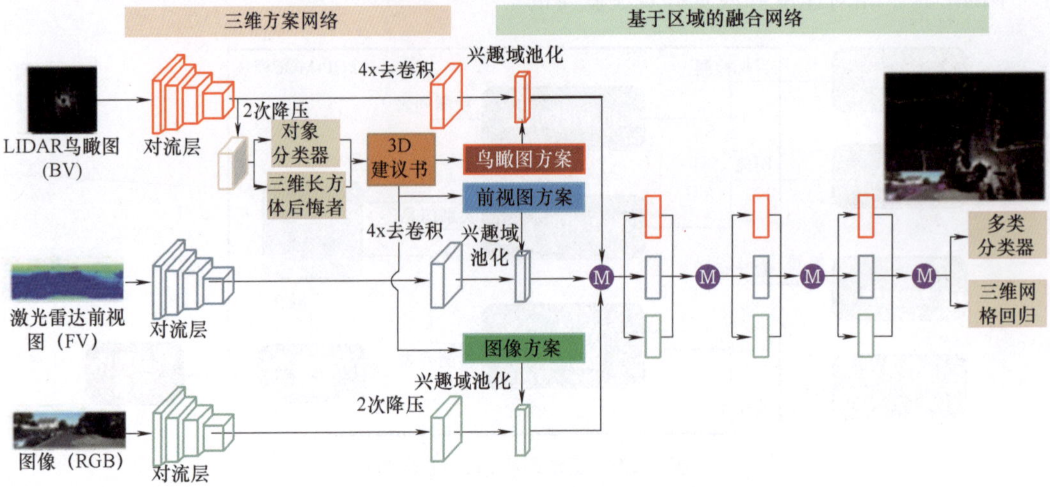


图 7-2-11　多视觉目标检测结构

在提取了候选框后，其分别向 3 种图中进行映射，得到各自的感兴趣区域，然后进入区域融合网络进行融合。在融合方式的选择上，通过先对早期融合、后期融合和深度融合方式对比（见图 7-2-12），最终选择深度融合方式。

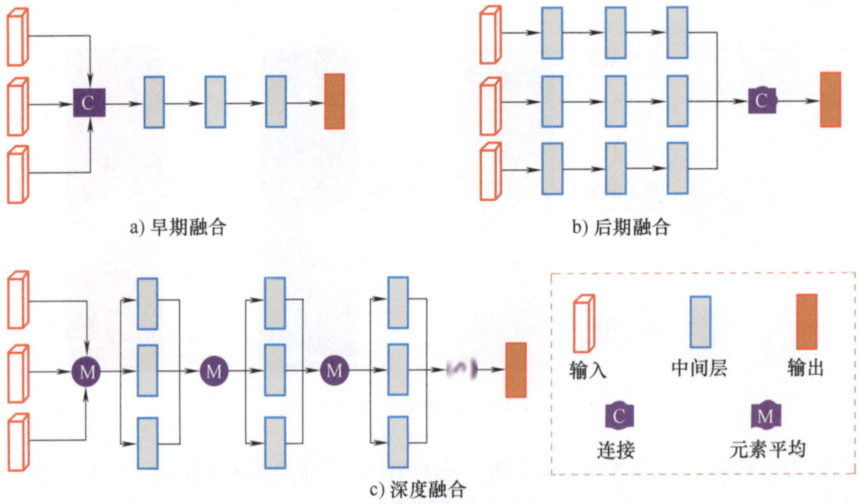


图 7-2-12　几种融合方式对比

### 2. 聚合视觉目标检测

聚合视觉目标检测（AVOD）是一种融合点云数据以及彩色图像信息的三维目标检测算法。对两种输入数据，聚合视觉目标检测首先进行特征提取，得到两种全分辨率的特征映射，然后输入区域生成网络（RPN）中生成没有朝向的区域建议，最后挑选出合适的提议候选送入检测网络生成带有朝向的三维边界框，完成目标检测任务，如图 7-2-13 所示。聚合视觉目标检测存在两处传感器数据的融合：第一处是特征融合，第二处是区域融合。

为了提高小目标物体的检测效果，聚合视觉目标检测借鉴了 FPN 的思想，其特征提取

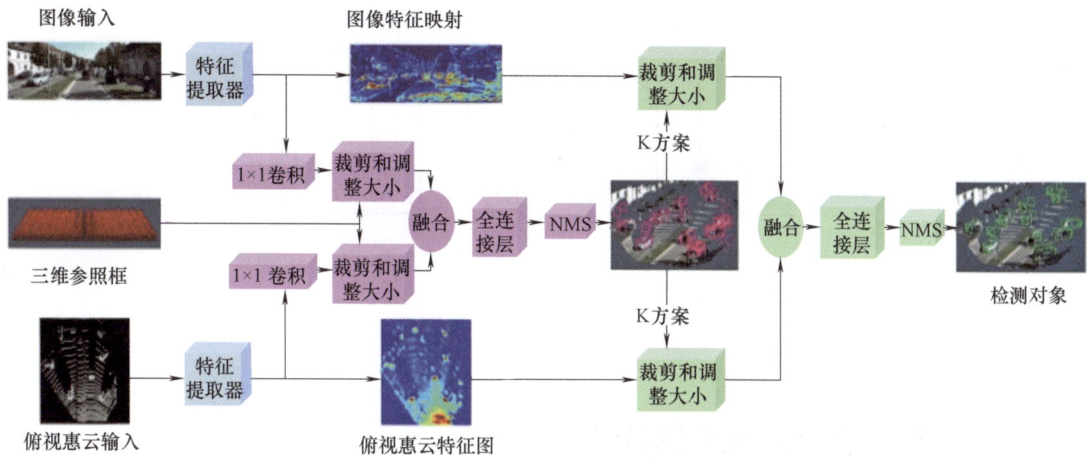


图 7-2-13　聚合视觉目标检测结构图

网络使用了编码器—解码器结构，如图 7-2-14 所示。每层解码器首先对输入进行上采样，然后与对应编码器的输出串联，最终通过一个 3×3 的卷积进行融合。该特征提取结构可以提取到全分辨率的特征映射，有效避免了小目标物体因为下采样在输出的特征映射上所占像素不足的问题。最终输出的特征映射既包含底层细节信息，又融合了高层语义信息，能有效提高小目标物体的检测效果。

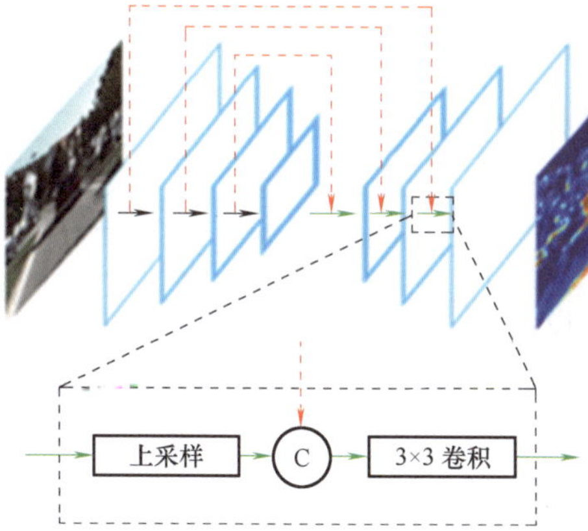


图 7-2-14　编码器—解码器结构

此外，在三维边界框的编码上，聚合视觉目标检测创新性地添加了几何约束，并且起到了编码降维的作用。如图 7-2-15 所示，从左到右依次是多视觉目标检测、轴对齐聚合视觉目标检测的三维边界框编码方式示意图。

### 3. 视锥体网络目标检测

视锥体网络目标检测（F-Point Net）融合了成熟的二维图像中的目标检测方法来对目标进行定位，得到对应三维点云数据中的视锥体，如图 7-2-16 所示。

如图 7-2-17 所示，视锥体网络目标检测整个网络结构由 3 部分组成：视锥体方案、三维实例分割和三维模态估计。

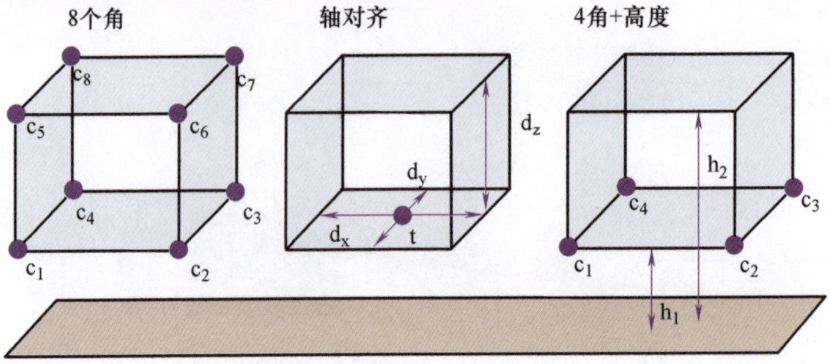


图 7-2-15 编码方式对比

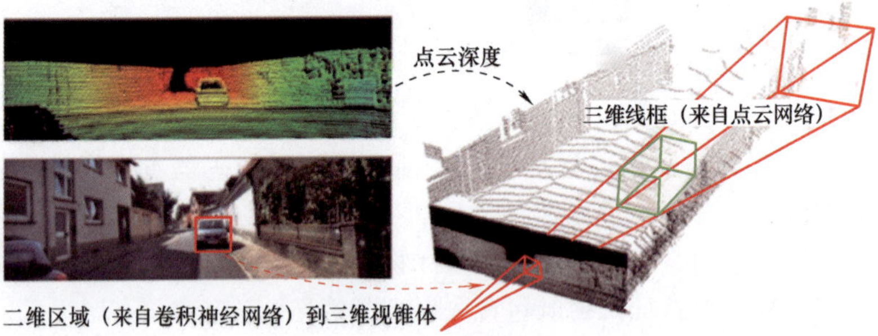


图 7-2-16 视锥体

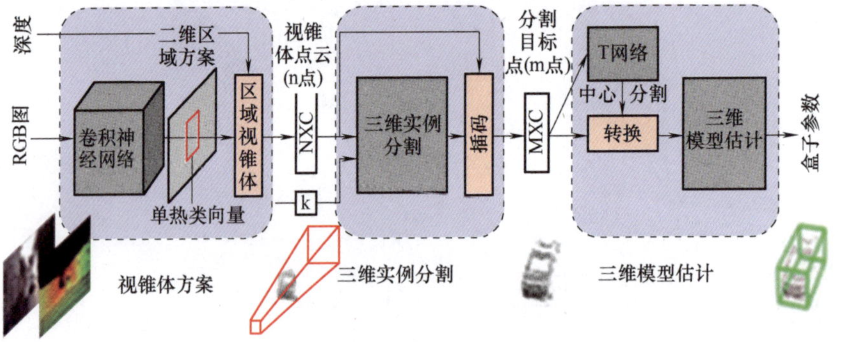


图 7-2-17 视锥体网络结构

与其他三维传感器产生的数据相比，摄像头得到的图像分辨率更高。视锥体网络目标检测充分利用这一优点，首先得到目标在二维图像上的边界框，然后按照已知的摄像头投影矩阵，将二维边界框提升到定义了目标三维搜索空间的视锥体，并收集截体内的所有点构成锥体点云。由于视锥体可能有多个朝向，如图 7-2-18a 所示，这将导致视锥点云有着较大的可变性，因此视锥体目标检测将其旋转至以中心视角为坐标轴的坐标系，来对视锥体做归一化，以提高算法的旋转不变性。图 7-2-18a 为摄像头坐标系，图 7-2-18b 为锥体坐标系，图 7-2-18c为三维掩膜局部坐标系，图 7-2-18d 为预处理转换网络（T-Net）预测的三维物体坐标系。

为了避免遮挡和模糊的问题，对锥体点云数据，锥体网络使用点网络模型进行实例分割。此处的实例分割是一个二分类的问题，用于判断锥体内每个点是否属于目标物体。通过实例分割，可以得到目标物体的三维掩膜（即属于该目标的所有点云），并计算其质心作为新的坐标原点，如图 7-2-18c 所示，转换为局部坐标系，以提高算法的平移不变性。

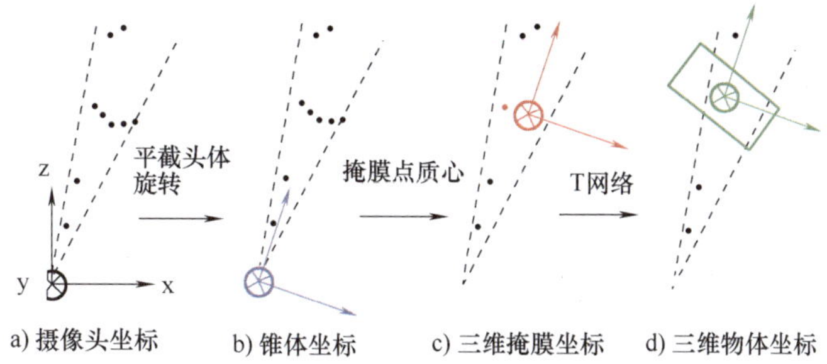


**图 7-2-18　视锥体图**

最后，对目标点云数据，视锥体网络目标检测通过使用带有预处理转换网络的点网络模型来进行回归操作，预测目标三维边界框的中心、尺寸和朝向，如图 7-2-18d 所示，最终完成检测任务。

总而言之，视锥体网络目标检测为了保证每个步骤点云数据的视角不变性和最终准确地回归三维边界框，共需要进行 3 次坐标系转换，分别是视锥体转换、掩膜质心转换和预处理转换网络预测。

## 【延伸阅读】

王大中，出生于河北省昌黎县，毕业于德国亚琛工业大学，中国科学院院士，曾任清华大学校长。

1994 年，王大中被任命为清华大学校长，他推动中国高等教育改革，提出“综合性、研究型、开放式”的办学思路，制定“三个九年，分三步走”的总体发展战略，确立了“高素质、高层次、多样化、创造性”的人才培养目标，完成了综合性学科布局。

2020 年是他制定的建设世界一流大学“三个九年，分三步走”总体发展战略的收官之年，清华大学总体办学实力和国际声誉显著提高。

“我们国家正处在最好的发展时期，科技自立自强是我们国家发展的战略支撑，所有科技工作者都要自觉地为科技自立自强做贡献，责无旁贷。科技创新就是我们最主要的爱国方式，我相信只要我们每个人都坚定信心勇敢向前，我们的国家就会有无限光明的未来。”王大中说。

消息源自：中国科学院学部

## 【学习小结】

本项目介绍了多传感器融合的概述、多传感器融合的定义、过程及分类，多传感器融合的基本算法和前融合技术和后融合技术的学习，以及各种融合技术的分类及特点。

## 【课后习题】

### 一、单项选择题

1. 传感器融合实际上就是模仿（　　）由感知到认知的过程。

A. 机器　　B. 生物　　C. 动物　　D. 人类

2.（　　）融合体系结构包括数据级融合和特征级融合，是一种集中式融合结构。

A. Low-level　　B. High-level 融合　　C. 混合融合　　D. 其他

3.（　　）融合体系结构是一种决策级别融合，可以是集中式融合或者分布式融合。

A. Low-level　　B. High-level 融合　　C. 混合融合　　D. 其他

4.（　　）又称为像素级融合，是最低层次的融合，直接对传感器的观测数据进行融合处理，然后基于融合后的结果进行特征提取和判断决策。

A. 特征级融合　　B. 数据级融合　　C. 集中式融合　　D. 混合融合

5.（　　）指的是每个传感器都独立地输出探测数据信息，在对每个传感器的数据信息进行处理后，把最后的感知结果进行融合汇总。

A. 后融合技术　　B. 前融合技术　　C. 多融合技术　　D. 混合融合技术

### 二、判断题

1. 多传感器融合常用的算法大致可以分为两类：随机类方法和人工智能方法。（　　）

2. 加权平均法基于先验概率，并不断结合新的数据信息来得到新的概率，常用于静态环境下特征层的融合。（　　）

3. 人工神经网路是一种模拟人脑神经网络而设计的数据模型或计算模型，它从结构、实现机理和功能上模拟人脑神经网络。（　　）

4. 模块化的融合方法主要对雷达、摄像头、激光扫描仪 3 种传感器的探测信息进行融合。（　　）

5. 网格映射层作为最底层，它将周围环境划分为单个网格单元，并根据经典的占用网格映射方法来估计每个单元在网格图中的占比状态。（　　）

## 参考文献

[1] 崔胜民，卞合善. 智能网联汽车环境感知技术［M］. 北京：人民邮电出版社，2020.
[2] 陈宁，徐树杰. 智能汽车传感器技术［M］. 北京：机械工业出版社，2020.
[3] 甄先通，黄坚，王亮，等. 自动驾驶汽车环境感知［M］. 北京：清华大学出版社，2020.

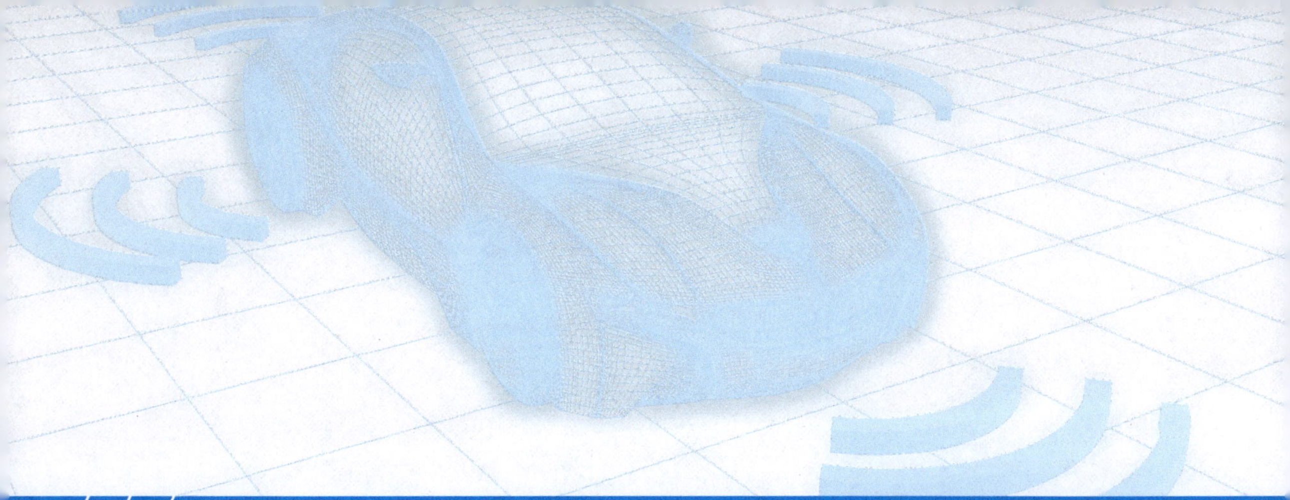

# 智能网联汽车传感技术与应用

## 实训工单

机械工业出版社

# 目　录

# 项目一

## 智能网联汽车及传感技术

### 实训工单 1.1　智能网联汽车超声波和毫米波雷达传感器认知

| | | | | | |
|---|---|---|---|---|---|
| 任务名称 | 智能网联汽车超声波和毫米波雷达传感器认知 | 学时 | 2 | 班级 | |
| 姓名 | | 学号 | | 成绩 | |
| 实训设备、工具及仪器 | 智能网联汽车、工具箱、安全防护用品 | 实训场地 | 理实一体化教室 | 日期 | |
| 任务描述 | 本任务主要是加强对智能网联汽车传感器的认识，通过在实车上认识超声波雷达和毫米波雷达，掌握各传感器名称、安装位置及安装方式；通过任务实施、评价及反思，理论结合实践，夯实培养质量 | | | | |
| 任务目的 | 1. 了解超声波雷达的组成和安装位置<br>2. 了解毫米波雷达的组成和安装位置 | | | | |
| 任务步骤 | 任务要点 | | 实施记录 | | |
| 任务准备 | 1. 更换实训服，穿戴劳保用品<br>2. 严禁非专业人员或无教师在场情况下私自对部件进行操作 | | 是否完成：是□　否□ | | |
| 工具准备 | 智能网联汽车、工具箱、安全防护用品 | | 是否正常：是□　否□ | | |
| 制订计划 | 根据任务目标，制订任务实施计划 | | | | |

| 序号 | 作业项目 | 实施要点 |
|---|---|---|
| | | |
| | | |
| | | |

（续）

| 任务步骤 | 任务要点 | 实施记录 |
| --- | --- | --- |
| 检查智能网联汽车 | 1. 检查智能网联汽车是否平稳放置<br>2. 检查智能网联汽车是否断开总电源<br>3. 检查智能网联汽车处遥控器是否断开 | 是否完成：是□　否□<br>是否完成：是□　否□<br>是否完成：是□　否□ |
| 超声波雷达认知 | 1. 超声波雷达探头<br>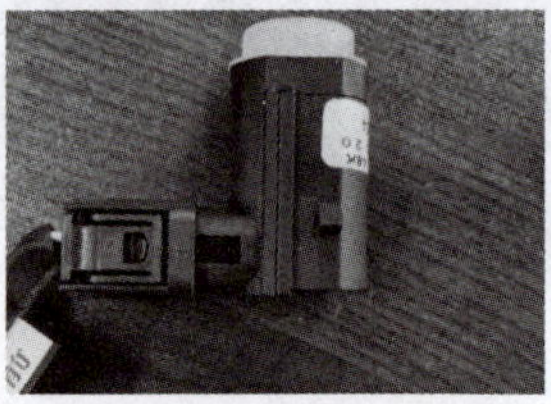<br>2. 超声波雷达探头安装支架<br>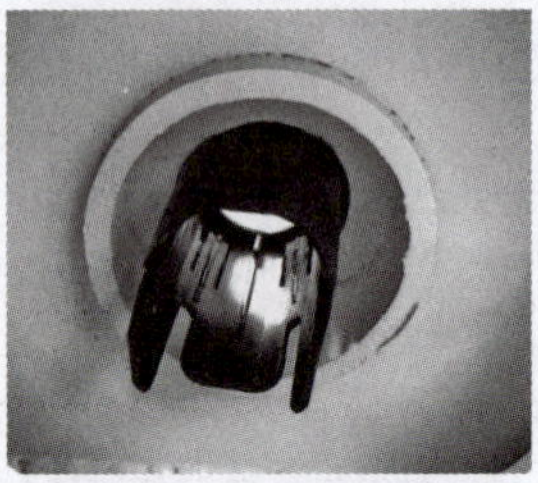<br>3. 超声波雷达控制器<br><br>4. 超声波雷达线束<br>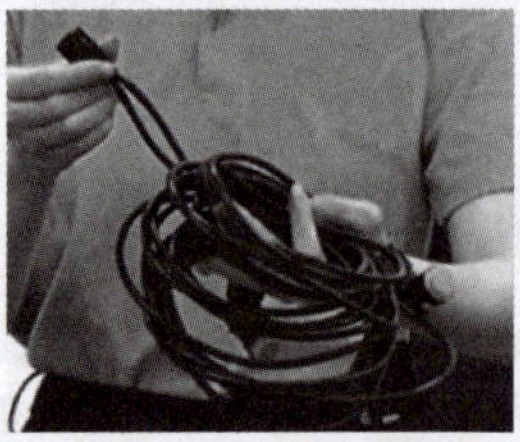 | 是否完成：是□　否□<br>是否完成：是□　否□<br>是否完成：是□　否□<br>是否完成：是□　否□ |
| 毫米波雷达认知 | 毫米波雷达<br>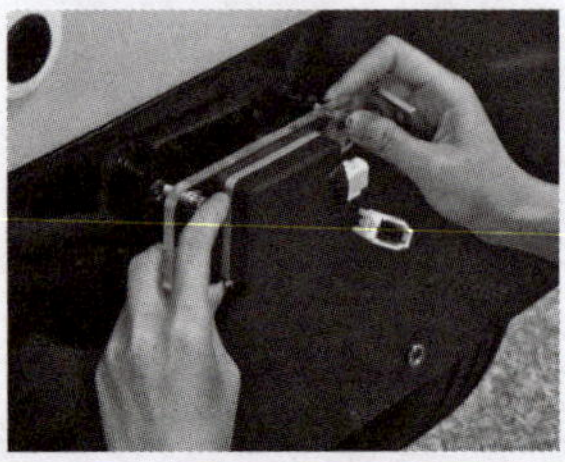 | 是否完成：是□　否□ |

（续）

| 任务步骤 | 任务要点 | 实施记录 |
|---|---|---|
| 操作完毕 | 清洁、整理工位 | 是否完成：是□　否□ |
| 任务总结 | 超声波雷达认知总结：<br><br>毫米波雷达认知总结：<br><br>工作实施状况反思： | |
| 评价反思 | （见下表） | |

评价表

| 项目 | 评价指标 | 自评 | | 互评 | |
|---|---|---|---|---|---|
| 专业技能 | 正确认识超声波雷达传感器 | □合格 | □不合格 | □合格 | □不合格 |
| | 正确认识毫米波雷达传感器 | □合格 | □不合格 | □合格 | □不合格 |
| | 按照任务要求完成作业内容 | □合格 | □不合格 | □合格 | □不合格 |
| | 完整填写工作页 | □合格 | □不合格 | □合格 | □不合格 |
| 工作态度 | 着装规范，符合职业要求 | □合格 | □不合格 | □合格 | □不合格 |
| | 正确查阅超声波雷达和毫米波雷达相关资料和学习材料 | □合格 | □不合格 | □合格 | □不合格 |
| | 日标明确，独立完成 | □合格 | □不合格 | □合格 | □不合格 |
| 个人反思 | 完成任务的安全、质量、时间和6S要求，是否达到最佳程度，请提出个人改进建议 | | | | |
| 教师评价 | 教师签字<br>年　月　日 | 成绩<br>□合格　□不合格 | | | |

# 实训工单 1.2　智能网联汽车摄像头、激光雷达、导航及定位系统传感器认知

<table>
<tr><td>任务名称</td><td>智能网联汽车摄像头、激光雷达、导航及定位系统传感器认知</td><td>学时</td><td>2</td><td>班级</td><td></td></tr>
<tr><td>姓名</td><td></td><td>学号</td><td></td><td>成绩</td><td></td></tr>
<tr><td>实训设备、工具及仪器</td><td>智能网联汽车、工具箱、安全防护用品</td><td>实训场地</td><td>理实一体化教室</td><td>日期</td><td></td></tr>
<tr><td>任务描述</td><td colspan="5">本任务主要是加强对智能网联汽车传感器的认识，通过在实车上认识双目摄像头、激光雷达和定位导航模块，掌握各传感器名称、位置及安装方式；通过任务实施、评价及反馈，理论结合实践，夯实培养质量</td></tr>
<tr><td>任务目的</td><td colspan="5">1. 了解双目摄像头的组成和安装位置<br>2. 了解激光雷达的组成和安装位置<br>3. 了解定位与导航模块的组成和安装位置</td></tr>
<tr><td>任务步骤</td><td colspan="3">任务要点</td><td colspan="2">实施记录</td></tr>
<tr><td>任务准备</td><td colspan="3">1. 更换实训服，穿戴劳保用品<br>2. 严禁非专业人员或无教师在场情况下私自对部件进行操作</td><td colspan="2">是否完成：是□　否□</td></tr>
<tr><td>工具准备</td><td colspan="3">智能网联汽车、工具箱、安全防护用品</td><td colspan="2">是否正常：是□　否□</td></tr>
<tr><td>制订计划</td><td colspan="5">根据任务目标，制订任务实施计划<br><table><tr><td>序号</td><td>作业项目</td><td>实施要点</td></tr><tr><td></td><td></td><td></td></tr><tr><td></td><td></td><td></td></tr><tr><td></td><td></td><td></td></tr></table></td></tr>
<tr><td>检查智能网联汽车</td><td colspan="3">1. 检查智能网联汽车是否平稳放置<br>2. 检查智能网联汽车是否断开总电源<br>3. 检查智能网联汽车处遥控器是否断开</td><td colspan="2">是否完成：是□　否□<br>是否完成：是□　否□<br>是否完成：是□　否□</td></tr>
<tr><td>双目摄像头认知</td><td colspan="3">1. 双目摄像头本体<br></td><td colspan="2">是否完成：是□　否□</td></tr>
</table>

（续）

| 任务步骤 | 任务要点 | 实施记录 |
|---|---|---|
| 双目摄像头认知 | 2. 双目摄像头线束<br>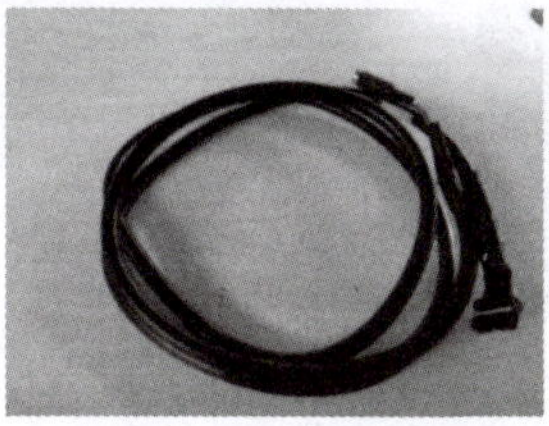 | 是否完成：是□　否□ |
| | 3. 双目摄像头支架<br>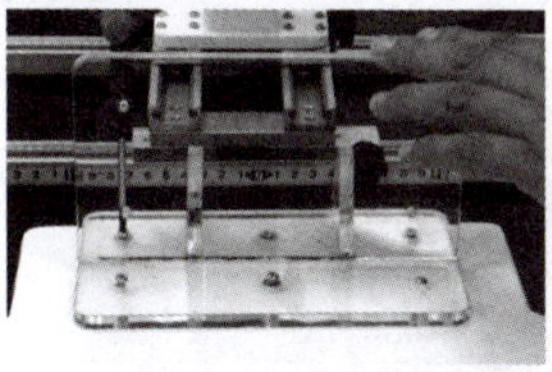 | 是否完成：是□　否□ |
| 激光雷达认知 | 1. 激光雷达本体<br>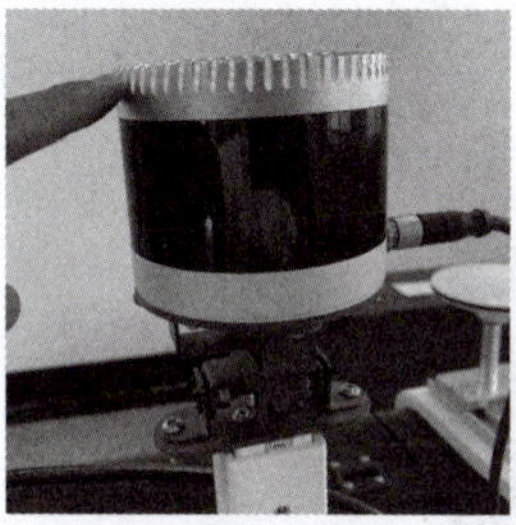 | 是否完成：是□　否□ |
| | 2. 激光雷达控制器及线束<br>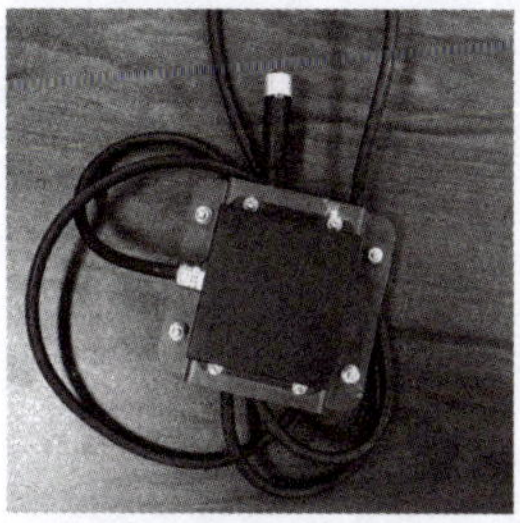 | 是否完成：是□　否□ |
| | 3. 激光雷达支架<br>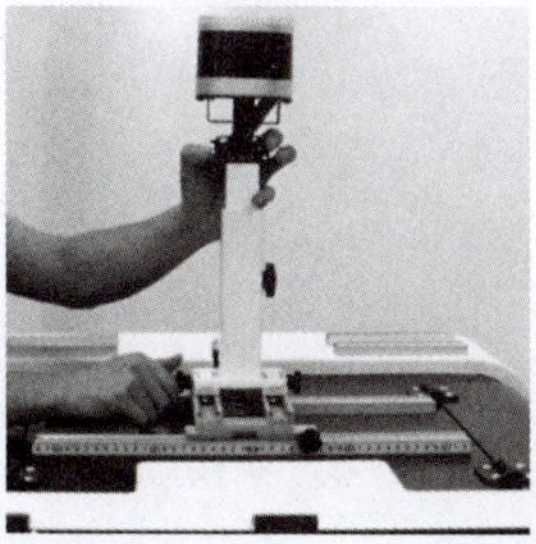 | 是否完成：是□　否□ |

（续）

| 任务步骤 | 任务要点 | 实施记录 |
|---|---|---|
| 导航及定位模块认知 | 1. 导航及定位模块天线<br> | 是否完成：是□　否□ |
| | 2. 导航及定位模块控制器<br> | 是否完成：是□　否□ |
| | 3. 导航及定位系统传感器线束<br> | 是否完成：是□　否□ |
| 操作完毕 | 清洁、整理工位 | 是否完成：是□　否□ |
| 任务总结 | 摄像头传感器认知总结：<br><br>激光雷达传感器认知总结：<br><br>导航及定位系统传感器认知总结：<br><br>工作实施状况反思： | |

（续）

| 评价反思 | 评价表 | | | |
|---|---|---|---|---|
| | 项目 | 评价指标 | 自评 | 互评 |
| | 专业技能 | 正确认识摄像头 | □合格　□不合格 | □合格　□不合格 |
| | | 正确认识激光雷达 | □合格　□不合格 | □合格　□不合格 |
| | | 正确认识导航与定位系统传感器 | □合格　□不合格 | □合格　□不合格 |
| | | 按照任务要求完成作业内容 | □合格　□不合格 | □合格　□不合格 |
| | | 完整填写工作页 | □合格　□不合格 | □合格　□不合格 |
| | 工作态度 | 着装规范，符合职业要求 | □合格　□不合格 | □合格　□不合格 |
| | | 正确查阅摄像头、激光雷达和导航及定位设备相关资料和学习材料 | □合格　□不合格 | □合格　□不合格 |
| | | 目标明确，独立完成 | □合格　□不合格 | □合格　□不合格 |
| | 个人反思 | 完成任务的安全、质量、时间和6S要求，是否达到最佳程度，请提出个人改进建议 | | |
| | 教师评价 | 教师签字<br>年　月　日 | 成绩<br>□合格　□不合格 | |

# 项目二

## 超声波雷达传感技术与应用

### 实训工单 2.1 超声波雷达安装

<table>
<tr><td>任务名称</td><td>超声波雷达安装</td><td>学时</td><td>2</td><td>班级</td><td></td></tr>
<tr><td>姓名</td><td></td><td>学号</td><td></td><td>成绩</td><td></td></tr>
<tr><td>实训设备、工具及仪器</td><td>智能网联汽车、工具箱、安全防护用品</td><td>实训场地</td><td>理实一体化教室</td><td>日期</td><td></td></tr>
<tr><td>任务描述</td><td colspan="5">本任务主要是加强对智能网联汽车超声波雷达的认知，通过在实车上安装超声波雷达，掌握超声波雷达的安装步骤；通过任务实施、评价及反馈，理论结合实践，夯实培养质量</td></tr>
<tr><td>任务目的</td><td colspan="5">1. 了解智能网联汽车超声波雷达的组成<br>2. 掌握智能网联汽车超声波雷达探头的安装步骤<br>3. 练习超声波雷达的探头安装</td></tr>
<tr><td>任务步骤</td><td colspan="3">任务要点</td><td colspan="2">实施记录</td></tr>
<tr><td>任务准备</td><td colspan="3">1. 更换实训服，穿戴劳保用品<br>2. 严禁非专业人员或无教师在场情况下私自对部件进行操作<br>3. 实训过程中需要至少两人配合完成，不可一人单独完成作业</td><td colspan="2">是否完成：是□　否□</td></tr>
<tr><td>工具准备</td><td colspan="3">智能网联汽车、工具箱、安全防护用品</td><td colspan="2">是否正常：是□　否□</td></tr>
<tr><td>制订计划</td><td colspan="5">根据任务目标，制订任务实施计划<br><table><tr><td>序号</td><td>作业项目</td><td>实施要点</td></tr><tr><td></td><td></td><td></td></tr><tr><td></td><td></td><td></td></tr><tr><td></td><td></td><td></td></tr></table></td></tr>
</table>

（续）

| 任务步骤 | 任务要点 | 实施记录 |
| --- | --- | --- |
| 检查智能网联汽车 | 1. 检查智能网联汽车是否平稳放置<br>2. 检查智能网联汽车是否断开总电源<br>3. 检查智能网联汽车处遥控器是否断开 | 是否完成：是□　否□<br>是否完成：是□　否□<br>是否完成：是□　否□ |
| 超声波雷达准备 | 1. 超声波雷达安装支架准备<br>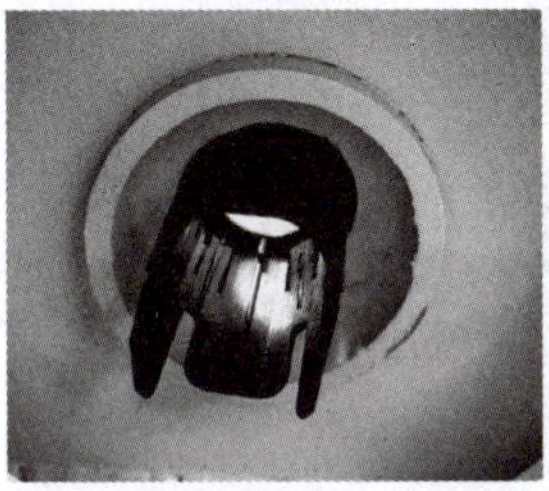<br>2. 超声波雷达安装位置确认<br>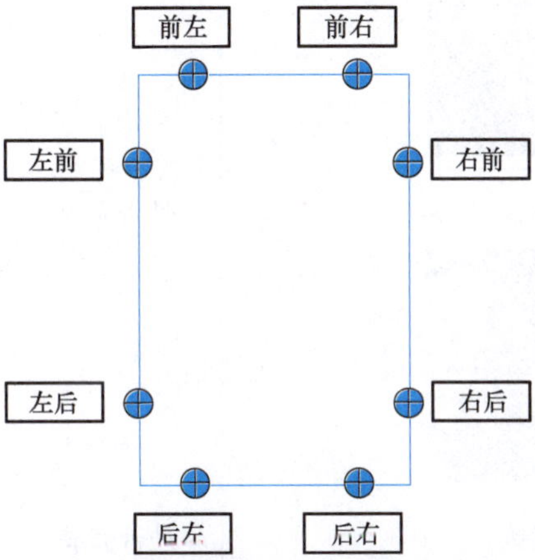 | 是否完成：是□　否□<br>是否完成：是□　否□ |
| 安装超声波雷达探头 | 1. 安装超声波雷达组件 1<br>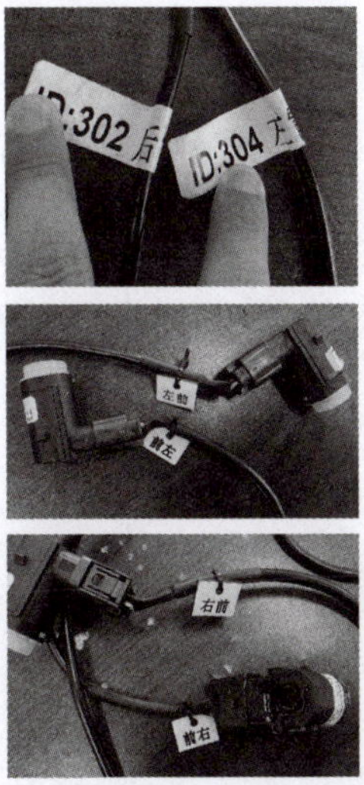 | 是否完成：是□　否□ |

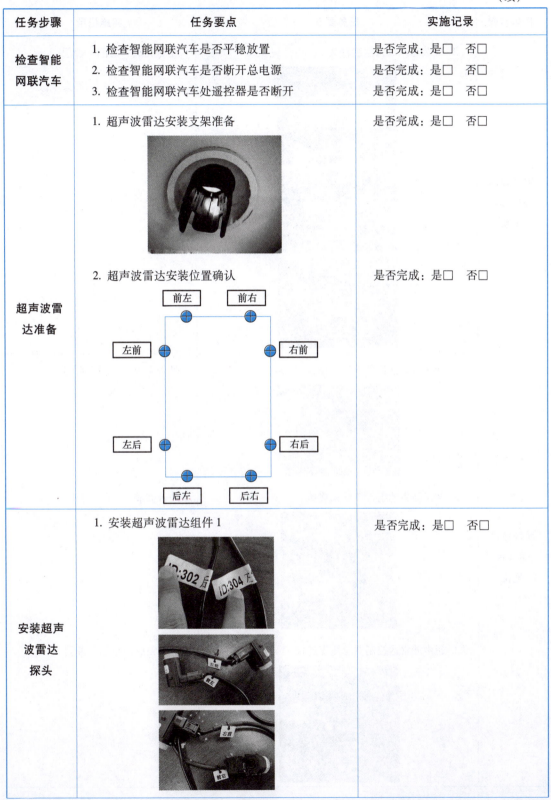

（续）

| 任务步骤 | 任务要点 | 实施记录 |
|---|---|---|
| 安装超声波雷达探头 | 2. 安装超声波雷达组件 2<br>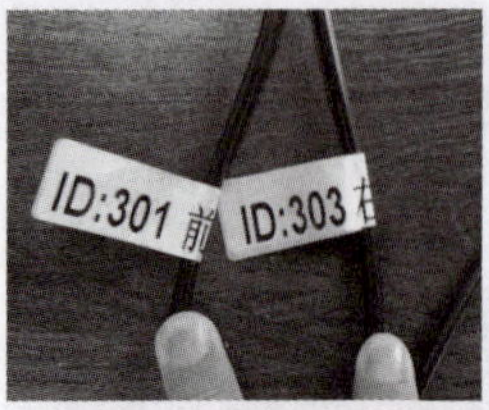<br>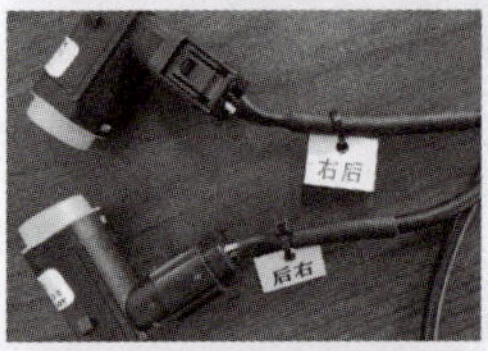<br> | 是否完成：是□　否□ |
| 超声波雷达线束连接 | 1. 超声波雷达组件 1 线束连接<br>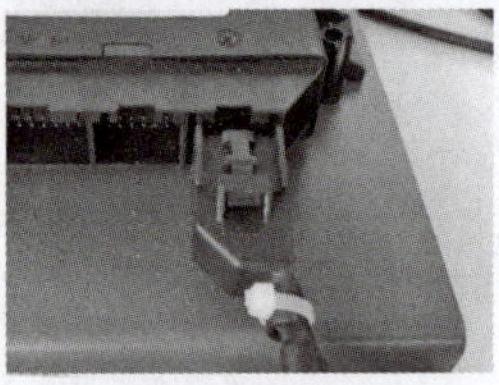<br>2. 超声波雷达组件 2 线束连接<br>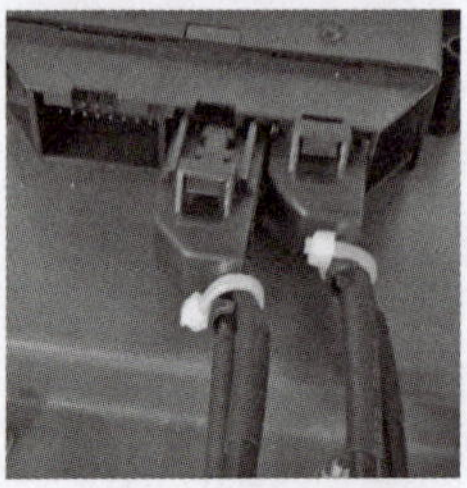<br>3. 超声波雷达控制器总线束连接<br>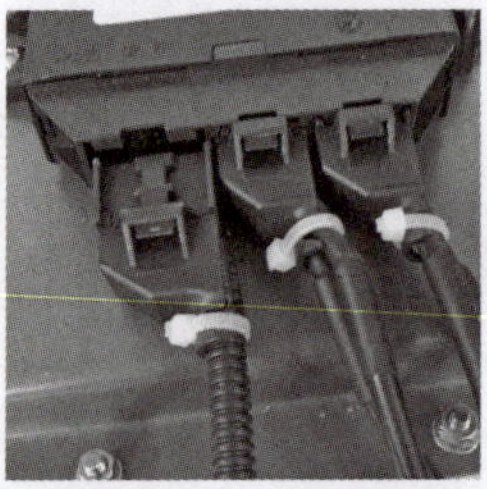 | 是否完成：是□　否□<br>是否完成：是□　否□<br>是否完成：是□　否□ |

（续）

| 任务步骤 | 任务要点 | 实施记录 |
|---|---|---|
| 操作完毕 | 清洁、整理工位 | 是否完成：是□　否□ |
| 任务总结 | 超声波雷达探头安装总结：<br><br>工作实施状况反思： | |
| 评价反思 | 评价表（见下） | |

评价表

| 项目 | 评价指标 | 自评 | 互评 |
|---|---|---|---|
| 专业技能 | 正确认识超声波雷达传感器探头的安装 | □合格　□不合格 | □合格　□不合格 |
| | 完整填写工作页 | □合格　□不合格 | □合格　□不合格 |
| 工作态度 | 着装规范，符合职业要求 | □合格　□不合格 | □合格　□不合格 |
| | 正确查阅超声波雷达安装相关资料和学习材料 | □合格　□不合格 | □合格　□不合格 |
| | 目标明确，独立完成 | □合格　□不合格 | □合格　□不合格 |
| 个人反思 | 完成任务的安全、质量、时间和6S要求，是否达到最佳程度，请提出个人改进建议 | | |
| 教师评价 | 教师签字<br>年　月　日 | 成绩<br>□合格　□不合格 | |

# 实训工单 2.2　超声波雷达 CAN 信号读取

<table>
<tr><td>任务名称</td><td>超声波雷达 CAN 信号读取</td><td>学时</td><td>2</td><td>班级</td><td></td></tr>
<tr><td>姓名</td><td></td><td>学号</td><td></td><td>成绩</td><td></td></tr>
<tr><td>实训设备、工具及仪器</td><td>智能网联汽车、工具箱、安全防护用品、计算机</td><td>实训场地</td><td>理实一体化教室</td><td>日期</td><td></td></tr>
<tr><td>任务描述</td><td colspan="5">本任务目的是加强对智能网联汽车超声波雷达的认识，在实车上读取超声波雷达 CAN 信号，掌握超声波雷达 CAN 信号读取；通过任务实施、评价及反馈，理论结合实践，夯实培养质量</td></tr>
<tr><td>任务目的</td><td colspan="5">1. 了解智能网联汽车超声波雷达的工作原理<br>2. 掌握智能网联汽车超声波雷达的 CAN 信号读取<br>3. 练习超声波雷达的 CAN 信号读取</td></tr>
<tr><td>任务步骤</td><td colspan="2">任务要点</td><td colspan="3">实施记录</td></tr>
<tr><td>任务准备</td><td colspan="2">1. 更换实训服，穿戴劳保用品<br>2. 严禁非专业人员或无教师在场情况下私自对部件进行操作<br>3. 实训过程中需要至少两人配合完成，不可一人单独完成作业</td><td colspan="3">是否完成：是□　否□</td></tr>
<tr><td>工具准备</td><td colspan="2">智能网联汽车、工具箱、安全防护用品、计算机</td><td colspan="3">是否正常：是□　否□</td></tr>
<tr><td>制订计划</td><td colspan="5">根据任务目标，制订任务实施计划<table><tr><th>序号</th><th>作业项目</th><th>实施要点</th></tr><tr><td></td><td></td><td></td></tr><tr><td></td><td></td><td></td></tr><tr><td></td><td></td><td></td></tr></table></td></tr>
<tr><td>检查智能网联汽车</td><td colspan="2">1. 检查智能网联汽车是否平稳放置<br>2. 检查智能网联汽车是否断开总电源<br>3. 检查智能网联汽车处遥控器是否断开</td><td colspan="3">是否完成：是□　否□<br>是否完成：是□　否□<br>是否完成：是□　否□</td></tr>
<tr><td>打开电源开关</td><td colspan="2">1. 打开动力蓄电池包开关和主电源开关<br></td><td colspan="3">是否完成：是□　否□</td></tr>
</table>

（续）

<table>
<tr><th>任务步骤</th><th>任务要点</th><th>实施记录</th></tr>
<tr><td>打开电源开关</td><td>2. 打开电源控制盒上 AGX、LCD、ULT、M2 等电源开关
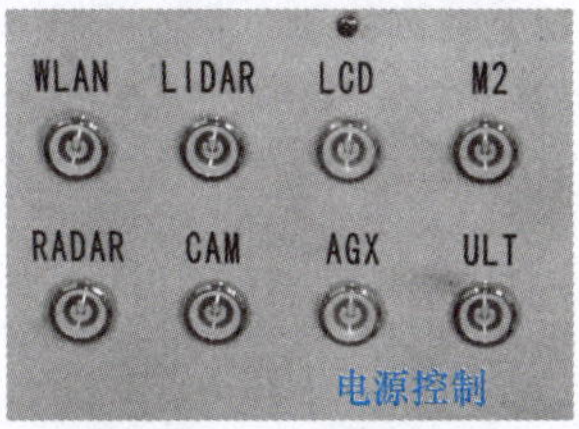
</td><td>是否完成：是□ 否□</td></tr>
<tr><td>打开计算机输入终端</td><td>按 Ctrl+Alt+T 键打开输入终端

</td><td>是否完成：是□ 否□</td></tr>
<tr><td>查找信号</td><td>输入 candump can0 后单击回车键，按 Ctrl+C 键中断

</td><td>是否完成：是□ 否□</td></tr>
<tr><td>检查信号</td><td>检查 CAN0 信号中的 301、302、303、304 信号是否缺失
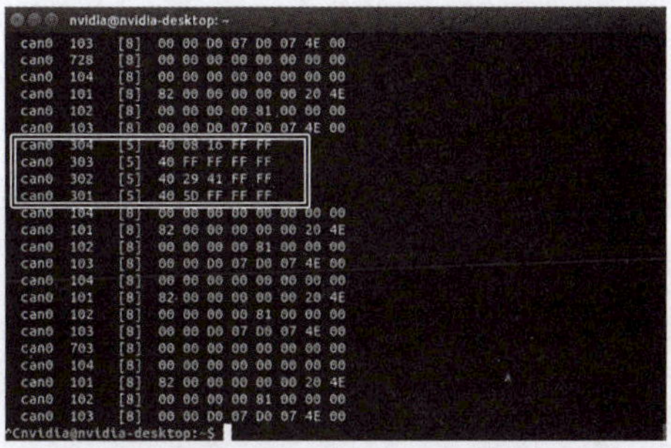
</td><td>是否完成：是□ 否□</td></tr>
</table>

（续）

| 任务步骤 | 任务要点 | 实施记录 |
|---|---|---|
| 操作完毕 | 1. 关闭计算机主机<br>2. 关闭电源控制器盒 AGX、LCD、ULT、M2 等电源开关<br>3. 关闭动力蓄电池包开关和主电源开关 | 是否完成：是□　否□<br>是否完成：是□　否□<br>是否完成：是□　否□ |
| 任务总结 | 超声波雷达 CAN 信号读取总结：<br><br>工作实施状况反思： | |
| 评价反思 | （见下方评价表） | |

评价表

| 项目 | 评价指标 | 自评 | 互评 |
|---|---|---|---|
| 专业技能 | 正确认识超声波雷达传感器 CAN 信号读取 | □合格　□不合格 | □合格　□不合格 |
| | 完整填写工作页 | □合格　□不合格 | □合格　□不合格 |
| 工作态度 | 着装规范，符合职业要求 | □合格　□不合格 | □合格　□不合格 |
| | 正确查阅超声波雷达 CAN 信号读取相关资料和学习材料 | □合格　□不合格 | □合格　□不合格 |
| | 目标明确，独立完成 | □合格　□不合格 | □合格　□不合格 |
| 个人反思 | 完成任务的安全、质量、时间和 6S 要求，是否达到最佳程度，请提出个人改进建议 | | |
| 教师评价 | 教师签字<br>年　月　日 | 成绩<br>□合格　□不合格 | |

# 实训工单 2.3　超声波雷达数据读取

<table>
<tr><td>任务名称</td><td>超声波雷达数据读取</td><td>学时</td><td>2</td><td>班级</td><td></td></tr>
<tr><td>姓名</td><td></td><td>学号</td><td></td><td>成绩</td><td></td></tr>
<tr><td>实训设备、工具及仪器</td><td>智能网联汽车、工具箱、安全防护用品、计算机</td><td>实训场地</td><td>理实一体化教室</td><td>日期</td><td></td></tr>
<tr><td>任务描述</td><td colspan="5">本任务主要是加强对智能网联汽车超声波雷达的技术认识，通过在实车上读取超声波雷达数据，掌握超声波雷达数据读取内容；通过任务实施、评价及反馈，理论结合实践，夯实培养质量</td></tr>
<tr><td>任务目的</td><td colspan="5">1. 了解智能网联汽车超声波雷达数据读取原理<br>2. 掌握智能网联汽车超声波雷达数据读取步骤<br>3. 练习超声波雷达数据读取</td></tr>
<tr><td>任务步骤</td><td colspan="3">任务要点</td><td colspan="2">实施记录</td></tr>
<tr><td>任务准备</td><td colspan="3">1. 更换实训服，穿戴劳保用品<br>2. 严禁非专业人员或无教师在场情况下私自对部件进行操作<br>3. 实训过程中需要至少两人配合完成，不可一人单独完成作业</td><td colspan="2">是否完成：是□　否□</td></tr>
<tr><td>工具准备</td><td colspan="3">智能网联汽车、工具箱、安全防护用品、计算机</td><td colspan="2">是否正常：是□　否□</td></tr>
<tr><td>制订计划</td><td colspan="5">根据任务日标，制订任务实施计划<br><table><tr><td>序号</td><td>作业项目</td><td>实施要点</td></tr><tr><td></td><td></td><td></td></tr><tr><td></td><td></td><td></td></tr><tr><td></td><td></td><td></td></tr></table></td></tr>
<tr><td>检查智能网联汽车</td><td colspan="3">1. 检查智能网联汽车是否平稳放置<br>2. 检查智能网联汽车是否断开总电源<br>3. 检查智能网联汽车处遥控器是否断开</td><td colspan="2">是否完成：是□　否□<br>是否完成：是□　否□<br>是否完成：是□　否□</td></tr>
<tr><td>打开电源开关</td><td colspan="3">1. 打开动力蓄电池包开关和主电源开关<br>2. 打开电源控制器盒上 AGX、LCD、ULT、M2 等电源开关</td><td colspan="2">是否完成：是□　否□<br>是否完成：是□　否□</td></tr>
</table>

（续）

<table>
<tr><th>任务步骤</th><th>任务要点</th><th>实施记录</th></tr>
<tr><td>打开智能驾驶装调实训平台</td><td>1. 打开数据终端窗口<br><br><br>2. 打开智能驾驶装调平台<br>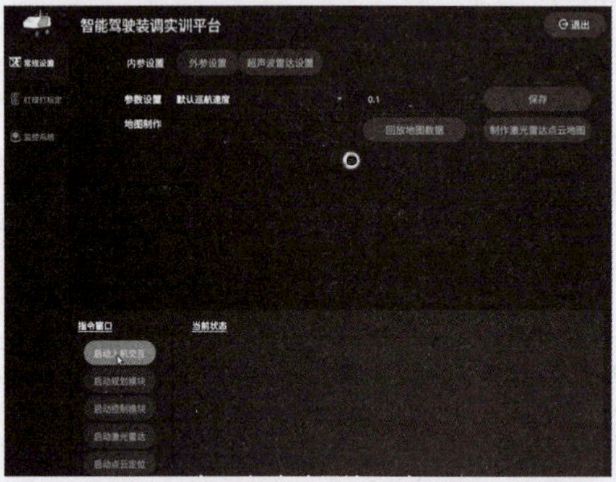<br></td><td>是否完成：是□　否□<br><br>是否完成：是□　否□</td></tr>
<tr><td>打开超声波雷达驱动</td><td>进入“HView”的“任务”界面，单击打开“模块”界面，在“模块”区域中单击 canbus 按钮和 Ultrasonic 按钮<br>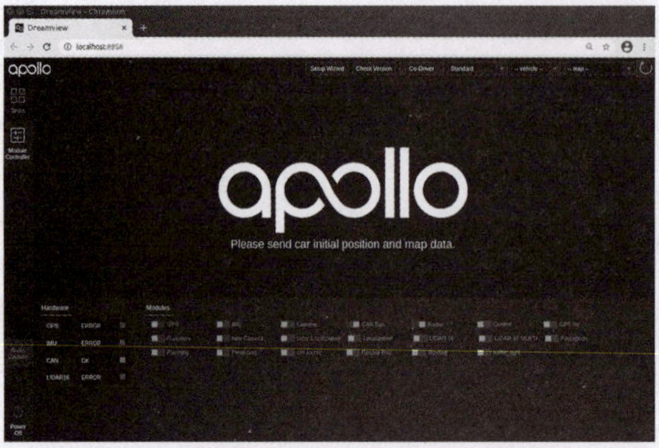<br></td><td>是否完成：是□　否□</td></tr>
</table>

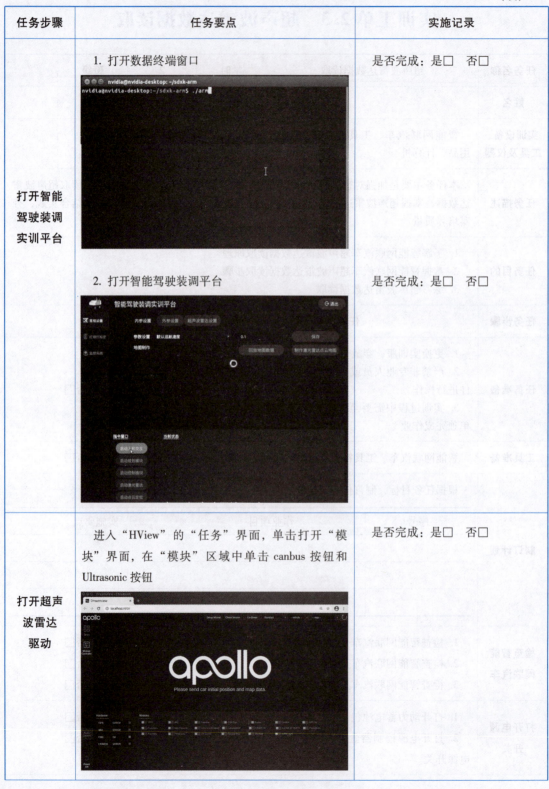

（续）

<table>
<tr><th>任务步骤</th><th>任务要点</th><th>实施记录</th></tr>
<tr><td>检查超声波雷达实时数据</td><td>打开智能驾驶装调实训平台，在“监控系统”界面，查看超声波雷达数据<br>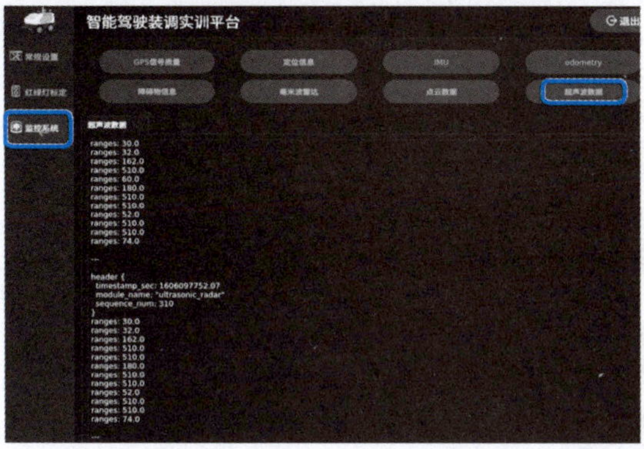
</td><td>是否完成：是□ 否□</td></tr>
<tr><td>操作完毕</td><td>1. 关闭计算机主机<br>2. 关闭电源控制器盒 AGX、LCD、ULT、M2 等电源开关<br>3. 关闭动力蓄电池包开关和主电源开关</td><td>是否完成：是□ 否□<br>是否完成：是□ 否□<br>是否完成：是□ 否□</td></tr>
<tr><td>任务总结</td><td colspan="2">超声波雷达数据总结：<br><br>工作实施状况反思：</td></tr>
<tr><td>评价反思</td><td colspan="2">见下方评价表</td></tr>
</table>

评价表

<table>
<tr><th>项目</th><th>评价指标</th><th>自评</th><th>互评</th></tr>
<tr><td rowspan="2">专业技能</td><td>正确认识超声波雷达数据读取</td><td>□合格 □不合格</td><td>□合格 □不合格</td></tr>
<tr><td>完整填写工作页</td><td>□合格 □不合格</td><td>□合格 □不合格</td></tr>
<tr><td rowspan="3">工作态度</td><td>着装规范，符合职业要求</td><td>□合格 □不合格</td><td>□合格 □不合格</td></tr>
<tr><td>正确查阅超声波雷达数据读取相关资料和学习材料</td><td>□合格 □不合格</td><td>□合格 □不合格</td></tr>
<tr><td>目标明确，独立完成</td><td>□合格 □不合格</td><td>□合格 □不合格</td></tr>
<tr><td>个人反思</td><td>完成任务的安全、质量、时间和 6S 要求，是否达到最佳程度，请提出个人改进建议</td><td colspan="2"></td></tr>
<tr><td rowspan="2">教师评价</td><td rowspan="2">教师签字<br>年 月 日</td><td colspan="2">成绩</td></tr>
<tr><td colspan="2">□合格 □不合格</td></tr>
</table>

# 实训工单 2.4　超声波雷达配置与标定

| 任务名称 | 超声波雷达配置与标定 | 学时 | 2 | 班级 | |
|---|---|---|---|---|---|
| 姓名 | | 学号 | | 成绩 | |
| 实训设备、工具及仪器 | 智能网联汽车、工具箱、安全防护用品、计算机 | 实训场地 | 理实一体化教室 | 日期 | |
| 任务描述 | 本任务目的是加强对智能网联汽车超声波雷达的技术认识，通过在实车上对超声波雷达进行配置与标定，掌握超声波雷达配置与标定内容；通过任务实施、评价及反馈，理论结合实践，夯实培养质量 | | | | |
| 任务目的 | 1. 了解智能网联汽车超声波雷达配置与标定理论基础<br>2. 掌握智能网联汽车超声波雷达配置与标定的内容与步骤<br>3. 练习超声波雷达的配置与标定 | | | | |
| 任务步骤 | 任务要点 | | 实施记录 | | |
| 任务准备 | 1. 更换实训服，穿戴劳保用品<br>2. 严禁非专业人员或无教师在场情况下私自对部件进行操作<br>3. 实训过程中需要至少两人配合完成，不可一人单独完成作业 | | 是否完成：是□　否□ | | |
| 工具准备 | 智能网联汽车、工具箱、安全防护用品、计算机 | | 是否正常：是□　否□ | | |
| 制订计划 | 根据任务目标，制订任务实施计划（见下表） | | | | |
| 检查智能网联汽车 | 1. 检查智能网联汽车是否平稳放置<br>2. 检查智能网联汽车是否断开总电源<br>3. 检查智能网联汽车处遥控器是否断开 | | 是否完成：是□　否□<br>是否完成：是□　否□<br>是否完成：是□　否□ | | |
| 打开电源开关 | 1. 打开动力蓄电池包开关和主电源开关<br>2. 打开电源控制器盒上 AGX、LCD、ULT、M2 等电源开关 | | 是否完成：是□　否□<br>是否完成：是□　否□ | | |
| 超声波雷达配置 | 1. 查看超声波雷达布局<br>2. 查看超声波雷达 CAN 线数据 | | 是否完成：是□　否□<br>是否完成：是□　否□ | | |

制订计划表：

| 序号 | 作业项目 | 实施要点 |
|---|---|---|
| | | |
| | | |
| | | |

（续）

<table>
<tr><th>任务步骤</th><th>任务要点</th><th>实施记录</th></tr>
<tr><td rowspan="4">超声波雷达设置</td><td>3. 查看超声波雷达数据<br>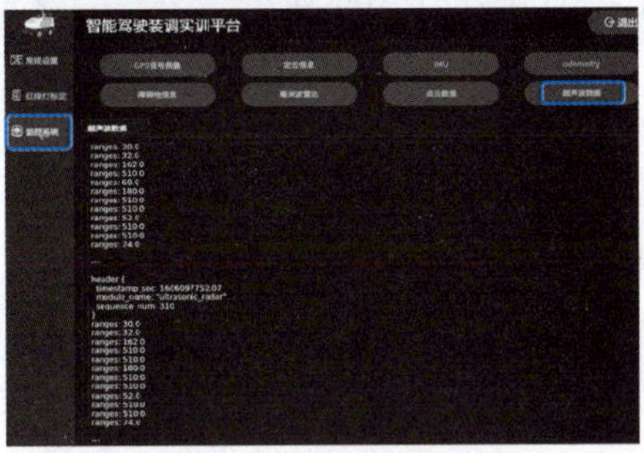<br></td><td>是否完成：是□　否□</td></tr>
<tr><td>4. 超声波雷达配置<br>1）打开超声波雷达设置界面<br>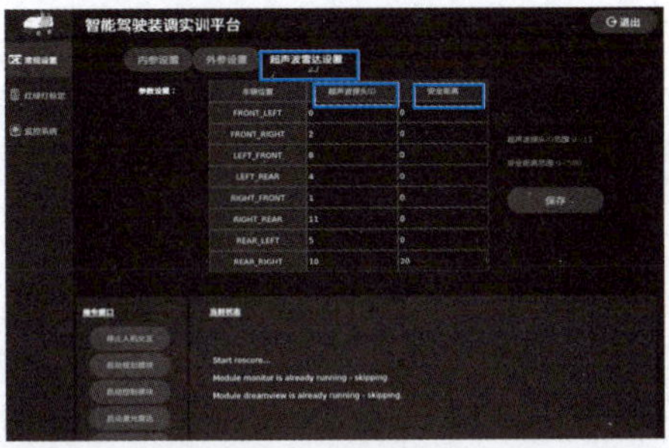<br></td><td>是否完成：是□　否□</td></tr>
<tr><td>2）设置左后超声波雷达 ID<br>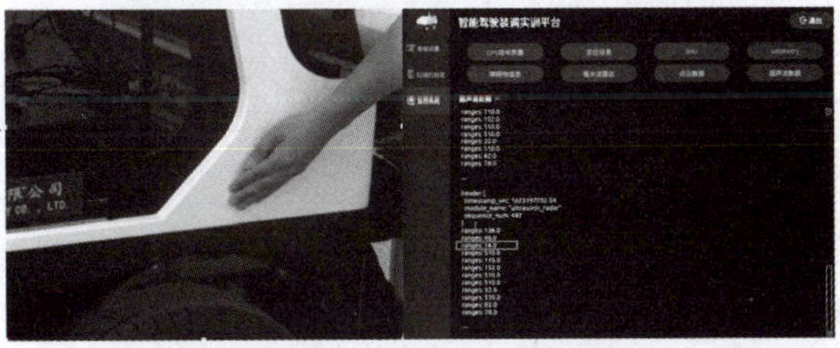<br></td><td>是否完成：是□　否□</td></tr>
<tr><td>3）设置其他超声波雷达 ID<br><br></td><td>是否完成：是□　否□</td></tr>
</table>

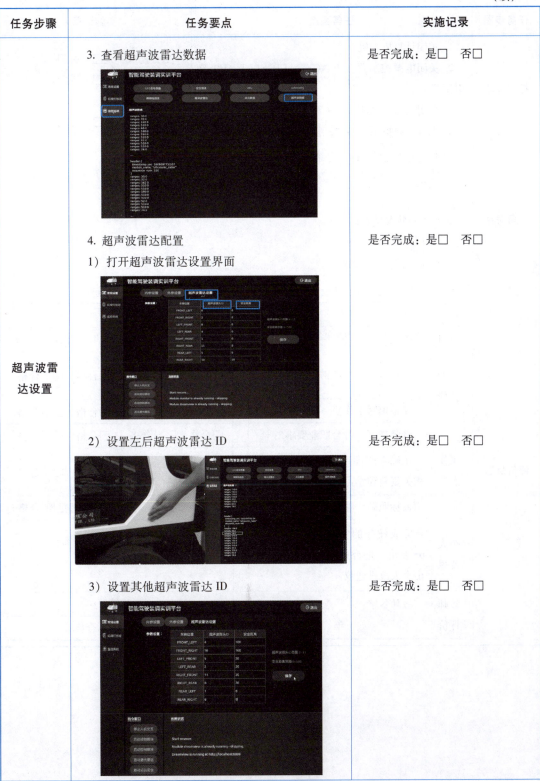

（续）

| 任务步骤 | 任务要点 | 实施记录 |
| --- | --- | --- |
| 操作完毕 | 1. 关闭计算机主机<br>2. 关闭电源控制器盒上 AGX、LCD、ULT、M2 等电源开关<br>3. 关闭动力蓄电池包开关和主电源开关<br>4. 工具、防护用品归位，整理、清洁工位 | 是否完成：是□　否□<br>是否完成：是□　否□<br>是否完成：是□　否□ |
| 任务总结 | 超声波雷达配置与标定总结：<br><br>工作实施状况反思： | |
| 评价反思 | 评价表（见下表） | |

评价表

| 项目 | 评价指标 | 自评 | | 互评 | |
| --- | --- | --- | --- | --- | --- |
| 专业技能 | 正确认识超声波雷达配置与标定 | □合格 | □不合格 | □合格 | □不合格 |
| | 完整填写工作页 | □合格 | □不合格 | □合格 | □不合格 |
| 工作态度 | 着装规范，符合职业要求 | □合格 | □不合格 | □合格 | □不合格 |
| | 正确查阅超声波雷达配置与标定相关资料和学习材料 | □合格 | □不合格 | □合格 | □不合格 |
| | 目标明确，独立完成 | □合格 | □不合格 | □合格 | □不合格 |
| 个人反思 | 完成任务的安全、质量、时间和 6S 要求，是否达到最佳程度，请提出个人改进建议 | | | | |
| 教师评价 | 教师签字<br>年　月　日 | 成绩<br>□合格　□不合格 | | | |

# 实训工单 2.5 超声波雷达故障检修

<table>
<tr><td>任务名称</td><td>超声波雷达故障检修</td><td>学时</td><td>2</td><td>班级</td><td></td></tr>
<tr><td>姓名</td><td></td><td>学号</td><td></td><td>成绩</td><td></td></tr>
<tr><td>实训设备、工具及仪器</td><td>智能网联汽车、工具箱、安全防护用品、计算机</td><td>实训场地</td><td>理实一体化教室</td><td>日期</td><td></td></tr>
<tr><td>任务描述</td><td colspan="5">本任务目的是加强对智能网联汽车超声波雷达的技术认识，通过在实车上对超声波雷达进行故障检修，掌握超声波雷达故障检修的原理和步骤；通过任务实施、评价及反馈，理论结合实践，夯实培养质量</td></tr>
<tr><td>任务目的</td><td colspan="5">1. 了解智能网联汽车超声波雷达故障检修的原理<br>2. 掌握智能网联汽车超声波雷达故障检修的具体步骤<br>3. 练习超声波雷达的故障检修</td></tr>
<tr><td>任务步骤</td><td colspan="3">任务要点</td><td colspan="2">实施记录</td></tr>
<tr><td>任务准备</td><td colspan="3">1. 更换实训服，穿戴劳保用品<br>2. 严禁非专业人员或无教师在场情况下私自对部件进行操作<br>3. 实训过程中需要至少两人配合完成，不可一人单独完成作业</td><td colspan="2">是否完成：是□ 否□</td></tr>
<tr><td>工具准备</td><td colspan="3">智能网联汽车、工具箱、安全防护用品、计算机</td><td colspan="2">是否正常：是□ 否□</td></tr>
<tr><td>制订计划</td><td colspan="5">根据任务目标，制订任务实施计划<br><table><tr><td>序号</td><td>作业项目</td><td>实施要点</td></tr><tr><td></td><td></td><td></td></tr><tr><td></td><td></td><td></td></tr><tr><td></td><td></td><td></td></tr></table></td></tr>
<tr><td>检查智能网联汽车</td><td colspan="3">1. 检查智能网联汽车是否平稳放置<br>2. 检查智能网联汽车是否断开总电源<br>3. 检查智能网联汽车处遥控器是否断开</td><td colspan="2">是否完成：是□ 否□<br>是否完成：是□ 否□<br>是否完成：是□ 否□</td></tr>
<tr><td>作业准备</td><td colspan="3">1. 清洁操作工位<br>2. 使用安全防护用具<br>3. 工具设备外观检查<br>4. 开启电源</td><td colspan="2">是否完成：是□ 否□<br>是否完成：是□ 否□<br>是否完成：是□ 否□<br>是否完成：是□ 否□</td></tr>
</table>

（续）

<table>
<tr><th>任务步骤</th><th>任务要点</th><th>实施记录</th></tr>
<tr><td rowspan="6">确定故障点</td><td>1. 查看超声波雷达 CAN 线数据<br>
</td><td>是否完成：是□ 否□</td></tr>
<tr><td>2. 检查超声波雷达电源线</td><td></td></tr>
<tr><td>1）拆下超声波雷达电源线</td><td>是否完成：是□ 否□</td></tr>
<tr><td>2）检查超声波雷达电源线的通断<br>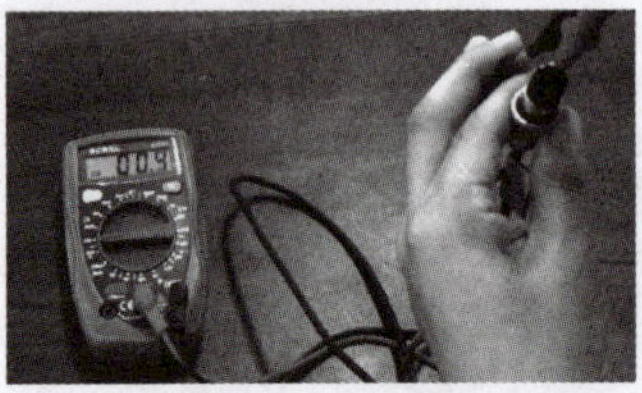</td><td>是否完成：是□ 否□</td></tr>
<tr><td>3）检查超声波雷达 CAN 线的通断<br></td><td>是否完成：是□ 否□</td></tr>
<tr><td></td><td></td></tr>
<tr><td rowspan="2">排除故障点</td><td>1. 更换新的 CAN 线</td><td>是否完成：是□ 否□</td></tr>
<tr><td>2. 验证故障是否排除<br>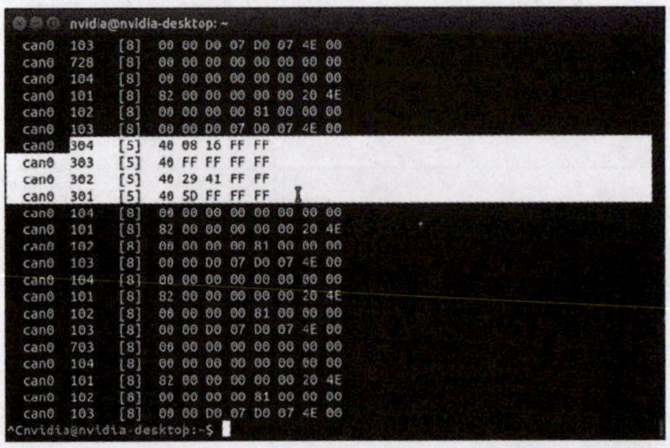
</td><td>是否完成：是□ 否□</td></tr>
</table>

（续）

| 任务步骤 | 任务要点 | 实施记录 |
|---|---|---|
| 操作完毕 | 1. 关闭计算机主机<br>2. 关闭电源控制器盒 AGX、LCD、ULT、M2 等电源开关<br>3. 关闭动力蓄电池包开关和主电源开关<br>4. 工具、防护用品归位，整理、清洁工位 | 是否完成：是□　否□<br>是否完成：是□　否□<br>是否完成：是□　否□ |
| 任务总结 | 超声波雷达故障检修总结：<br><br>工作实施状况反思： | |
| 评价反思 | 评价表 | |

评价表

| 项目 | 评价指标 | 自评 | 互评 |
|---|---|---|---|
| 专业技能 | 正确认识超声波雷达故障检修 | □合格　□不合格 | □合格　□不合格 |
| | 完整填写工作页 | □合格　□不合格 | □合格　□不合格 |
| 工作态度 | 着装规范，符合职业要求 | □合格　□不合格 | □合格　□不合格 |
| | 正确查阅超声波雷达故障检修相关资料和学习材料 | □合格　□不合格 | □合格　□不合格 |
| | 目标明确，独立完成 | □合格　□不合格 | □合格　□不合格 |
| 个人反思 | 完成任务的安全、质量、时间和6S要求，是否达到最佳程度，请提出个人改进建议 | | |
| 教师评价 | 教师签字<br>年　月　日 | 成绩<br>□合格　□不合格 | |

# 项目三

## 毫米波雷达传感技术与应用

### 实训工单 3.1　毫米波雷达安装

| 任务名称 | 毫米波雷达安装 | 学时 | 2 | 班级 | |
|---|---|---|---|---|---|
| 姓名 | | 学号 | | 成绩 | |
| 实训设备、工具及仪器 | 智能网联汽车、工具箱、安全防护用品 | 实训场地 | 理实一体化教室 | 日期 | |
| 任务描述 | 本任务目的是加强对智能网联汽车毫米波雷达的认识，通过在实车上进行毫米波雷达的安装，掌握毫米波雷达安装步骤；通过任务实施、评价及反馈，理论结合实践，夯实培养质量 | | | | |
| 任务目的 | 1. 了解智能网联汽车毫米波雷达的工作原理、组成<br>2. 掌握智能网联汽车毫米波雷达的安装步骤<br>3. 练习毫米波雷达的探头安装 | | | | |
| 任务步骤 | 任务要点 | | 实施记录 | | |
| 任务准备 | 1. 更换实训服，穿戴劳保用品<br>2. 严禁非专业人员或无教师在场情况下私自对部件进行操作<br>3. 实训过程中需要至少两人配合完成，不可一人单独完成作业 | | 是否完成：是□　否□ | | |
| 工具准备 | 智能网联汽车、工具箱、安全防护用品 | | 是否正常：是□　否□ | | |
| 制订计划 | 根据任务目标，制订任务实施计划 | | | | |

| 序号 | 作业项目 | 实施要点 |
|---|---|---|
| | | |
| | | |
| | | |

（续）

| 任务步骤 | 任务要点 | 实施记录 |
| --- | --- | --- |
| 检查智能网联汽车 | 1. 检查智能网联汽车是否平稳放置<br>2. 检查智能网联汽车是否断开总电源<br>3. 检查智能网联汽车处遥控器是否断开 | 是否完成：是□ 否□<br>是否完成：是□ 否□<br>是否完成：是□ 否□ |
| 毫米波雷达支架安装准备 | 准备毫米波雷达探头<br>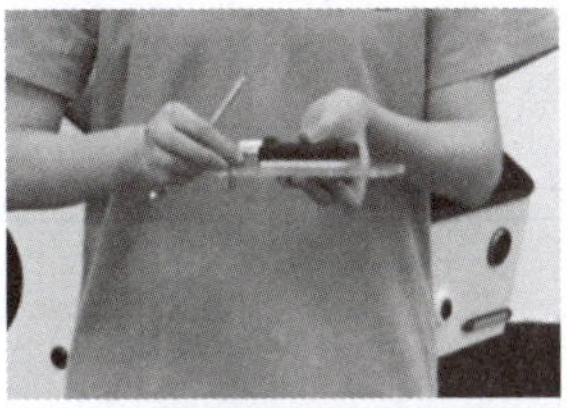 | 是否完成：是□ 否□ |
| 毫米波雷达的安装 | 1. 检查毫米波雷达螺栓孔<br>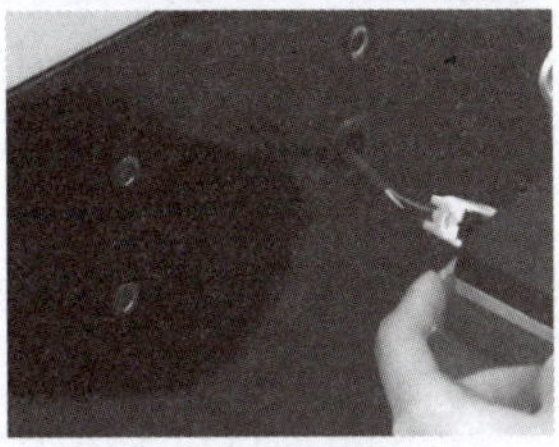<br>2. 安装毫米波雷达支架螺栓<br><br>3. 紧固毫米波雷达支架螺栓<br>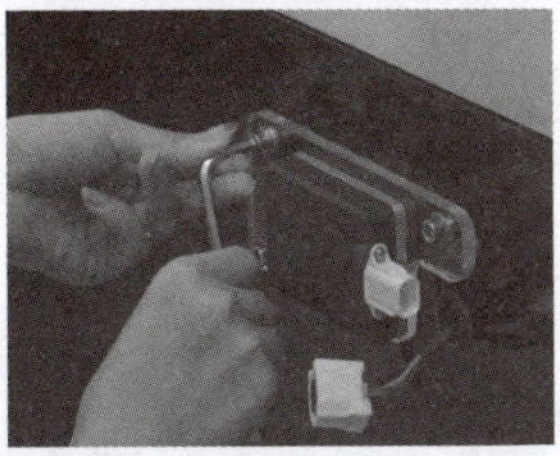 | 是否完成：是□ 否□<br>是否完成：是□ 否□<br>是否完成：是□ 否□ |
| 毫米波雷达线束连接 | 毫米波雷达线束连接<br>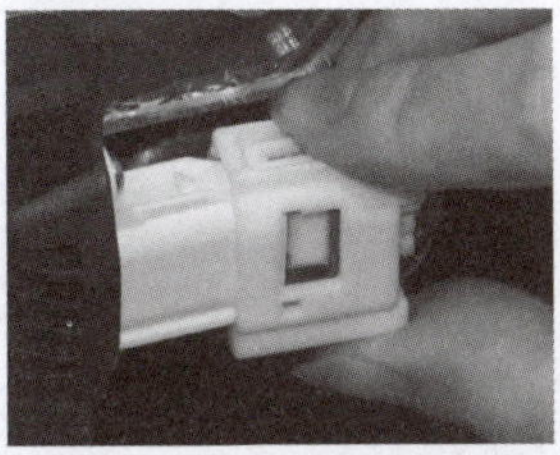 | 是否完成：是□ 否□ |

（续）

<table>
<tr><th>任务步骤</th><th>任务要点</th><th>实施记录</th></tr>
<tr><td>操作完毕</td><td>清洁、整理工位</td><td>是否完成：是☐　否☐</td></tr>
<tr><td>任务总结</td><td colspan="2">毫米波雷达探头安装总结：<br>工作实施状况反思：</td></tr>
<tr><td>评价反思</td><td colspan="2">
<table>
<tr><th colspan="4">评价表</th></tr>
<tr><th>项目</th><th>评价指标</th><th>自评</th><th>互评</th></tr>
<tr><td rowspan="2">专业技能</td><td>正确认识毫米波雷达的安装</td><td>☐合格　☐不合格</td><td>☐合格　☐不合格</td></tr>
<tr><td>完整填写工作页</td><td>☐合格　☐不合格</td><td>☐合格　☐不合格</td></tr>
<tr><td rowspan="3">工作态度</td><td>着装规范，符合职业要求</td><td>☐合格　☐不合格</td><td>☐合格　☐不合格</td></tr>
<tr><td>正确查阅毫米波雷达安装相关资料和学习材料</td><td>☐合格　☐不合格</td><td>☐合格　☐不合格</td></tr>
<tr><td>目标明确，独立完成</td><td>☐合格　☐不合格</td><td>☐合格　☐不合格</td></tr>
<tr><td>个人反思</td><td>完成任务的安全、质量、时间和6S要求，是否达到最佳程度，请提出个人改进建议</td><td colspan="2"></td></tr>
<tr><td rowspan="2">教师评价</td><td rowspan="2">教师签字<br>年　月　日</td><td colspan="2">成绩</td></tr>
<tr><td colspan="2">☐合格　☐不合格</td></tr>
</table>
</td></tr>
</table>

# 实训工单 3.2　毫米波雷达 CAN 信号读取

<table>
<tr><td>任务名称</td><td>毫米波雷达 CAN 信号读取</td><td>学时</td><td>2</td><td>班级</td><td></td></tr>
<tr><td>姓名</td><td></td><td>学号</td><td></td><td>成绩</td><td></td></tr>
<tr><td>实训设备、工具及仪器</td><td>智能网联汽车、工具箱、安全防护用品、计算机</td><td>实训场地</td><td>理实一体化教室</td><td>日期</td><td></td></tr>
<tr><td>任务描述</td><td colspan="5">本任务的目的是加强对智能网联汽车毫米波雷达的认识，通过在实车上进行毫米波雷达 CAN 信号读取，掌握毫米波雷达 CAN 信号读取步骤；通过任务实施、评价及反馈，理论结合实践，夯实培养质量</td></tr>
<tr><td>任务目的</td><td colspan="5">1. 了解智能网联汽车毫米波雷达信号读取的原理<br>2. 掌握智能网联汽车毫米波雷达 CAN 信号读取方法<br>3. 练习超声波雷达的数据读取</td></tr>
<tr><td>任务步骤</td><td colspan="2">任务要点</td><td colspan="3">实施记录</td></tr>
<tr><td>任务准备</td><td colspan="2">1. 更换实训服，穿戴劳保用品<br>2. 严禁非专业人员或无教师在场情况下私自对部件进行操作<br>3. 实训过程中需要至少两人配合完成，不可一人单独完成作业</td><td colspan="3">是否完成：是□　否□</td></tr>
<tr><td>工具准备</td><td colspan="2">智能网联汽车、工具箱、安全防护用品、计算机</td><td colspan="3">是否正常：是□　否□</td></tr>
<tr><td>制订计划</td><td colspan="5">根据任务目标，制订任务实施计划<br><table><tr><td>序号</td><td>作业项目</td><td>实施要点</td></tr><tr><td></td><td></td><td></td></tr><tr><td></td><td></td><td></td></tr><tr><td></td><td></td><td></td></tr></table></td></tr>
<tr><td>检查智能网联汽车</td><td colspan="2">1. 检查智能网联汽车是否平稳放置<br>2. 检查智能网联汽车是否断开总电源<br>3. 检查智能网联汽车处遥控器是否断开</td><td colspan="3">是否完成：是□　否□<br>是否完成：是□　否□<br>是否完成：是□　否□</td></tr>
<tr><td>打开电源开关</td><td colspan="2">1. 打开动力蓄电池包开关和主电源开关<br>2. 打开电源控制器盒上 AGX、LCD、Radar、M2 等电源开关</td><td colspan="3">是否完成：是□　否□<br>是否完成：是□　否□</td></tr>
</table>

（续）

<table>
<tr><th>任务步骤</th><th>任务要点</th><th>实施记录</th></tr>
<tr><td>打开计算机<br>输入终端</td><td>按 Ctrl+Alt+T 键打开输入终端<br>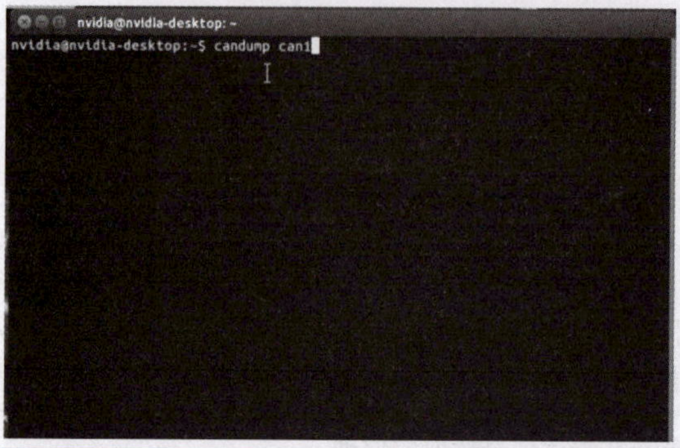
</td><td>是否完成：是□　否□</td></tr>
<tr><td>查找信号</td><td>输入 candump can1 后单击回车键，按 Ctrl+C 键中断<br>
</td><td>是否完成：是□　否□</td></tr>
<tr><td>检查信号</td><td>检查 CAN0 信号中的 301、302、303、304 信号是否缺失<br>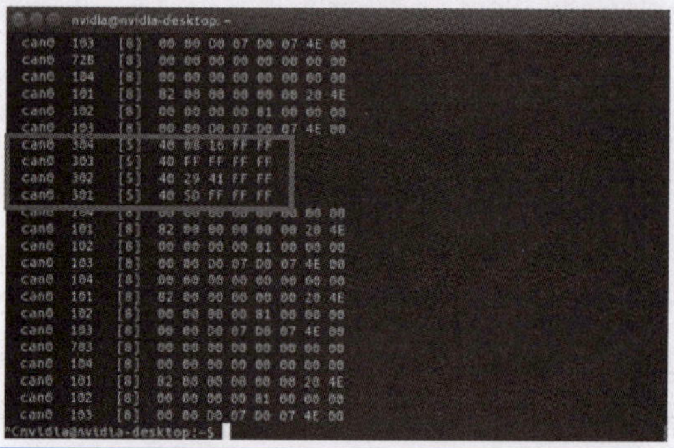
</td><td>是否完成：是□　否□</td></tr>
<tr><td>操作完毕</td><td>1. 关闭计算机主机<br>2. 关闭电源控制器盒上 AGX，LCD，Rader，M2 等电源开关<br>3. 关闭动力蓄电池包开关和主电源开关<br>4. 工具、防护用品归位，整理、清洁工位</td><td>是否完成：是□　否□<br>是否完成：是□　否□<br>是否完成：是□　否□</td></tr>
</table>

（续）

<table>
<tr><td>任务总结</td><td>毫米波雷达 CAN 信号读取总结：<br><br>工作实施状况反思：</td></tr>
<tr><td>评价反思</td><td>
<table>
<tr><th colspan="4">评价表</th></tr>
<tr><th>项目</th><th>评价指标</th><th>自评</th><th>互评</th></tr>
<tr><td rowspan="2">专业技能</td><td>正确认识毫米波雷达传感器 CAN 信号读取</td><td>□合格　□不合格</td><td>□合格　□不合格</td></tr>
<tr><td>完整填写工作页</td><td>□合格　□不合格</td><td>□合格　□不合格</td></tr>
<tr><td rowspan="3">工作态度</td><td>着装规范，符合职业要求</td><td>□合格　□不合格</td><td>□合格　□不合格</td></tr>
<tr><td>正确查阅毫米波传感器信号读取相关资料和学习材料</td><td>□合格　□不合格</td><td>□合格　□不合格</td></tr>
<tr><td>目标明确，独立完成</td><td>□合格　□不合格</td><td>□合格　□不合格</td></tr>
<tr><td>个人反思</td><td>完成任务的安全、质量、时间和 6S 要求，是否达到最佳程度，请提出个人改进建议</td><td colspan="2"></td></tr>
<tr><td rowspan="2">教师评价</td><td rowspan="2">教师签字<br>年　月　日</td><td colspan="2">成绩</td></tr>
<tr><td colspan="2">□合格　□不合格</td></tr>
</table>
</td></tr>
</table>

# 实训工单 3.3 毫米波雷达数据读取

<table>
<tr><td>任务名称</td><td>毫米波雷达数据读取</td><td>学时</td><td>2</td><td>班级</td><td></td></tr>
<tr><td>姓名</td><td></td><td>学号</td><td></td><td>成绩</td><td></td></tr>
<tr><td>实训设备、工具及仪器</td><td>智能网联汽车、工具箱、安全防护用品、计算机</td><td>实训场地</td><td>理实一体化教室</td><td>日期</td><td></td></tr>
<tr><td>任务描述</td><td colspan="5">本任务的目的是加强对智能网联汽车毫米波雷达的认识，通过在实车上进行毫米波雷达数据读取，掌握毫米波雷达数据读取步骤；通过任务实施、评价及反馈，理论结合实践，夯实培养质量</td></tr>
<tr><td>任务目的</td><td colspan="5">1. 了解智能网联汽车毫米波雷达数据读取的原理<br>2. 掌握智能网联汽车毫米波雷达数据读取步骤<br>3. 练习毫米波雷达的数据读取</td></tr>
<tr><td>任务步骤</td><td colspan="3">任务要点</td><td colspan="2">实施记录</td></tr>
<tr><td>任务准备</td><td colspan="3">1. 更换实训服，穿戴劳保用品<br>2. 严禁非专业人员或无教师在场情况下私自对部件进行操作<br>3. 实训过程中需要至少两人配合完成，不可一人单独完成作业</td><td colspan="2">是否完成：是□ 否□</td></tr>
<tr><td>工具准备</td><td colspan="3">智能网联汽车、工具箱、安全防护用品、计算机</td><td colspan="2">是否正常：是□ 否□</td></tr>
<tr><td>制订计划</td><td colspan="5">根据任务目标，制订任务实施计划<br><table><tr><th>序号</th><th>作业项目</th><th>实施要点</th></tr><tr><td></td><td></td><td></td></tr><tr><td></td><td></td><td></td></tr><tr><td></td><td></td><td></td></tr></table></td></tr>
<tr><td>检查智能网联汽车</td><td colspan="3">1. 检查智能网联汽车是否平稳放置<br>2. 检查智能网联汽车是否断开总电源<br>3. 检查智能网联汽车处遥控器是否断开</td><td colspan="2">是否完成：是□ 否□<br>是否完成：是□ 否□<br>是否完成：是□ 否□</td></tr>
<tr><td>打开电源开关</td><td colspan="3">1. 打开动力蓄电池包开关和主电源开关<br>2. 打开电源控制器盒上 AGX、LCD、Radar、M2 等电源开关</td><td colspan="2">是否完成：是□ 否□<br>是否完成：是□ 否□</td></tr>
</table>

（续）

| 任务步骤 | 任务要点 | 实施记录 |
| --- | --- | --- |
| 打开智能驾驶装调实训平台 | 1. 打开数据终端窗口<br><br>2. 打开智能驾驶装调实训平台<br>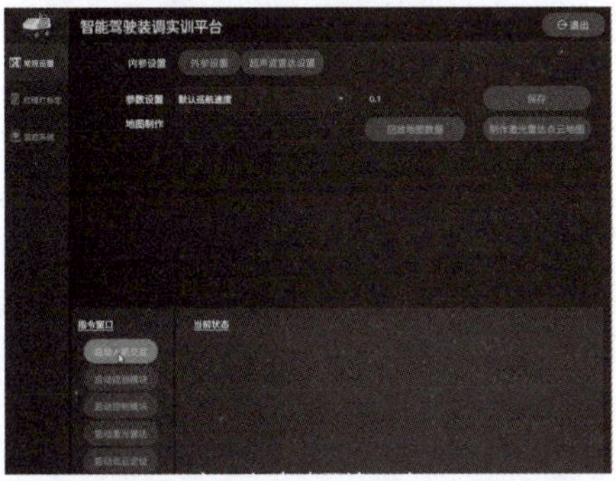 | 是否完成：是□　否□<br>是否完成：是□　否□ |
| 打开毫米波雷达驱动 | 进入“HView”的“任务”界面，单击打开“模块”界面，在“模块”区域中单击 canbus 按钮和 Radar 按钮<br>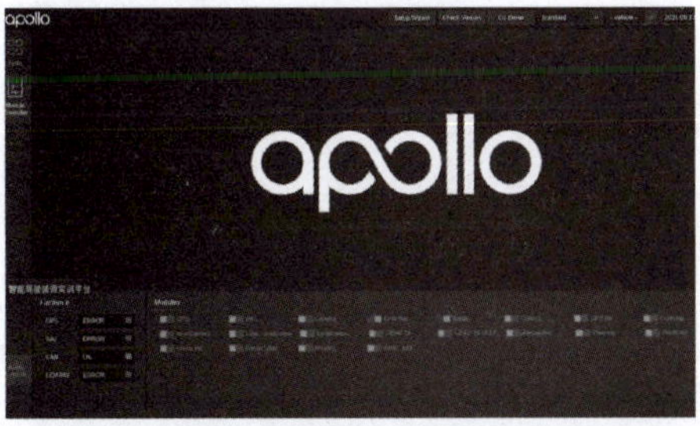 | 是否完成：是□　否□ |
| 查看毫米波雷达数据 | 打开智能驾驶装调实训平台，在“监控系统”界面，查看毫米波雷达数据<br>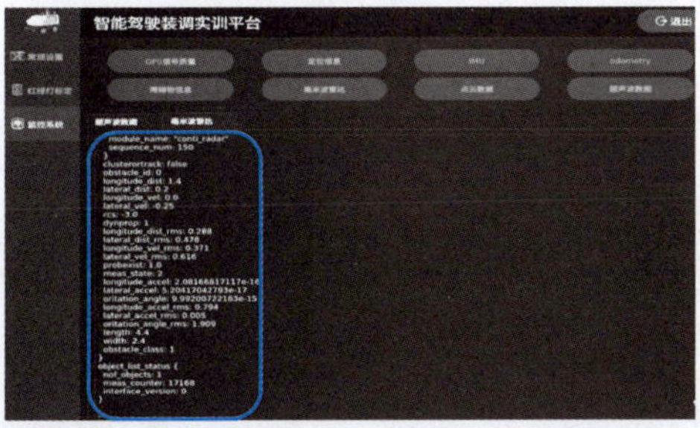 | 是否完成：是□　否□ |

（续）

<table>
<tr><th>任务步骤</th><th colspan="5">任务要点</th><th colspan="2">实施记录</th></tr>
<tr><td rowspan="4">操作完毕</td><td colspan="5">1. 单击 canbus、Radar 按钮，关闭 Hview 界面</td><td colspan="2">是否完成：是□　否□</td></tr>
<tr><td colspan="5">2. 关闭智能驾驶装调实训平台，关闭终端界面，关闭计算机</td><td colspan="2">是否完成：是□　否□</td></tr>
<tr><td colspan="5">3. 关闭电源控制器盒上 AGX、LCD、Radar、M2 等电源开关</td><td colspan="2">是否完成：是□　否□</td></tr>
<tr><td colspan="5">4. 关闭动力蓄电池包开关和主电源开关</td><td colspan="2">是否完成：是□　否□</td></tr>
<tr><td>任务总结</td><td colspan="7">毫米波雷达数据总结：<br><br>工作实施状况反思：</td></tr>
<tr><td rowspan="10">评价反思</td><td colspan="7">评价表</td></tr>
<tr><td>项目</td><td colspan="2">评价指标</td><td colspan="2">自评</td><td colspan="2">互评</td></tr>
<tr><td rowspan="2">专业技能</td><td colspan="2">正确认识毫米波雷达数据读取</td><td>□合格</td><td>□不合格</td><td>□合格</td><td>□不合格</td></tr>
<tr><td colspan="2">完整填写工作页</td><td>□合格</td><td>□不合格</td><td>□合格</td><td>□不合格</td></tr>
<tr><td rowspan="3">工作态度</td><td colspan="2">着装规范，符合职业要求</td><td>□合格</td><td>□不合格</td><td>□合格</td><td>□不合格</td></tr>
<tr><td colspan="2">正确查阅毫米波雷达数据读取相关资料和学习材料</td><td>□合格</td><td>□不合格</td><td>□合格</td><td>□不合格</td></tr>
<tr><td colspan="2">目标明确，独立完成</td><td>□合格</td><td>□不合格</td><td>□合格</td><td>□不合格</td></tr>
<tr><td>个人反思</td><td colspan="2">完成任务的安全、质量、时间和 6S 要求，是否达到最佳程度，请提出个人改进建议</td><td colspan="4"></td></tr>
<tr><td rowspan="2">教师评价</td><td colspan="2" rowspan="2">教师签字<br>年　月　日</td><td colspan="4">成绩</td></tr>
<tr><td colspan="4">□合格　□不合格</td></tr>
</table>

# 实训工单 3.4　毫米波雷达标定

<table>
<tr><td>任务名称</td><td>毫米波雷达标定</td><td>学时</td><td>2</td><td>班级</td><td></td></tr>
<tr><td>姓名</td><td></td><td>学号</td><td></td><td>成绩</td><td></td></tr>
<tr><td>实训设备、工具及仪器</td><td>智能网联汽车、工具箱、安全防护用品、计算机</td><td>实训场地</td><td>理实一体化教室</td><td>日期</td><td></td></tr>
<tr><td>任务描述</td><td colspan="5">本任务的目的是加强对智能网联汽车毫米波雷达的认识，通过在实车上进行毫米波雷达标定，掌握毫米波雷达标定内容及步骤；通过任务实施、评价及反馈，理论结合实践，夯实培养质量</td></tr>
<tr><td>任务目的</td><td colspan="5">1. 了解智能网联汽车毫米波雷达标定的内容及原理<br>2. 掌握智能网联汽车毫米波雷达标定的步骤<br>3. 练习毫米波雷达标定</td></tr>
<tr><td>任务步骤</td><td colspan="2">任务要点</td><td colspan="3">实施记录</td></tr>
<tr><td>任务准备</td><td colspan="2">1. 更换实训服，穿戴劳保用品<br>2. 严禁非专业人员或无教师在场情况下私自对部件进行操作<br>3. 实训过程中需要至少两人配合完成，不可一人单独完成作业</td><td colspan="3">是否完成：是□　否□</td></tr>
<tr><td>工具准备</td><td colspan="2">智能网联汽车、工具箱、安全防护用品、计算机</td><td colspan="3">是否正常：是□　否□</td></tr>
<tr><td>制订计划</td><td colspan="5">根据任务目标，制订任务实施计划<table><tr><td>序号</td><td>作业项目</td><td>实施要点</td></tr><tr><td></td><td></td><td></td></tr><tr><td></td><td></td><td></td></tr><tr><td></td><td></td><td></td></tr></table></td></tr>
<tr><td>检查智能网联汽车</td><td colspan="2">1. 检查智能网联汽车是否平稳放置<br>2. 检查智能网联汽车是否断开总电源<br>3. 检查智能网联汽车处遥控器是否断开</td><td colspan="3">是否完成：是□　否□<br>是否完成：是□　否□<br>是否完成：是□　否□</td></tr>
<tr><td>打开电源开关</td><td colspan="2">1. 打开动力蓄电池包开关和主电源开关<br>2. 打开电源控制器盒上 AGX、LCD、Radar、M2 等电源开关</td><td colspan="3">是否完成：是□　否□<br>是否完成：是□　否□</td></tr>
<tr><td>毫米波雷达信号读取</td><td colspan="2">1. 打开计算机输入终端<br>2. 输入 CAN 查找信号<br>3. 检查毫米波雷达 CAN 信号</td><td colspan="3">是否完成：是□　否□<br>是否完成：是□　否□<br>是否完成：是□　否□</td></tr>
</table>

（续）

<table>
<tr><th>任务步骤</th><th>任务要点</th><th>实施记录</th></tr>
<tr><td>毫米波雷达数据读取</td><td>1. 打开智能驾驶装调实训平台软件<br>2. 打开毫米波雷达驱动<br>3. 查看毫米波雷达数据</td><td>是否完成：是□　否□<br>是否完成：是□　否□<br>是否完成：是□　否□</td></tr>
<tr><td>毫米波雷达标定</td><td>1. 打开毫米波雷达参数界面<br>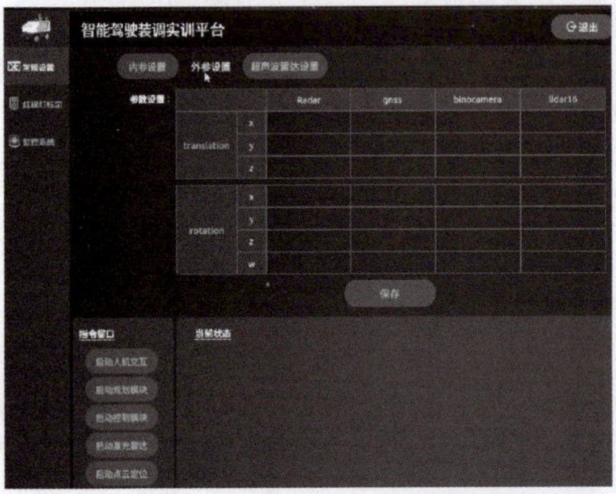
<br>2. 测量毫米波雷达参数<br>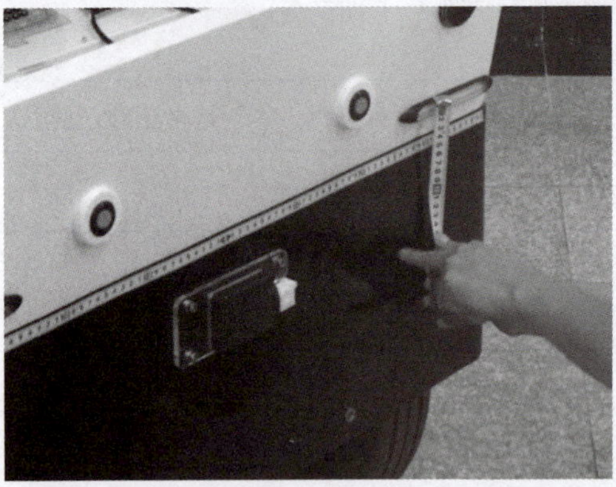<br>3. 确定坐标四元数<br>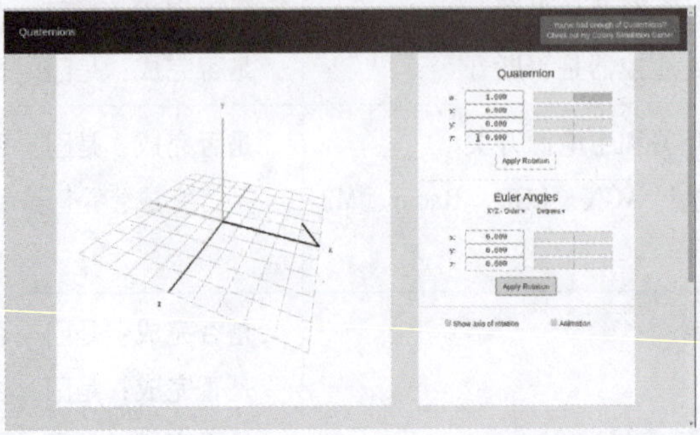
</td><td>是否完成：是□　否□<br>是否完成：是□　否□<br>是否完成：是□　否□</td></tr>
</table>

（续）

<table>
<tr><th>任务步骤</th><th>任务要点</th><th>实施记录</th></tr>
<tr><td>毫米波雷达标定</td><td>4. 输入参数<br>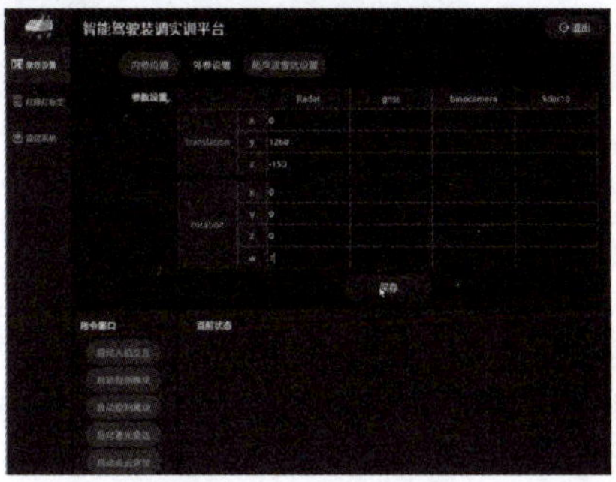</td><td>是否完成：是□　否□</td></tr>
<tr><td rowspan="4">操作完毕</td><td>1. 单击 canbus、Radar 按钮，关闭 Hview 界面</td><td>是否完成：是□　否□</td></tr>
<tr><td>2. 关闭智能驾驶装调实训平台，关闭终端界面，关闭计算机</td><td>是否完成：是□　否□</td></tr>
<tr><td>3. 关闭电源控制器盒上 AGX、LCD、Radar、M2 等电源开关</td><td>是否完成：是□　否□</td></tr>
<tr><td>4. 关闭动力蓄电池包开关和主电源开关</td><td>是否完成：是□　否□</td></tr>
<tr><td>任务总结</td><td colspan="2">毫米波雷达标定总结：<br><br>工作实施状况反思：</td></tr>
<tr><td>评价反思</td><td colspan="2">
<table>
<tr><th colspan="4">评价表</th></tr>
<tr><th>项目</th><th>评价指标</th><th>自评</th><th>互评</th></tr>
<tr><td rowspan="2">专业技能</td><td>正确认识毫米波雷达标定</td><td>□合格　□不合格</td><td>□合格　□不合格</td></tr>
<tr><td>完整填写工作页</td><td>□合格　□不合格</td><td>□合格　□不合格</td></tr>
<tr><td rowspan="3">工作态度</td><td>着装规范，符合职业要求</td><td>□合格　□不合格</td><td>□合格　□不合格</td></tr>
<tr><td>正确查阅毫米波标定相关资料和学习材料</td><td>□合格　□不合格</td><td>□合格　□不合格</td></tr>
<tr><td>目标明确，独立完成</td><td>□合格　□不合格</td><td>□合格　□不合格</td></tr>
<tr><td>个人反思</td><td>完成任务的安全、质量、时间和 6S 要求，是否达到最佳程度，请提出个人改进建议</td><td colspan="2"></td></tr>
<tr><td rowspan="2">教师评价</td><td rowspan="2">教师签字<br>年　月　日</td><td colspan="2">成绩</td></tr>
<tr><td colspan="2">□合格　□不合格</td></tr>
</table>
</td></tr>
</table>

# 实训工单 3.5　毫米波雷达故障检修

<table>
<tr><td>任务名称</td><td>毫米波雷达故障检修</td><td>学时</td><td>2</td><td>班级</td><td></td></tr>
<tr><td>姓名</td><td></td><td>学号</td><td></td><td>成绩</td><td></td></tr>
<tr><td>实训设备、工具及仪器</td><td>智能网联汽车、工具箱、安全防护用品、计算机</td><td>实训场地</td><td>理实一体化教室</td><td>日期</td><td></td></tr>
<tr><td>任务描述</td><td colspan="5">本任务的目的是加强对智能网联汽车毫米波雷达的技术认识，通过在实车上进行毫米波雷达故障检修，掌握毫米波雷达故障检修内容及步骤；通过任务实施、评价及反馈，理论结合实践，夯实培养质量</td></tr>
<tr><td>任务目的</td><td colspan="5">1. 了解智能网联汽车毫米波雷达故障检修的原理<br>2. 掌握智能网联汽车毫米波雷达故障检修的步骤<br>3. 练习毫米波雷达的故障检修</td></tr>
<tr><td>任务步骤</td><td colspan="3">任务要点</td><td colspan="2">实施记录</td></tr>
<tr><td>任务准备</td><td colspan="3">1. 更换实训服，穿戴劳保用品<br>2. 严禁非专业人员或无教师在场情况下私自对部件进行操作<br>3. 实训过程中需要至少两人配合完成，不可一人单独完成作业</td><td colspan="2">是否完成：是□　否□</td></tr>
<tr><td>工具准备</td><td colspan="3">智能网联汽车、工具箱、安全防护用品、计算机</td><td colspan="2">是否正常：是□　否□</td></tr>
<tr><td>制订计划</td><td colspan="5">根据任务目标，制订任务实施计划<br><table><tr><th>序号</th><th>作业项目</th><th>实施要点</th></tr><tr><td></td><td></td><td></td></tr><tr><td></td><td></td><td></td></tr><tr><td></td><td></td><td></td></tr><tr><td></td><td></td><td></td></tr></table></td></tr>
<tr><td>检查智能网联汽车</td><td colspan="3">1. 检查智能网联汽车是否平稳放置<br>2. 检查智能网联汽车是否断开总电源<br>3. 检查智能网联汽车处遥控器是否断开</td><td colspan="2">是否完成：是□　否□<br>是否完成：是□　否□<br>是否完成：是□　否□</td></tr>
<tr><td>作业准备</td><td colspan="3">1. 清洁操作工位<br>2. 使用安全防护用具<br>3. 工具、设备的外观检查<br>4. 打开动力蓄电池包开关和主电源开关</td><td colspan="2">是否完成：是□　否□<br>是否完成：是□　否□<br>是否完成：是□　否□<br>是否完成：是□　否□</td></tr>
</table>

（续）

<table>
<tr><th>任务步骤</th><th>任务要点</th><th>实施记录</th></tr>
<tr><td rowspan="6">确定故障点</td><td>1. 毫米波雷达 CAN 信号读取<br>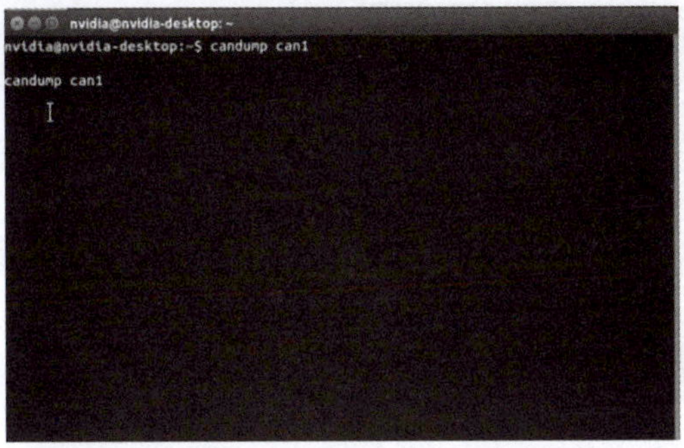<br></td><td>是否完成：是□　否□</td></tr>
<tr><td>2. 检查毫米波雷达电源线</td><td></td></tr>
<tr><td>1）关闭毫米波雷达开关，拆下毫米波雷达电源线</td><td>是否完成：是□　否□</td></tr>
<tr><td>2）检查毫米波雷达电源线的通断<br>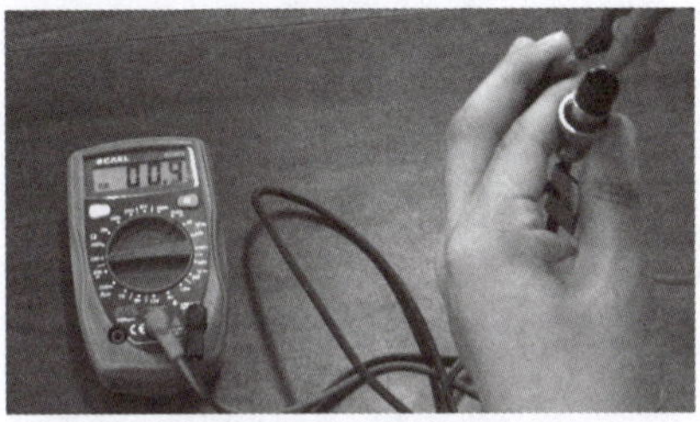</td><td>是否完成：是□　否□</td></tr>
<tr><td>3）检查毫米波雷达 CAN 线的通断<br></td><td>是否完成：是□　否□</td></tr>
<tr><td></td><td></td></tr>
<tr><td>排除故障点</td><td>1. 更换新的 CAN 线<br>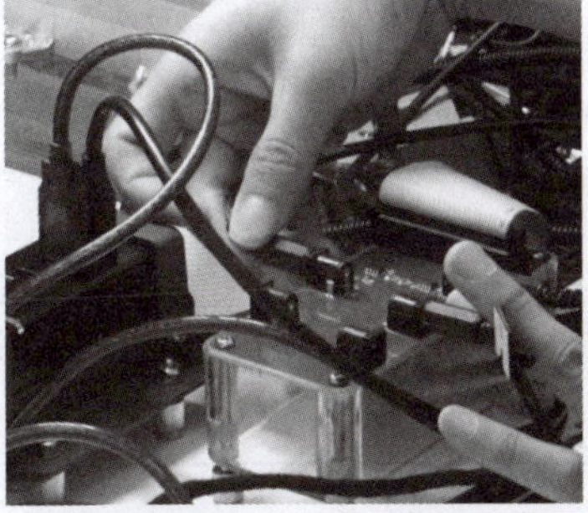</td><td>是否完成：是□　否□</td></tr>
</table>

（续）

<table>
<tr><th>任务步骤</th><th>任务要点</th><th>实施记录</th></tr>
<tr><td>排除故障点</td><td>2. 验证故障是否排除<br>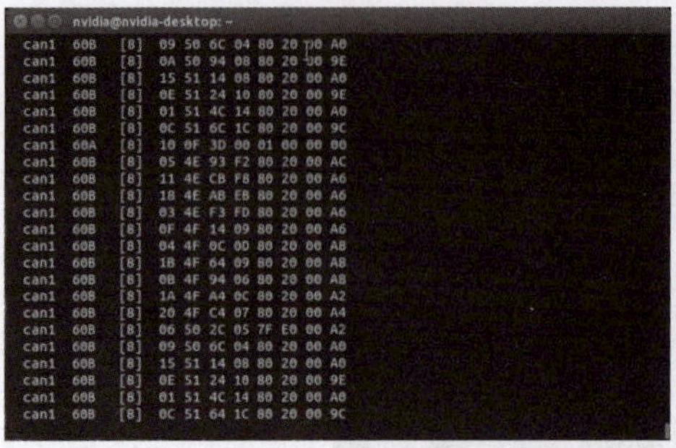
</td><td>是否完成：是□　否□</td></tr>
<tr><td>操作完毕</td><td>1. 单击 canbus、Radar 按钮，关闭 Hview 界面<br>2. 关闭智能驾驶装调实训平台，关闭终端界面，关闭计算机<br>3. 关闭电源控制器盒上 AGX、LCD、Radar、M2 等电源开关<br>4. 关闭动力蓄电池包开关和主电源开关</td><td>是否完成：是□　否□<br>是否完成：是□　否□<br>是否完成：是□　否□<br>是否完成：是□　否□</td></tr>
<tr><td>任务总结</td><td colspan="2">毫米波雷达故障检修总结：<br><br>工作实施状况反思：</td></tr>
<tr><td>评价反思</td><td colspan="2">评价表<br>
<table>
<tr><th>项目</th><th>评价指标</th><th>自评</th><th>互评</th></tr>
<tr><td rowspan="2">专业技能</td><td>正确认识毫米波雷达故障检修</td><td>□合格　□不合格</td><td>□合格　□不合格</td></tr>
<tr><td>完整填写工作页</td><td>□合格　□不合格</td><td>□合格　□不合格</td></tr>
<tr><td rowspan="3">工作态度</td><td>着装规范，符合职业要求</td><td>□合格　□不合格</td><td>□合格　□不合格</td></tr>
<tr><td>正确查阅毫米波雷达故障检修相关资料和学习材料</td><td>□合格　□不合格</td><td>□合格　□不合格</td></tr>
<tr><td>目标明确，独立完成</td><td>□合格　□不合格</td><td>□合格　□不合格</td></tr>
<tr><td>个人反思</td><td>完成任务的安全、质量、时间和6S要求，是否达到最佳程度，请提出个人改进建议</td><td colspan="2"></td></tr>
<tr><td rowspan="2">教师评价</td><td rowspan="2">教师签字<br>年　月　日</td><td colspan="2">成绩</td></tr>
<tr><td colspan="2">□合格　□不合格</td></tr>
</table></td></tr>
</table>

# 项目四

## 激光雷达传感技术与应用

### 实训工单 4.1　激光雷达安装

<table>
<tr><td>任务名称</td><td colspan="2">激光雷达安装</td><td>学时</td><td>2</td><td>班级</td><td></td></tr>
<tr><td>姓名</td><td colspan="2"></td><td>学号</td><td></td><td>成绩</td><td></td></tr>
<tr><td>实训设备、工具及仪器</td><td colspan="2">智能网联汽车、工具箱、安全防护用品</td><td>实训场地</td><td>理实一体化教室</td><td>日期</td><td></td></tr>
<tr><td>任务描述</td><td colspan="6">本任务的目的是加强对智能网联汽车激光雷达的技术认识，通过在实车上进行激光雷达安装，掌握激光雷达的安装步骤；通过任务实施、评价及反馈，理论结合实践，夯实培养质量</td></tr>
<tr><td>任务目的</td><td colspan="6">1. 了解智能网联汽车激光雷达的概念、原理、组成<br>2. 掌握智能网联汽车激光雷达的安装步骤<br>3. 练习激光雷达的探头安装</td></tr>
<tr><td>任务步骤</td><td colspan="3">任务要点</td><td colspan="3">实施记录</td></tr>
<tr><td>任务准备</td><td colspan="3">1. 更换实训服，穿戴劳保用品<br>2. 严禁非专业人员或无教师在场情况下私自对部件进行操作<br>3. 实训过程中需要至少两人配合完成，不可一人单独完成作业</td><td colspan="3">是否完成：是□　否□</td></tr>
<tr><td>工具准备</td><td colspan="3">智能网联汽车、工具箱、安全防护用品</td><td colspan="3">是否正常：是□　否□</td></tr>
</table>

（续）

<table>
<tr><th>任务步骤</th><th>任务要点</th><th>实施记录</th></tr>
<tr><td>制订计划</td><td colspan="2">根据任务目标，制订任务实施计划<br><table><tr><th>序号</th><th>作业项目</th><th>实施要点</th></tr><tr><td></td><td></td><td></td></tr><tr><td></td><td></td><td></td></tr><tr><td></td><td></td><td></td></tr></table></td></tr>
<tr><td>检查智能网联汽车</td><td>1. 检查智能网联汽车是否平稳放置<br>2. 检查智能网联汽车是否断开总电源<br>3. 检查智能网联汽车处遥控器是否断开</td><td>是否完成：是□　否□<br>是否完成：是□　否□<br>是否完成：是□　否□</td></tr>
<tr><td>作业准备</td><td>1. 检查工具<br>2. 检查激光雷达控制器<br>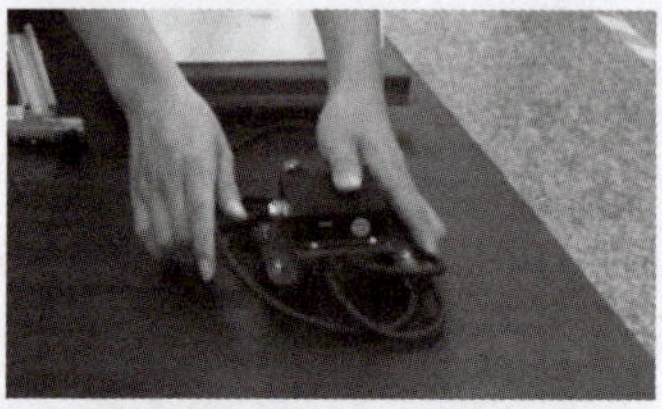<br>3. 检查激光雷达探头支架<br>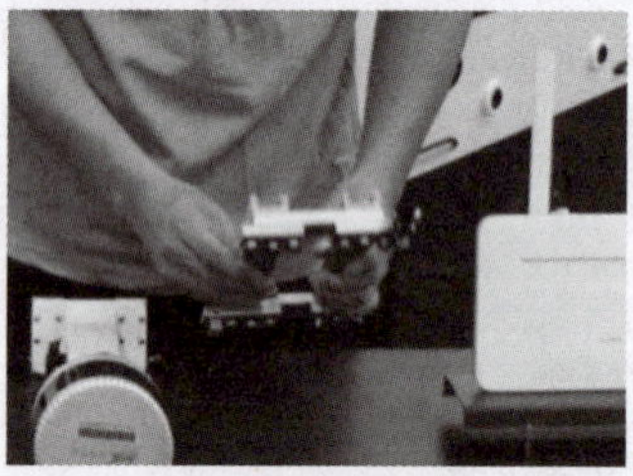</td><td>是否完成：是□　否□<br>是否完成：是□　否□<br><br>是否完成：是□　否□</td></tr>
<tr><td>激光雷达传感器的安装</td><td>1. 激光雷达探头的安装<br>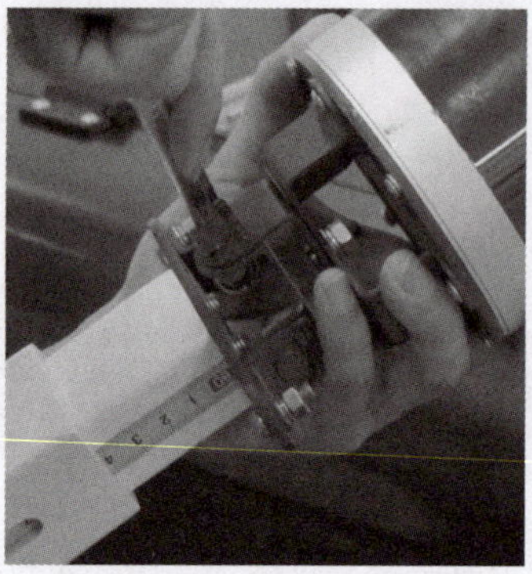</td><td>是否完成：是□　否□</td></tr>
</table>

（续）

| 任务步骤 | 任务要点 | 实施记录 |
|---|---|---|
| 激光雷达传感器的安装 | 2. 激光雷达探头的调整<br>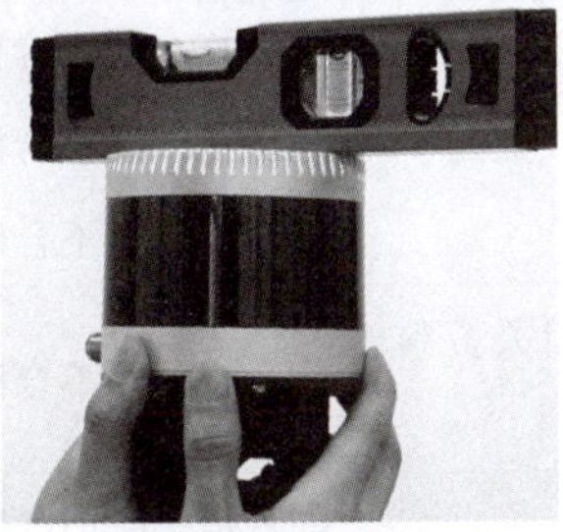 | 是否完成：是□　否□ |
| | 3. 激光雷达控制器的安装<br>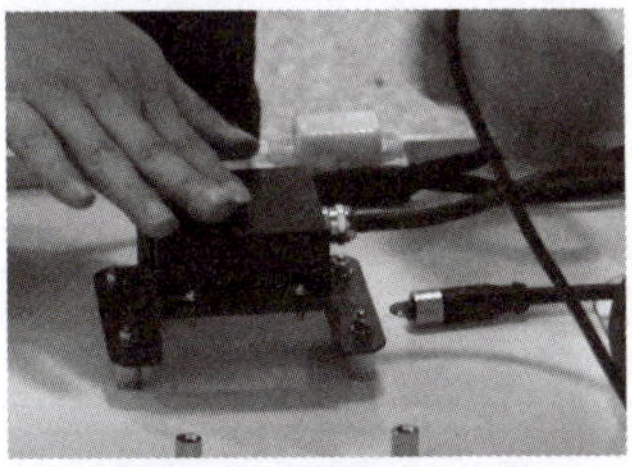 | 是否完成：是□　否□ |
| 激光雷达线束的连接 | 1. 电源线束连接<br>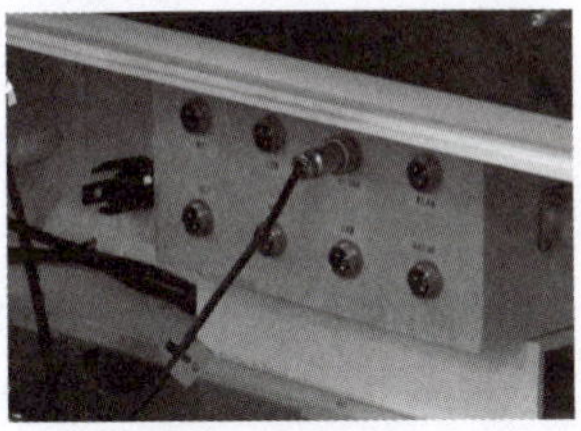 | 是否完成：是□　否□ |
| | 2. 激光雷达数据线束连接<br>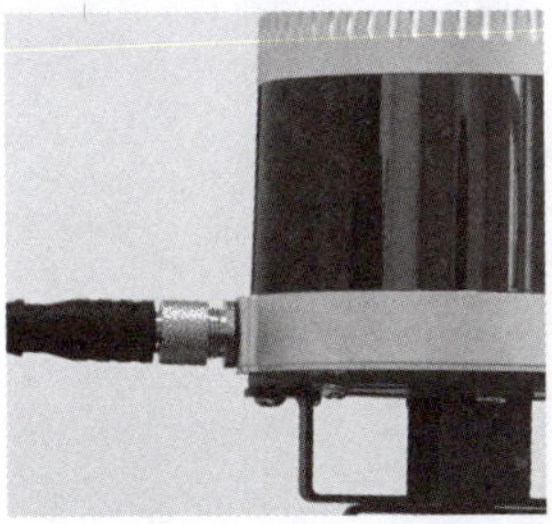 | 是否完成：是□　否□ |
| 操作完毕 | 1. 工具、防护用品的归位<br>2. 清洁、整理工位 | 是否完成：是□　否□ |
| 任务总结 | 激光雷达安装总结：<br>工作实施状况反思： | |

（续）

<table>
<tr><td rowspan="11">评价反思</td><td colspan="4">评价表</td></tr>
<tr><td>项目</td><td>评价指标</td><td>自评</td><td>互评</td></tr>
<tr><td rowspan="2">专业技能</td><td>正确认识激光雷达的安装</td><td>□合格 □不合格</td><td>□合格 □不合格</td></tr>
<tr><td>完整填写工作页</td><td>□合格 □不合格</td><td>□合格 □不合格</td></tr>
<tr><td rowspan="3">工作态度</td><td>着装规范，符合职业要求</td><td>□合格 □不合格</td><td>□合格 □不合格</td></tr>
<tr><td>正确查阅激光雷达安装相关资料和学习材料</td><td>□合格 □不合格</td><td>□合格 □不合格</td></tr>
<tr><td>目标明确，独立完成</td><td>□合格 □不合格</td><td>□合格 □不合格</td></tr>
<tr><td>个人反思</td><td>完成任务的安全、质量、时间和6S要求，是否达到最佳程度，请提出个人改进建议</td><td colspan="2"></td></tr>
<tr><td rowspan="2">教师评价</td><td rowspan="2">教师签字<br>年 月 日</td><td colspan="2">成绩</td></tr>
<tr><td colspan="2">□合格 □不合格</td></tr>
</table>

# 实训工单 4.2　激光雷达 IP 地址更改

| 任务名称 | 激光雷达 IP 地址更改 | 学时 | 2 | 班级 | |
|---|---|---|---|---|---|
| 姓名 | | 学号 | | 成绩 | |
| 实训设备、工具及仪器 | 智能网联汽车、工具箱、安全防护用品、计算机 | 实训场地 | 理实一体化教室 | 日期 | |
| 任务描述 | 本任务的目的是加强对智能网联汽车激光雷达的技术认识，通过在实车上进行激光雷达 IP 地址更改，掌握激光雷达 IP 地址更改步骤；通过任务实施、评价及反馈，理论结合实践，夯实培养质量 | | | | |
| 任务目的 | 1. 了解智能网联汽车激光雷达 IP 地址更改的原理<br>2. 掌握智能网联汽车激光雷达 IP 地址更改的步骤<br>3. 练习激光雷达地址更改 | | | | |

| 任务步骤 | 任务要点 | 实施记录 |
|---|---|---|
| 任务准备 | 1. 更换实训服，穿戴劳保用品<br>2. 严禁非专业人员或无教师在场情况下私自对部件进行操作<br>3. 实训过程中需要至少两人配合完成，不可一人单独完成作业 | 是否完成：是□　否□ |
| 工具准备 | 智能网联汽车、工具箱、安全防护用品、计算机 | 是否正常：是□　否□ |
| 制订计划 | 根据任务目标，制订任务实施计划（见下表） | |
| 检查智能网联汽车 | 1. 检查智能网联汽车是否平稳放置<br>2. 检查智能网联汽车是否断开总电源<br>3. 检查智能网联汽车处遥控器是否断开 | 是否完成：是□　否□<br>是否完成：是□　否□<br>是否完成：是□　否□ |
| 作业准备 | 1. 检查工具<br>2. 准备产品手册、笔记本计算机等 | 是否完成：是□　否□<br>是否完成：是□　否□ |
| 设备的连接 | 1. 连接控制器盒网线接口<br> | 是否完成：是□　否□ |

制订计划：根据任务目标，制订任务实施计划

| 序号 | 作业项目 | 实施要点 |
|---|---|---|
| | | |
| | | |
| | | |

（续）

| 任务步骤 | 任务要点 | 实施记录 |
|---|---|---|
| 设备的连接 | 2. 连接计算机网线接口 | 是否完成：是□　否□ |
| 开启电源 | 1. 打开动力蓄电池包开关和主电源开关 | 是否完成：是□　否□ |
| | 2. 打开电源控制盒上 WLAN、AGX、LCD、LIDAR 等电源开关 | 是否完成：是□　否□ |
| 激光雷达目标 IP 地址修改 | 1. 进入 IP 地址修改界面<br>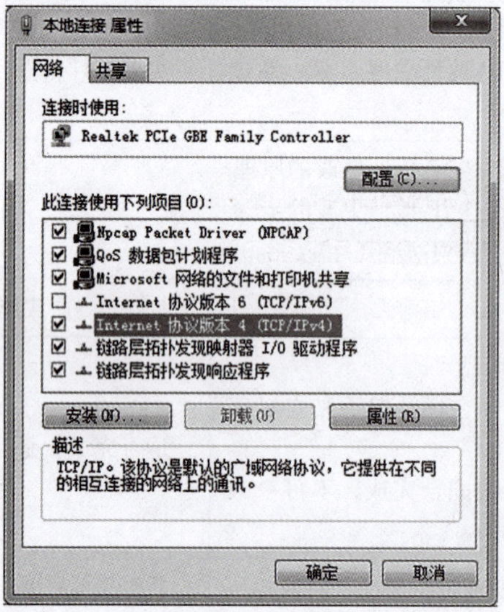<br> | 是否完成：是□　否□ |
| | 2. 修改激光雷达 IP 地址<br>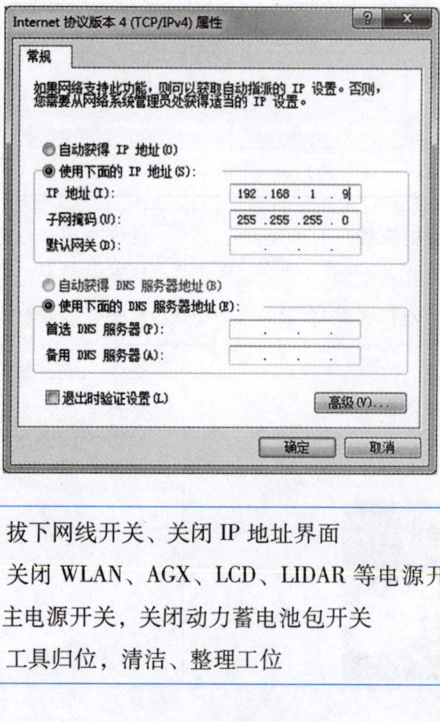<br> | 是否完成：是□　否□ |
| 操作完毕 | 1. 拔下网线开关、关闭 IP 地址界面 | 是否完成：是□　否□ |
| | 2. 关闭 WLAN、AGX、LCD、LIDAR 等电源开关。关闭主电源开关，关闭动力蓄电池包开关 | 是否完成：是□　否□ |
| | 3. 工具归位，清洁、整理工位 | 是否完成：是□　否□ |

（续）

<table>
<tr><td>任务总结</td><td>激光雷达 IP 地址修改总结：<br><br>工作实施状况反思：</td></tr>
<tr><td>评价反思</td><td>
<table>
<tr><th colspan="4">评价表</th></tr>
<tr><th>项目</th><th>评价指标</th><th>自评</th><th>互评</th></tr>
<tr><td rowspan="2">专业技能</td><td>正确认识激光雷达 IP 地址的修改</td><td>□合格　□不合格</td><td>□合格　□不合格</td></tr>
<tr><td>完整填写工作页</td><td>□合格　□不合格</td><td>□合格　□不合格</td></tr>
<tr><td rowspan="3">工作态度</td><td>着装规范，符合职业要求</td><td>□合格　□不合格</td><td>□合格　□不合格</td></tr>
<tr><td>正确查阅激光雷达 IP 地址相关资料和学习材料</td><td>□合格　□不合格</td><td>□合格　□不合格</td></tr>
<tr><td>目标明确，独立完成</td><td>□合格　□不合格</td><td>□合格　□不合格</td></tr>
<tr><td>个人反思</td><td>完成任务的安全、质量、时间和 6S 要求，是否达到最佳程度，请提出个人改进建议</td><td colspan="2"></td></tr>
<tr><td rowspan="2">教师评价</td><td rowspan="2">教师签字<br>年　月　日</td><td colspan="2">成绩</td></tr>
<tr><td colspan="2">□合格　□不合格</td></tr>
</table>
</td></tr>
</table>

# 实训工单 4.3 激光雷达程序调试

<table>
<tr><td>任务名称</td><td>激光雷达程序调试</td><td>学时</td><td>2</td><td>班级</td><td></td></tr>
<tr><td>姓名</td><td></td><td>学号</td><td></td><td>成绩</td><td></td></tr>
<tr><td>实训设备、工具及仪器</td><td>智能网联汽车、工具箱、安全防护用品、计算机</td><td>实训场地</td><td>理实一体化教室</td><td>日期</td><td></td></tr>
<tr><td>任务描述</td><td colspan="5">本任务的目的是加强对智能网联汽车激光雷达的技术认识，通过在实车上进行激光雷达程序调试，掌握激光雷达程序调试步骤；通过任务实施、评价及反馈，理论结合实践，夯实培养质量</td></tr>
<tr><td>任务目的</td><td colspan="5">1. 了解智能网联汽车激光雷达程序调试的原理<br>2. 掌握智能网联汽车激光雷达程序调试的步骤<br>3. 练习激光雷达程序调试</td></tr>
<tr><td>任务步骤</td><td colspan="3">任务要点</td><td colspan="2">实施记录</td></tr>
<tr><td>任务准备</td><td colspan="3">1. 更换实训服，穿戴劳保用品<br>2. 严禁非专业人员或无教师在场情况下私自对部件进行操作<br>3. 实训过程中需要至少两人配合完成，不可一人单独完成作业</td><td colspan="2">是否完成：是□　否□</td></tr>
<tr><td>工具准备</td><td colspan="3">智能网联汽车、工具箱、安全防护用品、计算机</td><td colspan="2">是否正常：是□　否□</td></tr>
<tr><td>制订计划</td><td colspan="5">根据任务目标，制订任务实施计划<br><table><tr><th>序号</th><th>作业项目</th><th>实施要点</th></tr><tr><td></td><td></td><td></td></tr><tr><td></td><td></td><td></td></tr><tr><td></td><td></td><td></td></tr></table></td></tr>
<tr><td>检查智能网联汽车</td><td colspan="3">1. 检查智能网联汽车是否平稳放置<br>2. 检查智能网联汽车是否断开总电源<br>3. 检查智能网联汽车处遥控器是否断开</td><td colspan="2">是否完成：是□　否□<br>是否完成：是□　否□<br>是否完成：是□　否□</td></tr>
<tr><td>作业准备</td><td colspan="3">1. 检查工具<br>2. 准备产品手册、笔记本计算机等</td><td colspan="2">是否完成：是□　否□<br>是否完成：是□　否□</td></tr>
<tr><td>设备的连接</td><td colspan="3">1. 连接控制器盒网线接口<br>2. 连接计算机网线接口</td><td colspan="2">是否完成：是□　否□<br>是否完成：是□　否□</td></tr>
</table>

（续）

<table>
<tr><th>任务步骤</th><th>任务要点</th><th>实施记录</th></tr>
<tr><td rowspan="2">开启电源</td><td>1. 打开动力蓄电池包开关和主电源开关</td><td>是否完成：是□　否□</td></tr>
<tr><td>2. 打开电源控制盒上 WLAN、AGX、LCD、LIDAR 等电源开关</td><td>是否完成：是□　否□</td></tr>
<tr><td rowspan="3">激光雷达<br>程序调试</td><td>1. 打开激光雷达上位机配置软件<br>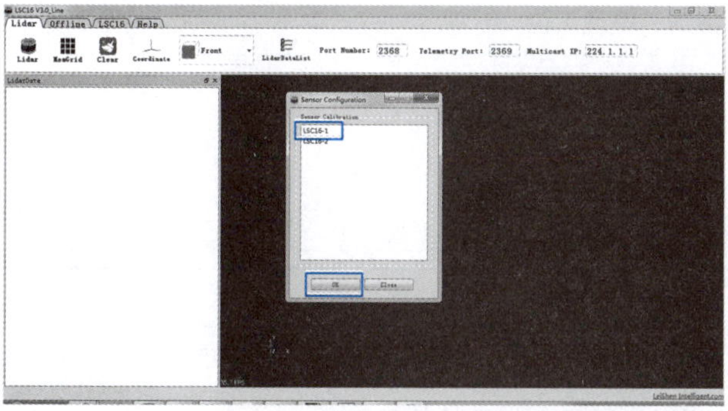<br></td><td>是否完成：是□　否□</td></tr>
<tr><td>2. 打开参数配置<br>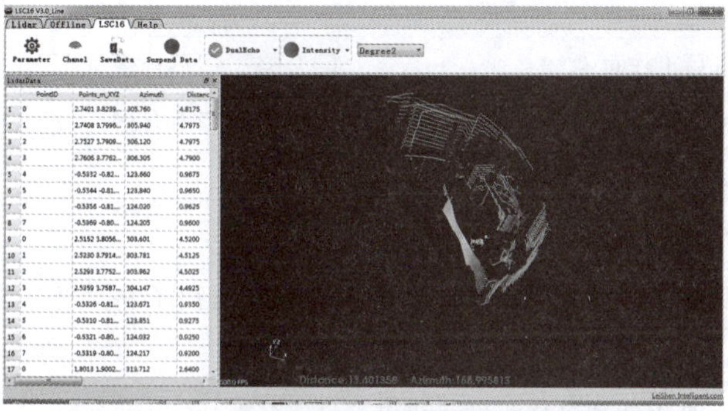<br></td><td>是否完成：是□　否□</td></tr>
<tr><td>3. 设置具体参数<br>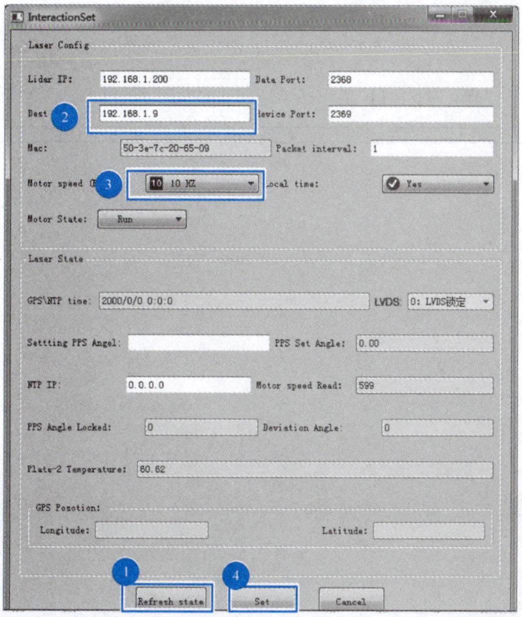<br></td><td>是否完成：是□　否□</td></tr>
</table>

（续）

| 任务步骤 | 任务要点 | 实施记录 |
|---|---|---|
| 操作完毕 | 1. 拔下网线开关、关闭 IP 地址界面 | 是否完成：是□　否□ |
| | 2. 关闭 WLAN、AGX、LCD、LIDAR 等电源开关。关闭主电源开关，关闭动力蓄电池包开关 | 是否完成：是□　否□ |
| | 3. 工具归位，清洁、整理工位 | 是否完成：是□　否□ |
| 任务总结 | 激光雷达上位机软件程序调试总结：<br><br>工作实施状况反思： | |
| 评价反思 | 评价表（见下） | |

评价表

| 项目 | 评价指标 | 自评 | | 互评 | |
|---|---|---|---|---|---|
| 专业技能 | 正确认识激光雷达上位机软件程序调试 | □合格 | □不合格 | □合格 | □不合格 |
| | 完整填写工作页 | □合格 | □不合格 | □合格 | □不合格 |
| 工作态度 | 着装规范，符合职业要求 | □合格 | □不合格 | □合格 | □不合格 |
| | 正确查阅激光雷达上位机软件相关资料和学习材料 | □合格 | □不合格 | □合格 | □不合格 |
| | 目标明确，独立完成 | □合格 | □不合格 | □合格 | □不合格 |
| 个人反思 | 完成任务的安全、质量、时间和 6S 要求，是否达到最佳程度，请提出个人改进建议 | | | | |
| 教师评价 | 教师签字<br>年　月　日 | 成绩<br>□合格　□不合格 | | | |

# 实训工单 4.4　激光雷达的标定

| 任务名称 | 激光雷达的标定 | 学时 | 2 | 班级 | |
|---|---|---|---|---|---|
| 姓名 | | 学号 | | 成绩 | |
| 实训设备、工具及仪器 | 智能网联汽车、工具箱、安全防护用品、计算机 | 实训场地 | 理实一体化教室 | 日期 | |
| 任务描述 | 本任务的目的是加强对智能网联汽车激光雷达的技术认识，通过在实车上进行激光雷达的标定，掌握激光雷达的标定步骤；通过任务实施、评价及反馈，理论结合实践，夯实培养质量 | | | | |
| 任务目的 | 1. 了解智能网联汽车激光雷达的技术参数和针脚定义<br>2. 掌握智能网联汽车激光雷达的标定步骤<br>3. 练习激光雷达的安装标定 | | | | |
| 任务步骤 | 任务要点 | | 实施记录 | | |
| 任务准备 | 1. 更换实训服，穿戴劳保用品<br>2. 严禁非专业人员或无教师在场情况下私自对部件进行操作<br>3. 实训过程中需要至少两人配合完成，不可一人单独完成作业 | | 是否完成：是□　否□ | | |
| 工具准备 | 智能网联汽车、工具箱、安全防护用品、计算机 | | 是否正常：是□　否□ | | |
| 制订计划 | 根据任务目标，制订任务实施计划 | | | | |
| 检查智能网联汽车 | 1. 检查智能网联汽车是否平稳放置<br>2. 检查智能网联汽车是否断开总电源<br>3. 检查智能网联汽车处遥控器是否断开 | | 是否完成：是□　否□<br>是否完成：是□　否□<br>是否完成：是□　否□ | | |
| 激光雷达的标定 | 1. 打开各电源按钮<br>2. 打开人机交互界面<br>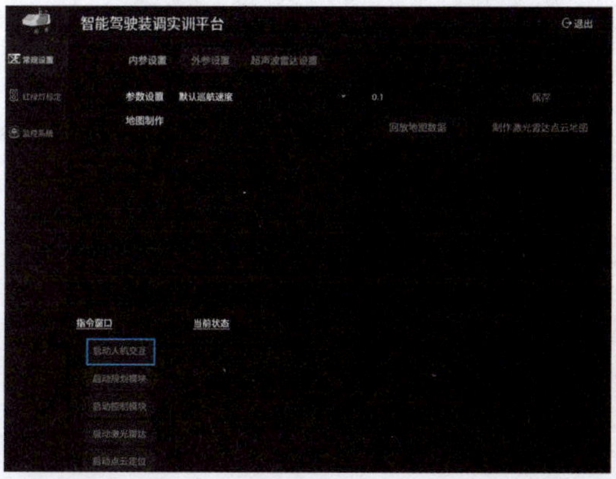 | | 是否完成：是□　否□<br>是否完成：是□　否□ | | |

制订计划（任务实施计划表）：

| 序号 | 作业项目 | 实施要点 |
|---|---|---|
| | | |
| | | |
| | | |

（续）

<table>
<tr><th>任务步骤</th><th>任务要点</th><th>实施记录</th></tr>
<tr><td rowspan="3">激光雷达的标定</td><td>3. 启动激光雷达模块<br>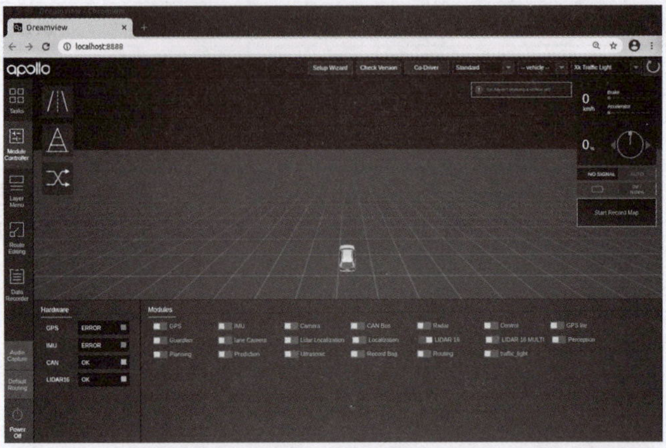</td><td>是否完成：是□　否□</td></tr>
<tr><td>4. 查看激光雷达工作状态<br>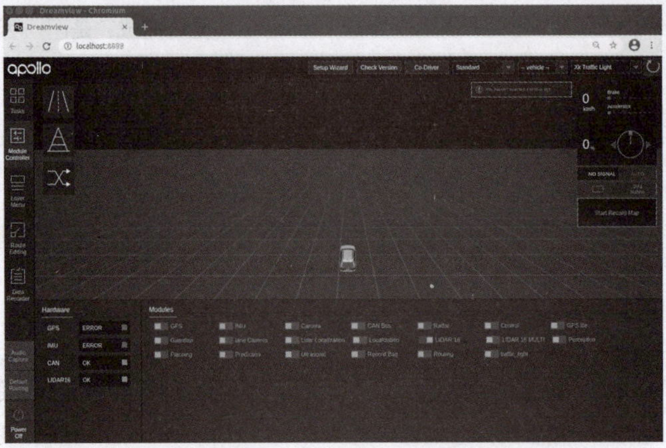</td><td>是否完成：是□　否□</td></tr>
<tr><td>5. 查看激光雷达点云图<br>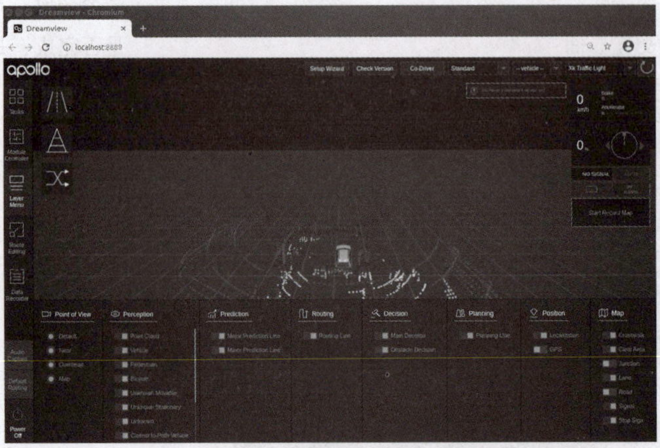</td><td>是否完成：是□　否□</td></tr>
</table>

（续）

| 任务步骤 | 任务要点 | 实施记录 |
| --- | --- | --- |
| 激光雷达的标定 | 6. 激光雷达角度标定<br> | 是否完成：是□ 否□ |
| | 7. 换算四元数<br>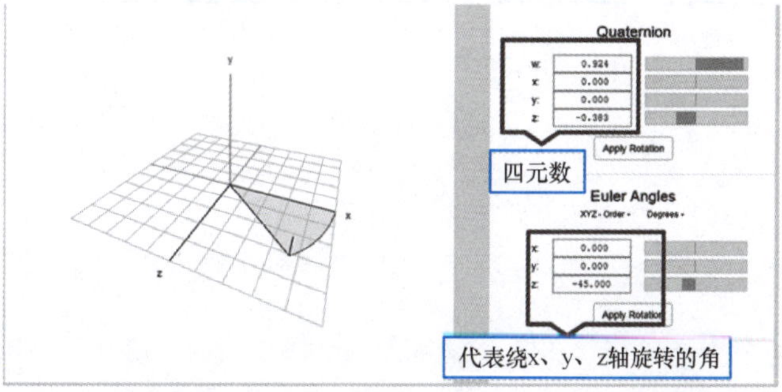 | 是否完成：是□ 否□ |
| 操作完毕 | 1. 关闭 Lidar 按钮，关闭 Hview 界面 | 是否完成：是□ 否□ |
| | 2. 关闭智能驾驶装调实训平台，关闭终端界面，关闭计算机 | 是否完成：是□ 否□ |
| | 3. 关闭 WLAN、AGX、LCD、LIDAR 等电源开关。关闭主电源开关，关闭动力蓄电池包开关 | 是否完成：是□ 否□ |
| | 4. 工具、防护用品归位，整理工位 | 是否完成：是□ 否□ |
| 任务总结 | 激光雷达的标定总结：<br><br>工作实施状况反思： | |

（续）

<table>
<tr><td rowspan="12">评价反思</td><td colspan="4">评价表</td></tr>
<tr><td>项目</td><td>评价指标</td><td>自评</td><td>互评</td></tr>
<tr><td rowspan="2">专业技能</td><td>正确认识激光雷达的标定</td><td>□合格 □不合格</td><td>□合格 □不合格</td></tr>
<tr><td>完整填写工作页</td><td>□合格 □不合格</td><td>□合格 □不合格</td></tr>
<tr><td rowspan="3">工作态度</td><td>着装规范，符合职业要求</td><td>□合格 □不合格</td><td>□合格 □不合格</td></tr>
<tr><td>正确查阅激光雷达的标定相关资料和学习材料</td><td>□合格 □不合格</td><td>□合格 □不合格</td></tr>
<tr><td>目标明确，独立完成</td><td>□合格 □不合格</td><td>□合格 □不合格</td></tr>
<tr><td>个人反思</td><td>完成任务的安全、质量、时间和6S要求，是否达到最佳程度，请提出个人改进建议</td><td colspan="2"></td></tr>
<tr><td rowspan="2">教师评价</td><td rowspan="2">教师签字<br>年 月 日</td><td colspan="2">成绩</td></tr>
<tr><td colspan="2">□合格 □不合格</td></tr>
</table>

# 实训工单 4.5 激光雷达故障检修

<table>
<tr><td>任务名称</td><td>激光雷达故障检修</td><td>学时</td><td>2</td><td>班级</td><td></td></tr>
<tr><td>姓名</td><td></td><td>学号</td><td></td><td>成绩</td><td></td></tr>
<tr><td>实训设备、工具及仪器</td><td>智能网联汽车、工具箱、安全防护用品、计算机</td><td>实训场地</td><td>理实一体化教室</td><td>日期</td><td></td></tr>
<tr><td>任务描述</td><td colspan="5">本任务的目的是加强对智能网联汽车激光雷达的技术认识，通过在实车上进行激光雷达故障检修，掌握激光雷达故障检修步骤；通过任务实施、评价及反馈，理论结合实践，夯实培养质量</td></tr>
<tr><td>任务目的</td><td colspan="5">1. 了解智能网联汽车激光雷达故障检修的原理<br>2. 掌握智能网联汽车激光雷达故障检修的步骤<br>3. 练习激光雷达的故障排除</td></tr>
<tr><td>任务步骤</td><td colspan="3">任务要点</td><td colspan="2">实施记录</td></tr>
<tr><td>任务准备</td><td colspan="3">1. 更换实训服，穿戴劳保用品<br>2. 严禁非专业人员或无教师在场情况下私自对部件进行操作<br>3. 实训过程中需要至少两人配合完成，不可一人单独完成作业</td><td colspan="2">是否完成：是□ 否□</td></tr>
<tr><td>工具准备</td><td colspan="3">智能网联汽车、工具箱、安全防护用品</td><td colspan="2">是否正常：是□ 否□</td></tr>
<tr><td>制订计划</td><td colspan="5">根据任务目标，制订任务实施计划<br><table><tr><th>序号</th><th>作业项目</th><th>实施要点</th></tr><tr><td></td><td></td><td></td></tr><tr><td></td><td></td><td></td></tr><tr><td></td><td></td><td></td></tr></table></td></tr>
<tr><td>检查智能网联汽车</td><td colspan="3">1. 检查智能网联汽车是否平稳放置<br>2. 检查智能网联汽车是否断开总电源<br>3. 检查智能网联汽车处遥控器是否断开</td><td colspan="2">是否完成：是□ 否□<br>是否完成：是□ 否□<br>是否完成：是□ 否□</td></tr>
<tr><td>查看故障现象</td><td colspan="3">1. 打开动力蓄电池包开关和主电源开关<br>2. 打开电源控制盒上 WLAN、AGX、LCD、LIDAR 等电源开关<br>3. 查看激光雷达点云图<br></td><td colspan="2">是否完成：是□ 否□<br>是否完成：是□ 否□<br>是否完成：是□ 否□</td></tr>
</table>

（续）

| 任务步骤 | 任务要点 | 实施记录 |
| --- | --- | --- |
| 故障检修 | 1. 检查激光雷达电源<br>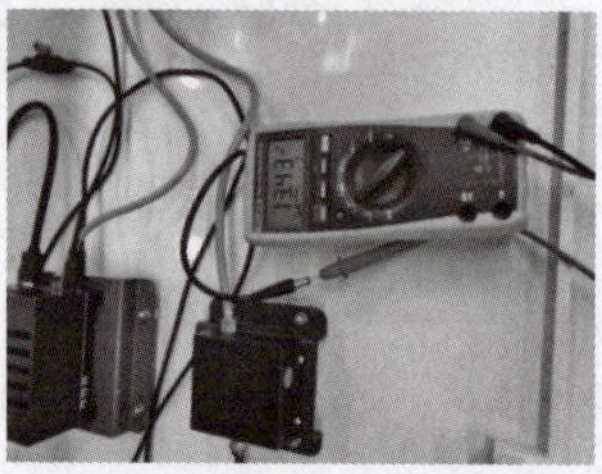 | 是否完成：是□ 否□ |
| | 2. 检查激光雷达网络的连接<br><br> | 是否完成：是□ 否□ |
| | 3. 查看激光雷达探头是否工作<br>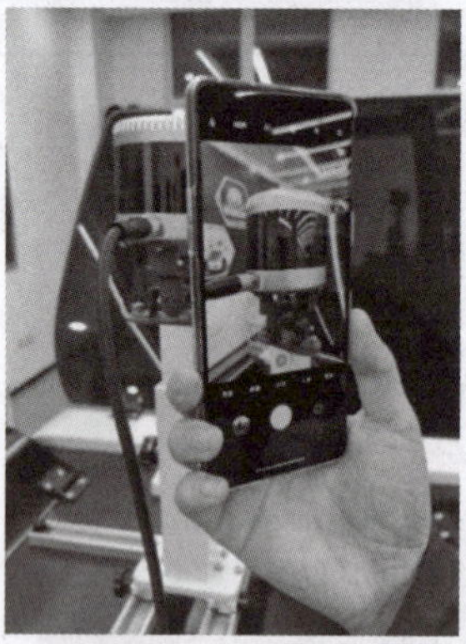 | 是否完成：是□ 否□ |
| | 4. 检查连接线束<br>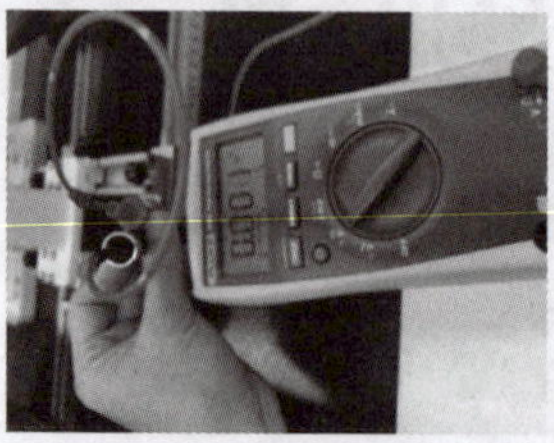 | 是否完成：是□ 否□ |

（续）

| 任务步骤 | 任务要点 | 实施记录 |
|---|---|---|
| 排除故障 | 1. 更换激光雷达电源线<br>2. 测量激光雷达电源线束电压<br>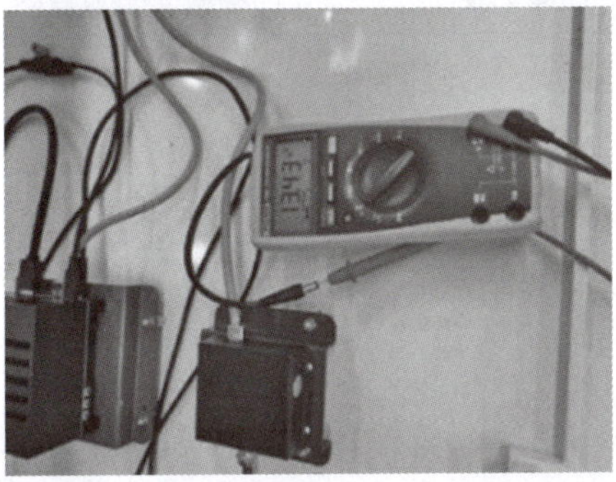<br>3. 查看点云图<br>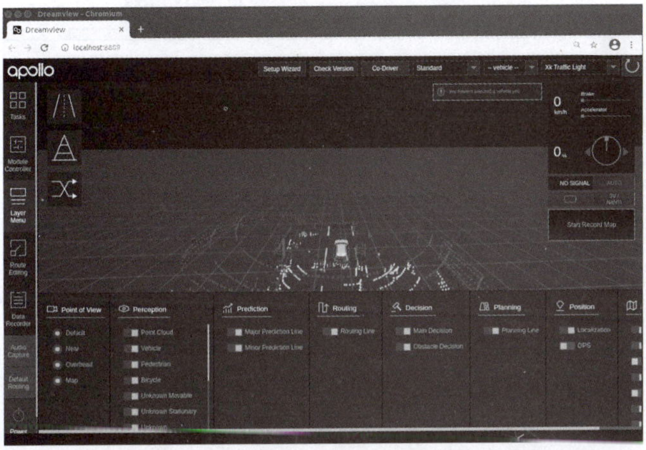<br> | 是否完成：是□　否□<br>是否完成：是□　否□<br><br>是否完成：是□　否□ |
| 操作完毕 | 1. 关闭 Lidar 按钮，关闭 Hview 界面<br>2. 关闭智能驾驶装调实训平台，关闭终端界面，关闭计算机<br>3. 关闭 WLAN、AGX、LCD、LIDAR 等电源开关。关闭主电源开关，关闭动力蓄电池包开关<br>4. 工具、防护用品归位，整理工位 | 是否完成：是□　否□<br>是否完成：是□　否□<br>是否完成：是□　否□<br>是否完成：是□　否□ |
| 任务总结 | 激光雷达故障排除总结：<br><br>工作实施状况反思： | |
| 评价反思 | 评价表（见下） | |

评价表

| 项目 | 评价指标 | 自评 | 互评 |
|---|---|---|---|
| 专业技能 | 正确认识激光雷达传感器故障排除 | □合格　□不合格 | □合格　□不合格 |
| | 完整填写工作页 | □合格　□不合格 | □合格　□不合格 |

（续）

<table>
<tr><td rowspan="9">评价反思</td><td colspan="4">评价表</td></tr>
<tr><td>项目</td><td>评价指标</td><td>自评</td><td>互评</td></tr>
<tr><td rowspan="3">工作态度</td><td>着装规范，符合职业要求</td><td>□合格　□不合格</td><td>□合格　□不合格</td></tr>
<tr><td>正确查阅激光雷达故障排除相关资料和学习材料</td><td>□合格　□不合格</td><td>□合格　□不合格</td></tr>
<tr><td>目标明确，独立完成</td><td>□合格　□不合格</td><td>□合格　□不合格</td></tr>
<tr><td>个人反思</td><td>完成任务的安全、质量、时间和6S要求，是否达到最佳程度，请提出个人改进建议</td><td colspan="2"></td></tr>
<tr><td rowspan="2">教师评价</td><td rowspan="2">教师签字<br>年　月　日</td><td colspan="2">成绩</td></tr>
<tr><td colspan="2">□合格　□不合格</td></tr>
</table>

# 项目五

## 视觉传感技术与应用

### 实训工单 5.1　双目摄像头的安装

<table>
<tr><td>任务名称</td><td>双目摄像头的安装</td><td>学时</td><td>2</td><td>班级</td><td></td></tr>
<tr><td>姓名</td><td></td><td>学号</td><td></td><td>成绩</td><td></td></tr>
<tr><td>实训设备、工具及仪器</td><td>智能网联汽车、工具箱、安全防护用品、计算机</td><td>实训场地</td><td>理实一体化教室</td><td>日期</td><td></td></tr>
<tr><td>任务描述</td><td colspan="5">本任务目的是加强对智能网联汽车视觉传感器的认识，通过在实车上进行双目摄像头安装，掌握双目摄像头的安装步骤；通过任务实施、评价及反馈，理论结合实践，夯实培养质量</td></tr>
<tr><td>任务目的</td><td colspan="5">1. 了解智能网联汽车双目摄像头的工作原理和组成<br>2. 掌握智能网联汽车双目摄像头的安装步骤<br>3. 练习双目摄像头的安装</td></tr>
<tr><td>任务步骤</td><td colspan="3">任务要点</td><td colspan="2">实施记录</td></tr>
<tr><td>任务准备</td><td colspan="3">1. 更换实训服，穿戴劳保用品<br>2. 严禁非专业人员或无教师在场情况下私自对部件进行操作<br>3. 实训过程中需要至少两人配合完成，不可一人单独完成作业</td><td colspan="2">是否完成：是□　否□</td></tr>
<tr><td>工具准备</td><td colspan="3">智能网联汽车、工具箱、安全防护用品、计算机</td><td colspan="2">是否正常：是□　否□</td></tr>
<tr><td>制订计划</td><td colspan="5">根据任务目标，制订任务实施计划<br><table><tr><th>序号</th><th>作业项目</th><th>实施要点</th></tr><tr><td></td><td></td><td></td></tr><tr><td></td><td></td><td></td></tr><tr><td></td><td></td><td></td></tr></table></td></tr>
</table>

（续）

| 任务步骤 | 任务要点 | 实施记录 |
| --- | --- | --- |
| 检查智能网联汽车 | 1. 检查智能网联汽车是否平稳放置<br>2. 检查智能网联汽车是否断开总电源<br>3. 检查智能网联汽车处遥控器是否断开 | 是否完成：是□　否□<br>是否完成：是□　否□<br>是否完成：是□　否□ |
| 作业准备 | 1. 检查工具<br>2. 检查双目摄像头本体及支架 | 是否完成：是□　否□<br>是否完成：是□　否□ |
| 双目摄像头的安装 | 1. 双目摄像头支架的安装<br>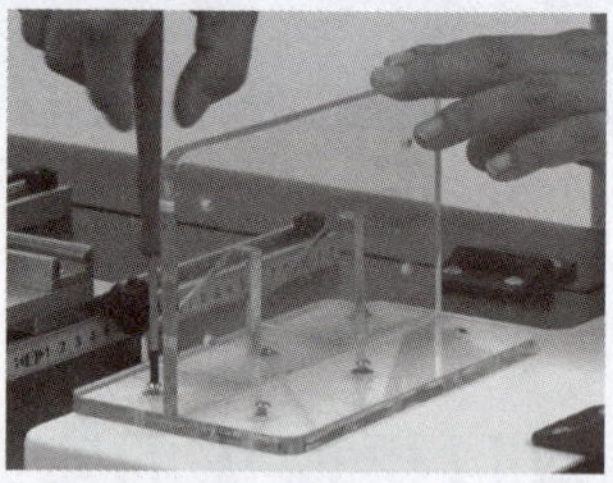<br>2. 双目摄像头的安装<br>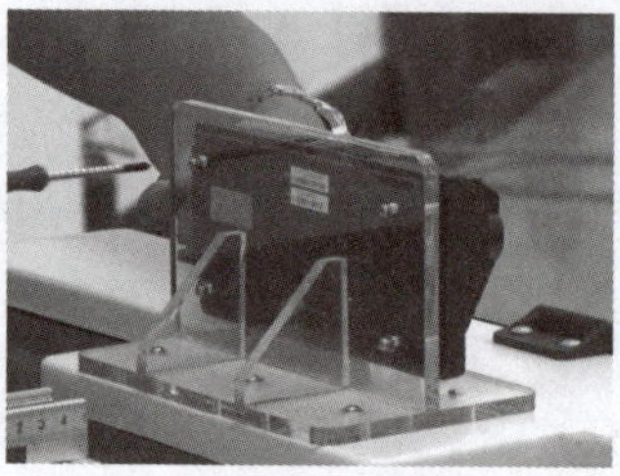 | 是否完成：是□　否□<br>是否完成：是□　否□ |
| 双目摄像头线束的连接 | 1. 双目摄像头数据线束连接<br><br>2. 双目摄像头网络线束连接<br>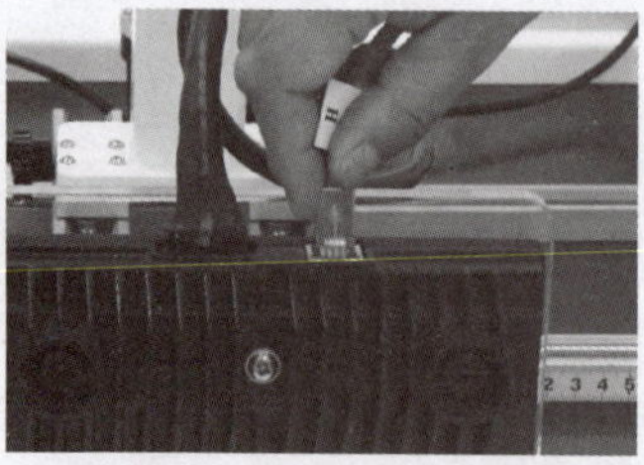 | 是否完成：是□　否□<br>是否完成：是□　否□ |

（续）

<table>
<tr><th>任务步骤</th><th>任务要点</th><th>实施记录</th></tr>
<tr><td>操作完毕</td><td>清洁、整理工位</td><td>是否完成：是□　否□</td></tr>
<tr><td>任务总结</td><td colspan="2">双目摄像头的安装总结：<br><br>工作实施状况反思：</td></tr>
<tr><td>评价反思</td><td colspan="2">
<table>
<tr><th colspan="4">评价表</th></tr>
<tr><th>项目</th><th>评价指标</th><th>自评</th><th>互评</th></tr>
<tr><td rowspan="2">专业技能</td><td>正确认识双目摄像头的安装</td><td>□合格　□不合格</td><td>□合格　□不合格</td></tr>
<tr><td>完整填写工作页</td><td>□合格　□不合格</td><td>□合格　□不合格</td></tr>
<tr><td rowspan="3">工作态度</td><td>着装规范，符合职业要求</td><td>□合格　□不合格</td><td>□合格　□不合格</td></tr>
<tr><td>正确查阅双目摄像头的安装相关资料和学习材料</td><td>□合格　□不合格</td><td>□合格　□不合格</td></tr>
<tr><td>目标明确，独立完成</td><td>□合格　□不合格</td><td>□合格　□不合格</td></tr>
<tr><td>个人反思</td><td>完成任务的安全、质量、时间和6S要求，是否达到最佳程度，请提出个人改进建议</td><td colspan="2"></td></tr>
<tr><td rowspan="2">教师评价</td><td rowspan="2">教师签字<br>年　月　日</td><td colspan="2">成绩</td></tr>
<tr><td colspan="2">□合格　□不合格</td></tr>
</table>
</td></tr>
</table>

# 实训工单 5.2　摄像头内部参数标定

<table>
<tr><td>任务名称</td><td>摄像头内部参数标定</td><td>学时</td><td>2</td><td>班级</td><td></td></tr>
<tr><td>姓名</td><td></td><td>学号</td><td></td><td>成绩</td><td></td></tr>
<tr><td>实训设备、工具及仪器</td><td>智能网联汽车、工具箱、安全防护用品、机器视觉教学平台</td><td>实训场地</td><td>理实一体化教室</td><td>日期</td><td></td></tr>
<tr><td>任务描述</td><td colspan="5">本任务目的是加强对智能网联汽车视觉传感器的认识，通过在机器视觉教学平台上进行摄像头安装，掌握摄像头传感器内部参数标定的步骤；通过任务实施、评价及反馈，理论结合实践，夯实培养质量</td></tr>
<tr><td>任务目的</td><td colspan="5">1. 了解智能网联汽车摄像头的基本参数及组成<br>2. 掌握智能网联汽车摄像头内部参数标定的步骤<br>3. 练习摄像头的内部参数标定</td></tr>
<tr><td>任务步骤</td><td colspan="2">任务要点</td><td colspan="3">实施记录</td></tr>
<tr><td>任务准备</td><td colspan="2">1. 更换实训服，穿戴劳保用品<br>2. 严禁非专业人员或无教师在场情况下私自对部件进行操作<br>3. 实训过程中需要至少两人配合完成，不可一人单独完成作业</td><td colspan="3">是否完成：是☐　否☐</td></tr>
<tr><td>工具准备</td><td colspan="2">机器视觉教学平台、工具箱、安全防护用品、计算机</td><td colspan="3">是否正常：是☐　否☐</td></tr>
<tr><td>制订计划</td><td colspan="5">根据任务目标，制订任务实施计划<br><table><tr><td>序号</td><td>作业项目</td><td>实施要点</td></tr><tr><td></td><td></td><td></td></tr><tr><td></td><td></td><td></td></tr><tr><td></td><td></td><td></td></tr></table></td></tr>
<tr><td>检查机器视觉教学平台</td><td colspan="3">1. 检查机器视觉教学平台是否平稳放置<br>2. 检查机器视觉教学平台是否断开总电源</td><td colspan="2">是否完成：是☐　否☐<br>是否完成：是☐　否☐</td></tr>
<tr><td>作业准备</td><td colspan="3">1. 打开机器视觉教学实训系统<br>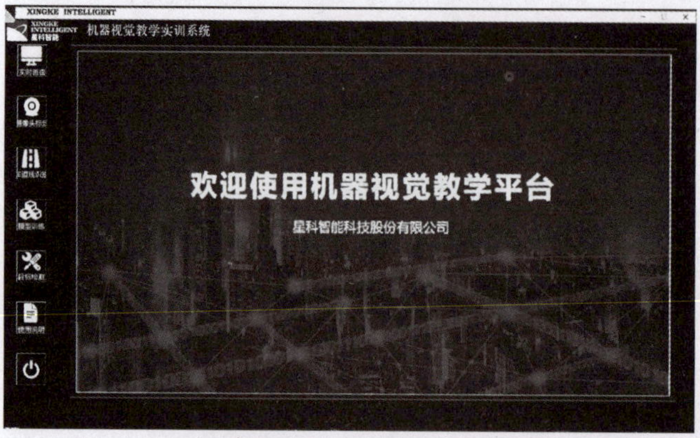</td><td colspan="2">是否完成：是☐　否☐</td></tr>
</table>

（续）

<table>
<tr><th>任务步骤</th><th>任务要点</th><th>实施记录</th></tr>
<tr><td>作业准备</td><td>2. 选择标定板<br>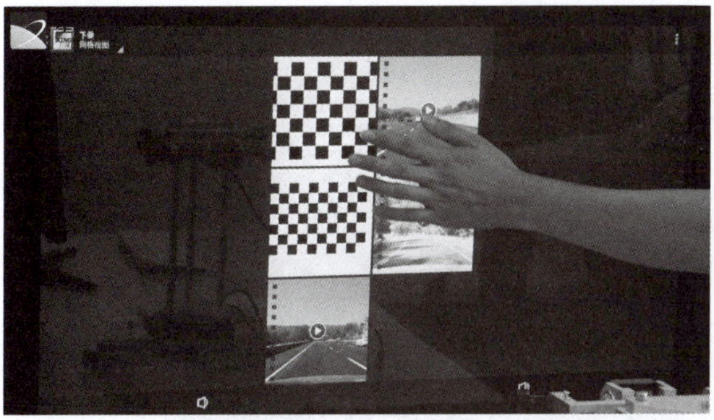</td><td>是否完成：是□ 否□</td></tr>
<tr><td rowspan="2">摄像头标定示教板 1</td><td>1. 输入内角点<br></td><td>是否完成：是□ 否□</td></tr>
<tr><td>2. 输入像素值<br>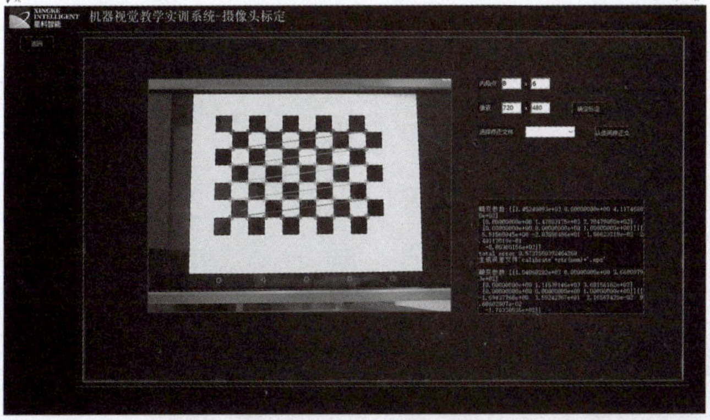</td><td>是否完成：是□ 否□</td></tr>
</table>

（续）

| 任务步骤 | 任务要点 | 实施记录 |
|---|---|---|
| 摄像头标定示教板 1 | 3. 选择修正文件<br> | 是否完成：是□　否□ |
| 摄像头标定示教板 2 | 1. 输入内角点<br> | 是否完成：是□　否□ |
| | 2. 输入像素值<br> | 是否完成：是□　否□ |

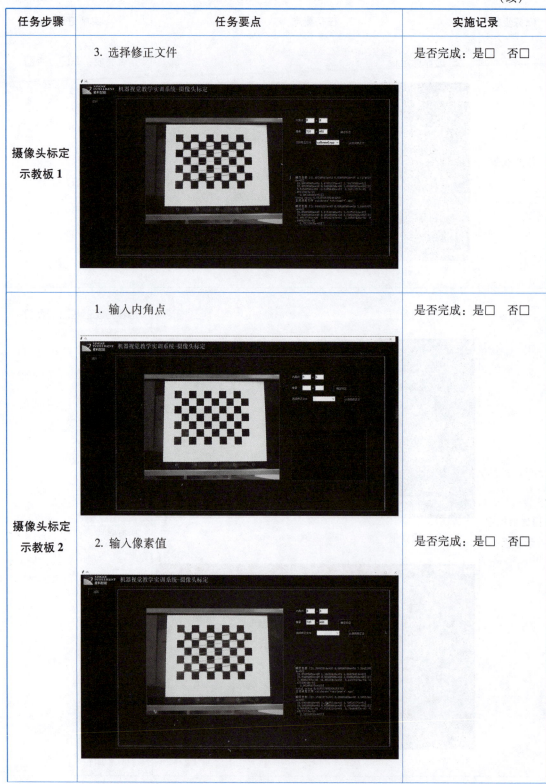

（续）

| 任务步骤 | 任务要点 | 实施记录 |
|---|---|---|
| 摄像头标定示教板 2 | 3. 选择修正文件<br>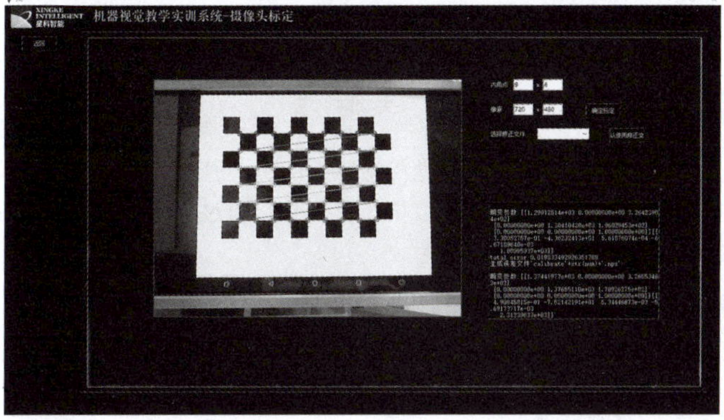<br> | 是否完成：是□　否□ |
| 操作完毕 | 关闭机器视觉系统 | 是否完成：是□　否□ |
| 任务总结 | 摄像头内参标定总结：<br><br>工作实施状况反思： | |
| 评价反思 | （见下方评价表） | |

评价表

| 项目 | 评价指标 | 自评 | 互评 |
|---|---|---|---|
| 专业技能 | 正确认识摄像头内参标定 | □合格　□不合格 | □合格　□不合格 |
| | 完整填写工作页 | □合格　□不合格 | □合格　□不合格 |
| 工作态度 | 着装规范，符合职业要求 | □合格　□不合格 | □合格　□不合格 |
| | 正确查阅摄像头内参标定相关资料和学习材料 | □合格　□不合格 | □合格　□不合格 |
| | 目标明确，独立完成 | □合格　□不合格 | □合格　□不合格 |
| 个人反思 | 完成任务的安全、质量、时间和 6S 要求，是否达到最佳程度，请提出个人改进建议 | | |
| 教师评价 | 教师签字<br>年　月　日 | 成绩<br>□合格　□不合格 | |

# 实训工单 5.3　摄像头目标数据标注

<table>
<tr><td>任务名称</td><td>摄像头目标数据标注</td><td>学时</td><td>2</td><td>班级</td><td></td></tr>
<tr><td>姓名</td><td></td><td>学号</td><td></td><td>成绩</td><td></td></tr>
<tr><td>实训设备、工具及仪器</td><td>智能网联汽车、工具箱、安全防护用品、机器视觉实训台、计算机</td><td>实训场地</td><td>理实一体化教室</td><td>日期</td><td></td></tr>
<tr><td>任务描述</td><td colspan="5">本任务目的是加强对智能网联汽车视觉传感器的认识，通过在机器视觉教学平台上进行摄像头目标数据标注，掌握摄像头目标数据标注步骤；通过任务实施、评价及反馈，理论结合实践，夯实培养质量</td></tr>
<tr><td>任务目的</td><td colspan="5">1. 了解智能网联汽车视觉传感器的数据标注的原理<br>2. 掌握智能网联汽车摄像头的目标数据标注的步骤<br>3. 练习摄像头的目标数据标注</td></tr>
<tr><td>任务步骤</td><td colspan="3">任务要点</td><td colspan="2">实施记录</td></tr>
<tr><td>任务准备</td><td colspan="3">1. 更换实训服，穿戴劳保用品<br>2. 严禁非专业人员或无教师在场情况下私自对部件进行操作<br>3. 实训过程中需要至少两人配合完成，不可一人单独完成作业</td><td colspan="2">是否完成：是□　否□</td></tr>
<tr><td>工具准备</td><td colspan="3">机器视觉实训台、工具箱、安全防护用品、计算机</td><td colspan="2">是否正常：是□　否□</td></tr>
<tr><td>制订计划</td><td colspan="5">根据任务目标，制订任务实施计划
<table>
<tr><th>序号</th><th>作业项目</th><th>实施要点</th></tr>
<tr><td></td><td></td><td></td></tr>
<tr><td></td><td></td><td></td></tr>
<tr><td></td><td></td><td></td></tr>
</table></td></tr>
<tr><td>检查机器视觉教学平台</td><td colspan="4">1. 检查机器视觉教学平台是否平稳放置<br>2. 检查机器视觉教学平台是否断开总电源</td><td>是否完成：是□　否□<br>是否完成：是□　否□</td></tr>
<tr><td>作业准备</td><td colspan="4">1. 打开机器视觉系统<br>2. 选择模型训练<br>
</td><td>是否完成：是□　否□<br>是否完成：是□　否□</td></tr>
</table>

（续）

| 任务步骤 | 任务要点 | 实施记录 |
| --- | --- | --- |
| 目标数据标注 | 1. 选择目标数据标注类别<br> | 是否完成：是□　否□ |
| | 2. 选择目标车辆图片<br> | 是否完成：是□　否□ |
| | 3. 创建车辆侧面信息<br> | 是否完成：是□　否□ |

（续）

| 任务步骤 | 任务要点 | 实施记录 |
| --- | --- | --- |
| 目标数据标注 | 4. 再次录入车辆车头信息<br> | 是否完成：是□　否□ |
| 查看车辆标注信息 | 1. 打开车辆标注存储文件<br>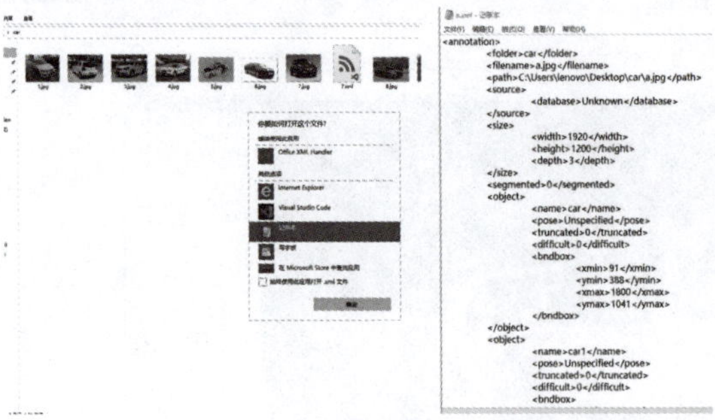<br><br>2. 查看车辆标注信息<br>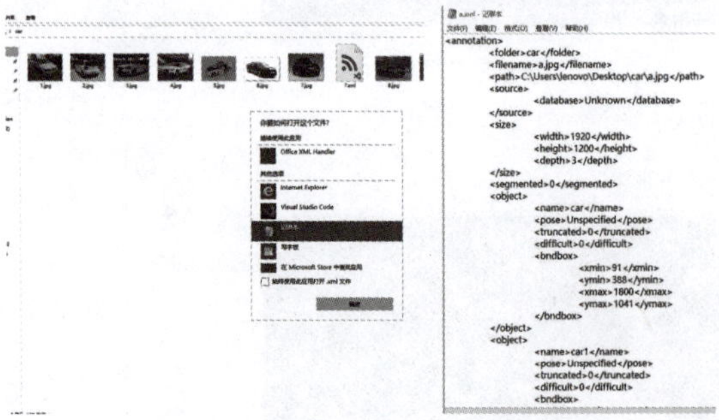<br> | 是否完成：是□　否□<br>是否完成：是□　否□ |
| 操作完毕 | 关闭机器视觉系统，关闭计算机主机 | 是否完成：是□　否□ |
| 任务总结 | 摄像头目标数据标注总结：<br>工作实施状况反思： | |

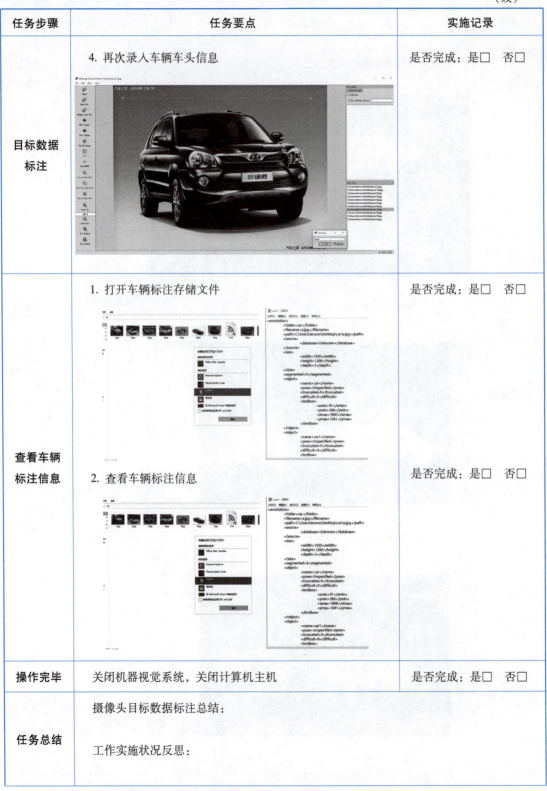

（续）

<table>
<tr><td rowspan="11">评价反思</td><td colspan="4">评价表</td></tr>
<tr><td>项目</td><td>评价指标</td><td>自评</td><td>互评</td></tr>
<tr><td rowspan="2">专业技能</td><td>正确认识摄像头目标数据标注</td><td>□合格　□不合格</td><td>□合格　□不合格</td></tr>
<tr><td>完整填写工作页</td><td>□合格　□不合格</td><td>□合格　□不合格</td></tr>
<tr><td rowspan="3">工作态度</td><td>着装规范，符合职业要求</td><td>□合格　□不合格</td><td>□合格　□不合格</td></tr>
<tr><td>正确查阅摄像头目标数据标注相关资料和学习材料</td><td>□合格　□不合格</td><td>□合格　□不合格</td></tr>
<tr><td>目标明确，独立完成</td><td>□合格　□不合格</td><td>□合格　□不合格</td></tr>
<tr><td>个人反思</td><td>完成任务的安全、质量、时间和6S要求，是否达到最佳程度，请提出个人改进建议</td><td colspan="2"></td></tr>
<tr><td rowspan="2">教师评价</td><td rowspan="2">教师签字<br>年　月　日</td><td colspan="2">成绩</td></tr>
<tr><td colspan="2">□合格　□不合格</td></tr>
</table>

# 实训工单 5.4 摄像头目标检测

<table>
<tr><td>任务名称</td><td>摄像头目标检测</td><td>学时</td><td>2</td><td>班级</td><td></td></tr>
<tr><td>姓名</td><td></td><td>学号</td><td></td><td>成绩</td><td></td></tr>
<tr><td>实训设备、工具及仪器</td><td>智能网联汽车、工具箱、安全防护用品、机器视觉实训台、计算机</td><td>实训场地</td><td>理实一体化教室</td><td>日期</td><td></td></tr>
<tr><td>任务描述</td><td colspan="5">本任务目的是加强对智能网联汽车视觉传感器的认识，通过在机器视觉实训台上进行摄像头目标检测，掌握摄像头目标检测步骤；通过任务实施、评价及反馈，理论结合实践，夯实培养质量</td></tr>
<tr><td>任务目的</td><td colspan="5">1. 了解智能网联汽车摄像头目标检测的内容<br>2. 掌握智能网联汽车摄像头目标检测的步骤<br>3. 练习摄像头的目标检测</td></tr>
<tr><td>任务步骤</td><td colspan="3">任务要点</td><td colspan="2">实施记录</td></tr>
<tr><td>任务准备</td><td colspan="3">1. 更换实训服，穿戴劳保用品<br>2. 严禁非专业人员或无教师在场情况下私自对部件进行操作<br>3. 实训过程中需要至少两人配合完成，不可一人单独完成作业</td><td colspan="2">是否完成：是□　否□</td></tr>
<tr><td>工具准备</td><td colspan="3">机器视觉实训台、工具箱、安全防护用品、计算机</td><td colspan="2">是否正常：是□　否□</td></tr>
<tr><td>制订计划</td><td colspan="5">根据任务目标，制订任务实施计划<br><table><tr><td>序号</td><td>作业项目</td><td>实施要点</td></tr><tr><td></td><td></td><td></td></tr><tr><td></td><td></td><td></td></tr><tr><td></td><td></td><td></td></tr></table></td></tr>
<tr><td>检查智能网联汽车</td><td colspan="3">1. 检查智能网联汽车是否平稳放置<br>2. 检查智能网联汽车是否断开总电源<br>3. 检查智能网联汽车处遥控器是否断开</td><td colspan="2">是否完成：是□　否□<br>是否完成：是□　否□<br>是否完成：是□　否□</td></tr>
<tr><td>作业准备</td><td colspan="3">1. 打开机器视觉系统<br>2. 选择目标检测<br>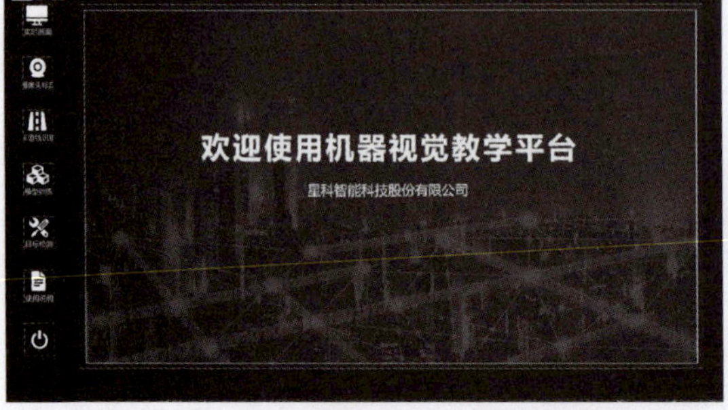<br></td><td colspan="2">是否完成：是□　否□<br>是否完成：是□　否□</td></tr>
</table>

（续）

| 任务步骤 | 任务要点 | 实施记录 |
|---|---|---|
| 目标检测 | 1. 选择目标图片<br><br>2. 选择车辆识别<br>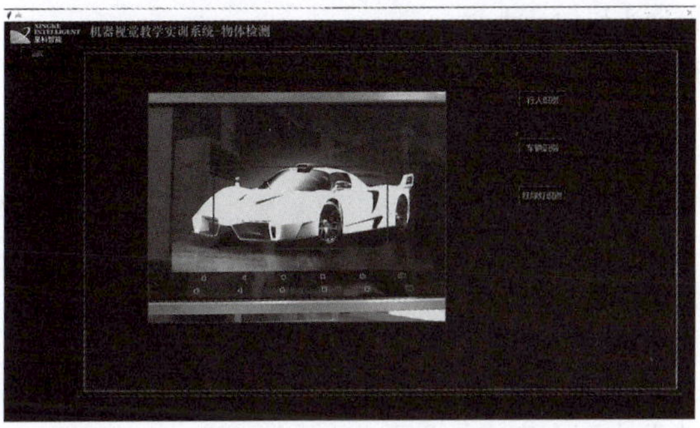 | 是否完成：是□　否□<br>是否完成：是□　否□ |
| 操作完毕 | 关闭机器视觉系统，关闭计算机主机 | 是否完成：是□　否□ |
| 任务总结 | 摄像头目标检测总结：<br>工作实施状况反思： | |

**评价反思**

评价表

| 项目 | 评价指标 | 自评 | 互评 |
|---|---|---|---|
| 专业技能 | 正确认识摄像头目标检测 | □合格　□不合格 | □合格　□不合格 |
| | 完整填写工作页 | □合格　□不合格 | □合格　□不合格 |
| 工作态度 | 着装规范，符合职业要求 | □合格　□不合格 | □合格　□不合格 |
| | 正确查阅摄像头目标检测相关资料和学习材料 | □合格　□不合格 | □合格　□不合格 |
| | 目标明确，独立完成 | □合格　□不合格 | □合格　□不合格 |
| 个人反思 | 完成任务的安全、质量、时间和6S要求，是否达到最佳程度，请提出个人改进建议 | | |
| 教师评价 | 教师签字<br>年　月　日 | 成绩<br>□合格　□不合格 | |

# 实训工单 5.5　摄像头标定

| 任务名称 | 摄像头标定 | 学时 | 2 | 班级 | |
|---|---|---|---|---|---|
| 姓名 | | 学号 | | 成绩 | |
| 实训设备、工具及仪器 | 智能网联汽车、工具箱、安全防护用品、计算机 | 实训场地 | 理实一体化教室 | 日期 | |
| 客户任务描述 | 本任务目的是加强对智能网联汽车视觉传感器的认识，通过在实车上进行摄像头标定，掌握摄像头标定步骤；通过任务实施、评价及反馈，理论结合实践，夯实培养质量 | | | | |
| 任务目的 | 1. 了解智能网联汽车摄像头标定的内容<br>2. 掌握智能网联汽车摄像头标定的步骤<br>3. 练习摄像头的标定 | | | | |

| 任务步骤 | 任务要点 | 实施记录 |
|---|---|---|
| 任务准备 | 1. 更换实训服，穿戴劳保用品<br>2. 严禁非专业人员或无教师在场情况下私自对部件进行操作<br>3. 实训过程中需要至少两人配合完成，不可一人单独完成作业 | 是否完成：是□　否□ |
| 工具准备 | 智能网联汽车、工具箱、安全防护用品、计算机 | 是否正常：是□　否□ |
| 制订计划 | 根据任务目标，制订任务实施计划（见下表） | |
| 检查智能网联汽车 | 1. 检查智能网联汽车是否平稳放置<br>2. 检查智能网联汽车是否断开总电源<br>3. 检查智能网联汽车处遥控器是否断开 | 是否完成：是□　否□<br>是否完成：是□　否□<br>是否完成：是□　否□ |
| 作业准备 | 1. 打开动力蓄电池包开关和主电源开关<br>2. 打开电源控制盒上 WLAN、AGX、LCD、CAM 等电源开关 | 是否完成：是□　否□<br>是否完成：是□　否□ |

制订计划：

| 序号 | 作业项目 | 实施要点 |
|---|---|---|
| | | |
| | | |
| | | |

（续）

| 任务步骤 | 任务要点 | 实施记录 |
| --- | --- | --- |
| 车辆准备 | 将车辆放置在车道线中间<br>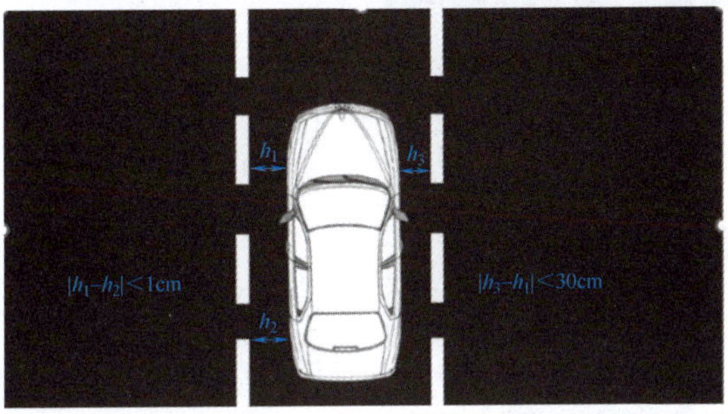 | 是否完成：是☐　否☐ |
| 摄像头的标定 | 1. 准备笔记本计算机<br>2. 进入调试界面<br>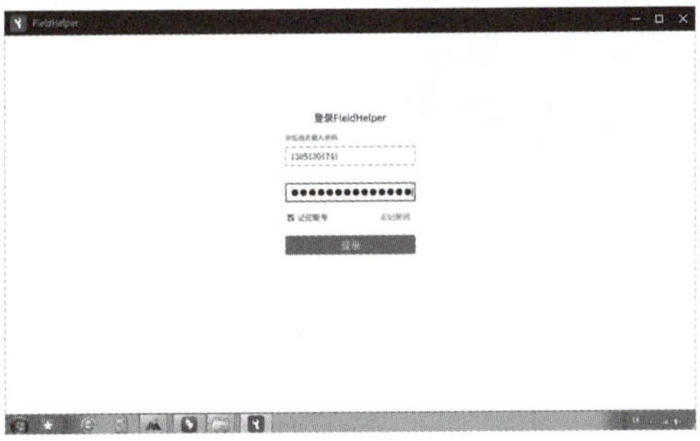<br>3. 摄像头检测<br><br>4. 通信设置<br>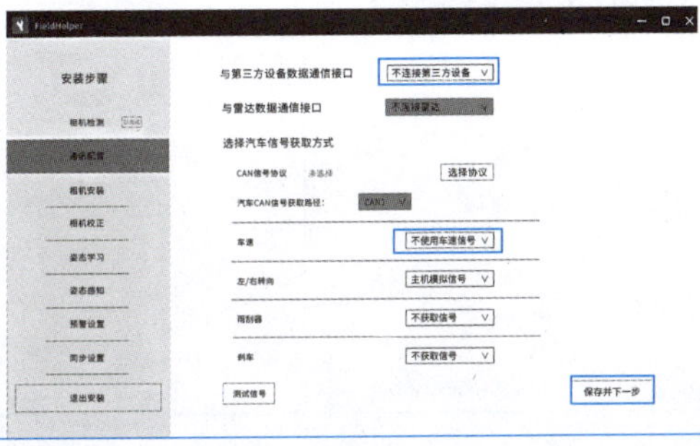 | 是否完成：是☐　否☐<br>是否完成：是☐　否☐<br><br>是否完成：是☐　否☐<br><br>是否完成：是☐　否☐ |

（续）

<table>
<tr><th>任务步骤</th><th>任务要点</th><th>实施记录</th></tr>
<tr><td>摄像头<br>的标定</td><td>5. 摄像头安装<br>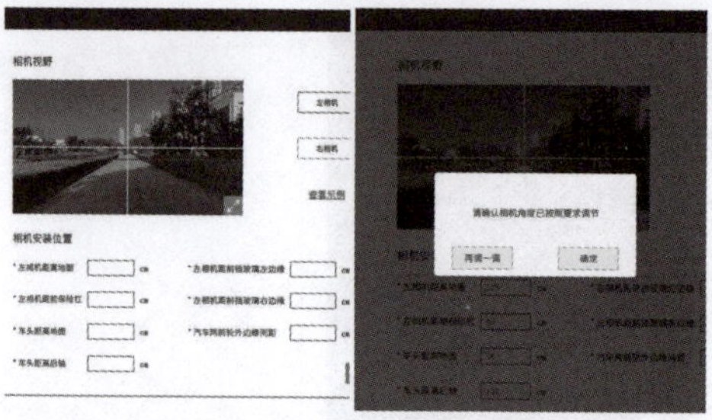<br>6. 摄像头校正<br>距离摄像头 4m/6m/8m/10m 进行校正<br><br>7. 姿态学习<br>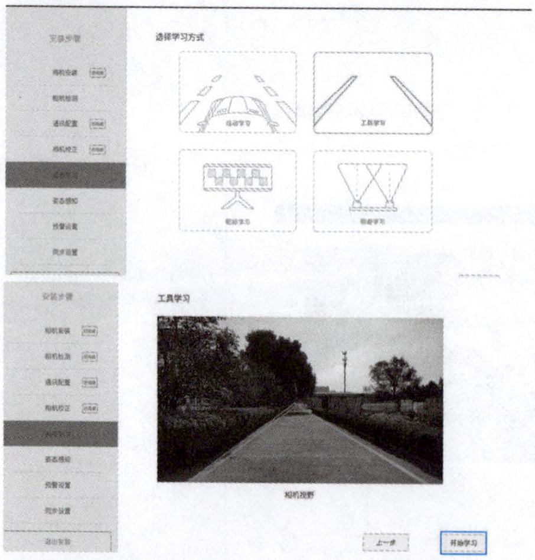<br>8. 姿态感知设置<br>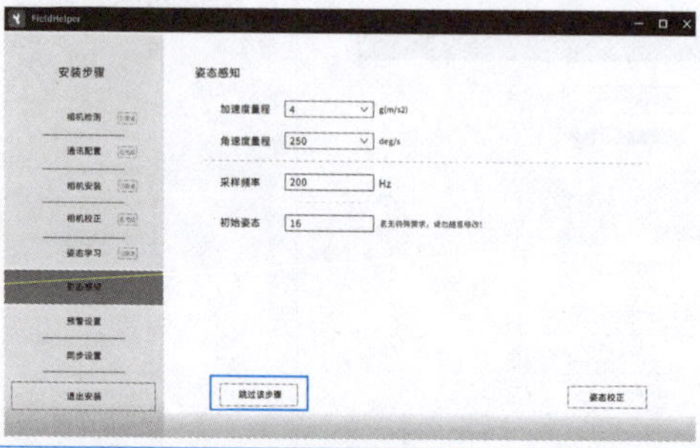</td><td>是否完成：是□　否□<br><br>是否完成：是□　否□<br><br>是否完成：是□　否□<br><br>是否完成：是□　否□</td></tr>
</table>

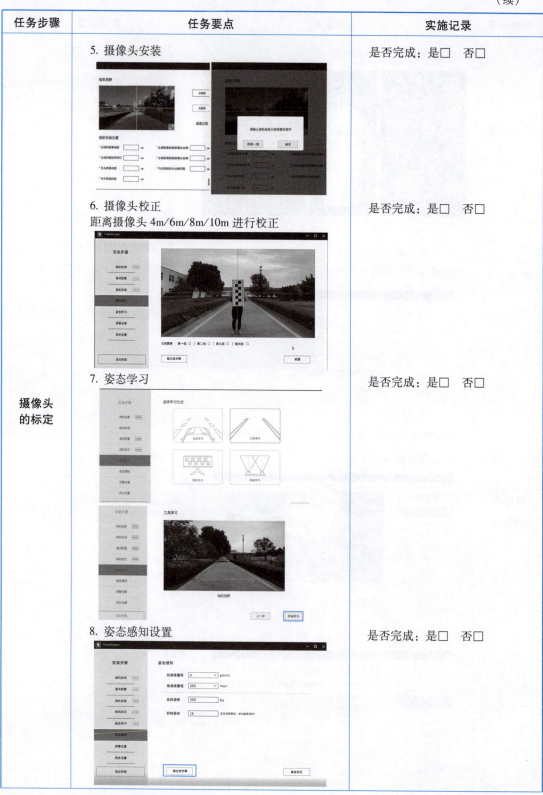

（续）

<table>
<tr><th>任务步骤</th><th>任务要点</th><th>实施记录</th></tr>
<tr><td rowspan="3">操作完毕</td><td>1. 拔下网线开关、关闭 FieldHelper 上位机软件，关闭计算机</td><td>是否完成：是□　否□</td></tr>
<tr><td>2. 关闭 WLAN、AGX、LCD、CAM 等电源开关，关闭主电源开关，关闭动力蓄电池包开关</td><td>是否完成：是□　否□</td></tr>
<tr><td>3. 工具归位，清洁、整理工位</td><td>是否完成：是□　否□</td></tr>
<tr><td>任务总结</td><td colspan="2">摄像头标定总结：<br><br>工作实施状况反思：</td></tr>
<tr><td>评价反思</td><td colspan="2">
<table>
<tr><th colspan="4">评价表</th></tr>
<tr><th>项目</th><th>评价指标</th><th>自评</th><th>互评</th></tr>
<tr><td rowspan="2">专业技能</td><td>正确认识摄像头标定</td><td>□合格　□不合格</td><td>□合格　□不合格</td></tr>
<tr><td>完整填写工作页</td><td>□合格　□不合格</td><td>□合格　□不合格</td></tr>
<tr><td rowspan="3">工作态度</td><td>着装规范，符合职业要求</td><td>□合格　□不合格</td><td>□合格　□不合格</td></tr>
<tr><td>正确查阅摄像头标定相关资料和学习材料</td><td>□合格　□不合格</td><td>□合格　□不合格</td></tr>
<tr><td>目标明确，独立完成</td><td>□合格　□不合格</td><td>□合格　□不合格</td></tr>
<tr><td>个人反思</td><td>完成任务的安全、质量、时间和 6S 要求，是否达到最佳程度，请提出个人改进建议</td><td colspan="2"></td></tr>
<tr><td rowspan="2">教师评价</td><td rowspan="2">教师签字<br>年　月　日</td><td colspan="2">成绩</td></tr>
<tr><td colspan="2">□合格　□不合格</td></tr>
</table>
</td></tr>
</table>

# 实训工单 5.6　摄像头故障检修

<table>
<tr><td>任务名称</td><td>摄像头故障检修</td><td>学时</td><td>2</td><td>班级</td><td></td></tr>
<tr><td>姓名</td><td></td><td>学号</td><td></td><td>成绩</td><td></td></tr>
<tr><td>实训设备、工具及仪器</td><td>智能网联汽车、工具箱、安全防护用品、计算机</td><td>实训场地</td><td>理实一体化教室</td><td>日期</td><td></td></tr>
<tr><td>任务描述</td><td colspan="5">本任务目的是加强对智能网联汽车视觉传感器的认识，通过在实车上进行摄像头故障检修，掌握摄像头故障检修步骤；通过任务实施、评价及反馈，理论结合实践，夯实培养质量</td></tr>
<tr><td>任务目的</td><td colspan="5">1. 了解智能网联汽车摄像头故障检修的内容<br>2. 掌握智能网联汽车摄像头故障检修的步骤<br>3. 练习摄像头的故障检修。</td></tr>
<tr><td>任务步骤</td><td colspan="3">任务要点</td><td colspan="2">实施记录</td></tr>
<tr><td>任务准备</td><td colspan="3">1. 更换实训服，穿戴劳保用品<br>2. 严禁非专业人员或无教师在场情况下私自对部件进行操作<br>3. 实训过程中需要至少两人配合完成，不可一人单独完成作业</td><td colspan="2">是否完成：是□　否□</td></tr>
<tr><td>工具准备</td><td colspan="3">智能网联汽车、工具箱、安全防护用品、计算机</td><td colspan="2">是否正常：是□　否□</td></tr>
<tr><td>制订计划</td><td colspan="5">根据任务目标，制订任务实施计划<br><table><tr><td>序号</td><td>作业项目</td><td>实施要点</td></tr><tr><td></td><td></td><td></td></tr><tr><td></td><td></td><td></td></tr><tr><td></td><td></td><td></td></tr></table></td></tr>
<tr><td>检查智能网联汽车</td><td colspan="3">1. 检查智能网联汽车是否平稳放置<br>2. 检查智能网联汽车是否断开总电源<br>3. 检查智能网联汽车处遥控器是否断开</td><td colspan="2">是否完成：是□　否□<br>是否完成：是□　否□<br>是否完成：是□　否□</td></tr>
<tr><td>作业准备</td><td colspan="3">1. 打开动力蓄电池包开关和主电源开关<br>2. 打开电源控制盒上 WLAN、AGX、LCD、CAM 等电源开关</td><td colspan="2">是否完成：是□　否□<br>是否完成：是□　否□</td></tr>
</table>

（续）

| 任务步骤 | 任务要点 | 实施记录 |
| --- | --- | --- |
| 确定故障点 | 1. 检查摄像头网络信号<br>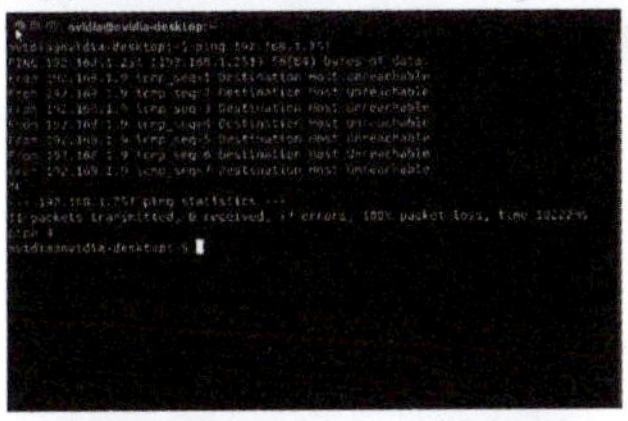 | 是否完成：是□　否□ |
| | 2. 检查摄像头电源线<br>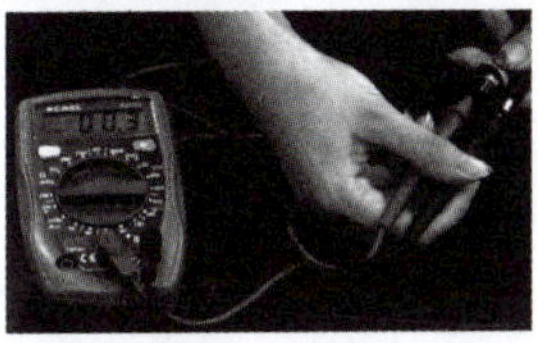 | 是否完成：是□　否□ |
| | 3. 检查摄像头数据线<br> | 是否完成：是□　否□ |
| 排除故障 | 1. 重新制作一个网络数据线<br>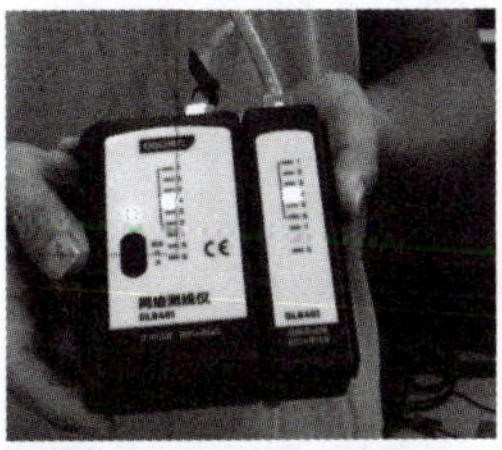 | 是否完成：是□　否□ |
| | 2. 更换新网线<br> | 是否完成：是□　否□ |
| | 3. 验证故障是否排除<br>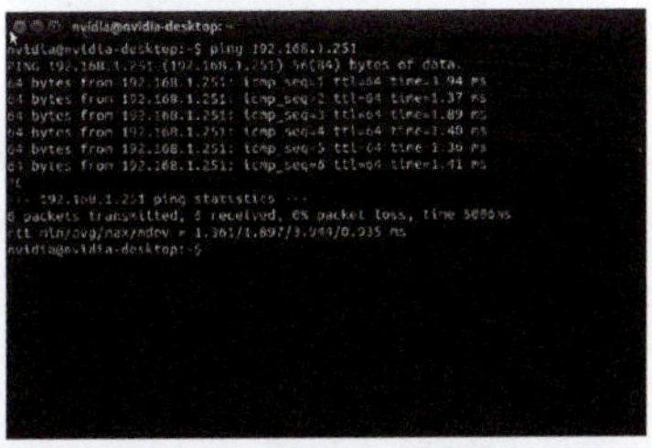 | 是否完成：是□　否□ |

（续）

<table>
<tr><th>任务步骤</th><th>任务要点</th><th>实施记录</th></tr>
<tr><td rowspan="2">操作完毕</td><td>1. 关闭 WLAN、AGX、LCD、CAM 等电源开关。关闭主电源开关，关闭动力蓄电池包开关</td><td>是否完成：是□　否□</td></tr>
<tr><td>2. 工具归位，清洁、整理工位</td><td>是否完成：是□　否□</td></tr>
<tr><td>任务总结</td><td colspan="2">摄像头故障检修总结：<br><br>工作实施状况反思：</td></tr>
<tr><td>评价反思</td><td colspan="2">
<table>
<tr><th colspan="6">评价表</th></tr>
<tr><th>项目</th><th>评价指标</th><th colspan="2">自评</th><th colspan="2">互评</th></tr>
<tr><td rowspan="2">专业技能</td><td>正确认识摄像头故障检修</td><td>□合格</td><td>□不合格</td><td>□合格</td><td>□不合格</td></tr>
<tr><td>完整填写工作页</td><td>□合格</td><td>□不合格</td><td>□合格</td><td>□不合格</td></tr>
<tr><td rowspan="3">工作态度</td><td>着装规范，符合职业要求</td><td>□合格</td><td>□不合格</td><td>□合格</td><td>□不合格</td></tr>
<tr><td>正确查阅摄像头故障检修相关资料和学习材料</td><td>□合格</td><td>□不合格</td><td>□合格</td><td>□不合格</td></tr>
<tr><td>目标明确，独立完成</td><td>□合格</td><td>□不合格</td><td>□合格</td><td>□不合格</td></tr>
<tr><td>个人反思</td><td>完成任务的安全、质量、时间和6S 要求，是否达到最佳程度，请提出个人改进建议</td><td colspan="4"></td></tr>
<tr><td rowspan="2">教师评价</td><td rowspan="2">教师签字<br>年　月　日</td><td colspan="4">成绩</td></tr>
<tr><td colspan="4">□合格　□不合格</td></tr>
</table>
</td></tr>
</table>

# 项目六
## 定位与导航传感技术与应用

### 实训工单 6.1　定位与导航模块天线安装

| 任务名称 | 定位与导航模块天线安装 | 学时 | 2 | 班级 | |
|---|---|---|---|---|---|
| 姓名 | | 学号 | | 成绩 | |
| 实训设备、工具及仪器 | 智能网联汽车、工具箱、安全防护用品 | 实训场地 | 理实一体化教室 | 日期 | |

| | |
|---|---|
| 任务描述 | 本任务目的是加强对智能网联汽车定位与导航传感器技术认识，通过在实车上进行定位与导航模块天线安装，掌握定位与导航模块天线的安装内容与步骤；通过任务实施、评价及反馈，理论结合实践，夯实培养质量 |
| 任务目的 | 1. 了解智能网联汽车定位与导航模块天线的工作原理<br>2. 掌握智能网联汽车定位与导航模块天线的安装步骤<br>3. 练习定位与导航模块天线的安装 |

| 任务步骤 | 任务要点 | 实施记录 |
|---|---|---|
| 任务准备 | 1. 更换实训服，穿戴劳保用品<br>2. 严禁非专业人员或无教师在场情况下私自对部件进行操作<br>3. 实训过程中需要至少两人配合完成，不可一人单独完成作业 | 是否完成：是□　否□ |
| 工具准备 | 智能网联汽车、工具箱、安全防护用品 | 是否正常：是□　否□ |

制订计划：根据任务目标，制订任务实施计划

| 序号 | 作业项目 | 实施要点 |
|---|---|---|
| | | |
| | | |
| | | |

（续）

| 任务步骤 | 任务要点 | 实施记录 |
|---|---|---|
| 检查智能网联汽车 | 1. 检查智能网联汽车是否平稳放置<br>2. 检查智能网联汽车是否断开总电源<br>3. 检查智能网联汽车处遥控器是否断开 | 是否完成：是□　否□<br>是否完成：是□　否□<br>是否完成：是□　否□ |
| 作业准备 | 1. 检查工具<br>2. 定位组合模块各零部件 | 是否完成：是□　否□<br>是否完成：是□　否□ |
| 组合定位模块天线及支架检查 | 检查组合定位模块天线及支架<br> | 是否完成：是□　否□ |
| 组合导航模块天线的安装 | 1. 安装组合导航天线<br>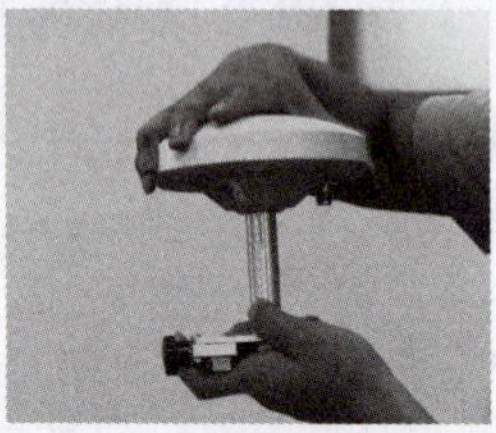<br>2. 安装组合导航天线底座<br>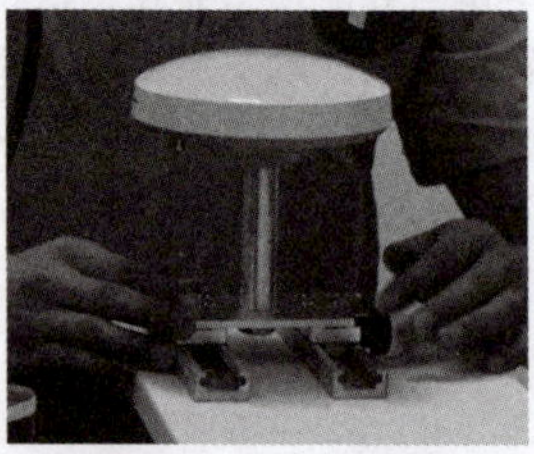<br>3. 调整组合导航天线底座位置<br> | 是否完成：是□　否□<br>是否完成：是□　否□<br>是否完成：是□　否□ |
| 组合导航天线线束连接 | 1. 检查定位天线线束<br>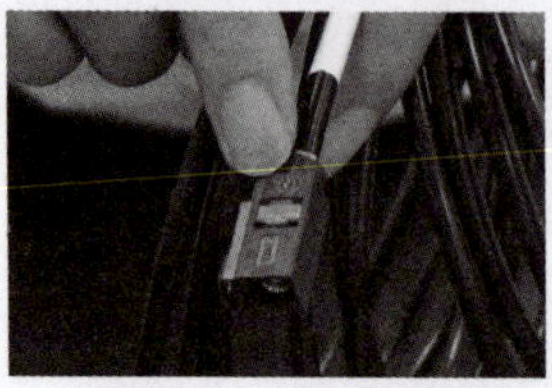 | 是否完成：是□　否□ |

（续）

| 任务步骤 | 任务要点 | 实施记录 |
|---|---|---|
| 组合导航天线线束连接 | 2. 定位天线线束连接<br>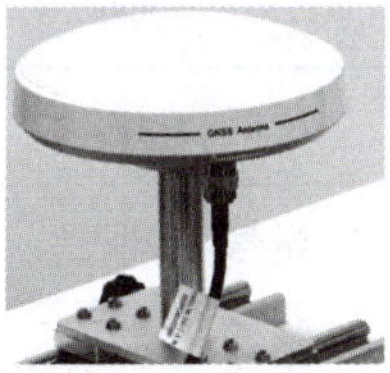 | 是否完成：是□　否□ |
| | 3. 检查定向天线线束<br>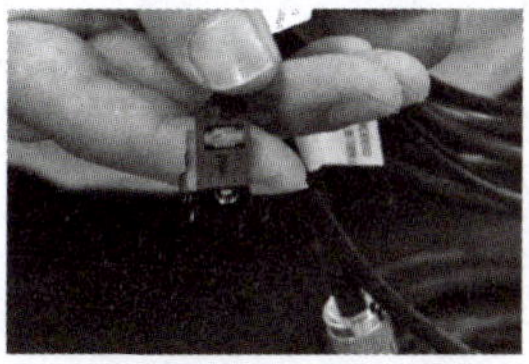 | 是否完成：是□　否□ |
| | 4. 定位天线线束连接<br>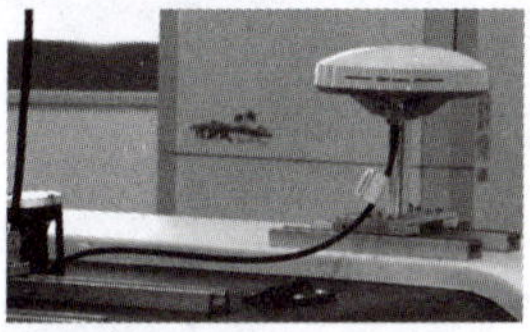 | 是否完成：是□　否□ |
| 操作完毕 | 清洁、整理工位 | 是否完成：是□　否□ |
| 任务总结 | 定位与导航模块天线安装总结：<br><br>工作实施状况反思： | |
| 评价反思 | （评价表见下） | |

评价表

| 项目 | 评价指标 | 自评 | 互评 |
|---|---|---|---|
| 专业技能 | 正确认识定位与导航模块天线的安装 | □合格　□不合格 | □合格　□不合格 |
| | 完整填写工作页 | □合格　□不合格 | □合格　□不合格 |
| 工作态度 | 着装规范，符合职业要求 | □合格　□不合格 | □合格　□不合格 |
| | 正确查阅定位与导航模块天线安装相关资料和学习材料 | □合格　□不合格 | □合格　□不合格 |
| | 目标明确，独立完成 | □合格　□不合格 | □合格　□不合格 |
| 个人反思 | 完成任务的安全、质量、时间和6S要求，是否达到最佳程度，请提出个人改进建议 | | |
| 教师评价 | 教师签字<br>年　月　日 | 成绩<br>□合格　□不合格 | |

# 实训工单 6.2　定位与导航模块主机安装

<table>
<tr><td>任务名称</td><td>定位与导航模块主机安装</td><td>学时</td><td>2</td><td>班级</td><td></td></tr>
<tr><td>姓名</td><td></td><td>学号</td><td></td><td>成绩</td><td></td></tr>
<tr><td>实训设备、工具及仪器</td><td>智能网联汽车、工具箱、安全防护用品</td><td>实训场地</td><td>理实一体化教室</td><td>日期</td><td></td></tr>
<tr><td>任务描述</td><td colspan="5">本任务目的是加强对智能网联汽车定位与导航传感器技术认识，通过在实车上进行定位与导航模块主机安装，掌握定位与导航模块主机的安装内容与步骤；通过任务实施、评价及反馈，理论结合实践，夯实培养质量</td></tr>
<tr><td>任务目的</td><td colspan="5">1. 了解智能网联汽车定位与导航模块主机的工作原理<br>2. 掌握智能网联汽车定位与导航模块主机的安装步骤<br>3. 练习定位与导航模块主机的安装</td></tr>
<tr><td>任务步骤</td><td colspan="3">任务要点</td><td colspan="2">实施记录</td></tr>
<tr><td>任务准备</td><td colspan="3">1. 更换实训服，穿戴劳保用品<br>2. 严禁非专业人员或无教师在场情况下私自对部件进行操作<br>3. 实训过程中需要至少两人配合完成，不可一人单独完成作业</td><td colspan="2">是否完成：是□　否□</td></tr>
<tr><td>工具准备</td><td colspan="3">智能网联汽车、工具箱、安全防护用品</td><td colspan="2">是否正常：是□　否□</td></tr>
<tr><td>制订计划</td><td colspan="5">根据任务目标，制订任务实施计划<br><table><tr><th>序号</th><th>作业项目</th><th>实施要点</th></tr><tr><td></td><td></td><td></td></tr><tr><td></td><td></td><td></td></tr><tr><td></td><td></td><td></td></tr></table></td></tr>
<tr><td>检查智能网联汽车</td><td colspan="3">1. 检查智能网联汽车是否平稳放置<br>2. 检查智能网联汽车是否断开总电源<br>3. 检查智能网联汽车处遥控器是否断开</td><td colspan="2">是否完成：是□　否□<br>是否完成：是□　否□<br>是否完成：是□　否□</td></tr>
<tr><td>作业准备</td><td colspan="3">1. 检查工具<br>2. 定位组合模块各零部件准备</td><td colspan="2">是否完成：是□　否□<br>是否完成：是□　否□</td></tr>
</table>

（续）

| 任务步骤 | 任务要点 | 实施记录 |
| --- | --- | --- |
| 组合定位模块主机检查 | 1. 检查组合定位模块主机<br> | 是否完成：是□　否□ |
| | 2. 主机数据线检查<br>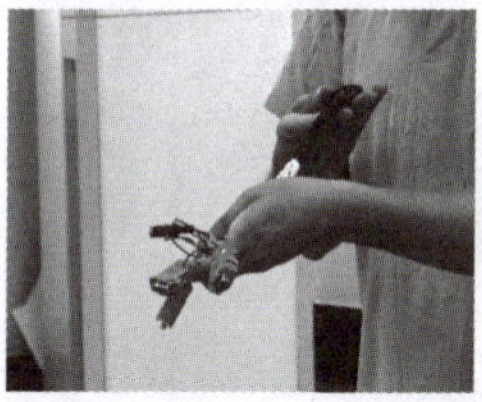 | 是否完成：是□　否□ |
| | 3. 天线数据线检查<br> | 是否完成：是□　否□ |
| | 4. 主机转换数据线检查<br> | 是否完成：是□　否□ |
| 组合导航模块主机的安装 | 1. 安装组合导航模块主机<br> | 是否完成：是□　否□ |
| | 2. 集线器 HUB 的安装<br> | 是否完成：是□　否□ |

（续）

| 任务步骤 | 任务要点 | 实施记录 |
| --- | --- | --- |
| 组合导航主机线束连接 | 1. 连接定位天线线束<br>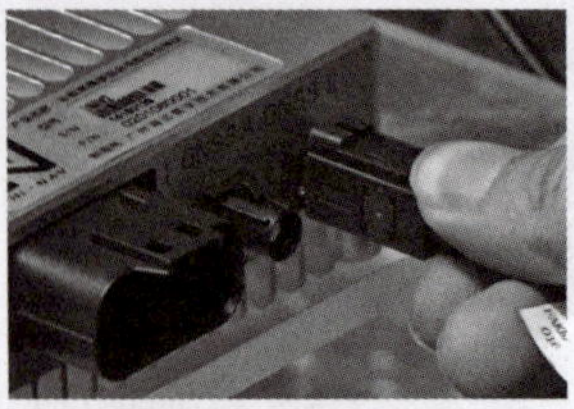<br>2. 连接定向天线线束<br>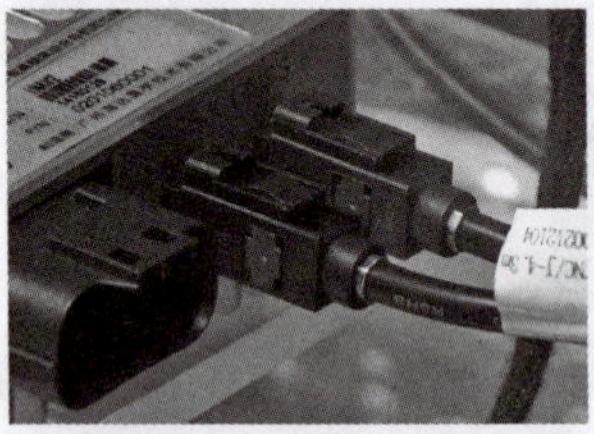<br>3. 连接主机数据线<br><br>4. 连接主机转换数据线<br><br>5. 主机电源线连接<br>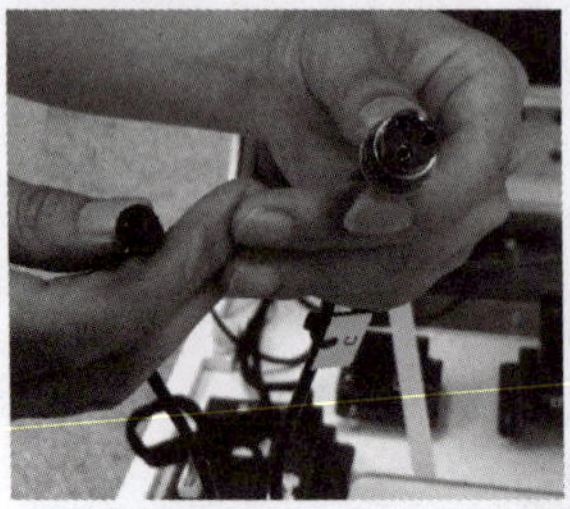 | 是否完成：是□　否□<br>是否完成：是□　否□<br>是否完成：是□　否□<br>是否完成：是□　否□<br>是否完成：是□　否□ |

（续）

| 任务步骤 | 任务要点 | 实施记录 |
| --- | --- | --- |
| 操作完毕 | 清洁、整理工位 | 是否完成：是☐　否☐ |
| 任务总结 | 定位与导航模块主机安装总结：<br><br>工作实施状况反思： | |
| 评价反思 | 见下方评价表 | |

评价表

| 项目 | 评价指标 | 自评 | 互评 |
| --- | --- | --- | --- |
| 专业技能 | 正确认识定位与导航模块主机的安装 | ☐合格　☐不合格 | ☐合格　☐不合格 |
| | 完整填写工作页 | ☐合格　☐不合格 | ☐合格　☐不合格 |
| 工作态度 | 着装规范，符合职业要求 | ☐合格　☐不合格 | ☐合格　☐不合格 |
| | 正确查阅定位与导航模块主机安装相关资料和学习材料 | ☐合格　☐不合格 | ☐合格　☐不合格 |
| | 目标明确，独立完成 | ☐合格　☐不合格 | ☐合格　☐不合格 |
| 个人反思 | 完成任务的安全、质量、时间和6S要求，是否达到最佳程度，请提出个人改进建议 | | |
| 教师评价 | 教师签字<br>年　月　日 | 成绩<br>☐合格　☐不合格 | |

# 实训工单 6.3　定位与导航模块数据配置

<table>
<tr><td>任务名称</td><td>定位与导航模块数据配置</td><td>学时</td><td>2</td><td>班级</td><td></td></tr>
<tr><td>姓名</td><td></td><td>学号</td><td></td><td>成绩</td><td></td></tr>
<tr><td>实训设备、工具及仪器</td><td>智能网联汽车、工具箱、安全防护用品、计算机</td><td>实训场地</td><td>理实一体化教室</td><td>日期</td><td></td></tr>
<tr><td>任务描述</td><td colspan="5">本任务目的是加强对智能网联汽车定位与导航传感器技术认识，通过在实车上进行定位与导航模块数据配置，掌握定位与导航模块数据配置内容与步骤；通过任务实施、评价及反馈，理论结合实践，夯实培养质量</td></tr>
<tr><td>任务目的</td><td colspan="5">1. 了解智能网联汽车定位与导航模块的数据配置内容<br>2. 掌握智能网联汽车定位与导航模块的数据配置步骤<br>3. 练习定位与导航模块的数据配置</td></tr>
<tr><td>任务步骤</td><td colspan="2">任务要点</td><td colspan="3">实施记录</td></tr>
<tr><td>任务准备</td><td colspan="2">1. 更换实训服，穿戴劳保用品<br>2. 严禁非专业人员或无教师在场情况下私自对部件进行操作<br>3. 实训过程中需要至少两人配合完成，不可一人单独完成作业</td><td colspan="3">是否完成：是□　否□</td></tr>
<tr><td>工具准备</td><td colspan="2">智能网联汽车、工具箱、安全防护用品、计算机</td><td colspan="3">是否正常：是□　否□</td></tr>
<tr><td>制订计划</td><td colspan="5">根据任务目标，制订任务实施计划<br><table><tr><th>序号</th><th>作业项目</th><th>实施要点</th></tr><tr><td></td><td></td><td></td></tr><tr><td></td><td></td><td></td></tr><tr><td></td><td></td><td></td></tr></table></td></tr>
<tr><td>检查智能网联汽车</td><td colspan="2">1. 检查智能网联汽车是否平稳放置<br>2. 检查智能网联汽车是否断开总电源<br>3. 检查智能网联汽车处遥控器是否断开</td><td colspan="3">是否完成：是□　否□<br>是否完成：是□　否□<br>是否完成：是□　否□</td></tr>
<tr><td>打开电源开关</td><td colspan="2">1. 打开动力蓄电池包开关和主电源开关<br>2. 打开电源控制盒上 WLAN、AGX、LCD、M2 等电源开关</td><td colspan="3">是否完成：是□　否□<br>是否完成：是□　否□</td></tr>
</table>

（续）

| 任务步骤 | 任务要点 | 实施记录 |
|---|---|---|
| 导航设备数据配置 | 1. 打开智能驾驶装调实训平台 | 是否完成：是□　否□ |
| | 2. 打开组合导航驱动<br> | 是否完成：是□　否□ |
| | 3. 配置车辆位置信息<br> | 是否完成：是□　否□ |
| | 4. GPS 接收机配置<br> | 是否完成：是□　否□ |
| | 5. 确认 RTK 信息<br>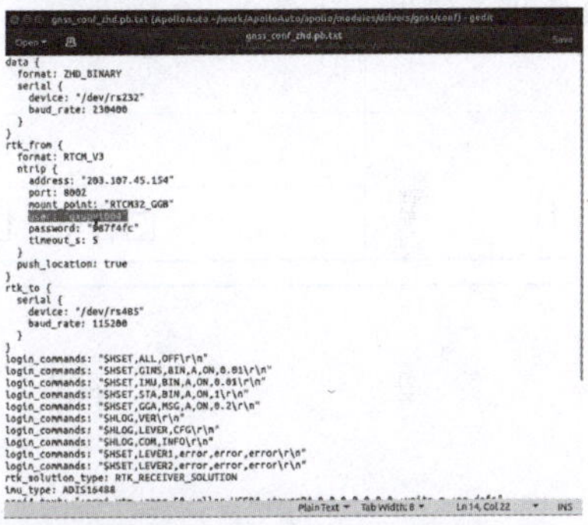<br>data {<br>  format: ZHD_BINARY<br>  serial {<br>    device: "/dev/rs232"<br>    baud_rate: 230400<br>  }<br>}<br>rtk_from {<br>  format: RTCM_V3<br>  ntrip {<br>    address: "203.107.45.154"<br>    port: 8002<br>    mount_point: "RTCM32_GGB"<br>    [illegible]<br>    password: "987f4fc"<br>    timeout_s: 5<br>  }<br>  push_location: true<br>}<br>rtk_to {<br>  serial {<br>    device: "/dev/rs485"<br>    baud_rate: 115200<br>  }<br>}<br>login_commands: "$HSET,ALL,OFF\r\n"<br>login_commands: "$HSET,GINS,BIN,A,ON,0.01\r\n"<br>login_commands: "$HSET,IMU,BIN,A,ON,0.01\r\n"<br>login_commands: "$HSET,STA,BIN,A,ON,1\r\n"<br>login_commands: "$HSET,GGA,MSG,A,ON,0.2\r\n"<br>login_commands: "$HLOG,VER\r\n"<br>login_commands: "$HLOG,LEVER,CFG\r\n"<br>login_commands: "$HLOG,COM,INFO\r\n"<br>login_commands: "$HSET,LEVER1,error,error,error\r\n"<br>login_commands: "$HSET,LEVER2,error,error,error\r\n"<br>rtk_solution_type: RTK_RECEIVER_SOLUTION<br>imu_type: ADIS16488 | 是否完成：是□　否□ |
| | 6. 查看配置文件<br>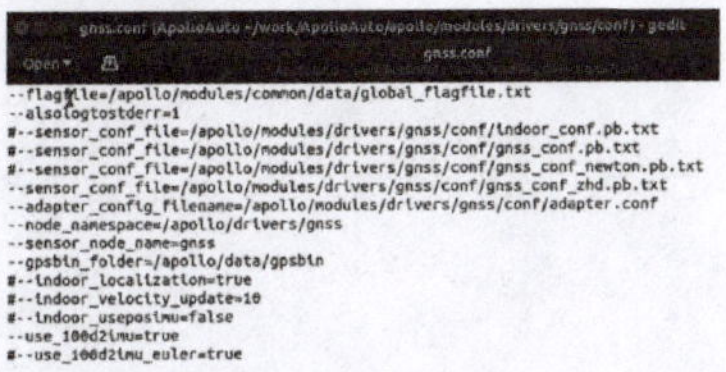<br>--flagfile=/apollo/modules/common/data/global_flagfile.txt<br>--alsologtostderr=1<br>#--sensor_conf_file=/apollo/modules/drivers/gnss/conf/indoor_conf.pb.txt<br>#--sensor_conf_file=/apollo/modules/drivers/gnss/conf/gnss_conf.pb.txt<br>#--sensor_conf_file=/apollo/modules/drivers/gnss/conf/gnss_conf_newton.pb.txt<br>--sensor_conf_file=/apollo/modules/drivers/gnss/conf/gnss_conf_zhd.pb.txt<br>--adapter_config_filename=/apollo/modules/drivers/gnss/conf/adapter.conf<br>--node_namespace=/apollo/drivers/gnss<br>--sensor_node_name=gnss<br>--gpsbin_folder=/apollo/data/gpsbin<br>#--indoor_localization=true<br>#--indoor_velocity_update=10<br>#--indoor_useposimu=false<br>--use_100d2imu=true<br>#--use_100d2imu_euler=true | 是否完成：是□　否□ |

（续）

<table>
<tr><th>任务步骤</th><th>任务要点</th><th>实施记录</th></tr>
<tr><td>操作完毕</td><td>1. 关闭 Hview 界面<br>2. 关闭智能驾驶装调实训平台，关闭终端界面，关闭计算机。<br>3. 关闭主电源开关，关闭 WLAN、AGX、LCD、M2 等电源开关。<br>4. 工具、防护用品归位，整理工位</td><td>是否完成：是□　否□<br>是否完成：是□　否□<br>是否完成：是□　否□<br>是否完成：是□　否□</td></tr>
<tr><td>任务总结</td><td colspan="2">定位与导航模块数据配置总结：<br><br>工作实施状况反思：</td></tr>
<tr><td>评价反思</td><td colspan="2">
<table>
<tr><th colspan="4">评价表</th></tr>
<tr><th>项目</th><th>评价指标</th><th>自评</th><th>互评</th></tr>
<tr><td rowspan="2">专业技能</td><td>正确认识定位与导航模块数据配置</td><td>□合格　□不合格</td><td>□合格　□不合格</td></tr>
<tr><td>完整填写工作页</td><td>□合格　□不合格</td><td>□合格　□不合格</td></tr>
<tr><td rowspan="3">工作态度</td><td>着装规范，符合职业要求</td><td>□合格　□不合格</td><td>□合格　□不合格</td></tr>
<tr><td>正确查阅定位与导航模块数据配置相关资料和学习材料</td><td>□合格　□不合格</td><td>□合格　□不合格</td></tr>
<tr><td>目标明确，独立完成</td><td>□合格　□不合格</td><td>□合格　□不合格</td></tr>
<tr><td>个人反思</td><td>完成任务的安全、质量、时间和 6S 要求，是否达到最佳程度，请提出个人改进建议</td><td colspan="2"></td></tr>
<tr><td rowspan="2">教师评价</td><td rowspan="2">教师签字<br>年　月　日</td><td colspan="2">成绩</td></tr>
<tr><td colspan="2">□合格　□不合格</td></tr>
</table>
</td></tr>
</table>

# 实训工单 6.4 定位与导航模块标定

<table>
<tr><td>任务名称</td><td>定位与导航模块标定</td><td>学时</td><td>2</td><td>班级</td><td></td></tr>
<tr><td>姓名</td><td></td><td>学号</td><td></td><td>成绩</td><td></td></tr>
<tr><td>实训设备、工具及仪器</td><td>智能网联汽车、工具箱、安全防护用品、计算机</td><td>实训场地</td><td>理实一体化教室</td><td>日期</td><td></td></tr>
<tr><td>任务描述</td><td colspan="5">本任务目的是加强对智能网联汽车定位与导航模块技术认识，通过在实车上进行定位与导航模块标定，掌握定位与导航模块标定内容与步骤；通过任务实施、评价及反馈，理论结合实践，夯实培养质量</td></tr>
<tr><td>任务目的</td><td colspan="5">1. 了解智能网联汽车定位与导航模块参数及技术定义<br>2. 掌握智能网联汽车定位与导航模块标定的步骤<br>3. 练习定位与导航模块标定</td></tr>
<tr><td>任务步骤</td><td colspan="3">任务要点</td><td colspan="2">实施记录</td></tr>
<tr><td>任务准备</td><td colspan="3">1. 更换实训服，穿戴劳保用品<br>2. 严禁非专业人员或无教师在场情况下私自对部件进行操作<br>3. 实训过程中需要至少两人配合完成，不可一人单独完成作业</td><td colspan="2">是否完成：是□ 否□</td></tr>
<tr><td>工具准备</td><td colspan="3">智能网联汽车、工具箱、安全防护用品、计算机</td><td colspan="2">是否正常：是□ 否□</td></tr>
<tr><td>制订计划</td><td colspan="5">根据任务目标，制订任务实施计划
<table>
<tr><td>序号</td><td>作业项目</td><td>实施要点</td></tr>
<tr><td></td><td></td><td></td></tr>
<tr><td></td><td></td><td></td></tr>
<tr><td></td><td></td><td></td></tr>
</table></td></tr>
<tr><td>检查智能网联汽车</td><td colspan="3">1. 检查智能网联汽车是否平稳放置<br>2. 检查智能网联汽车是否断开总电源<br>3. 检查智能网联汽车处遥控器是否断开</td><td colspan="2">是否完成：是□ 否□<br>是否完成：是□ 否□<br>是否完成：是□ 否□</td></tr>
<tr><td>作业准备</td><td colspan="3">1. 打开动力蓄电池包开关和主电源开关<br>2. 打开电源控制盒上 WLAN、AGX、LCD、M2 等电源开关</td><td colspan="2">是否完成：是□ 否□<br>是否完成：是□ 否□</td></tr>
</table>

（续）

| 任务步骤 | 任务要点 | 实施记录 |
| --- | --- | --- |
| 导航设备标定 | 1. 车辆开至空旷区域 | 是否完成：是□　否□ |
| | 2. 打开智能驾驶装调实训平台 | 是否完成：是□　否□ |
| | 3. 进入接收机配置界面<br> | 是否完成：是□　否□ |
| | 4. 设置 GPS 接收机信息<br>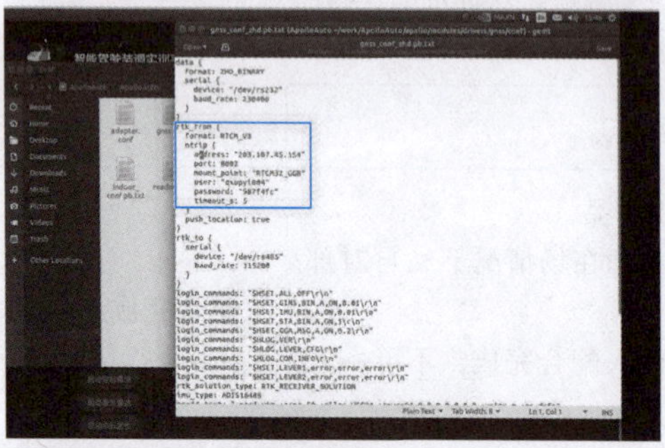 | 是否完成：是□　否□ |
| | 5. 配置完成 GPS 导航接收机<br>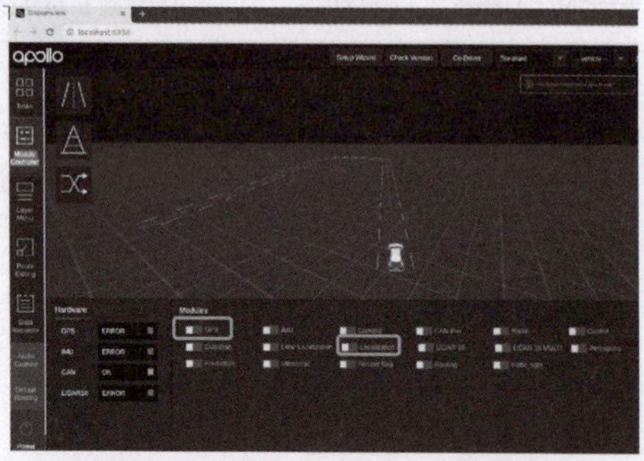 | 是否完成：是□　否□ |
| | 6. 查看 GPS 信号质量<br>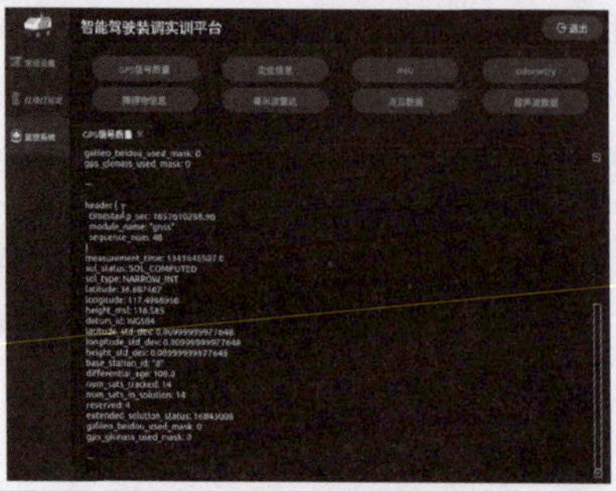 | 是否完成：是□　否□ |

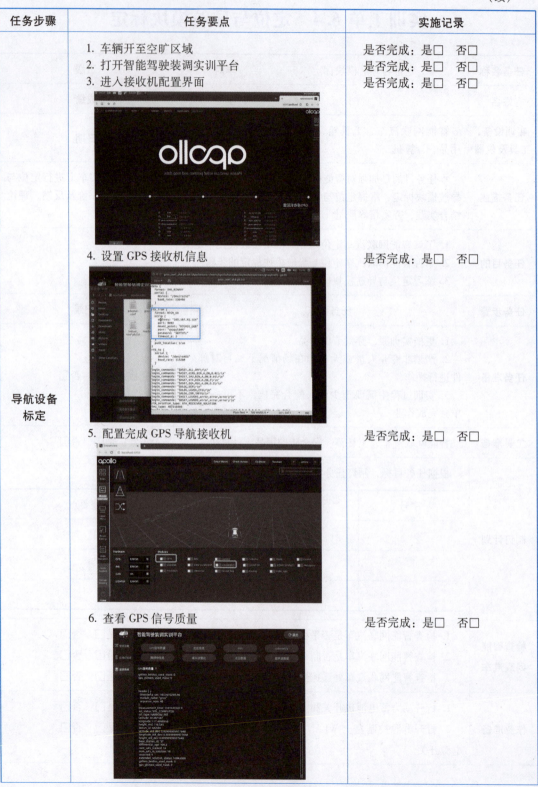

（续）

| 任务步骤 | 任务要点 | 实施记录 |
| --- | --- | --- |
| 导航设备标定 | 7. 查看定位信号质量<br>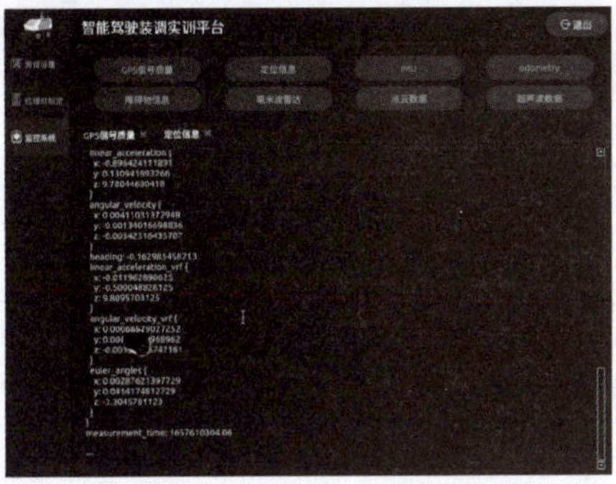 | 是否完成：是□ 否□ |
| 操作完毕 | 1. 单击 GPS 按钮、locallization 按钮，关闭 Hview 界面 | 是否完成：是□ 否□ |
| | 2. 关闭智能驾驶装调实训平台，关闭终端界面，关闭计算机 | 是否完成：是□ 否□ |
| | 3. 关闭主电源开关，关闭 WLAN、AGX、LCD、M2 等电源开关 | 是否完成：是□ 否□ |
| | 4. 工具、防护用品归位、整理工位 | 是否完成：是□ 否□ |
| 任务总结 | 模块标定总结：<br><br>工作实施状况反思： | |
| 评价反思 | 评价表（见下） | |

评价表

| 项目 | 评价指标 | 自评 | 互评 |
| --- | --- | --- | --- |
| 专业技能 | 正确认识定位与导航模块标定 | □合格 □不合格 | □合格 □不合格 |
| | 完整填写工作页 | □合格 □不合格 | □合格 □不合格 |
| 工作态度 | 着装规范，符合职业要求 | □合格 □不合格 | □合格 □不合格 |
| | 正确查阅定位与导航模块标定相关资料和学习材料 | □合格 □不合格 | □合格 □不合格 |
| | 目标明确，独立完成 | □合格 □不合格 | □合格 □不合格 |
| 个人反思 | 完成任务的安全、质量、时间和 6S 要求，是否达到最佳程度，请提出个人改进建议 | | |
| 教师评价 | 教师签字<br>年 月 日 | 成绩<br>□合格 □不合格 | |

# 实训工单 6.5　定位与导航模块故障检修

<table>
<tr><td>任务名称</td><td>定位与导航模块故障检修</td><td>学时</td><td>2</td><td>班级</td><td></td></tr>
<tr><td>姓名</td><td></td><td>学号</td><td></td><td>成绩</td><td></td></tr>
<tr><td>实训设备、工具及仪器</td><td>智能网联汽车、工具箱、安全防护用品、计算机</td><td>实训场地</td><td>理实一体化教室</td><td>日期</td><td></td></tr>
<tr><td>任务描述</td><td colspan="5">本任务目的是加强对智能网联汽车定位与导航模块技术认识，通过在实车上进行定位与导航模块故障检修，掌握定位与导航模块故障检修内容与步骤；通过任务实施、评价及反馈，理论结合实践，夯实培养质量</td></tr>
<tr><td>任务目的</td><td colspan="5">1. 了解智能网联汽车定位与导航模块故障检修的原理<br>2. 掌握智能网联汽车定位与导航模块的故障检修的步骤<br>3. 练习定位与导航模块的故障排除</td></tr>
<tr><td>任务步骤</td><td colspan="3">任务要点</td><td colspan="2">实施记录</td></tr>
<tr><td>任务准备</td><td colspan="3">1. 更换实训服，穿戴劳保用品<br>2. 严禁非专业人员或无教师在场情况下私自对部件进行操作<br>3. 实训过程中需要至少两人配合完成，不可一人单独完成作业</td><td colspan="2">是否完成：是□　否□</td></tr>
<tr><td>工具准备</td><td colspan="3">智能网联汽车、工具箱、安全防护用品、计算机</td><td colspan="2">是否正常：是□　否□</td></tr>
<tr><td>制订计划</td><td colspan="5">根据任务目标，制订任务实施计划<br>
<table>
<tr><td>序号</td><td>作业项目</td><td>实施要点</td></tr>
<tr><td></td><td></td><td></td></tr>
<tr><td></td><td></td><td></td></tr>
<tr><td></td><td></td><td></td></tr>
</table></td></tr>
<tr><td>检查智能网联汽车</td><td colspan="3">1. 检查智能网联汽车是否平稳放置<br>2. 检查智能网联汽车是否断开总电源<br>3. 检查智能网联汽车处遥控器是否断开</td><td colspan="2">是否完成：是□　否□<br>是否完成：是□　否□<br>是否完成：是□　否□</td></tr>
<tr><td>查看故障现象</td><td colspan="3">1. 打开动力蓄电池包开关和主电源开关<br>2. 打开电源控制盒上 WLAN、AGX、LCD、M2 等电源开关<br>3. 查看 GPS 信号质量<br>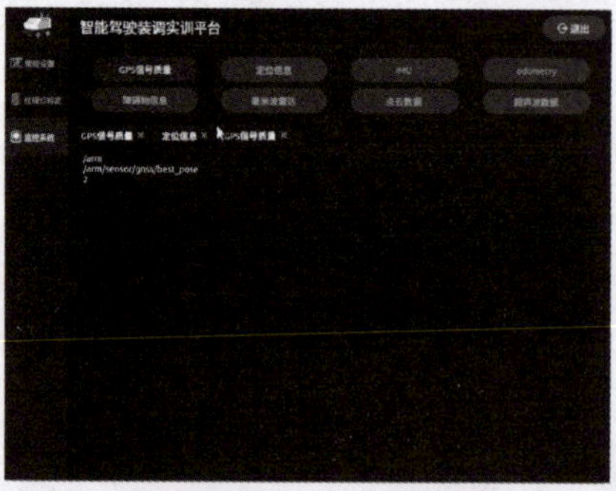
</td><td colspan="2">是否完成：是□　否□<br>是否完成：是□　否□<br>是否完成：是□　否□</td></tr>
</table>